森明著作集［第二版］

基督教共助会［編］

YOBEL,Inc.

森 明先生小照《しょうしょう》（1920 年）

森 明先生小照（1914年、植村正久先生と共に）

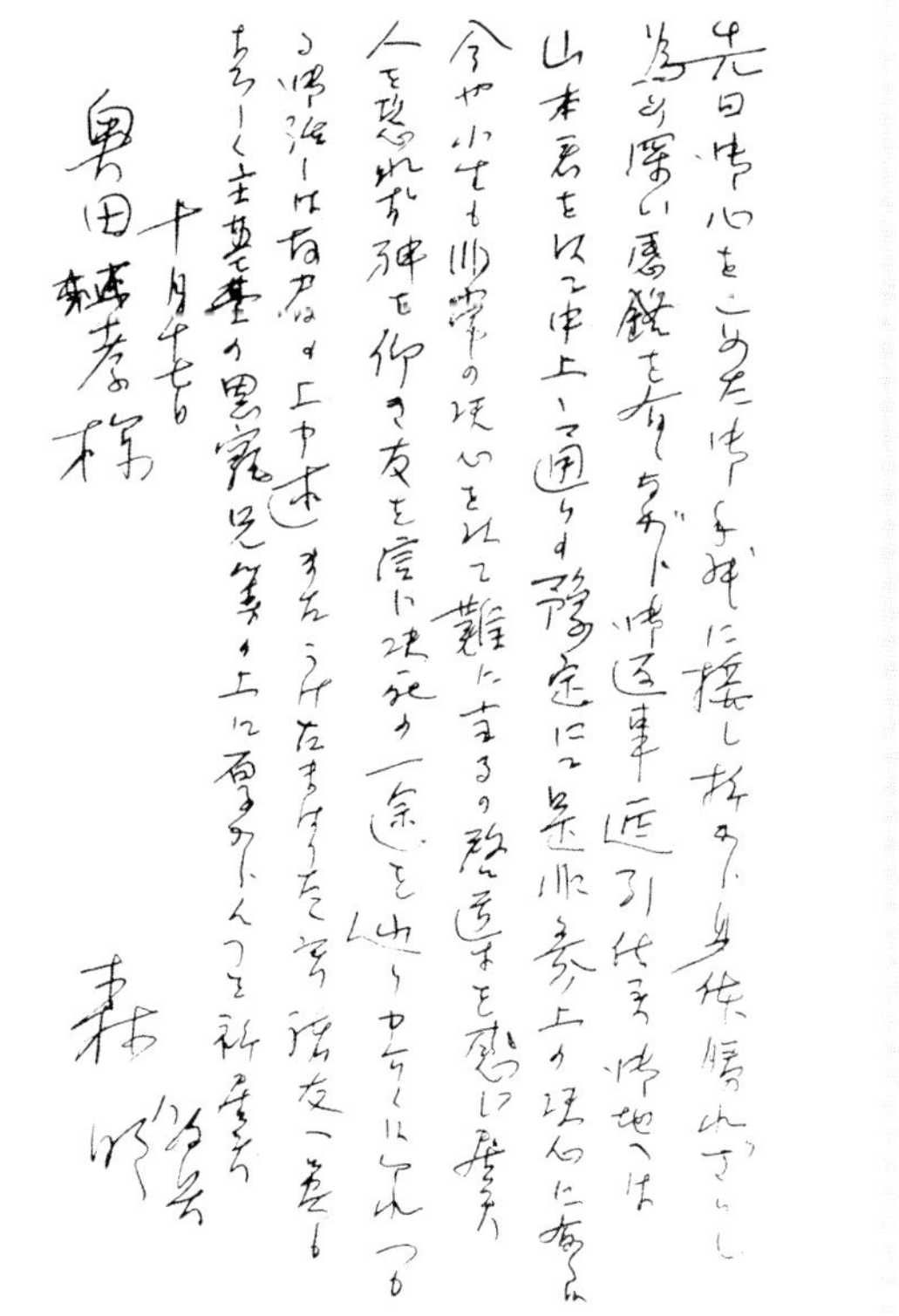

筆　跡：〈解説および編集後記四〉500頁参照
1924（T13）年10月17日

荒野の誘惑のイエス（ダイス筆：86 頁参照）
（森 明先生が、京都紀会の友へ送ったもの）

上　荒野の誘惑のイエス（ダイス筆）本文86頁参照

森 明先生の葬儀（司式者は牧師高倉徳太郎） 1925（T14）年3月9日

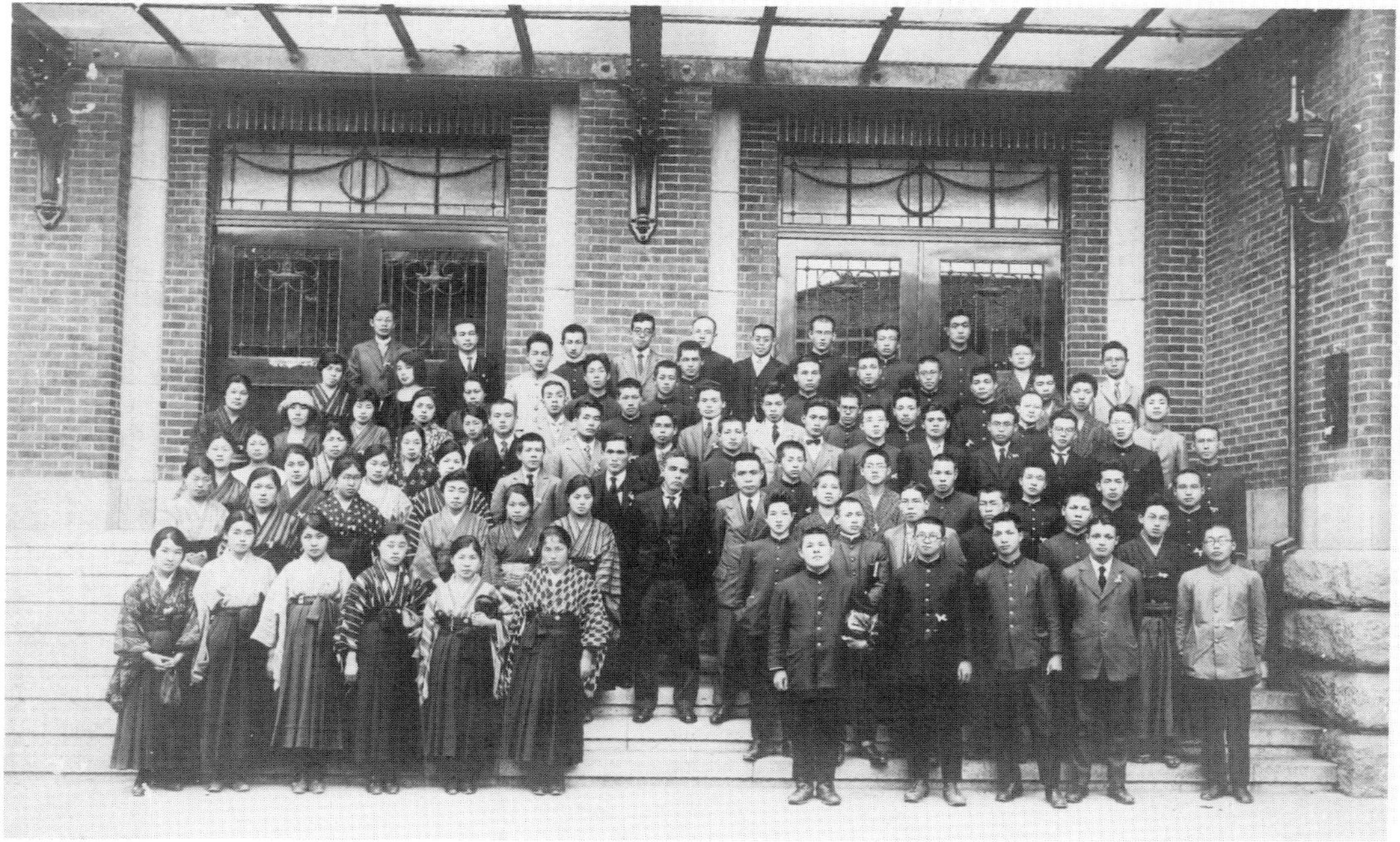

連合礼拝（青山会館）　前列中央・内村鑑三、右側・高倉徳太郎（資料七 466 頁参照） 1925（T14）年 6 月 6 日

森明著作集
〔第二版〕

基督教共助会〔編〕

凡例

*文中の［　］は、補訂者による補足である。
*人名には、適宜、生死年を追記した。
*読みにくい漢字は新たにルビを付け、必要と判断した場合は、簡単な意味を付した。

森 明先生小伝

まえがき　先生の天に召されてよりすでに八年、その信仰［と］思想［の］全貌は本書みずから読者の心に語るであろう。されどまた、先生の生涯を知りたきはおのずからなる願いであろう。その生涯を知るはその人を識る助けともなるのである。もとよりそれは正確なる伝記にまつべきものである。ここにこの小伝を編述するのは極めて外観の素描に過ぎない。編者が直接見聞するところによるはもちろんなれど、あえて小伝というにも足らざるはみずからよく識るところである。

先生とその家庭　森 明先生は、故森 有礼子《ありのり》［1847-1889］の三男にて、母堂寛子は岩倉具視公《ともみ》（1825-1883）の五女である。明治二十一年五月十二日をもって、麹町区永田町の文部大臣官邸に生まる。異母兄に子爵清氏、英氏がある。父有礼氏は翌年二月十一日官邸において刺客の刃に斃《たお》れ、ついに逝去した。

先生は生後九カ月にしてその父君を喪い、生来の虚弱なる体は母堂の愛によってはぐくみ育てられた。明治四十四年、徳川保子を娶《めと》る。有正《ありまさ》、綾子二子あり。

大正十四年三月六日、淀橋角筈新町の自邸にて天に召さる。享年三十八［数え年］。中渋谷日本基督教会堂において教会葬を営み、遺骸はいったん青山墓地に葬り、後あらためて多磨墓地に移す。

幼少年時代 先生はその誕生より死に至るまで生来病弱の人であった。喘息《ぜんそく》はすでに三、四歳の頃に始まり、子供らしい溌剌たる生気と天真爛漫なる快活さを奪い去ってしまった。内気にして憂憂《うつうつ》楽しまず、しかも忍耐強くして絶えて苦を訴うることなく、長者に対しては従順、周囲の人に対しては天性の優しき愛を示したのはその著しい特性であった。

母堂は先生が画く絵に説明を記して文字を教えた。九歳の春初めて学習院初等科二年に入学したのであるが、やがて学期試験に病を押して登校したのが因《もと》となり、激烈なる喘息を誘発し、強度の神経症に陥ったのである。医師は痛く憂いて、このまま学校に通わすのは無惨にも子供を殺すに等しい。生命を助けんとせば田舎の農家に預けて自然の成育にゆだぬるにしかずと、切に勧告した。この時から先生は小学校を退き家にありて独学の人となった。ついに青年時代に達しても、わずかに正則英語学校、明治大学にいずれも二、三カ月の聴講を得たるほかほとんど学校教育の機会は与えられなかったのである。「病床は私の教室であった」とみずから語られたことがある。母堂の心痛は察するにあまりある。ある日母堂は令弟を介して、岩元禎《てい》氏に、先生のために心の慰めともなり生涯の道ともなるべきことを求められた。岩元氏は先生の音楽・哲学に天分の豊かなるを認めた。「哲学する者は音楽を理解する頭脳を要する。自分は音楽の理解乏しきを残念に思うが、明君には本気でピアノをやらせよ」との勧めであった。このことあってより、幸田延子氏にヴァイオリンを学ぶことになった。もはや、娯楽のためでなく真剣に芸術家たらんとする決心であった。その手ほどきを受けたのもまた病床であった。先生の十四、五歳の頃である。

回心の前後　先生が芸術に生きんとする志を立ててから約一年を経て、その宗教的要求の自覚はキリスト教に向かう動機となった。その頃青山学院にフランク・ミュラー氏が住まっていた。氏は有礼子が文部大臣たりし時スコットランドより来朝してその勧告に従い、和歌山に聘《へい》せられ、ついで江田島海軍兵学校に転じ、さらに青山学院に教えたのである。ミュラー氏は敬《けい》虔篤実《けんとくじつ》のキリスト者であった。有礼子の昔をしのび、東京に転じてまず牛込仲町にありし先生と母堂を訪ねた。先生一家との交わりはこの時に始まったのである。先生はある時、一カ月ばかりミュラー氏の家に泊まり、英語を学ぶ機会を与えられた。この時ミュラー氏よりねんごろにキリストの福音を聞いたのである。先生ある夜ミュラー氏夫婦に伴われ、母堂と共に、神田の世界キリスト教青年大会の講演を聞く。人間の罪と神の愛、十字架の救い、キリストの恩寵がしみじみと少年の魂を捉えた。その夜、ミュラー氏の家に帰った先生は、寝台の上に上らず、床の上にひざまずいて、天父の前に罪を悔い改め、キリストの恩寵と愛に限りなき感謝の涙を注いで一夜を祈り明かしたのである。

ミュラー氏は母堂と先生を植村正久先生［1858-1925］に紹介した。爾来《じらい》植村先生は師父の愛をもって懇切至らざるなく教導した。やがて母堂の心にも信仰がきざし、受洗の志も胸中に去来し始めた。しかし、伝統と環境はその決心を妨げたのである。先に、有礼子の遭難は、子がキリスト者たりし故なりとの誤れる宣伝が流布されておった。今遺族が洗礼を受けることは、ますます世の誤解を深め、子の遭難を立証する結果ともなる。長兄清氏は、「まあ一年くらい待ちなさい」と軽く反省を求められた。次兄英氏の反対は恐るべく強固であった。英氏は剣道の達人、性直情径行にして国家のためには身命を捨てて惜しまざる精神の人である。もしその意にそむけばいかなる結果を招来せんも予測しがたい勢いであった。一年は祈りのうちに過ぎ去った。母堂は植村先生を訪ねて、その教えを乞うや「親孝行に相談が要るか」と、これがその答えであった。母堂の胸中決然たる覚悟が与えられた。キリストの恩寵にゆだねつくした心には平和と歓喜と希望が満々とみなぎったのである。母堂がその決意を先生に告げらるるや、すでに受洗の決心が堅く備えられておった。二人は相携えて植村先生により市ヶ谷日本基督教会にて洗礼を授けられた。時に先生十七。明治三十七年十月二十三日である。

　この受洗は令兄に秘して行なわれた。後二年を経て、初めて英氏の知るところとなったが、幸い、事なきを得た。しかも英氏はその後約十年にして、キリストを信じてその救いに入り、洗礼を受けてキリスト者となった。まことに奇しき神の摂理と言わねばならぬ。

召　命　先生が伝道者たるべき神の召命を経験せられたのは、今明確に知ることはできない。しかしいったんキリストの恩寵に浴して、その愛する芸術をも主に捧げし跡を思えばおのずから推し得らるる。また植村先生の感化、その指導誘掖《えき》に負うこと多かりしことは明らかである。先生が植村先生に対する敬愛と信頼の情至らざるなく、師弟の情誼《ぎ》、かくもあるべきかなと尊敬おく能わざる心地がする。先生は伝道界に起つに先立ち、植村先生に従い、上海の伝道に旅した。一度故国を離れて祖国の愛を知るは海外に行く者の等しく感ずるところであろう。健全なる精神的文化の礎《いしずえ》なくしては、国家永遠の存立は危い。その国家民族の有する宗教、その神観は直ちにあらゆる文化に及ぶのである。国家興亡の歴史はこれを証明する。顧みれば祖国の同胞はキリストの福音を蔑《なみ》し、父なる神を信じない。いたずらに神国日本の民族的自負に酔い、あるいは頽廃《たいはい》せる西洋文化に蠹毒《と》せられて、真の敬虔の信仰、正義の念、道徳的良心を失いつつある。昔日のローマにも比すべき祖国の現状を顧みて憂国の心は燃え、祖国の救いのために熱涙を注ぐ祈りとなった。日本を愛するは同胞の魂をその罪より救うにある。その救いの道はキリストの福音のみである。パウロの愛国的至情こそ、また先生の祖国愛の熱情であった。伝道者たるべき神の召命は先生の心に深く黙示せられたのである。

教会における伝道

大正三年（一九一四年）欧州の天地には世界大戦の烽火《のろし》があがった。この年戦雲の間にクリスマスの鐘が静かに響きわたった日、東京中渋谷桜丘に、聖十字架の旗を掲げて福音伝道の戦いを宣したのは先生であった。講話所には最初わずかに三人の日曜学校生徒が与えられたのみである。やがてこれが伝道教会となり、大正六年九月二十九日、中渋谷日本基督教会の建設となり、現在に及んでいる。

教会における先生の伝道は血みどろなまでに真剣にして熱烈であった。その謙遜にして真実なる愛、その言葉と態度とには言いがたい慈愛と権威が感ぜられた。驚くべき忍耐をもって人の重荷を負い、罪に対する鋭い良心の峻厳の戦いは、肉を殺《そ》ぎ骨を削るかと思われた。他の人格に対する敬愛の至情は動いて、キリストのために無私な愛と熱情をもって追い求めた。一人の魂のために己れを与えてキリストの福音を伝えて倦《う》むことを知らない。先生は一面孤独の人であるとともに接する者に朗かなる聖《きよ》き喜びと、希望と生命とを与えた。不断の伝道の戦いの中にありて、学問を重んじ、睡眠を減じて読書し、哲学・科学等の研究にも力を注いだ。しかも一切をただキリストの栄えのために捧げてあますところがなかった。本書に収めた諸文章はかくのごとき動機と祈りをもって伝道のために書かれたのである。

生来虚弱なる先生はほとんど常人の知りえざる病苦と悪戦苦闘を終生続けねばならなかった。その過激なる伝道の戦いに次第に肉体は破れて、生死の境を往来する大患に罹《かか》りしことも数回に止まらない。ついには晩年その隻眼《かため》を失うに至りて伝道はますます白熱するばかりであった。祖国日本の救い、東洋における神国建設の理想は、一九一七年および、一九二三年のクリスマス宣言［附資料1］となって表われ、大いなる伝道のために幾多の計画を胸に抱いて祈りつつ世を去ったのである。先生は全人格・全生涯を傾け尽してキリストを熱愛した。そのキリストに対する信仰の忠誠は人びとの心に深刻なる印象を与えた。主イエス・キリストが血をもて贖《あがな》い給いし教会を死に至るまで愛して牧会伝道した先生は中渋谷教会のためについに己が血をも注ぎ給うたことを忘れてはならない。

共助会　神が先生をとらえて祖国日本の救いのために創《はじ》め給いし聖業の一つは共助会の運動である。帝大共助会の組織は大正八年のクリスマスである。その始源はさらに数年前にさかのぼる。最初は二、三の青年学生が先生を中心にして信仰の交わりを結んだ。彼らは先生に教え励まされ、導かれつつキリストの道に進んだのである。

共助会創立の動機はたしかに、先生においては神の命じ給える聖なる使命の確信となった。そのよって立つ基礎は純真なるキリスト信仰、神の恩寵である。キリストの恩寵に浴したる青年学徒はみずから起って、その生涯を神の栄えのために捧げ、祖国のために報いねばならぬ。恩寵は責任である。人生はおごそかなる使命である。教養を受けつつある青年学徒は己れを神にささぐる信仰に立ち帰らねばならぬ。祖国日本の救いを願うがゆえに、青年学徒にキリストの十字架の福音を与うるは共助会の第一の使命である。さらにまた、キリスト教の文化に対する使命もやがて負うべき大いなる任務であると覚悟せねばならぬ。されど共助会はいとも小さき群れである。その使命を果たさしむるものは、恩寵の力とキリストにおける堅き同志の団結と友情である。福音の真理は愛に働きて人格を生かす生命力となる。赤穂《あこう》の浪士四十七士にもまさりて主のために友情の節操を貫かんことはこれら同志の志である。この信仰と使命と友情と気魄《はく》とは共助会の精神である。

大正十四年六月六日、青山会館において挙行された第一回東京市内外学生連合礼拝は、先生の祈りによる企てであった。それは共助会運動一つの発露であった。その精神はますます共助会の内に深く一貫しつつある。

現在帝大共助会は東京・京都・九州各帝大にあり、他に友朋《ほう》として慶大共助会、早大共助会がある。キリスト教女子協愛会もまた先生の創始による。

帝大共助会は去る昭和四年をもって創立十周年を迎え、これが記念運動計画の一つとして先生の遺稿の出版を企てたのである。爾来三年を経てようやくここにこの選集を世に送るはこの上なき喜びと感謝とにたえない。われらは神の限りなき恩寵を感謝するとともに、神が先生によりて、この小さき群れに遣わされし使命を確信して、その行く手をキリストにゆだねつつ最善の戦いをなさんことを期するのである。

一九三二年クリスマス

編輯委員

森明著作集［第二版］

目次

説教および感想篇

涛声に和して

安心立命の秘密

私は今、識れる、知らざる友に向かって、湘南の地に病後の身を養う閑散な心に浮かぶ折々の想いについて語りたい。講壇に立つことを許されない今の私は、説教じみた話や、聖書講解や、自分の心の貧しい経験や、家庭礼拝の消息や、学問や、交友や、時事や、社会問題や、しかしてしばしば大自然の消息について語りたい。ただその黙示を解くにはあまりに貧しい感受性しか持ってはいないが、多忙に暮らさるる人びとに閑人の閑語を提供することとする。貴重なる紙面を割愛し、あるいはこれを読まるるであろう人びとにすべてが無益となることを恐れるが、一人でも本稿を顧みて下さる方を懐かしく思う。

若葉の陰を巣立ちした小鳥の親子が楽しげに飛び回っている。梅雨も晴れた。私は今日から湘南の波静かな地方に、神と友との恩寵のうちに護られて、永い間疲れ病んだ身体を休息《やすめ》に行くのである。思えば昨秋一一月、風物閑雅なる京都において帝大学生の集会に講演を試み、日本基督教会の浜寺における大会に出席以後、帰京早々より昨今に至るまで半歳にあまる大患に陥り、いくたびか生死の間をさまようがごとき経験をも、また主にさらに近くゆだねつくされた身心に与えらるる平和なえもいわれざる歓喜の経験をも得た。服従、またすべて主の十字架に自己の過去の罪を釘づけ、自己の考慮・欲望・工夫に死に果て、しかして信頼の単純なる生活を始めたる時の心の経験こそ、富める青年（マルコ伝一〇）やかの老学者ニコデモ（ヨハネ伝三）に向かってイエスが要求せられた聖旨を、いともわずかながら推しまつることができるようである。新生の歓喜、永遠なる生命、安心立命の秘密は、このへんに存するのでもあろう。これを持続し完成に至らせるために、なおも主のあがないの真理を弁《わきま》え、「汝の罪赦《ゆる》されたり」（マルコ伝二）との救いの確信に伴うて、絶えず潔めらるるために祈り、また死すとも同じき罪過を犯すまじとの主の聖愛に対する重き責任の心より生ずる努力を、寸時もゆるがせにすることはできぬ。キリスト者は実に戦争の一生を送らねばならない。ただ平和なるは、戦いに勝ち給える主イエスの十字架のみ陰によるときのみである。そこにのみまことの安息と歓喜が感ぜらるる。（本紙に先日芳尾といわるる姉妹の文章が掲げられたが、今回氏と同じような経験を語るについて思い出でらるる。同氏は五、六年前？　お茶の水高師の生徒に私が講演した中に立ち交じっておられ、席上神の愛の摂理について、むしろ否定的な質問をせられたることを記憶しているが、信仰上のよき進歩をせられたのを知って感謝に堪えなく思っている。）生も死も聖手《みて》にゆだぬればこそ聖なる救いの大事業も成し遂げらるるのではないか。

十字架にわが罪を負い給いたる主イエスと、恩師の保護と、多くのよき友の堪え難きまでの忍耐に支えられて捨てられず、かくて私は中渋谷に伝道を開始して以来十年を過ぎた。「朋友信あり」とはこの場合深い実感を伴う言葉である。まことに人を活かし不肖なる者を立たしむるものは、恩寵の中に、なおも引き立てんとする知己の愛である。残る生涯を謹んで神と人とに捧げ尽すこそ本望である。よしさらば健やかにもあれ病にもあれ、生にも死にも、ただ聖名のあがめられ給わんことをのみねがう。

初夏の湘南へ

昨年頃から私は自分の身体が非常に悪くなって、ことに心臓が弱ってきていることをよく意識しているので、いつでも家を出る時（健康の悪いときは）、振り返って愛する家族の住み馴れた家を見るのも、いつできなくなるかも知れないと、自然に思うようになっていた。それで個人伝道の仕方が自分でも気がつくほどどく、力の及ぶ限り、この機会に、という態度にもなったので、自他ともに疲れて、結果はかえって思わしくない場合も多いのである。かつてブース大将が、「自分は常にこれが最後だと思って講壇に立つ」と言ったのを明治座で聞いた時、あの丈夫らしい人物、世界的事業を計画しなお将来大いに為《な》すあらんとしつつある事実を知っている私は、その言葉が、そのまま、他の言葉のように、自然に心にひびかなかった。しかし今は、彼の心理をよく汲み取ることができるようである。いかなる理想も、事業も、すべては御手の中にある。「一日の苦労は一日にて足れり」（マタイ伝六・三四）。すべて、わが実力でもなければ計画でもない。理想も抱く。計画を立てて事業にも取りかかる。しかし自分には刻々にこれが最後であるとの意識にあるとき、すべては聖化《きよめ》られる。野心や私心の暗い影を少しも引かない。そのとき精神においては、神の御事業にふさわしい。

口には言わないけれど、自然の人情でもあろう、すべてが懐かしい。あるいは今この会見が最後となるかも知れないと思うと、その人に対し言うに言えない心持になる。教会の友が来て

「何時に発《た》ちますか」とたずねてくれた。家の者は例の通り、それには答えないが、気の弱くなっている私は、自分に聞く人に発車の時刻を正直に告げた。そして人びとの気づかぬ間に、子供の愛育している小鳥らを、ちょっと見に起って行った。と、小鳥は、平常するとおり、楽しげに可憐な小さい瞳で、私の方を、優しく眺めて、小首を傾けたりした。停車場には日ごろ教会で親しくして下さる人びとが来て下さった。もう会えないかと重い病床で考えたりした人らに、久びさに会ってまた別れて行くのである。人びとに交わって隅の方に並び立って、私を見守っていたまだ幼げな両児が、最後にチラと目に止まった。永遠に別れる必要のない世界があるにあらざれば、人生はあまりに情けない。

汽車は一声の汽笛を残してゆるゆると動き出した。車窓から展望する初夏の東海道線の遠近《おちこち》は、現在の私に、ことに、心地よく晴れ晴れと眺められた。緑の田畑、晩春の想いをなお呼び醒《さま》す遠山の霞のたゆとうごとく低迷するあたり、自然の余韻も深い。かくて夕陽が箱根の連山に落ちるころ、私たちは友の好意によって貸し与えられた家に来たり着いた。見知らぬ土地へ来た。しかしここにも第一に気づかわしそうな母の顔が見出された。私は暗涙を呑んだ。常には、母と互いに、アブラハムとその子イサクのことや、イエスが「わが母わが兄弟とは誰ぞ」(マルコ伝三・三三)と仰せられて、肉身の関係よりも、さらに強く精神上の交渉について重んぜられていたことなど、語り合って私を私する罪を犯すまいと願っているのではあるが。

湘南の初夜は祈りに更《ふ》けた。静寂なる自然の中に、日中にはそれとも気づかなかった涛声《とうせい》が、はるかに聞こえてくる。この夜、私は、人間の運命が、時あって大いなる屈曲を画いて、導き押し流されて行くものであることをしみじみと思うた。この変化は、幾多の内容によってではあるが、「みずから思わざる所につれ行かれる」と、イエスが運命について教え給いし通りである。意味深長なるこの事実の前に、私は祈り深くみずからを点検し、思慮と分別とを致さねばならない。そしてまず第一にキリストの恩寵をさらに深く味わい、彼に忠実ならんためにみずからに宣戦すること。第二にはおそらくは将来もあるいは病床に親しむことの多くあるであろうゆえに、文書をもって伝道せんとの決心である。私はこのような動機から、かつて帝大共助会の東山荘における会合の席上約束をして、そのままになっていた出版に関する重荷をも考え出した。そして今度は祈って、伝道に幾分でも役立つなら決行しよう、この仕事なら寝ていてもできるからと考えた。その最初のものの原稿も、すでに脱稿に近いが、誰か親切な条件で世話をして下さる書店があればよいのであるが、などと思うた。汽車で疲れてはいるが、新しい所へ来て目ざめがちであった。やがて鶏鳴がした。しかし主は思う心に近くいました。

手紙三通

この頃病中なるべく面会も通信も避けてはいたけれど、いろいろの用事で余儀なくしたため た中に、最近とくに祈ったり、または考えたりして送った三通の手紙がある。

一　「排日問題について」植村先生へ。
二　「文化意識のよる真理の客観性とキリスト教の客観性の信仰との交渉」に関して高倉徳太郎氏へ。
三　ある事件に関して吉野作造氏へ。

私は今、右の三通をとくに選んだ理由について少しく述べなければならない。私がこの種の手紙を植村先生に書いたのは、先生を知って初めてである。それは十四、五歳からお世話になってきたことであるから、先生もそうであろうが、大人じみた柄《がら》にもない難しいことは私に期待もなさらず、私もまた自省して、平凡極まった者だから、多少の問題を考え出した時でも先生には言わないできたのであるが、今度は日米問題などという国際問題について短くとも一奮発して愚見を述べ、かつ私たちの属する、社会的にみるならば一人格である日本基督教会全体にわたって、結局は、この問題に関する常識が、先生や常置委員諸氏に骨折って頂いて、行き届くようにと願ったのであるが、私の手紙をあえて差し出した真意は、対外問題よりもむしろ内部の問題を考慮しているからである。恐るべきは某国やわが国の困難に際してあるいは起こるであろう革命ではない。真に憂うべきは大帝国ローマの滅亡に至りたる原因で、わが国数十万の信徒の上にかかる重き責任である。ソドム、ゴモラはいかにして亡ぼされたるか、そのようなことを永の病床でしばしば考えさせられていたから、私たちの大会が世界普通の相談会のごとき有様に流れて、かのペンテコステの会合のごとくにあらずして、真の生命力に欠けたることとの甚だしき間に、終りを告ぐることの多きを甚だ遺憾に思うのであるが、ことに日米問題についてキリスト者が世界の同労者を促し立て、あっぱれ忠勤を励むことができるならば、先に欧州大戦において、神と人との前に失いたる現代キリスト者の信任を回復することができるであろうゆえに、最も重大なる意義を含んでいると、私は考えている。同時に、もし、私たちの精神上および実行上の方針および労作がよろしきを得ないならば、幸いにして日本現代の社会文化が表面においてはすでに敵も味方も等しくキリスト教の正常なる立場を了解しおる上、すべての出来事が今日までは私たちにむしろ有利である上に、内村先生のごときあってその一面の真理を高調せらるるなど(米国宣教師無用論に関する同先生の意見に関連して私も後に述べてみたいと考えている)、すでに得つつあるある東洋の使命に有するキリスト教の歩武《ほふ》［あしどり］をさえ、傷つけ失わしむるであろう。私たちの世界主義は決して愛国心と相反するものではない。また吉田静致氏も某所において「戦争は愛の精神においてなされなければならない」という意味の講演をせられたと聞き及ぶが、愛を説くキリスト者なればとて決して非戦論ではない。私は今度のごとき場合、しかも先進のキリスト教国をもって、世界の指導者をもって自任する強国の背信の罪悪に向かってこそ、いわゆるプロテスタントの精神を発揮し、大いにこれと戦わなければならぬと思っている。ともかくも私はその手紙の終りに「御多忙なる時と御眼とを労せしめたることを許されよ」との意味をもって結んだ。そのくらいだからとても返事はもらえまいと思っていた。実際まだもらわないのであるが、しかし電話で会ってやろうと言って下すった。折あしく、私はその日二、三時間の後、転地旅行に発つ手順となっており、その上病弱である私ゆえ、先方とも急に変更することが甚だ困難と感じたので、いかにも残念であったけれど、お礼を申したなり来てしまった。そしたら友人が停車場へ見送りに来てくれて、「植村先生がいずれ手紙を書くからと伝言してくれ」ということを話してくれた。もう一週間にもなるがまだお返事は来ない。しかし福音新報の社説で、先生が日米問題を取り扱っておらるるのを最近見た。あまり筆まめでない先生は、あれを読んで我慢しろと言われているようにも心の耳に聞こえている。

高倉氏は、実は私の先生である。その人から前に言ったような問題について、いつかは教えを乞いたいと思っている。氏から頂いた通信の返事の中にちょっと書き込んだ問題であるから、もちろん返事を受け取るはずはないが、同氏がある所で講演された後で、私の提出した問題について、随分困難な問題であると言っておられたそうである。返事の来たのは三通のうち、最後の吉野博士からのみである。私はまず吉野博士のことから述べて行こう。

吉野博士の返書

二階からは相模灘《さがみなだ》の風光が望まれる。心地よい微風が緑の樹や庭の小草を渡って吹いて来る。来て三、四日たった朝の小さい家庭礼拝の終わった時、幾通かの手紙の中に、氏のを発見した。「浮世のさばきは人に任せ、心を神様の前に捧げて安心するのみです云々」との一節があった。心配はしばしば不信仰の産物である場合が多い。神に任せたる生涯こそ勝利の生涯である。私は今ここに同氏のこの書に関連して多くを語ることを差し控えよう。私はここへ来て東京からの便りを懐かしく思う。長閑《のどか》な午《ひる》近い室で、その手紙を膝の上に置いて、私はいつか数年前相識《し》るに至った頃を思い浮かべた。その頃まだ学生であった親しい友人たちの骨折りで、博士から私に会いたいと言って来られた。私はかねて帝大や高等学校の友人たちと「共助会」という、小さな純粋に「キリスト」をのみ仰ぎ求め、かつキリストにおける友情を篤くし、相互の人格的生活を高めるために、相助け合うことを目的とする会を、あたかも中渋谷に伝道を開始した頃から、二人三人集まって持ち、今日に至っているのであるが、吉野氏も、私から、この小さいながら真剣で、とくに第二義としては愛する祖国の救いのため、善良有力にして教養ある人格者となって、互いに呼応しつつ、各自の立場に立ちて貢献しようとする信仰と意気とを有することを聴いて喜ばれ、ぜひ自分もその単なる一会員として加盟したい、と申し出られた。

帝大の御殿で昼を終わって、私たちは青葉陰の涼しい池のほとりを語りつつ歩いた。いろいろな話をした中で、次のような会話を思い出した。博士はズボンのポケットに両手を差し入れ、背伸びをするようにして立ち止まって、「日本の現状について某《あ》る人びとは、非常に悲観するけれども、僕はすくなくとも若い学生の間には実に喜ぶべき現象を認める。……先ごろも、在学中から秀才であった学生が卒業後郷里へ帰ったその後、その人から通信があって、『自分は今郷里で役場に空席があったので、そこに満足してつとめている』と言ってきた。彼は人生は事業にあらずして、真に人間として生きることにおいてのみ意義を見出す、と言うのである……。このような高尚な考えをもっている学生は、恥ずかしいことだが、僕らの学生時代には一人もなかった。大いなる野心や功名心をいだいて、帝大に来たものであった」と話され、なお語をついで、「大体において大いに恵まれた国であると思っている」と言われた。「しかし、大兄の言わるる通り不思議にも進歩し来たった国であるが、私にはいかに考えても『歴史』が不足であると思われる」と私が言ったとき、同氏も「その点である」とやや沈痛に応ぜられた。すべての真理の理想も生命ある価値となすためには、経験、歴史によってのみ初めて真の意義を生ずるのである。「信仰も行ないを離るれば死する」（ヤコブ書二・一七）ごとく、体験より来たる自覚の伴わざるすべての社会運動は、盲目的で少しの意義も価値もない。この真理の自覚を促すために、真の意味において、人物を要する。この意味において、ますます自己に忠実であるとともに、伝道の重大なる使命を有するものと、言わなければならない。このように理想主義に立つ時、私らは、ついに、それはすべてキリストに帰り行かなければならない。その後共助会で、私はマロックの『単なる民衆主義の制限』という、寡頭政治の弁護の目的で書かれた本について話した時、博士も同席せられたので、非常に興味を催され、起って「僕は新英雄主義の真理であることを大いに主張する」と附加せられたことなどを思い起こしていると、「東京から御客様です」と取りつがれたので我に帰った。

巌頭の感

客は去った。しかし私の書斎には、香り高い色とりどりの草花が残された。じっと眺め入っていると、えも言われない気高さを感ずる。「美はそのままに美に耽《ふけ》る」ことが本来の性《さが》であっても、虚偽《いつわり》の多い人生には、そのおのずからなる姿が、道徳的反省を促し来たるように感ぜられる。

私はこの地に来てから、また十年前の中渋谷伝道の頃を日曜ごとに想起する。今日もまた手伝いの婦人と母と自分と三人、十時から礼拝を行なった。一生懸命、説教した。実に相手をよく知っているだけ、真剣に話すことができて、少しは心に満たされた。皆で主に近くなりたいと、ただひたすら、主の御同情を祈り求めている。集会は一時間余を費やしておわった。私は、つねづね遠望する海岸へ、今日好晴に乗じて夕陽さす頃から散歩に出掛けた。来て見ると、昨秋以来、この大磯の浜は、岩石が増加したそうである。今その一つに立って、はるかに水、天に連なるあたりに目を放つと、夢見るごとく漂う白雲が、悠々として、青色に霞む大島の彼岸に去って行く。一転して、茫漠として煙《けぶ》れる海上を眺めると、小さき白点一個、わずかに洋上に隠顕しつつ、天涯より吹き渡る順風に運命を託しつつある漁舟を、見出すのも情趣深い。

この大自然にもまた変化があるのだ、と私はふと思うた。そして私たちの神かけて祈りかつ命をかけてなし遂げようとする理想の実現が、いつかは行なわれうるということについて思い起こした。

数年前、多病な私は、やはり病後、相州七里ケ浜の稲沢謙一君方に、養生におもむいた。期せずして、当時愛する家族を失われ、かつ、ある言論上の事件で獄に下るすぐ前であった田川大吉郎氏と同宿した。そして、神を恐れ人道を思う国士が、かえって皮相な人生に阻まれることのしばらくあるのを思わせられた。今度も、吉野氏の意中を推察して、他人事《ひとごと》とはどうしても思えなかった。私たちは憤然として起つものであるから。ある夕べに、田川氏は、私を散歩に誘うた。そして日本政治界の革新について、頑迷如何《いかん》ともなし難い者らの理由なき権勢について歎き、かつ皇国の前途を気遣われた。二人が七里ケ浜の岩上に立った時、三、四名の子供らが、波打ち際の岩をつたいつつ、他の一端へ巡るのを眺めていた氏は、「僕が数年前ここに来た時はどうしても渡れなかったがな」と感慨浅からず言われた。私の脳裡には、その時反射的に、絶えず岸に寄せては白い泡沫《うたかた》とくだけて飛散する波の姿が刻まれた。人力の及ばないことを、自然がする。これをとどめんと欲するもとどめ難い。目前汲み揚げる水は、人意のままに従わせえようとも、大海原の偉力を誰か左右しえようぞ。

孤忠を抱いて、統率する兵士の士気を鼓舞せんとした義貞が、巌上に立って、剣を海中に投じたるも、ここであった。彼は報いられずして死したが、今は皇国の光ようやく輝く時節となった。人生悠久の波打ち際に立って、われらはただ真理の確信に生きんのみである。ワーズワース、一夕《いっせき》カレーの海辺を逍遥して、海を望みその神秘に見入りつつ「おお神よ、何時か汝はわがかたわらに来たり立ちい給う」と言うた。実に宇宙は、神のみ手の業《わざ》である。

その翌日、田川氏は入獄のため帰京せられた。私は、氏のトランクを持たして頂いて、鎌倉の停車場まで送って行った。そして、正義のために戦って下さる同氏の後影を、懐かしくいつまでも見送った。

私はそのことを思い出した。同じような巌頭《がんとう》に立って、いつか同じような心を、吉野氏の上に送りつつある私自身を発見した。

私はよい先生、良い友を与えられている。せめて彼らのために祈って、生を終わるまで忠実でありたい。そのことだけは、私が終生なしえらるる事業であろう。そして罪に苦しむ人のために、世に知られない友のために、ただ神のみ前にのみ。

サット飛沫《しぶき》した波頭《なみがしら》が足下に近く散乱した。いつか海は黒く、大島の影も夕暗に消え去って、大洋の中に走り入るかのごとく見ゆる伊豆半島の連山を、目をもって追うて行くと、秀峰富士が抜群の雄姿を、夕陽に輝かせている。その白雲に照応する光線の色は、とうてい言い表わすべくもない。コールリッジ〔Samuel Taylor Coleridge, 1772-1834〕が、高嶺モンブラン絶頂を望んで、低唱したという有名なる詩が思い出さるる。日もまさに暮れんとする頃、偉大なる自然の黙示に想い耽《ふけ》りつつ家路についた。

自然と文化および宗教

偉大なる自然のうちに、神の恩寵を味わうのは、いかにも意味深くかつ言うべからざる歓喜に充たさるる。一本の草花に対するも、星静かなる夜に仰ぎ望む天空も、等しく無限の感激をもたらさずしては止まない。跪きてこの憧憬《あこがれ》をいずこへ捧げんか。ワーズワース〔William Wordsworth, 1770-1850〕が自然のインスピレーションに堪えかねて「余はむしろ異教徒たらんことを!」と私語したるも同情浅からず覚ゆる。されど拝すべき者ここにあらざる以上は、ある意味においては、自然もまた人間にとりて死物である。偉大なる自然、私は、神と人とあって初めて生きる自然を思う。かくて、人もまた、神あってこそ生きるのであろう。

然るにても、まず自然と人間とは、いかなる関係を有するのであろうか。私は今自然の恩恵に浴しつつ、朝夕に波白く岩を噛《は》む海浜を逍遥し、あるいは裏山に青葉陰涼しき小径を辿《たど》りつつ、いろいろなことを考えているが、そのうちの一つは、まさに自然と人間との関係についてであるが、さらに深く突き進んでは、文化対宗教(キリスト教)の関係である。何故にかかる思いを抱くであろうか、ということについて少しく述べ、しかして過ぐる日、高倉氏へも書き送ったその根本問題である両者のよる真理の客観性の問題にまで触れて見たいと考えている。その後同氏からも、教導を期待しうる親切なる好意を与えられたることによって、さらに勇気づけられている。

このような問題を、私は二つの主なる理由から取り扱って見たいと思う。その一つは、現代の日本の思想界の傾向であるとともに、実は世界の傾向である文化意識対キリスト教意識の関係交渉の問題、その二は、これらの問題が実は非常に重要であるにもかかわらず、両者がともにきわめて無関心に過ぐるか、キリスト教の真理性は一種の独創的立場を有するがために人間的努力をもってよくこれと交渉しうるものではないというがごとき、一種の超然主義から来る楽観的態度などから生ずる両者の懸隔が、両者の本有《ほんゆう》する真理性の光輝を減退もしくは滅却せしめるであろうということ、ことに実際問題としては、私たちの伝道方面においてこの態度あるがための損失についてである。もちろん私たちは、神の恩寵によって引き出されたるキリストにおける客観的真理の確信に生きるものであることは言うまでもないが、その因って来たる理由を、学問の上に立証したいと思う。そしてそれが、文化意識の拠る真理の自覚と、いかに交渉し相触発するであろうか。もしこの根本的問題における両者の「関係」と、それが示す「真理性」とが闡明《せんめい》せらるるであろうならば、現下の日本、さらに世界の思想界は、非常なる変化を生じ、ことにキリスト教の光輝ある立証となるであろう。目下伝道界は、この一点について、道理あり、確信ある交渉の途がいまだ開拓せられていないために、キリスト者にこの思想を十分に承服せしむることが困難である。一般真理の追求者は、キリスト教学問の独断にして、しかもある意味の信仰に甘んじやすく、その奥妙にして厳かなる宗教的真理の基礎づけを怠るがゆえに、真理の必然的条件たるべきその普遍性を発揮するに至らざるために、思想する者はあえて取るに足らざるものとするか、しからざれば、彼らより、かえってキリスト教の本有する道理の内容を修正せんとし来たるがごとき場合を生ずる。しかも、これに対し、キリスト者は、理性の上に自己の確信を立証しえざるがために、非常なる困難に出会する。よし、これを立証するとも、独断にして他に通ぜずば、伝道は依然として不可能に帰するのである。私は目下ある関係から「日本伝道の弁証学」というエッセイを、幾通か読まされているが、私の目を通したものの中には、この点に触れているもののないことを残念に思う。過去の戦闘・力説の回顧にあらずして、現在および将来における、生きたる伝道の消長に関与したる、またすべき、最も重要点の一つであるを失わない。であるから、私たちはかかることについて、無関心であってはならない。ユダヤ人のみならず、ギリシア人にも、宣べ伝うべき福音である。私たちの責任を、彼らの上にも負うべきはずである。そこで、思想界の現状に顧みて、必須欠くべからざる要点は、キリスト教の真理の宣言にあらずして、いかにしていかなる理由の下に、それが真理とならねばならないであろうかという、真理認識の方法論的立証である。もしこの一方面の文献を閑却しているならば、教界〔キリスト教世界〕以外の思想を啓導しえないのみならず、キリスト者自身の全的生命活動たることができない。真理認識の理論的自覚は、ひとりそれが伝道の上に要求せらるるのみならず、実にまた私たちみずからの確信を基礎づける、正当なる信仰の重要なる要素となるであろう。しかるに私たちの先輩は、あまねくキリスト教意識をもって、これと交渉すべからざるものと断言するか、少なくとも、無用の労作視しつつあるかのごとき感を私には与えつつある。これ、私にとって首肯し難き点である。私はかつて植村先生の「神学通論」を聴聞したが、その神学的要求の広範にして雄大なるに驚かされた。これがために、その後私は、今日に至るもなお、学問の世界において負うべき、キリスト者の責任の極めて重大なることを忘却することができない。私は今それらのことを、一々に考証して行こうとする者ではないが、ただ「文化」と言う語があまりに流れ行なわれて、どこに帰着しその根拠をおろすべきかについて深くも考慮しないために、堅実を旨とせらるる人びとがかえってこの語を恥ずる傾向を認むるのであるが、私はこれを喜ぶとともに、また前に述べたような意味から残念にも思われる。もちろん「文化意識」と言っても、銀座街頭や丸ビルあたりを漂流する「手軽で能率的でハイカラ」であるということとも全然違うのである。私は「文化」ということに対する誤解を解くために、その本性について少しく語り、そしてさらに重要なる問題にまで触れてゆきたい。もちろんその一、二の要点にとどまるのであるが、それでも本稿において、述べおわることができるか否かを危ぶんでいる。それは私の許されたる寄稿の日数もやがて尽きんとしつつあるがためである。しかし題を改めて、これらの問題だけを取り扱って見ようと思うている。私は拙稿に対する忍耐深き好意を示されたる、読者と福音新報社とに向かって心よりの感謝を捧げたい。そしてまず起稿の動機となった日米問題を初め、キリスト教思想の問題、ひいては宣言要求の問題、さらに植村先生御自身の立脚点にまで及ぼしたる種々なる親切なる啓導を、私ごとき者も衆人とともに味読するを許されたるは、言うべからざる感謝であった。私としては、日米問題に関して、植村先生の意見の中にも見えた「同化問題」に関する点を最重要と認め、かつ少しく先生と見解を異にする点があるので、高教を乞いたいと思うこともあるが、今は差し控えて、九月の『文化生活』に、私の拙い考えだけは寄稿しておいた。そしてなお、この際私たちの立場から、「世界主義」と「国家主義」との関係について、当然その明白なる見解の表明を要求せられていると思うゆえに、もし脱稿して後もなお勇気を持しえたらば『中央公論』か『改造』誌上で発表したいと思うている。したがって、さきにちょっと記した「外国宣教師問題」については、この際黙して過ぐることとした。終りに四回にわたる拙稿に対して思いしよりもはるかに多くの人びと、それは単に日頃近しくして下さる方々のみならず、永く音信の途絶えいたる懐かしき友の数氏よりも遠く書を寄せられたるの歓喜は、譬うるものもない。しかしもとより主のみためにとのひそかなる欲望であったこのことが、神にも人にも要なきのみならず、かえってそむきたるにあらざるかと思い至れば心苦しく感ぜらるる。その迷惑を感ぜられたであろうさらに多くの人びとに、心から身知らずの罪を謝する次第である。幸いに師友のなおも忍耐深き教導援助を受くることが許さるるならば、私もまた、復活の生命を主にありて進展せしめらるるを得るであろう。

その後私はこの地に滞在しつつ、二つの、私にとって記憶すべきことが起こった。一つは過ぐる日、帝大共助会の東京・京都連合集会席上に試みたる五時間ほどにわたりし「贖罪論」と、この大磯の日本メソジスト教会の依頼によれる伝道説教の試みとである。両者とも大病後最初の試練である。私は今「死して復活《またい》き、失いてまた得られたり」と、神に喜ばるる者とせられたい心で満ちている。主にあって、生死の工夫をこらさねばならない。これ、私にとって、何ものよりも重大にして、かつ根本的な事に属する。恩寵に対し奉る責任である。しからざれば、私はその生存の意義を失うものである。

月の澄む夜、はるかに銀色に照り渡る海原を眺めつつペンを擱《お》く。この拙い稿を顧みて下さったであろう識れる知らざる方々の上、さらにまたともに憂うる祖国の前途について、すでに幾多内外の人びとが主のために十字架を負うて流したる血潮に贖《あがな》われつつ、今日に及びたるこの国民をして、主のみ前に正しくかつ意義あらしめんために、捧げられたる犠牲を回顧しつつ、静かに祈る。

人去って階上は寂然としている。耳を傾くるたびに、ほのかにも伝い来るは涛《なみ》のひびきである。

改造途上のキリスト

改造途上の人生において、私たちはイエス・キリストが、いかにこの問題について、人生を眺めかつ行動せられたかということについて知るために、新約聖書に現われたキリストの思想とその体験について考慮したいと思う。

聖書の中には、少なくとも、改造の要求に対する三つの思想と、その直接した行動の跡を見ることができよう。

その一は、先駆者ヨハネの人生観である。すなわち人生は、革命によって改造せらるべきである、真の理想社会は、一時に成し遂げられなければならない、この大革命の事業は必ず偉大なる人格を要する、ユダヤ民族は祖先よりこのような人格者の出現を待ち望んで来た、一度メシアが来るならば、その時こそは永年の希望が一時に実現せらるるのであろう、「今や斧《おの》は樹の根に置かる。ゆえにすべて善き果《み》を結ばざる樹は伐られて火に投げ入れらるるなり」(ルカ伝三・九)とヨハネはヨルダンの岸に立って叫んだ。

革命来たれ! である。急激なる直接行動によって、理想的社会を実現せしめようとする要求である。当時ローマ大帝国を始め、全世界は不義と罪悪とに満ちて、正義と公平とは、どこにも発見せられず、富める者は貧民の飢渇に一瞥《べつ》を与えずして、巨万の財宝をただ己れの享楽のために浪費しつつあった。ローマにおいては、貴族が一夕の食膳に上す小魚や小鳥類は、能く一尾数百金の珍奇なるものを遠国より取り寄せて賞味し、婦人らの化粧品は、非常なる年額を示した。その道徳的堕落は、ローマの律法をもってしても、なおいかんともすることができなかった。真に行き詰まりの社会、暗黒の世界である。ここに一新局面が打開せられなければ全く絶望の、状態に陥っていた。かくてローマ大帝国も、ついにおのずから滅亡し去ったのではあるが、当時いかに改造の要求が熱心に要求せられつつあったかを想像することができよう。

イエスは、かくのごとき時代に生まれ、その三十年の歳月をこの社会の中に生長しつつ、これを何と見、何と感じたであろう。彼はついに長き沈黙を破って、人生改造の一線に立ち上がった。時あたかも、洗礼者ヨハネはヨルダン川に来たって、やがて来たるべき「世の救い主」と、彼によってなし遂げらるべき目ざましき革命の運動を預言し、民衆は立って罪を悔い、この理想国の建設に参加せねばならないと叫んでいる。

イエスは、いかにその声を聴いたであろうか。私たちは当時のイエスの心理を「荒野の誘惑」の記事によって想像することができる（マタイ伝四、マルコ伝一、ルカ伝四参照）。すなわち人生の救済は、物資および制度の問題であるとの試みも受けた。目に見ゆる社会の不義・悪徳・不公平に向かって、一大改革を民衆の要望に応じて断行せんとする方針をとって進めば、必ずなし遂げ得べしとの確信であり、その力量の自覚であった。しかしそれはイエスにとって誘惑と見なされた。現実の社会制度の改革やさらに進んで革命がいかなる意味の「力」によって実現せられたとしても、「人格」のない社会運動は、ついに努力が空しいものに過ぎないのを見られた。加うるに、人生改造の要求は、単に地上の社会的幸福にとどまらずして、真に神を忘れたる人生は、現世を人格修養の舞台として、神の永遠の国に向かう目的をもって、試みられなければならないと思惟せられた。外部的改造にあらずして、内部的改造の方針に出ずべきであるとせられた。

その二は、人格改造の要求である。人格こそは、人生の中心をなすものである。イエスの見たる人生は、人格救済の要求であった。ゆえに彼がその伝道の公生涯に入るや、その第一声として聞かれたる言葉は「汝ら悔い改めよ、天国は近づきたり」（マタイ伝四・一七）との叫びであった。イエスの宣言したる「天国」とは、イスラエル民族が、永く待ち望みたる地上の王国を指せるものなるべしと想像して、各地より集合したる民衆は、恐ろしきまでの数を示した。しかるに政治的改革によらずして、さらに根本的なる人格的改革の途《みち》をとらんとするイエスを見たる民衆の多くは、失望して彼を離れ去るに至った。しかも新約聖書の記事について研究する時、イエスが最初「悔改め」の要求を叫ばれたのにかかわらず、悔い改め得たる者の記事が見当たらない。イエスの福音の宣伝もまた「悔い改めよ」という言葉の跡を絶つに至り、ただ後には「我に従え」「我を信ぜよ」とのみ言われた。すなわち人はみずから理想を認めても、これを実現するための必要条件である「悔改め」の能力を欠きおる事実がここに明白にせられたのである。イエスはこの事実に対して、いかに行動せられたか、これ、その第三の点である。

その第三点とは、イエスが人生は真理の指示のみにては、人はみずからその生活を改造し得ざることを発見せらるるに及んで、自分こそ「そのキリスト」なりとの自覚より発したる贖罪としての十字架の一途を選びたる点である。彼は天父の聖旨《みむね》を奉じ、人を愛し罪に死することによってのみ、真の生命を人生に与えうべしと確信せられた（ヨハネ伝一二・二四）。これ実にイエスがみずからキリストなりとの自覚より引き出さるる人格の根底よりの改造にして、またキリストはその永遠なる生命の門である。

イエスは、罪を贖われたる人びとによってのみ、真に人類愛の高遠なる理想的社会が実現せらるべきを説いている。しかもその新しき社会は、真に人格的に建設せられ、人はその時代の自己に立つ者とせらるるのである。今も、なお将来も、人類進化の過程において、私たちはつねに私たちの深奥なる霊魂のうちに、改造途上のイエス・キリストを発見することができるであろう。

真理を生かす力（ヨハネ伝一一・二六）

近世における最も顕著な傾向の一つは、言うまでもなく、理性的自覚であると思う。真理の追求とは純学問的探究もあるが、私たちが今考えようとしているのは真理の吟味というようなことではなくて、主として宗教生活における真理の問題に限られた場合を指している。もちろん個人の精神生活のみでなく、家庭、社会というように極めて広い範囲にわたって、あらゆる人間の活動が真理の追求から開始されてくる。真理の実現そのことは人間生活最高の労作と言わなければならない。

それは私たちが真理について自覚したとき、その自覚を生命《いのち》あるものとすることに努力しなければ精神的に死するのであるから、ひとたび自覚を呼び起こされた者は、あらゆる犠牲を払っても、なお真理を生かして行かなければならない。

このようにして改良も革命も行なわれてきた。血も流し人も死んだのである。

しかし真理であれば必ず実現しなければならず、また実現するものであるという当然の道理が、必然的に立証し得ない事実が、私たちの生活にあると思われる。

人生は、真理の指示のみでは、ついに生命となり得ないという事実である。

その一つの場合を示すと、真理であるという一つの自覚を得ても、これを私たちの生活に実現することは不可能である。実現のできない真理は、価値となり得ない真理で、したがって死せる真理である。真理の理想は死なないが、実現のできぬ真理は死ぬのである。

宗教的経験から、パウロは、ロマ書の中に、実現のできない真理の自覚について、死の苦悶を述べている（ロマ書七・二四）。しかし、彼は、主イエス・キリストがこの実現の不可能な真理を自己のうちに実現し給うこと、すなわち真理を生かす力が彼を信ずることによって、彼から与えらるる事実を経験して感謝に溢れている。

私たちは弱くしてその心のうちの正義を実行し得ない。しかし水がその水源を高く持てばおのずから高く湧き出し得るように、弱き者は強き者によって、罪ある者は罪なき者によって、自己の実現し得ざる生活を実現せしめなければならない。

「我はむしろ弱きを誇る。そはキリストの能力がわが裡に全うせらるるから」（コリント後書一二・九）と、パウロは言っている。真理の実現に苦しむそのことは、私たちの人格的能力の薄弱によることながら、この悲しむべき事実に対して、偉大なる者の能力によってなし遂げらるる完全なる生命の道があることを、記憶せねばならない。キリストとその十字架の与うる能力は、真理を今ひとたび私たちの生活に実現せしむるものである。

次に、真理を、私たちのうちに生かすことについて考えてみようと思う。真理は実現されたのみでは、生命を欠く場合が多いということである。

正義だから実行しなければならない、というだけの意味では足りない。真理は、人格に密接な関係がありながら人格ではないから、義務の観念だけが働けば真理は生きるものとは言えない。強いられた真理の実現には生命がない。真理は愛によって温められることになって初めて生きてくる。愛の精神に深められたる人格的努力が、真理を生かす力となるのである（コリント前書一三章）。

苦しむこと、悲しむことも、愛の自覚に基づき促されて、そのうちに生ける真理が、私たちを導いて神に至らしめる。あらゆる人生の経験を貫く運命のすべてが、誰でもに深い自覚を伴う偽ることのできないキリストの愛の真理が、私たちの身につねに実現されつつ進んでいることを覚える。神は順なるもののうちにのみならず、逆に見ゆるもののうちからも等しく真理を私たちに与える。

私たちの生活が、生をさえ死をさえ超越していかなる運命の下にもかぎりなく、生命の色も鮮かにのびていく姿を眺めていると、キリストをこそ真理を生かす力として仰ぎ見なければならないようになってくると思う。私たちはキリストによって示された真理を、実現しようとして努力していく。聖霊も、私たちの弱いのを助けて、共に祈祷し共に歎いて、執り成し給う。私たちは、弱い人格的生活を、キリストの霊に歎かれ祈られて建設していくのである。失敗や停滞の多い生涯が、ある時は自分の歩いて行く方向をさえ見失って迷路を辿ろうとする時にさえも、祈るべき途を聖霊によって指示せられつつ正しき真理の道を再度発見する。このようにして、私たちは、キリストの恩寵のうちに生きていくとき、「すべてのこと働きてわが益となる」と言ったパウロの言葉が肯定せられてくる。キリストに祈らざる時、真理は私たちに実現し得ざる重荷として担われるが、キリストにおいて真理は私たちを罪より解放する自由と歓喜の指針となる。生かすこと能わざる真理は私たちに死を宣告し、キリストによって私たちは真理に充てる永遠の生命に入ることができる。真理を生かす者、それはただ一人キリストあるのみである。真理の自覚によって来たる近世の労作が改革や革命を名として多く破壊に傾き、また愛の体験者がその偽らざる生命の経験を辿りつつも生の否定におもむき、それが建設の目的を達し得たるものは極めて少ない。私たちはあるいは真理を見ることができよう。しかし真理を知り得ても、これを生けるものとして実現する能力を欠いている。真理が生ける真理であるためには、まず私たちの人格が救われ、絶えず神の愛に護られつつ生きなければならないと思う。

十字架を負う人

受難の週も間近い。十字架の苦痛によってこの世界苦を負わんとすることこそ、罪の贖いを与えられたる者の責任である。キリストによって始められ、キリストによって導かれ慰められ守られつつ、私たちは勇ましく真剣に進まねばならない。人類はいままさにすべての悪との決戦におもむかねばならない。十字架のみ旗のひるがえる所、水火の中をも行かねばならない。私たちはキリストの御心を偲びその御苦痛を思う時、真に悔い改めて自重せねばならない。世界の全面にわたって精神的勝利を期すべきである。歴史あって今日ほど人間が等しくこのことを痛切に意識した時代はいまだない。私たちはこれを思うと、あらゆる正義を主張し善を説く宗教と連絡してその戦線に立ちたくさえ思う。頃日《けいじつ》欧米の人士は正義の目的において世界の国々はいかに一致し得べきかという国際の問題に多大なる注意と研究の工夫をこらしつつありと聞く。真に一国の安危、一宗派の勢力消長の問題のごとき小局面に拘泥することは許されるべきではない。全人類の福祉のために、相結び、相呼応して、キリストにおける智力と努力を尽して立たねばならぬ。

しかし真に善美なる成功を望まんと欲するとき、それは数量のみによってなし遂げらるるものでないことは言うまでもないことである。キリストとその十字架によって開かれたる唯一なる生命の門に入ることを許されし者のみ、この大業に参与する資格のあることを承認せねばならない。先日ジョン・モット氏［John Raleigh Mott, 1865-1955］が今日単に善良なるキリスト者たるのみならず実に一世を指導し得る人格力量ある真の人物を何よりも要求すると言いしごとく、一人のルーテルよく近世における人類の運命を転回せしめたるを思わざるを得ない。質において価値において優秀純粋なるこそすべてのものにまさって重要なる条件である。この意味において大政治家・大実業家・大説教家を要する。しかしそれに優ってこれらの人材の信仰思想を照らす偉大にして卓見なる神学家を必要とする。今日「バプテスマのヨハネは女の産みし者の中最大なものではあるが、天国の最小なる者よりも小さい」との一言を深く注意すべきであると思う。

このような根本的な真理に思い至ると、人類のより高き水準に向かって努力しつつある他の宗教や思想または私たちの思想の実現に必要なる物資を得んとするについても、無自覚に妥協し成功を急いではならないことは言うまでもない。しかも今日の場合、私たちは寝食を忘れて効果ある事業を全うするためには、一人にても一銭にても多くを集注して掛からなければ実際の成功を期することは望まれないのである。

由来キリスト者は少数をもって世界に対してその理想を実現してきたが、その歴史には多くの過失と失敗とが指摘される。このたびの大戦（注、第一次世界大戦）を見てもキリストを信じ、その真理を奉ずる互いに兄弟たる国民が、恐るべき流血を、年月を重ぬる長期にわたってあえてしたのである。キリスト教事業の成功はどこに望み見るべきかをさえ危ぶまれる。ロビンソン［Joseph Armitage Robinson, 1858-1933］という人は、『欧州の悔改め《コンヴァージョン・オブ・ユーロップ》』に、その原因はキリスト者が効果を急いで頼るまじき物質文明と妥協し、これを人の才智をもって利用せんとしたことが遠い素因であるとしている。

私たちは着実に進まなければならない。何もかも寄せ集めて勢力を増大すればよいのではない。精神上の吟味を必要とするばかりでなく、神に導かれて発達してきた歴史を重んじなければならない。歴史は単に過去の遺物ではない。その貴重なる経験は現在および将来に対する最も着実優秀なる教師である。その導かれたる系統を重んじ一種の気品風格を養わなければならない。「国家および教会の新地平線」の中に米国の現在を論じて「国民はワシントンへ、教会はキリストへかえらねばならぬ」と警告を与えている。私たち重大なる使命を思う者をして三度《みたび》反省せしむるに足る一句である。要するにキリストにおける「自覚」こそ真に必須なる条件である。

キリスト教の事業は組織や政策運用の工夫ではない。各自の自覚より出ずる系統ある奉仕である。それが自覚である以上、他人の「人真似《まね》」をしたり、その導かれたる歴史を度外視してはならない。しからざれば自己が存立する理由を失うからである。独立のないところには自由もまた価値もないのである。神によって導かれたる個人また民族はそれみずから重き使命を有している。ルーズヴェルト氏の「神を恐れ汝みずからの部署に忠実なれ」の一文を読むと、文中神に対する態度を説きたるほか、民族自決主義を高調し、しかして祖先の鴻《こう》業を追慕して、その旗色に現わされたる不屈の名誉を維持せよと言っている。

私たちは世界の全面に向かって人類の祝福を祈る時、まず自己とその祖先の鴻業を偲びまた広く東洋の意識を思わねばならない。建国幾千年の久しきにわたって民族の導かれたる使命を思う。私たちは過去を生かして世界に貢献せねばならぬ。個性の重視そのことは精神運動の消長を決する唯一なる重心点である。大いなる統一を要求せられる。しかし決して号令してはならぬ。ただアッピールすべきである。私たちは事業を急いでみずからの謙遜を忘れてはならぬ。ウィルソン氏および彼によりたる世界の受けたる大いなる打撃の一つもまたこの点であったことは争われない。ゆえに偉大なる事業はあらゆる困難と戦って常に忍耐ある教育を怠らざる系統正しき立場を執るにあらざれば不可能であろう。日本基督教会は宣教五十年記念運動を開始した。明治初年の歴史を追憶しつつある人も多からん。されどもおそらく神の日本キリスト者に望み給うところはさらに遠く、その知らざるうちに導かれたる数千年の歴史の新たなる意義と価値との発見であろう。これ実に日本伝道の最も有力なる手掛りとなるはずである。西洋の光輝ある文化に接して一時自失したるかの観ありし日本人は、今やその意識を回復し始めた。このことは日本将来の伝道上とくに注意すべき現象となるであろう。将来はこの意識(歴史を背景としたる)に立たざれば伝道し得ざるに至るべしとまで思われる。東洋のキリスト教は実に西洋の精神界を照らさねばならぬ。今それが不備で幼稚であるからと言って、失望をしたり不自然な工夫をしてはならない。私たちは今や世界苦を救うべき大いなる戦線に掲げられたる十字架の旗陰に立って祈りつつある。恩寵の光に照らして徒《あだ》なる地位・名望・財産を棄て、自己を反省して努力せねばならない。自己は他人のために、国家は世界のために、人類はキリストのため、自重せねばならない。

民族の使命について（とくにその宗教的意義）

桝富様

御照会になりました、あの講演の草稿は手許に残っておりますが、今どうも貴紙に発表する気になれませんから、仰せに従いまして、他のもの、すなわち私がこのごろ切に抱いておる感想の一つを述べさせて戴きたいのです。ごく断片的な想いでありますが、それは民族の使命ということについてであります。

キリスト教は、世界主義、超国家主義、いな、世界国家主義とでも申しましょうか、神の国の理想を実現しようとする。昔は預言者たちによって、今もなおそここで、「セオクラシー」（神権政治）の叫びを聞く。その遠大な理想が、世界の根底に、人類の在らん限り実在して、国家や民族や人種の墻壁《しょうへき》を越えて、歴史を動かそうごかそうとしているのでしょう。もちろん「神の国」とは「永遠なる生命の国」という純宗教的な極めて個人的な深さを持つほかに、この国家およびその政治を包含しているのでしょう。

その、人と人、民族と民族とが、極めて自由に何の隔たりもなく、互いに兄弟であるという要求の実現する世界、そこに神の国が来るに相違ないのでしょうが、しかし私は使徒行伝の一七章などを読んで非常に興味深く考えさせられるのです。「神はひとりの人より人類を造り世界の全面に住まわせ」給うたと書いてあるが、また同時に、「時代の限りと、国土の境とを定め」給うたとも記してある。兄弟であり、一つ血を分けた間柄なれば、なにゆえであろうか。初めから、国家や人種やいろいろな相異なる特色を与えなかったら、戦争も人種問題も起こってはこないであろうのに、とも思われるのですが、すべては、現在のように限定されているのです。しかも一つになろうなろうと、歴史は動いて行くのです。

そこで私は常に、「歴史」ということを考えさせられるのです。人生の真の姿は、すべて「価値ある存在」であらねばならぬと思います。人は生まれながら、神を自然と信じている、考えないでも、疑わないでも、祈らないでも、愛さないでも、必然的に、神と関係していたり、「悪」はすることができないで、ただ「善」ばかりしかできない人間に造られていたりしたら、このような人間は真の宗教家でも道徳家でもない。「機械」と同じで、全く人格的に無価値となると思います。そこで神が人にいろいろな能力を与え給うて、これによって価値の世界を建設して行くために、この「歴史」が非常に重大な意義を示しているように思われます。

出発点から、ただちに終局点へ「歴史」なしに飛んでしまうと、そこには、決して人格や、価値の世界は存在し得ないで、ただ冷たい純理だけが白骨のように横たわるばかりです。私たちは、そんな陰惨な世界に住むことはできない。弱い足どりで、ある時は傷ついたり、倒れたりしても、温かい輝かしい生命の世界を望んで、真に善美なる神の国を指して進んで行きたいのです。そこにこそは人格の世界、価値の世界が発見せらるるでしょう。すべては、自由（神を信ずることでさえ）と均等なる機会を得ることによって、この世界の創造は本舞台に入るのでしょう。

人類の歴史は、今、その花道を歩いて行くのです。

私たちは、自覚していないものを自覚し、また大いなる困難と苦痛が伴っても、価値あるものを産出しなければならないのでしょう。

民族的自覚の使命も、ここに感ぜられます。それは昔から、各自の民族は、世界に貢献すべきその特色を異にしているからであります。

たとえば、ギリシアは美を、ローマは法律を、フランスは科学を、ドイツは知識をと言うように、そしてヘブライ民族が、宗教的使命を有したのは、最も明白なことでありましょう。先年『アメリカの問題としてのロシア』というスパルゴー［John Spargo, 1876-1966］の著を読んだ時も、ロシアがいかなる使命を世界に負うているかということの一、二を知りました。

私たちは、個性を、それが個人であろうとも民族であろうとも、無視することは罪となりましょう。民族と民族とのしてならない同化をやめて、私たちは人が生まれ出たままで、どこまでも生長させたいと希うのです。困難や失望に打ち勝って、「歴史」を重んじて、各自民族の使命を自覚して。

私たちは、キリスト者なるがゆえに、祖国を愛する資格を有するのですから。そしてその使命を、世界に負うていることをよく知っているからです。

真の超国家主義は、善良なる力強き国家主義からしか生まれることはできないのでしょう。そして歴史の経験する「産みの苦しみ」を通過せずしては、世界主義は決して実現することは許されないのでしょう。

熟して落ちる果実よりこそ、ゆたかなる生命が発生するのでしょう。民族は、それみずからの特性に成長しなければならない。そのために「民族とその歴史」は、最も尊重してゆかなければならないでしょう。果実の熟さない内に、途中で他から勝手に手入れをしたり、枝を切り取ったりしてはならないと思うのです。さらに、これに加えて、すべての民族が、その固有な特色を発揮するためには、その原因となっているその宗教に思い至らなければなりません。その民族の依《よ》る宗教、その神観は、ただちにあらゆる国の政治・法律・経済・文学・芸術にまで及びます。その道徳は、全くこれによって律せられることとなるから、何よりも重大な意義において、その神観を吟味せねばなりますまい。

国家の興亡をその奉ずる宗教によって、明らかに望み見ることができます。それのみならず、民族固有の長所を、宗教によって引き出され、その根底を有しながら、深く眠っていたものも、これによって覚醒せしめらるるに至るのです。

大和民族もその固有なる特色を、最高なる神観によって引き出され、その未完成のものは、完成に近づけらるるに至るはずと思われるのであります。その時こそ、真に民族は世界に対する使命を全うするのであると思います。

キリスト者である私たちは、世界主義を急いではなりません。また私たち自身の結実を、未熟の中にもぎ取ってはならない、これをゆたかに実にしなければならないと思います。東洋文明が、キリスト教の洗礼を受けて、いよいよその特色を発揮するに至る日を、待ち望みまた努力すべきであるのでしょう。日本固有の神道も、伝来した仏教や儒教もさらに一段の光輝を放ち、そして、近ごろロイス［Josiah Royce, 1855-1916］を初め、日本の「忠義」の精神のうちに在る異常の光明と価値とを認めて、学ぶ学者が世界に生じつつあることを知ります。神と人とは、父子であり夫婦であり朋友である関係のほかに、君臣であることもまた一点の疑いない真理で、神の真理は私たちにとって断言的命令であることは、真に、私たちの宗教的経験が佳境に入った時、真理中の真理として体験せられるのです。

キリスト教は、絶対服従を要求する宗教でありますが、文芸復興から生まれ出た西洋文明の精神は「自我の自覚」のほかにはないでありましょう。

武士道において主張される君臣の道の、その崇高な精神は、西洋文明の精神中には決して存在していないのでありましょう。ロイスはその著『忠義の哲学』［The Philosophy of Loyalty, 1908］の中に、日本の武士道における君に対する奉仕の精神を論じて、彼らはいかほどの「自覚」からそれをなすか、おそらく盲目的であまり意義のないものではありはしないか、というように言っている。これは残念であるが、一面の真理を言い当てているように思われる。ただ私たちは、日本のこの忠義の精神を、いかに自覚せしめ、そしていかなる方向へ導くべきであるかということは、最も微妙な問題であるが、真にこの民族の興廃消長に深い関係を有するのみでなく、その世界に対し、ことにいまだ発見せられず高調せられないキリスト教の根本真理の闡明《せんめい》に対して、貢献するところが重大であろうと思われます。しかしてこの精神は全世界のいかなる思想と配合させても、あまり光輝を放つことはないであろうが、ひとりキリスト教の心理に照応せしめるならば、驚くべき異彩を放つに至るであろうことは、誰も疑う者はないと思います。近ごろ出た、マッキントッシュの『キリスト教使命の特色』という書物に、ローマの君臣を論じ、その帝王崇拝を論じましたが、同情深く、またキリスト教の根本真理の連想にゆたかな暗示を与えながら論じている文字がありました。権威あるものに服従するのは悪ではないのです。ただ不合理な強圧に対する服従が屈従となり悪となるのみでしょう。世界人をして、キリストの永遠の権威の前に、絶対的に膝を屈せしめる使命を帯びたる者は誰でしょうか。私たちは、先進国なるがゆえにという、理由のない心で、海を渡って吹いてくる種々の教えの風に動かされずに、数千年間忍耐強く沈黙を守らしめ給うた神の深いみ旨を思うて、そのうちから生じたる生命の果実をもって、人類の渇きをいやさなければならないと思います。

日本におけるキリスト教の伝道、ことに神に対する人間の罪悪の問題、この民族が持つ固有の良き精神を進展せしめていきたいと祈るばかりです。

そして私たちはこの機会において、朝鮮や支那の民族性をもあわせ考えたい。東洋という偉大な意識が高く発揚せられて、西洋文明が私たちを開発してくれた大きい恩に報ゆるために。

新生活とキリスト教

私がここで言おうとしている新生活というのは、境遇や状態が従来と変化した場合、たとえば新たに地方から東京の学校へ来られたとか、いろいろそういうように境遇が変化し、独りでいた者が他人と共同に生活するとか、事業をするとか、一緒にいた者が事情で別々に生活して行かねばならなくなったとかいうような場合、それが得意な場合であっても、または失意の場合であっても、等しくその意味から新しい生活に入るのである。

この転機と宗教、さらに突っ込んで言えば私たちの信ずるキリストとの関係を少し考えてみたい。それは誰でも新しい問題に面するごとに、人は祈って主イエスの聖旨《みむね》を仰ぎ望むようになるからである。

人は誰でも新しい運命の経験をするとき自己を反省する。みずからはいかなるもので、当面の問題あるいは事情の中にあっていかなる位置にあるもので、その関係如何と考えるようになる。そして従来経てきた運命や経験を回想すると、そこにはわれらは感謝や悔恨やまた自分ながら気づかなかったいろいろな事実や暗示を発見する。種々な新しい経験に出会うごとに、過ぎ来し方がしみじみと想い起こされる。このようにして人は「機会《チャンス》」に自分の全体を見る機《おり》を与えられる。もしそうでなくむやみに新生活に踏み入る者があったら、それは危険千万で、また人生の真正な意義と貴重な教訓とを発見し得ずして終わるものであろう。これらは実に損失である。私たちがこの与えられた「機会」に至って、キリストによってなされたるわが生涯の恩寵の跡を辿ると、その時あるいはその事件だけでは理解することができずに侘《わび》しく悲しく過ぎて来た人生の悶《もだ》えも、今これを眺むれば深いキリストの恩恵によってなされたることが明白になってくる。

私たちはこのようにしてある「機会」に今まで無関心で過ごしてきた、自己の重大なる生活の意義に触れる。キリストを信ずるものにとっては、新生活とは、まず古くして新しき生活とその意義と価値との発見であろう。このようにして私たちの過去は、それが善であっても悪であってもキリストにおいて全く「恩恵《めぐみ》と救い」の聖能《みちから》の跡として、いまひとたび新たに私たちの眼前に現われてくる。キリストの豊かなる恩恵のつねに添い来たりし過去を振り返って想うと、私たちの将来の信頼深い運命の予想となる。

キリストの恩寵は過去において損失せしものを意義と価値とに復活せしむる聖能《みちから》である。ここにキリストにおいて反省せられたる私たちの自覚が生まれ出ずる。しかして真に新たなる生活の出発となるのである。

「日の下には新たなるものなし」と歌った詩人もかくては新たなる生命の出発に赴かねばならなくなるであろう。

キリストは無限に発露する顕現であり進展である。歴史を造る文化価値は決して繰り返すものではない。つねに新たなる価値と意義とに向かっている。私たちは決して古き生活を繰り返してはならない。ただにその外的方面のみならず、ことにその内面的意義と価値とにおいて真に新たな進歩でなくてはならない。キリストこそ創造者であるから、私たちの生活の過去および現在において常に意義と価値の新たなる創造を経験することができる。彼において私たちはつねに新たなる自覚を経験せしめられている。この人格的自覚の発展こそ真に新生活そのものである。

生命の道

一　事変と個人

自然界の異変は一まずしずまったようですが、私たちの心と身の上に与えられたいろいろの問題をいかに処して行くべきでしょうか。何よりもまず「生き残った」という事実と「生きて行く」ということは自分の力だけでは保証していかれないということを今度もつくづく想わせられます。しかも生きていくからには、真に生きがいあるように、この際困難や失望の誘惑と戦い、すべての儚《はかな》い執着、あるいは今までのような物質にのみ望みを掛けこれに頼る不安定な生活から覚醒して、天地の創造者なる真の神による正しい精神的な新生涯に入りたいと思います。「朝に道を聴いて夕に死するも可《か》」との崇高な信念と平和とを心に蔵してこそ、万難を排して力強く新しい生涯の建設へ向かい得るのであると思います。

二　事変と祖国

この際個人のことばかりでなく考えてみますと、愛する祖国を危くするものは必ずしも天変地異や暴徒ではなくして、華美・淫蕩・不正・不義・迷信また正しき神を忘れたる不健全な思想から来る人心の堕落であると思います。歓楽と平和の間に音なく響きなく来るこれらの腐敗力は、個人または民族を最も恐るべき滅亡に陥れます。あのローマ大帝国の末路を想起せずにはいられません。このたびのことは衆人等しくこの点について天よりの大いなる警告を受けたように感ぜられます。人心の腐敗ほど恐ろしいことはありません。これはすべてのものを悪用しますが正しい者はすべてを善用してゆきます。要するに根本の問題は「心」の問題です。しかしてこの「心」ほどまた危いものはないので、その危機から救い得るものは、自分の力ではなく大いなる正しい聖《きよ》い神の愛の力による信仰の生涯のほかはないと思います。

三　宗教の真理

宗教の真理であり、また人は神を信じてこそ真に人の人たる真面目を発揮するに至るものであることは、最も明白に直ちに認めることができると思います。第一に「生きる」ということは頼ること、すなわち肉体の生命も水や食物空気等によって保たれていきます。これらのものを盛んに取り入れるのが健康者で、少し食し呼吸も少なくしかできない者は病人、全く他の食物や空気やに頼れなくなった時死が来るのであります。このように頼ることが生命の原則でありますが、物質ばかりでなしに心もまた何者にか頼るのが自然で、実際何者にか心を打ち込んで生きているのですが、心の頼る相手こそ滅びず朽ちない生ける神でなければならないと思います。「人はパンのみにて生くるものにあらず」とイエスは教え、神の限りなき愛に信頼して真《まこと》の安心立命を得て、すべての儚《はかな》い物質にのみ頼る生活から常に精神的自由を得て生活していくのが、人の本分であると教えています。「汝らまず神の国とその正しきとを求めよ。さらばすべてこれらのもの（衣食住）は汝らに加えらるべし」。イエスはさらに教えて言われるのには、人の生命は所有物に依らぬものである、人生の根本実在である神の生命に頼っているか否かによって真の興廃が決するのである。「全世界を得るとも、もしその生命を失わば何の益あらんや」と言われた。その生命とは必ずしも肉体上の生命のみではない。物質の世界が滅亡するときもなお、最近の生物学者や心理学者の証言するように存続する霊の生命が神によって生かされる。罪と汚れより救われ、神の永遠の生命の感化を受けたものは、すべての儚き執着より自由を得、しかも有意義に人生を送り、勝利の一生を過ごすことができるのみならず、永遠の世界に生きるに至るのであります。現在多くの下らぬ迷信が流行しているために、宗教の真理が疑われていますが、実は人をして真に生命に導くものであると思います。

四　人生の価値

私たちにとって価値あるものは金銭を初め多くあります。しかし真に大切なものは案外少ないのです。まず第一に今価値があっても少し先に行くと価値を失うものがあります。例えば子供の玩具、秋の団扇《うちわ》のように、金銭でもこの世ではなくてはならないが永遠の世界から考えると価値を失う。人は現在もいつまでも変わらぬ価値を有するものを求めなければならない。このように価値あるものを求めて行くと神と永遠とに至るのです。

五　現世と道徳

ある人は「人生は乱脈で、正義なものが幸福になり悪いものが亡びるとはどうしても思えない。しばしばその正反対の事実を発見する。正直なものは馬鹿をみて悪人が栄えて行く。善悪よりも素速《すば》しこいものが勝つのであるから人間は正直にしてもつまらない」と言う。イエスの弟子の内で第一の学者であったパウロも「もし人に復活の来世がなかったならむしろ飲食するのがよい」と言ったのは、人生はこの世限りでないから真面目でなければならないことを言い表わしたものである。人生を喩《たと》えて見ると刺繍《ししゅう》のごときもので、現世はその裏面である。赤や青や種々な糸が乱雑に置かれているが、一度その表を返して見ると、整然たる山水あるいは花鳥が描かれている。裏面の糸は文字通り一糸乱れず皆その所を得て美しい芸術品が出来上がっている。現世を貫く永遠の宇宙こそ神の完全な芸術である。哲学者カントの言ったような道徳の世界は厳然として神の支配し給う世界の実在である。

要するに今考えて来たように、神と永遠とがなければかえって不合理となるように思われる。その神は一体どうしたらば実在することを認め得るであろうか。このことについて次に一言述べて見よう。

六　神の存在

これにはいろいろの考えがあるが、一番科学的な考え方は、一体世界の存在物は皆対象を有している。目には光、耳には音響というようにすべて相手を持っている。もしその相手がなくなればその片方も進化の理法に従い退化してしまう。深海の魚族には目のないのがあるが、昔はあっても光線が来ないので目の必要がなくなり省かれてしまった。このように人生すべてこちらにあるものには相手を有しているのであるが、人間が宇宙の人以上の神の霊と交通する宗教心を有しているということは、一時的のことではない。原始時代から文明の今日に及んでもなお連綿としてますます盛んになりつつある。唯物論者や一、二の学説なぞは一切構わず、全世界の人類は神に祈り神の指導をねがい、大政治家も学者も真面目に人類の福祉を神に祈願している。古今東西を通じて人類の歴史の一大事実として存在している人の宗教心は、単なる迷信に過ぎないとは思うことはできない。この大いなる事実がある以上、他の存在物のごとく神が実在すればこそ人生に宗教が絶えないのである。ゆえに神は確実に宇宙の実在者であると考える方が当然であると思う。人はこの神を信じてこそ、初めて真面目な正しい意義ある真に幸福なる生涯に入ることができると思う。神を信ずるということは、まず自己の心に浮かぶ神に向かって静かに祈りを日に幾度か捧げることを試みる。単に自分だけにて焦慮するものでなく、心の内の神を祈念しつつ運命を開拓して行くのである。これだけではならない。なお進んで真の宗教生活に入る必要があるが、限られた字数にこれ以上述べることができない。神を認めなかった方は神の実在を信じてこれに向かって祈祷を試みて戴きたい。なおキリストが教えたこの宇宙の神は、偉大なばかりでなく愛と救いの神である。心より信頼して行くものには必ず真の光明と、現世限りでない永遠の生命とを与える神である。相共に正しき神を信じて限りなき生命の道を雄々しく進みたいと思います。

宗教意識に基づける生活革新

一

序言　すべて不合理にして価値なき生活の分子を除去し、その余れる能力を意義深き生活の根本生命に注ぎ入れて能率を増進せしめなければならない。

私たちがそのように気づいた時、漫然として生きることはできないのである。機械文明がなし遂げてきた科学的必然の道は、ついに人間の自殺を促すに至った。人間が文明のために存するにあらずして、これを支配し利用するところに文化意識の意義が存するのであるが、私たちはさらに進んで文化意識が拠る基調とその革新について考えたい。

二

生活の基礎　となるべきもろもろの事物がある。物質に拠る生活の出発は論議する必要もないが、精神的生活において私たちは常にその中心とする根拠を宗教に見出さなければならないと思う。

ある人びとはそれはあまりに迂遠で何の意義もないと言うかもしれないが、生活に必要なるものあるいはその環境は生活そのものの全体性の定義と、それが含む真理内容によりてその価値と意義とを生ずるのであるから、私たち人間の全体性をまず考えて見なければならないということに帰着する。それには帰納的方法と演繹的方法の二途があることはだれも知るところであるが、帰納的に一つ一つ経験して人生の価値あるもの、意義あるものの一般的、もしくは恒久的な物質的および精神的経験がもたらす知識について、私たち人間の全体性とその生活をほぼ推察し、経験によりて淘汰され純粋化された極めて価値深き生活材料によりて生きていくようになるのである。が、このような主観が生む一種の客観的真理の自覚だけでは足りない。経験を絶した真の宗教的意識が、私たちにその生活の無限と聖なる霊的祝福とをついに与うるに至る生命の経験を基礎として出発しなければならぬ。

三

距離と価値　について述べて見るならば、私たちの生活全体がもし幼児時代をもって終わるものとすれば、牛乳は人生最高の価値となり、金銭以上のものとならなければならないのである。が、さらに青年壮年の生活をその全体性の中に取り入れて考うる時に金銭もまた価値多いものとなる。

それのみにとどまらず、私たちには精神的生活とその永遠があるが、この意識を取り入れて見ると、金銭もまた最高のものではなくなる。ある人びとにとっては金銭は万能のごとくであるが、「金銭は何処へもの通行券であるが唯二つだけ役に立たぬ所がある。すなわち天国と幸福とである」という言葉がある。なるほど死んでいくものに、金銭は何の役にも立たぬ。また幸福の源泉である潔き愛や同情は金の力では買えぬ。もし金で動く心ならば頼みにならない。

こう考えてくると人間にとって金銭が最高の価値であり、生活の目的であってはならない。私たちが物質以上の距離まで来て、初めて人生における金銭の価値を正常に見定めることができるように、神とその永遠とを生活の全体性に取り入れて想うときに、さらにまた人生のすべてについて価値判断が変化し、あるいは顛倒するに至るのである。しかしてこの最高の生活意識から引き出して、最も優れたる本質的な無駄のない真に価値ある生活をなすに至るのである。

四

真理なる生活　文化意識が一つ一つ自覚し、これを総合して、帰納的に一つの真理を自覚した時に、生活の革新が行なわれていくのである。私たちはすべての不合理にして価値薄き努力を省略し得んために、生活の根本問題にまで突き入り、しかして永遠の自覚に交渉せしめつつ、現在を開拓し創造していかなければならない。
例せば吾人が現在有する苦痛あるいは困難疾病その他種々なる人生の事実について考うる場合にも、ただその時々における意義と価値とに限定せらるるならば、何の意義も価値も発見し得ないものでありながら、生活全体の上から見て初めて貴重なる意義を発見するものが多い。生活の革命を歌うをもって終生の使命としたるブラウニング〔Robert Browning, 1812-1889〕も、神と永遠とを認めて初めて人生は合理的なりとしたるカントも、等しく最も深くまた大いなる意味において、この真理を生活したるものと言わなければならない。

五

結語　私たちの平凡に見ゆる日常生活の一つ一つが、このような永遠なる光明より導き出さるるならば、その生活こそブラウニングの語りしように、目前の価値ありと見ゆるものには見向きもせず、かえって人びとに軽視せられ何気なく見過ごさるることに非常なる注意を払い、また努力するに至る。かくのごとく永遠に目醒めたる者にとっては、人生の幸不幸、その得失は、真に意想外の点に懸かれるを知るに至るであろう。私たちは物質に溺れず、人生に溺れず、神の愛によりて人生に生きなければならない。

クリスマスの所感

一小村落の旅舎に人の世のなんらの用意もなく単純にして最も貧しく生まれ給えるは、主イエスである。爾来《じらい》風雨二千年、世界の風潮はようやく変化し来たった。

個人も家庭も社会も国家も、今はイエスの精神に拠らずして安全に存立し能わざる形勢を示すに至った。吾人はこの千古未曽有《みぞう》の機会においてクリスマスを迎うるを深く感謝に堪えず思う。されどもキリストの戦いは決して勝利の声を挙げたるにあらず、「地にも成らん」としつつある微光を認めしに過ぎない。

欧州の開国以来、社会・国家・国際問題に関する新しき研究もしくは試みが盛んになった。これらがすべて最も多く教会に負うところあるは彼らの漸く認め出したる事実である。同時に従来の教会の欠点短所が彼ら研究者によりて指摘せらるるに至ったのは最近の一傾向である。吾人はさらに教会をして彼らを指導し得る実力を養成せねばならない。したがって従来と異なりて社会国家の政策上、キリスト教を利用せんとする傾向が多くなるであろう。この時に当たって吾人の伝道が彼らの接近を利用することあらば実に由々しき大事であると思われる。吾人は常にクリスマスの精神を失うてはならない。

ロビンソン氏の著『欧州の回心』に今日全欧州の教会は再び回心を要すると言っている。欧州のキリスト教の幾多が物質的文明と妥協し、これを利用したる結果、有名無実生命なきものとなりしを強く主張している。これらは事実の教訓である。さらにまた近世のキリスト観がしばしば近世の思想にかぶれて主観主義に陥り、その「キリスト」たるの権威を無視しつつある者がある。小冊子『国家および教会の新地平線』に「キリスト教はキリストに帰れ」との一節があり、パウロがコリント前書二章に「兄弟よ、我さきに汝らに至りし時言と知恵の美《すぐれ》たるを以て汝らに神の証《あかし》を伝えざりき。けだし我イエス・キリストおよびその十字架に釘《つ》けられ給いし事のほかは汝らの中にありて何をも知るまじと、心を定めたればなり」（コリント前書二・一）と言えるは今日吾人に最もよき教訓である。

キリスト教があらゆる人類労作の中心に位してよくこれを指導し得ると否とは、ひとり二千年の昔、ベツレヘムの馬槽《うまぶね》に生まれ給えるその「キリスト」を最も単純にかつ純粋に吾人の生命となし、一致団結、しかして神の国の建設のために奉仕すると否とに懸かっている。吾人はこのクリスマスにおいて、やがて吾人の前に展開せられんとしつつある問題に対してキリストにおいて最も能く準備せられたる勢力を尽し、すべての問題の中心にクリスマスを生ぜしむべき使命を切に感じかつ祈りつつあるものである。

理想としてのクリスマスを迎えて

この感謝に溢れたクリスマスを迎うるに当たって、私のような何も深いことや広い大きい世界とか人類とかいう大問題などよくも分かりかねる者にも、筆紙に尽すことのできない小さい胸の嘉悦が湧いております。

しかし私は、今年のクリスマスはいろいろの人びとにとっていろいろな深い感銘がありましょうが、どうしてもまず米国の現大統領もしくは彼のような立場にある人びとの心中を思わずにはいられません。彼が狂気に近いほどの焦慮をして、ただ一人の密室に何をキリストに祈っているでしょう！　彼にとってこのクリスマスは真に生命であり、希望であり復活また深い理由ある慰めでしょう。昔、関ケ原の戦いに勝利を得た時、人びとは武具を除《と》って休息しようとした時、家康は戦さの最中には用いなかった兜《かぶと》をかぶったと伝え聞きます。

今この世界はまさにいろいろな運動とともに、いろいろな事実がすでに現出《あらわれ》ています。大勢に逆らう者は亡び新世界の潮流に乗じて棹《さおさ》す者は栄え行くであろうと人びとは申します。そして平和の歓喜に充たされています。真に然りでありましょうか？　その潮流は動き始めたが向かう所が定かでない。あるいは西し東して、これをいかなる方向へ指導《みちび》くべきかという、理想と言うてよいか方針と申してよいか、が判然していないような気がします。ただに前途を指導すればよいのでしょうか？　「基督《かみ》なき文明」の築いた罪悪《つみ》をどうしたらよいでしょうか？　この二つの最も重大なものが、前途を暗くしているようです。

先年、富士見町教会の婦人会の催しで軽井沢に夏期学校の開かれた時、私も参りました。そして一冊その時分出版された本を持っていました。植村先生が「それを見せろ！」とおっしゃいましたので手に渡すと、しばらく見ていられたがただ「ふーん、ふーん」と言って私の顔を見ていられました。その本の名は『大戦乱の世界に対するキリスト教の抗議』グリフィス・ジョンズ著でした。内容は長くなるから省きますが。

（一）信仰に対して（二）自然的文明に対して（三）道徳に対して（四）家庭に対して（五）国家主義に対して（六）軍国主義、また（七）宗教に対しての抗議であります。

私は今クリスマスを迎えつつ、かかる種類の本を熱心に読んでおります。それを真から感謝しております。私どもは平和な時代に恐れたりまた苦悶し得る特権が恵まれているのであると思います。ゆえに「キリスト者は常に少数の抗議者」ではありますまいか。プロテスタントの意義がこのクリスマスにいよいよ鮮明にせられ、クリスマスより生ずる私どもの「理想」が高く天にまで至らねばなりません。その道を開き給うて天より地に「われは世に平和を出さんために来たりしにあらず刃を出さんために来たれり」（マタイ伝一〇・三四）と宣《の》りたもうた救い主の生まれ給える日に。

神よ、五カ年の久しきにわたりて支払われたるあらゆる恐るべく尊むべき犠牲によりて生じたるこの事業を完成なし給え、アーメン。

無題録

平和

キリストの降誕を祝して「平和の君」と人が言います。それは人と人……そのあらゆる関係においてしかるのみならず、実に神と人びとの全き和睦《わぼく》であるゆえでありましょう。

今後の文明は、あたかも都会の発達がその地面を互いに争い取る余地を見出し得なくなり、二階、三階となりおのずから上に延長し行くごとく、横の文明、すなわち「神なき文明」Godless Civilization は行き詰まって今や縦の文明に至らざるを得ないことを等しく痛感しているのでしょう。僕は社会問題など余り深く知りませんが、それらの運動もこの事実を外にしてはおそらく失敗を招くのではありますまいか。平たく言えば物質文明は複雑になり増加すればするほど、個人も社会もそれ自身は苦痛と困難と増すばかりではないのでしょうか。そしてかかる文化の産み出すものは彼《か》のギリシアのダナイスたちのように「底無しつるべ」で水を汲む結果と等しく、疲労と困憊《こんぱい》とが残されるばかりでしょう。ところが先日ある先生から、お前は「孔雀《くじゃく》信者」というのを知っているか、と訊《たず》ねられました。「知りません」と答えましたら、「天を飛ばずに地上を羽を広げて摺《す》って歩くクリスチャンのことさ」と言われました。今日《こんにち》は信者までがかかる名前をつけられるような恐ろしい時代に踏み込んでいるのではないでしょうか。今度の大戦争（注、第一次世界大戦）でもその原因はたびたび単純に信者のキリストに対する「信仰の態度」、その歩み方から起因したのではありますまいか。全くロビンソン氏の言うたように、物質文明に押し流された欧州の宗教界は「回心」しなければなりますまい。大いなる犠牲をして意義あらしむるのは実にこの一点に存すると申しても過言ではありますまい。

僕はロダンが彫ったあの「ダナイスたち」の像をじっと見詰めて思いに耽《ふけ》っています。

平和と申せば、僕は大戦の開始されたばかりにカントの『永遠の平和』を購い求めて、以後戦争中、同題目の数種を手にしてきました。その中で名はコスモスと記号をもって著わされた『連続すべき平和』Durable Peace を読みました時、国際間における平和の連続はただ「献身」Devotion である、相互の奉仕の精神より外にはあり得ないと申しています。人生は、いな宇宙の真相はウォード［James Ward, 1843-1925］が言っているように「生きんために死すること」ではないのでしょうか。「人生の成功とは何を汝が得たかというので計るのではなくて、何を汝は与えたかということで計られるのである」とかつてブライアン［William Jennings Bryan, 1860-1925］が演説したのを聞きました。国家の理想もまた変わらなければなりますまい。個人も社会も国家も、この真理中の真理の外には平和を確保すべき何ものも存在し得ないはずと思います。まことにクリスマスは平和の原動力でありましょう。

単純

次に「文明」は、僕らを複雑と多忙とにスリヘラシてしまうかと思わるるほど目まぐるしいように思われます。そしてすべてから取り残されていくように心細く、何ものも「ツカム」ことができない中に終わってしまう不安を強く感じさせられます。

僕は先ごろワグナーの Simple Life を読んだことがありますが、このごろカーペンター［Edward Carpenter, 1844-1929］の『生活の単純化』Simplification of Life という書を見ました。そしてかなり面白い目標だと思うています。ものには要点があります。イエスもかつて「無くてならぬものは多くはない、あるいは一つでもよい」と仰せられたように、この雑然たる社会的生活の中にも生命となすべきものはただ一つでありましょう。彼《か》の二千年の昔、ユダヤのベツレヘムの寒村に人の世の何らの用意工夫もなしに、星のまばたく夜、ヨセフとマリアに守られて藁《わら》の中に最も単純に貧しく生まれ給うたイエスこそ懐かしい暗示ではないでしょうか。虚栄と偽善に流れ行き、また黄金の力に目まいしている現代の生活に、クリスマスを迎うるは感謝に不堪《たえず》と思われます。おのずから心の平和も生じ来たるでありましょう。

自然主義の理想

として、クリスマスを思うています。あまり言葉はよくないのですが、僕は処女降誕を、今ほんとに真面目な心で仰いで感謝しています。真の自然主義とは(少なくとも究極的に言えば)性的自覚は不必要となるべきはずと思うからであります。男も女も今や同権同位、互いに相依ではあるが、また独立の方向に進んでいます。僕はこの夏カーペンターの『中性の研究』Intermediate Sex を読んで興味を感じています。処女より生まれ給えるイエスは「童貞」をもって世を去られたのです。「天国には婚姻はない」とイエスは仰せになりました。社会の気風、男女間の大問題も、理想をそこに発見し得るように思われます。清い愛の行なわるるのみならず、さらにそのイエスを信じその愛に浴してこれに引かれて生くることは、動物的生活より精神化せられて神の子の生活に至るのでしょう。

目的

として僕はクリスマスを思います。人類進化の目的でありましょう。深い意味においてまた良心の進化の目的でありましょう。ラシュダール〔Hastings Rashdall, 1858-1924〕の『良心のキリスト』や、リチャードソンの『良心の起原および権威』を見ても、またカントを振り返って見てもそう思われるのでありますが、もし人生にイエスが来たり給わなかったなら、人の良心は、帰省するところがない宿無しのように、他人も我もかえって傷つけ殺すのでしょう。

クリスマスは実にしばらく行きなやみ判断に迷う生活の指導者、良心の権威であります。僕は最後に神の観念に関する最も重要な問題の中心点として歴史的キリスト、すなわち「クリスマス」を深く考えてみたかったのです。哲学からも神学からも、力も及びませんが時もまた許しません。たとえドイツの西南学派の人びとが主張するように実在の客観性を論理的に断定し得ようとも、また人格的唯心論 Personal Idealism が増加しようとも、つねに中心を離れてのみ存在し得るに過ぎない思索の空しい問題にあらずして、歴史に顕われたる神を、人生に与えられしクリスマスの無限の感激を、思わずに過ぎることはできないと思うのです。

これを精神的に見ればクリスマスの教訓にはさらに深い妙味を有していましょう。しかし今はそれも及ばないことです。僕はひたすら救い主の生まれ給えることは夢でも幻でもなく事実であることを感謝している次第であります。

どうかすべての生活の中にこのクリスマスの生命が呼吸して、新しい世界へ新しい人格また制度・組織がここから巣立ち行くように祈って止みません。

この大いなる人類の転機に相当する、しかも「産みの苦しみ」をなしつつある時代のクリスマスを迎えて、誰でもいろいろな、人相応な感想を抱いているでしょう。で僕にも多少はあります。しかし賢明な皆様の前に、論文などにしてお目にかけると言ったところで実際は何になりましょう。ただ貴重な時間とページを費やし棄てるまででしょう。

それでもこうしてペンを執った理由は、「あてにして待っている、クリスマスの論文を書け」と運賃先払い式、あるいは集金郵便でよくあるような葉書の一通が机上に運ばれたためです。そこで弱い僕は感心（?）の事情から全然お断わりすることもできないから、ただ心に浮かぶままの感想を少し断片的に書かしていただくことに定めました。

クリスマスと永遠

永遠！　ということが鮮明に意識せられ、また思慕せられる。すべてに永遠の色を漂わせて初めて意義あるように思われてくる。

このごろの私たちには全く聖書が新しくいかにも生き生きとして味読せられる。そして永遠と神とが近い。

罪悪の世にキリストの救いと復活の生命が強く働きかけているのを感ずる。キリストの愛とその十字架。私たちはやや呼び醒まされたこのごろの感覚をもってこれを切に意識する。彼と共に古き自己に死に、彼と共に新しき永遠に向かう生命に生きねばならない。

生きて行くことはむずかしい。罪と戦い自己と戦うて真に贖罪の恩寵に醒むるに至るまでは平和の歩みはない。しかし救い出されたる者、贖われたる自己を与えられた者にとって、すべて人生は満足であり感謝である。罪と不合理となお多くの堪え難い事実の世に、感謝を胸に抱きつつ主の十字架を負うて生きて行くことができよう。クリスマスの事実は人生において最も薄幸なる貧しき旅行者の孤独無援なる儚《はかな》く侘《わび》しい旅先の一夜の借《かり》の宿りから生じた。単純に見るならばむしろ悲しむべき出来事のごとく見えたるその所より、ついに人類永遠の救いの門戸が開かれたのである。

クリスマス！　真に人類祝福の源泉である。念じてこの前に目を開けば、いかなる人の心にも平和と生命の新たに生まれ出ることを経験するであろう。罪も死さえもその権能を失い、キリストの十字架より射し来たる光のみこそ永遠を照らし、そしてそこに導くのを覚えるのである。

講演篇

新約聖書におけるイエスとその弟子

序言　講演の目的

新約聖書の根本精神を生命に富める力として鮮明にし、かつこれをわれわれの体験に持ち来たらすためにはいかにすべきかについて、その真理を正しく掴もうとするのは聖書研究の生きた問題である。しかしてその目的を達せしむるために、実際的に聖書それ自身が生ける能力となって働く。すなわちその目的を達するために、私は科学的方法・神学的説明を避けて、単純にイエスの生活せられたそのままを新約聖書の言葉通り、説明解釈なしに写して、ここにイエスと弟子との関係を現わし、その研究の目的を全うしたいと思う。

またそういう目的において進むならば、新約聖書の示している間違いのない、大いなる方針がある。新約聖書はキリスト教の教義の書物にあらずして、キリストの人格に関する記録である。新約聖書が救うる根本真理は教義の宗教・理論の宗教にあらずして、むしろキリストの生ける人格とその交渉であるということは誰も異論のないことと信ずる。私はフォーサイス[Peter Trylor Forsyth, 1848-1921]博士とともにまずそこに中心点を置かなければならぬと思うのである。

第一講　イエス・キリスト

(一)　新約聖書の根本問題は、イエス・キリストの人格の問題である。キリストをいかに解釈するかということによって、キリスト教の真理内容が変わり、これが変わればおのずから体験が変わる。この点は根本的に厳密にする必要がある。この例を申せばいくらでもある。もしキリストの解釈が不徹底であるならば、われらの道徳的生活は次第に乱れ、良心の煩悶もなくなる。これほど恐ろしいことはない。キリストもこれを是認すると考えるならば、当然良心も悩まなくなる。

キリストを知らぬ人は世の評判や社会的制裁を考え、左右を恐れて世を渡るゆえ、臆病で大胆なところがない。しかしキリスト者は弱く見えても信念をもって進むから、親が反対しても進む。キリストの人格・品性に誤解があるならば人生を送るに非常な錯誤を来たし、社会を乱す。この意味でキリストの人格を学ぶは、根本的に重要と思う。

これは比較していろいろのものから明瞭《はっきり》させなくてはならないが、今日暇がないから項目だけを挙げて置く。(一)　他の宗教的天才との対比。(二)　旧約聖書に現われたるメシアとの対比。(三)　イエスの教訓および行為より帰納したるキリスト。(四)　彼の自意識における彼自身。こういう風に考え、キリストの人格を知り、生命《いのち》を知らんとするのであるが今はすべてを省略して、(四)の「キリスト自身がいかに自覚しておられたか」の問題を研究したい。キリストが偽善者か嘘つきでない限り、少なくとも狂者でない限りは、キリスト自身がいかに意識したかは弟子たちやパウロが知れるよりも明瞭・確実である。これを忠実に辿《たど》ることは最も適当と思う。

イ　キリストには神の独り子の意識があった。言い換うれば神性 Divinity の自覚があった。このことを先ず考えたい。キリストが感じておられた独り子の意識および神性の自覚は新約聖書の中に種々言い表わされているが、特に注意すべき二つの表現がある。一つは人の子という意味、もう一つは神の子という意味である。

人の子という意味はいかなる意味か。イエスは聖書にいかなる意味で人の子と申されたか。神学上からは種々議論もあるが、大掴みに言えば人間の仲間になり、ことに弱い人の仲間となれたという意味である（マタイ伝一一・一九、ルカ伝七・三四、九・五八）。それは実に神が人となったということである。イエスが神であると言えば笑っている者もある。われわれの方から思想的に考えるならば、神がわれわれを愛し救い給うのは、われわれの罪に同情してかく憐れみ給うのである。それほどにイエスは人の子である。神が愛なれば自分で苦しまれる。他人事《ひとごと》ではないと思われる。神が愛でないならばかく弱い人となられなかったであろう。神はわれわれを啓発する良き教育者である。教育というものは、大いなる者が小さくなって子供の前に出ることである。宇宙は真理さえあればよいのか。その真理を解き明かさねばならぬ。これが教育である。

大学の教授がドイツ語まじりで堂々と天下の真理を、幼稚園の生徒の前で語っても、それが子供に受け容れられなければ何にもならぬ。それよりもお伽話のおじさんとなってお話をする方がよい先生である。最も解りよい話をする人が最も良き先生である。教師が生徒をよく理解することが最も大切な点である。神は最もわれわれを理解する。偉大なれば偉大なるほど近く在《いま》し給う。この意味で人の子である。Self-limitation すなわち自己制限、偉大なる者が自己を制限してこないならば人として歩むことができぬ。

イエスは人の子として全く人と変わったところがないのであるが、しかもその根底において特殊の権威があった。ピリポ・カイザリヤの旅行中、人びとの在らざりしとき、弟子たちに問うて「群衆は我を誰と言うか」（ルカ伝九・一八、マルコ伝八・二七、マタイ伝一六・一三）と言われ、ペテロの「汝はキリスト、活ける神の子なり」（マタイ伝一六・一六）との答えを聴いてほめられた。その他の弟子たちはバプテスマのヨハネあるいは古《いにしえ》の預言者の再来とのみ答えた。イエスはこれには不満足であった。すなわちイエスは、預言者あるいは宗教上の天才と異なる意味において弟子たちがイエスを見んことを望まれたに相違ない。さらに人の子は地にて罪を赦す権威があることを示された。これには当時の学者パリサイ人も驚いたのである（マルコ伝二・一〇、マタイ伝九・六）。また「人の子は安息日の主たるなり」（マタイ伝一二・八）と。旧約聖書の思想を辿り来るならば、かかる言葉中に、モーセの律法以上に比類なき権威あるものとしての意識を見出すのである。

次にイエスの神の独り子の意識について見るならば、これは多数の子たちの中の一人という意味ではなく、特別な独り子であるとの自意識があった。「わが兄弟たちに往きて『我はわが父、すなわち汝らの父、わが神、すなわち汝らの神に昇る』と言え」（ヨハネ伝二〇・一七）。また御自身は「この世に現われない前からあった」との意識があり、天神様は偉いからと言って神に祭り上げたようなことではなく、イエス御自身から天地の創造の初めよりあったと言われる。「さらば人の子の原《もと》居りし所に昇るを見ば如何」（ヨハネ伝六・六二）との御自身の御言葉で、ヨハネのロゴスの説よりももっと確かである。この意味においての人の子である。人の子という一方には、神の子という連想がある。

神の子の自覚、福音書によって見ればそれが明瞭である。神の子ということを省いてただ、子とも言われた。ペテロが「汝はキリスト、活ける神の子なり」と言った時、イエスは「血肉汝に示せるに非ず、天に在すわが父なり」と言われた（マタイ伝一六・一七）。「すべての物は我わが父より委ねられたり。子の誰なるを知る者は父の外になく、父の誰なるを知る者は子また子の欲するままに顕わすところの者の外になし」（ルカ伝一〇・二二）。これ皆イエス御自身の御言葉である。また「これはわが愛しむ子なり」（マタイ伝三・一七）。「汝もし神の子ならば云々」（マタイ伝四・三―七）。実に神の子の意識が溢れている。

これを総合すれば、人の子という中から神の子の意識がにじみ出している。神の子という実に強い意識の中に生活された。人の子といい、神の子という、この二つの意識はいかなる意味を現わしているか。㈠　神に対する完全なる認識、イエス御自身の外に智者も哲学者も誰も神を完全に識る者はない（ルカ伝一〇・二二）。㈡　神に関する知識がすぐれていたばかりでなく、人格の高潔なる、純潔無比なる品性において罪の汚れなく、全く神と隔てのない意識において独り子である。だれも匹敵する者がない。このイエスの人格の本質を明瞭に理解することは、キリスト教において根本的に必要なことである。「誰か我を罪ありとして責め得る」（ヨハネ伝八・四六）、あるいはまた「強盗に向かうごとく我をとらえるか」（マタイ伝二六・五五）等の御言葉の中に、少しも悪の力に侵されていない無罪の事実が理解される。本来罪は人格を傷つけ、愛を遠ざける。しかるに罪なきイエスには神と一つなりとの意識があった。これをイエスの御一生について全体的に眺めるならば、イエスは十二歳の時、エルサレムの宮へ両親《ふたおや》が尋ねて来た時、反問して「我はわが父と共に在ると知らざるか」と言われた。また三十歳の時、洗礼を受けて公生涯に入られた時、「こはわが心に適う愛子なり」との、神の声を聞かれた。十字架の上にも「父よ、わが霊を御手にゆだね」(ルカ伝二三・四六)と言われた。これが独り子の意識・独り子の自覚である。

ロ　イエスは神の独り子、子としての意識は終始一貫して変わらなかった。しかしキリストとしての意識・救い主としての自覚は、漸次に熟し、現われて来た。それゆえなおさらキリストの意識は尊くなる。まずイエスが幼少の頃から大工として親につかえ、神と人とに愛せられ、純潔無比の生活をなされながら、社会の様子・人類の罪・愛する者の矛盾の生活、を認められた。イエスは聖書を読み、神を愛している中に、堪え難い苦しみを経験され、触れるもの皆罪の力に圧倒されているのを感ぜられた。

そこでいかにしても、世の罪を除かねばならぬとの意識が次第に明瞭《はっきり》してきた。ところがまず第一に神の子としての意識から、罪を除かねばならぬ。これがイエスの自覚であった。しかるに当時のユダヤ人は、旧約のメシアの思想により、イスラエルを救う地上の王国建設の預言の成就を待ち望んでいた。「汝暁《さと》り知るべし、エルサレムを建てなおせという命令の出るよりメシアたる君の起こるまでに七週と六十二週あり、その街と石垣とは擾乱《さわぎ》の間に建てなおされん」(ダニエル書九・二五)。「エホバ言い給いけるは、見よわがダビデに一の義《ただし》き枝を起こす日来たらん、彼王となりて世を治め、栄え、公道《おおやけ》と公義《ただしき》を世に行なうべし」(エレミヤ記二三・五)。いかに旧約の時代の人びとが王国の建設を望んでいたか、いかに救い主を要求したかを窺い知ることができる。けれどもイエスは人生の罪悪・亡国に瀕する状態・その危険のどこにあるか、を御覧になり、この罪をどうしても処分しなければならぬとの意識が起こった。一番聖書において注意しなければならぬ点は、すなわち人類の罪がイエス御自身の苦痛となったことである。世の罪を警告・痛撃したのでなく、御自身からこれを苦しまれた。罪の渦巻の中に御自身を投ぜられたのである。これがキリスト教である。イエスはみずから旧約のメシアであると思われた。イエスは旧約聖書の熱心なる研究者で、旧約聖書のメシアの思想は未だ不備であることを自覚された。イエスの自覚にはっきり現われた人の子の事実、救い主としての自覚、この二つの相反的なものが波瀾を起こした。これは見逃すことのできぬ事実である。聖書を見ると、アブラハムより大いなる者、タビデより大いなる者、それらの者の主と自覚されている。「さればダビデ霊《みたま》に感じて何故かれを主と称《とな》うるか。ダビデ言う、主わが主に言いける は、我汝の敵を汝の足の下に置くまでは、わが右に坐すべしと。さればダビデ彼を主と称うればいかでその子ならんや」(マタイ伝二二・四一―四六、マルコ伝一二・三五―三六)。イエス彼らに曰《い》けるは「誠に実《まこと》に汝らに告げん。我はアブラハムの生まれいでぬ先より在る者なり」(ヨハネ伝八・五八)。もし新約の歴史を重んずるならば、この言葉は驚くべき宣言である。イエスは律法より大いなるもの、旧約の不備な点を補うて完成し、ダビデの後裔にあらず主である。一国の救い主でなく、永遠の救い主である(ヨハネ伝一七・五―二四)。

(二) さて次に救いの方法について語りたい。イエスはいかにして人類を救ったか。とにかくイエス御自身はひしひしと迫り来る人類の罪の苦しみに悩まされ、御自分の生命も摺《す》り減らされていくのを感じられた。神を思い、罪を思い、祈りに祈られた。三十歳にして内心の祈りの闘いが爆発した。そうしていかにしてこの罪を救うべきかを祈られた。旧約の思想は社会の改良・国家の改革・制度律法の改造にあるが、イエスは魂を救わねばならぬとこの点を狙われた。第一の方法は罪の処分、罪の内部まで解決するのである。ある人のごとく人生の罪を指摘して、その中に入らず、超然としているのではない。イエスはみずから罪なくして罪を感ぜられた。罪は多きほど懼《おそ》れなくなる。罪の少なき者ほど鋭く罪を感ずる。初犯の者は人の前に蒼白となり、戦慄するが、前科重犯の者は極めて楽天的で、驚くべき精神状態となる。いささかの罪なきイエスがいかほど苦しまれたか。吾人の想像に余りある苦痛をなされた。それがキリストの贖罪の十字架に現われ、第一に人となられた所以である。ヨハネに洗礼を望んだ時、我は汝よりバプテスマを受くべき者なるに、汝かえって我に来たるか、とヨハネは辞《いなみ》しが、イエスは、精神的または形式的の方法いずれに限らず、清くなる手懸りがあるとせば、あらゆる方法を尽したいと願われた。罪を負うために、罪の潔めのために文字通り本当に潔めを行なおうとされた。それほど罪の渦巻の中に共に苦しまれておられた。われわれの苦しむ前にいかに苦しまれたかを考えねばならぬ。吾人を裁く前にみずから罪の潔めを願われた。イエスは無二の友であられた。「世の罪を除く神の羔《こひつじ》を見よ」（ヨハネ伝一・二九）と言うヨハネの考えは浅かったが見当は誤らなかった。イエスはヨルダンの河畔にて洗礼を受け、内的革命の新生命に満たされて後、福音宣伝の公生涯に入られた。水より上がられた後の姿をヨハネはみて非常な霊感を受けた。実に、イエスはこの偽りと堕落との中に入り、共に藻掻《もがき》にもがき、血塗《ちみどろ》になられた。われわれの腐れた魂の中に入り一緒になってみずから人類の罪と交渉せられたのである。イエスが、ここに至るまでにはいかほど祈られたことであろう。そしていかなる態度をもってなすべきかについてはただ神の導きのままにゆだね給うたのである。かくしてみずからを投げ与え人類と共に苦しみ、その罪を任《お》うことは神の喜ばれるところであるという確信に到達されたのである。

(三) さて、イエスの自覚は溢れて熱を増し、驚くべき経験をせられた。イエスの生命が洗礼によって溢れ、静かにナザレの大工として生活されておられたのが、緊褌《きんこん》一起、キリストの第一声を人生に叫ばれた。この前にイエスは洗礼によって贖罪の道に入られたが、ここに非常な誘惑を経験された。

まず第一にイエスは幼き頃より旧約聖書を御覧になって、大いなる神の契約に自身が関係あり、それを果たしうることを感ぜられた。人の罪を任う贖罪の自覚をされた。しかし荒野の誘惑を受けなければならなかった。

御自身の胸中に非常な力を感ぜられた。一度起てば地上に彼の王国を建てうる。国家組織の改革・家庭の改良、それは焦眉の急であった。当時イスラエルの祖国は他国の圧迫を受け、人心は腐乱し頽廃していた。ローマ人の享楽的な淫蕩な生活、その政治的・道徳的堕落は極度に達した。その圧迫と苦悩とから救われんとの歎きが彼方にも此方にも起こった。イエスはどうしてこれを感ぜずにいることができたであろうか。

イエスは四十日四十夜の間祈られた。マタイ伝四・一以下、マルコ伝一・一二以下、ルカ伝四・一以下によくその様子が描かれている。イエスは断食して神に祈られた。そうしてみずから食うに食物なく飢を感じられた。徹底的に貧しく乏しき者に対する御同情が行き届かれた。人の子は枕する所なしと言い、あるいはこの石を変じてパンとなせと言われたことは、体験の福音である。まずパンを与えよと、ロシアの惨状のごとく望まれた時に、五千人に食を与えうるイエスにおいて、石を変じてパンとなすことに十分成功するに違いない。国家改造・社会改良に手を下せば名声を博したに相違ない。しかしこれらの目的は本当の意味で人類を救うのではない。

手段のために利用してはならぬ。人はパンのみにて生くるものにあらず（マタイ伝四・四）、これ机上の空論でなく、事実苦しみ経験された後の精神的な叫びである。物質的社会的貧民の救済事業、これはなすべきことではあるが、そのためにキリスト教は存在するのではなく、もっと根本的である。これらその形式的外面的の鋭い誘惑を却けられた。

良い意味の誘惑を考えられ、魂の問題にはいられた。人あるいは「キリスト教は社会事業にも慈善事業にも手を出さないで、ただ教会へ行っては自分たちばかり嬉しそうな顔をしているが、それは全く間抜けた話だ」と言う。しかしまたある人は「額に汗して人を追い求めなくとも、ただひとり思いを凝らし信仰三昧に入っておればよい、そうすればおのずから人びとは鹿の渓《たに》川の水を慕い求むるごとく、また水の低きにつくごとくその周囲に慕い集まって来る」と言う。しからばイエスはこれらのことについていかに思われたであろうか。

イエスは断然そのいずれをもしりぞけ給うたのである。悪魔はイエスを試みて言う、「汝もし神の子ならばここより己が身を投げよ」と。天から飛び降りるようなことは霊的三昧の境地である。かかる自己陶酔の状態に留まるのみでなく、みずから進んで十字架を負わねばならぬ。このことを考えなければ、前の人のごとく矛盾を招来する。そこでイエスはこの霊的遁世から避けられた。どういう風な態度をとられたか。霊魂の救いのために血を流し、十字架に懸かって、世の罪を任《お》われなければその伝道は成功せぬ。ここに一つの挿話《エピソード》がある。サンデー［William

Sanday, 1843-1920〕教授の『キリスト伝の近世的探究』(The Life of Christ in Recent Research, 1907)にダイスの画きし、イエスの荒野の肖像が二つも出ている。サンデーの解釈に、あれは冷たい石に腰打ち掛け、首を垂れ、黙祷している極めて単調なところである。山の起伏、面白味なく、その手は静かに組み合わせている。サンデーはすなわち「この単純な、無味な、何もしない主イエス」と言っている。先程から言ったごとく、この手を解き、左の手、右の手を挙げれば、天下は直ちに従《つ》いて来る。しかしこうしている。その足をもって天下を跋渉《ばっしょう》〔方々を歩きめぐる〕すれば社会運動も何もできる。しかし、あらゆるイエスの力を外部的の方に向けず、人生の根本問題に向けた。荒野においてそうであったのは、その御言葉でよく分かる。

悪魔は万国とその栄華とを示して、「己れを拝せば天下はお前にやる」。イエス彼に曰《い》う「サタンよ退け、主たる汝の神を拝し唯これにのみ事《つか》うべし」。イエスは野心家ではない。イエスの救いの方法は、焦眉の急に迫るもその誘惑から逃れ、もっと根本的の救いに身を委ねられた。

「モーセ野に蛇を挙げしごとく人の子も挙げられん」(ヨハネ伝三・一四)。「それ、人の子の来たれるも事《つか》えらるるために非ず、事うることをなし、又おおくの人の贖償《あがない》として己が生命を与えんためなり」(マルコ伝一〇・四五)。イエス御自身の心の中に贖いとなることを深く経験された。イエスは初めからかくなると定まっておれば、それはイエスという方は人形で、人格ではない。また強いられて信仰するならば、その人の値《ねうち》もなく、信仰せられた方も有難くはない。この意味において、人を愛し、神を尊び、贖罪という意識が明瞭になった。

「父よこの盃《さかずき》を取り給え」。十字架にかかる前の晩「汗は血の滴りのごとく地に落ちたり」と書いてある。それは卑怯な苦しみではない。それが御心であるかなきかを確かめられたからである。これはちょうどアブラハムが神に導かれて的《あて》なき旅に出たごとくである。どこどこへ行けと定められたのではない。神のみ栄えになるならば、いかなることも聖旨にゆだねて踏み越えねばならぬ。これが御心に適うか否かという時には祈られたが、ゲッセマネの祈りの後、このことの決心が確然とつくや、決然として起ちてカルバリの丘を指して上り給うたのである。これがキリストの態度である(マルコ伝一四・三四〜四二)。このように考えれば、十字架の道をとって、十字架の上で贖罪の犠牲になられたのは明白である。これが神の唯一の救いのために建てられたキリストの十字架である。

(四) 御自身進んで十字架を負う。御心ならば辞せぬ。ただ道であるかないかが分からぬ。この意味においてイエスの生涯に一貫した道は何か。これが第四の点である。

十字架を負うて本当に解決されたイエスの生涯を振りかえれば、幼き時から神と人とに待望せられ愛された非常な方である。エルサレムに凱旋された時は、地上を歩み給うは勿体ないとて婦人は麗しい晴衣を敷き、花を散らした。驢馬に乗り王者の待遇を受けて、衆人歓呼の中に、堂々と宮に入られた。余りにひどい歓迎振りであったから、反対党の者は、何故弟子たちを誡めぬかとなじった。もし人を止めるならばこの石が叫ぶであろうと、イエスは答えられた。その盛んなる時はあたかも朝日の出ずるがごとき勢いであった。社会・国家・地上の人類を救う王の王なるキリストとして、メシアとして、上からも下からも歓迎された。その時イエスはいかに感ぜられたか。「これはどうしても変だ」と、魂の根本の問題に苦しみ出された。多くの人の待ち望んだこととは大いなる懸隔《へだたり》があった。永遠の救いの中に人びとの期待を裏切って、矛盾を感ぜられた。そこでイエスは多くの人の人望を失った。人はイエスの真意を察知することはできなかった。バプテスマのヨハネさえも、獄屋から使いを送って「汝は救い主なるや、待つべき者は誰なるや」と問わしめた。十二人の弟子でさえイエスが本当に分からなくなった。愛したる者は呪うようになった。かくのごとくにして孤独のキリストは、神との交わりにおいてのみ独り生きられた。独りきり、世の罪を負い、これがために苦しみつつ、その根本を改めずに歩まれた。

（五）最後にギリシア人とイエスとの交渉について民衆は失望した。社会改良はされぬ。あれは似而非《えせ》者とした。その当時ギリシアの文明はアレクサンドリアに流れ込んだ。世界的古文明の中心たるギリシアにおいて、あれほどの思想家がギリシア人と親しくなれば、世界的の人となるであろうと望まれた（ヨハネ伝七・三三―三五）。ところがその弟子たちの想像がギリシア人の方からも来た。その時ギリシア人がイエスに会見を申し込んだ。「此方へ御出下さい」と好意深い言葉を受けた。一群のギリシア人が親しくなることを求めてきた。出る所へ出ればどうしても知られるであろう。多分ギリシア人もますます光ると思うたかも知れぬ。しかしイエスはギリシア人の招待をも却けられた。何と答えたか。「一粒の麦、地に落ちて死なずば唯一つにて在らん。もし死なば多くの果を結ぶべし」（ヨハネ伝一二・二四）と。自分の本当の生活を解してくれる招待をも拒み、十字架に向かわれた。

十字架に追いやられたのでなく、みずから選びとられた。これが贖罪の意味である。淋しい中に孤立された。これがキリスト者の態度であるべきだ。キリストに対する良心はあらゆる妥協を排して純粋であらねばならぬ。神より指し招かれてイエスは十字架を負い給うた。本当にこのような意味において、一粒の麦地に落ちずばそのままにてあらん、実に一粒の麦が地に落ちて多くの者を救う。野心を起こさず罪と闘い、人格的に罪を救い給うのである。
出世の糸口が開かれても、歓迎されても、それが神の御心ならざる時は断固として却けられた。「僕《ぼく》がそれを理解してやる」と言われれば、孤独の時には、非常に嬉しいがそれも却けなければならぬ。ギリシアの楽しき所に行かれず、あの険しいカルバリの丘に上られた。これがキリスト教である。

神の愛は純粋である。自覚に反したことは少しもなく、曖昧なことは一言一句もこれをなさず、人を利用することなく、一つ一つ自覚と信仰とによって歩まれた。この意味において、人格的独立の判断と自覚とをもって、神の前の一人として、家庭の人びととしていかに淋しく苦しくとも、進まねばならぬ。「汝ら我を離れて飼う者なき羊のごとくなるであろう。されど汝らの神は天にあり」と。淋しきイエスは驚くほど人生に徹底し、驚くほど神の御心を知って、唯一つの十字架を認められた。

自身で自身の罪に触れぬその曖昧な心、氷より冷たい心をキリストの人格によって顛倒《ひっくりかえ》し、真の生活に入り、神に帰りたいと思う。

キリストはそのために死なれた。そのために御霊《みたま》は今も言い難き歎きに苦しまれている。血みどろの罪の一生であるこの身を、キリストによって救われたい。神の羔《こひつじ》の一生をよく信仰によって理解すれば、われわれの罪の闘いは光栄である。なおまたキリストほどに苦しんだ方が、この世の人びとと共に苦しんで下さるのは感謝に堪えない。途中で行き倒れるかも知れないが、最後まで闘うて一生を送り、キリストの道を全うしたく思う。

第二講　イエス・キリストとその弟子

（一）　洗礼者ヨハネがヨルダン河畔に来たりてバプテスマを授けし時、「汝ら悔い改めよ。天国は近づきたり」（マタイ伝三・二）と叫んだ。当時ユダヤ全国は非常に疲弊して行き悩み、民衆の諸国から押し寄せて集うものは驚くほど多くあった。政治家・学者・貧しき者など、祖国の運命について深く憂うる者にして旧約聖書の預言を読んで救い主を求めている者は、あたかも旱魃《ひでり》に雨を待つがごとく、今やこの国を救う救世主の出現を待望したのである。実にこの行き詰まりたる祖国の現状を打開していかに国運を進展せしむべきかは、民族にとって最も重大にして切迫したる問題であった。

されば、ヨルダン河畔の民衆の熱狂は想像にあまりある。彼らはヨハネの声を聞いて、いかに望みを抱いたことであろう。イエスは彼らのその救い主を待ち望む態度と彼らの心の湧き返る思いとを受けつつ、ヨルダン河においてヨハネよりバプテスマを受けられた。翌日ヨハネはイエスの己れの所に来たり給うを見て「見よ、これぞ世の罪を除く神の羔」と叫んだ（ヨハネ伝一・二九）。

ヨハネの弟子は去ってイエスに従った。当時の青年はいかなる抱負を持ったか、内部的生命に燃ゆる大いなる志は国を憂うる欝勃たる精神となっていかに青年の胸に横溢したか、そはあたかも明治維新当時の意気盛んなる青年のそれにも似たるものがあった。彼らは祖国ユダヤに新しき紀元を開きたいとの願いを抱きつつ、頼るべき人物・語るべき同志を探し求めた。

（二）　ヨハネの弟子には、人びとの頼む憂国者・頼もしき人物と思われた者も少なくなかった(マルコ伝一・一六以下)。イエスが洗礼より上がれる時、これらの人びとは堅忍不抜の精神をもって真剣に己れの問題・民族の問題を思いながらイエスに従った。そのことが面白く引照の所に出ている。ここにイエスの伝道の根本的方針や態度を学ぶことができる。すなわち一般的に、または一時に、何万何千の人を悔い改めさせずに、かえって見ず知らずの隠れたる人びとの一人二人と個人的に師弟の関係を結ばれたことである。これキリスト教伝道の根本方針と見てよい。キリスト教は実に Heart to heart の宗教で、冷やかな学問の結論でなく、また倫理の講義でもない、実に魂と魂との摩擦からほとばしる人格の接触であることは疑いない事実である。

イエスの伝道は終生個人伝道であった。キリスト教の伝道は個人的であることをイエスの伝道によって見ることができる。個人を無視してはならぬ。一時に多くの信者を作るべきではなく、一人の魂を得るは全世界を得るに勝《まさ》って喜ぶべきである。イエスと彼らの魂とは、あたかも磁石が鉄を引くごとく、引き合ったのである。これがイエスと弟子との関係の発端であった。

そこで第二には、イエスに招かれた弟子には、老人あり、青年あり、男女の別なく多くつき従った。しかし今語りしごとく、イエスの福音を伝える態度は根本的で、個人的に総て一人一人選抜された。すなわち「招かるる者は多けれど選ばるる者は少なし」(マタイ伝二二・一四)であって、キリストの愛には差別がある。それは盲目の愛・低き愛ではない。

かくしてイエスは多くの人びとの中から使徒を選抜せられた。イエスは神の国の大業をなすために人を得んとて静かに人を避け、山に往き、終夜神に祈り求めて、夜明けてよりその弟子を呼び、その中より十二人を選びて使徒と称《なづ》けられた。「イエス、山に登り御意に適う者を召し給いしに、彼ら御許に来る」(マルコ伝三・一三、ルカ伝六・一三)。

ここに大切なことは、大勢の中よりことさら愛する十二人の弟子を選ばれた意味である。それは己れの心に適う者を選ばれた。役目のためではなかった。マルコ伝にはそのことが書いてある。それは彼らを己れとともに居らしめるためである。すなわちイエスのいます所にはいつも彼らを共に在らしめんためであった。イエスがこの世を去られたる時、「我、汝らのために所を備えに行く」（ヨハネ伝一四・二）と言われたのもまたこの同じ聖旨である。イエスの愛は濃やかで、彼らを信じて愛し、死に至るまでも離さなかったのは、実に驚くべき愛の用意である。

イエスが彼らを訓練したのは、後の事業を継がせるためではなく、また伝道の機関あるいは手段のためでもない。イエスは弟子の魂そのものを愛されたのである。それは根本的なことで、イエスは罪あるものを愛され、彼らのごとき者も御側にいなくては淋しく思い給うたのである。イエスはわれらが教会のことに熱心なるよりは、むしろ霊と真《まこと》とをもって拝することを喜ばれる。本当にイエスはわれわれを手段のためでなく愛され、ただ御自身と共に置かれるのであった。弟子たちが伝道に赴き、事をなし、病を癒すはその愛の結果にして、イエスの命令に服して事業をするのではない。結果としてみずから喜んで働きうるのである。もし奴隷召使ならば主人の役のために生きるのである。親は子の幸福のために子を愛するのである。夫を利用して己れを楽にしようとする妻はない。

世を去る時遺言されたのは、イエスが弟子と共に働くためでなく、もっと深い所で魂を愛されたためであった。実に光栄身にあまる。私のような者もイエスに選ばれ、御自身のために手段とせず、本当に愛さるることは実に勿体ない。われわれはどんなに悔い改めてもよくなりたいと思う。御同様実に弱く穢れて、深い罪の根を持っている。躓き倒れ、弱点を持ちながらなお僕として仕え、シモン・ペテロのごとく、イエスに招かれたる以上、失望することなく、イエスの御前に跪かんことを祈ってまいりたい。イエスは自分たちの本質を握られている。これを疑う者はかえってイエスの愛をためすものである。自分でイエスを掴んだというは、感心したようなれど怪しい。主観的・思想的なものでなく、われわれはイエスに捉えられ、全く離されない者となるまで深く導かれて行く。それは自分が好むか否かでなく、こちらの確信の問題でない。この意味において、イエスと弟子とは、深く師弟の関係を結んだ。

さてマタイ伝第二〇章一六節および同二二章一四節には、「後なる者は先に、先なる者は後になるべし。それ招かるる者は多かれど選ばるる者は少なし」とあるが、全くその通りである。イエスと弟子の根本的関係を言うならば、そこには伝道のことよりもっと深いものがあることは誰も疑うことはできない。それは生命の関係、血の関係で、イエスは弟子たちに生命を与えんとせられたのである。「我は葡萄の樹、汝らは枝なり、人もし我におり、我また彼におらば、多くの果を結ぶべし。汝ら我を離るれば、何事もなし能わず」(ヨハネ伝一五・五)。葡萄の樹の枝を切ればいかになるか、枝ばかりではなく幹も傷《いた》む。実にイエスは立ち枯れになる。これが十字架で、弟子が健全になれば神の栄えも映え、弟子が失敗すればイエスも危い。「我生くれば汝も生く」(ヨハネ伝一四・一九)、イエスは本当に人を手段とせず、もっと純粋に愛し給う。これを思うと実に有難い。イエスは己れに従って求め来る者、すなわちイエスを手段にしようとする信仰を嫌われた。愛のために愛したい。愛は手段目的の外になくてはならぬ。

われらはイエスと弟子との間に摩擦の火花を発するような関係を見る。マグダラのマリアは本当にイエスの心を知った。マリアは全く前生涯が潔くなく、品行定かならず、心ある者の擯《ひん》斥《せき》するところであったが、一度イエスの真実の愛に触れ、真の己れの姿にかえった。悔い改めてもなお擯斥され疑われたが、イエスは少しも疑わなかった。愛は言葉に不自由を感ずる。その言葉にあまる感激を現わすために、マリアは惜し気なく高価なる香膏《においあぶら》をもたらし、イエスの足に塗り、己が髪の毛をもってこれを拭った。人はどう考えたか。イエスには真の同情があった。イエスはマリアの真心こめたこの行為を非常に喜ばれ、同情と理解をもたれた。弟子たちはマリアの品性を疑った。ユダはこれは無駄なことをするものだ、この高価を貧しき人に恵むならばいかに喜ぶであろうと、イエスの微温的態度を疑った。この思いが直接誘惑となり、ユダは犠牲となって叛《そむ》くに至った。また他の弟子たちもそうであった。

イエスが弟子にむかって、やがて十字架にかかり、三日の後甦えるべきことをあらわに語り給うた時、ペテロはイエスを引き止め、「主よ、然《しか》あらざれ、このこと汝に起こらざるべし」と止めた。イエスは「サタンよ、わが後に退け、汝はわが躓物《つまずき》なり、汝は神のことを思わず、反《かえ》って人のことを思う」（マタイ伝一六・二二―二三）と厳格に叱責された。弟子たちのイエスに期待していることは、ユダヤ旧来の思想によって、イエスをこの世の君主王者と考え、物質的であった。しかしイエスは、精神的に弟子を選び、永遠の救いを考えられた。これは直ちに、イエスに対する民衆の離隔となり、ユダはイエスを十字架に売る矛盾を来たした。弟子たちがマリアを評した時、イエスは何といったか。「何ぞこの女を悩ますか、我に善事《よきこと》をなせるなり、貧しき者は常に汝らと共におれど、我は常にともにおらず、この女のわが体に香油を注ぎしはわが葬りの備えをなせるなり、誠に汝らに告ぐ、全世界、何処《いずこ》にてもこの福音の宣べ伝えらるる所には、この女のなせしことも記念として語らるべし」（マタイ伝二六・一〇―一三）と弁護された。キリスト教は社会改良・貧民救済等にあらず。これをもってキリストを利用すれば、キリスト教を害するもの、キリストに弓を引くものである。貧しき者に施すそれらのものより大いなるものである（マルコ伝一四・三以下）。キリスト教はこういう風に実に深い教えで、キリスト者はキリストのために生きなければならぬ。真にただこの一点に帰着するもので、本当にこう考えるとこの教えは愛の世界におけるもので嬉しさに堪えない。弟子を選ばれたのは人の魂を愛するがゆえである。われわれがキリストに弟子となされたのは事業手段のためではない。魂を愛して下さるからである。イエスもわれわれに利用さるることを忌み嫌われる。利用されるために救われるのではなく、ただキリストの愛のためにのみ救われるのである。悔い改めて主よ許し給えと祈ることによって救いは全うせられる。キリストのために生きんとするならば、持てるすべてを損《す》てることによって与えられるのである。

（三）　イエスはいかなる態度をもって弟子たちを教育せられたであろうか。まず第一に注目すべきは、個性に基づく個別的な教育法であった（マルコ伝四・一〇―一四、ヨハネ伝一七・一六―一九）。イエスは彼らを平等に取り扱われたのではなく、個別的・個人的に、とくにその魂の境遇と運命とを濃やかに愛して、祈りをもって教育せられたのである。その祈りは一般人類のためでなくて汝らのためであると弟子たちに宣言せられた。かようにしてイエスはその弟子たちに対しては、彼らをただ一般的に指導し給うのでなく、狭い範囲における一人一人との濃やかなる関係をもって教育されたのである。

イエスと弟子との関係に三種の場合がある。まず第一にわれらに先だち給うキリストである。「イエス言い給う『来たれ、さらば見ん』。彼ら往きてその留まり給う所を見、この日ともに留まれり、時は第十時頃なりき」（ヨハネ伝一・三九）。イエスは先達である。われわれは行く所を知らず、どう道を踏むべきか、ただイエスに導かれて初めて行くべき道を知る。われわれはただ十字架を目掛けて驀地《まっしぐら》に歩むのみで、勇ましく、楽しく、前途の遥《はるか》を仰いでキリストと共に歩む別天地の喜びは、キリスト者の経験する信仰生活である。

次には、心配と苦痛を胸に抱いて静かに目をつぶって祈るとき、我ここに在りと言われる。われわれの経験は浅いが、多少この経験を持っている。主とともに在すならば実に心強い（マルコ伝三・一三、一四）。伝道は主が先立ち給うばかりでなく、キリストともにあり、ともに働きともに生き給うのである。

しかるにまた時としては聖書を繙《ひもと》き祈りつつあるも、その声空しく響き、聖書を読むと祈るとはただ日課の型を繰り返す心地がする。かようにしてキリストはあるかと思えばたちまち消え、キリストとの生きたる体験は去って、信仰生活に倦怠《けんたい》を生じ、キリストあるかとさえ疑うに至る。この経験のない人は幸いである。しかしこれはあえて堕落ではない。これ第三の場合でキリスト姿をかくし給うたのである。かつて弟子もこの経験を持った（マルコ伝四・三五以下、一六・一二、ルカ伝二四・一三以下）。

イエスの死後弟子たちは、イエス十字架に死すとも必ず復活すべしとの信仰なく、早や、腰を抜かしてちりぢりにエルサレムを離れ去り、天下に伝道することを忘れてしまった。今二人の弟子はこの先いかにすべきかを知らず、失望の心に悲しみを抱いて、その郷里エマオ村を指して行く時、主はこの憐れな弟子たちの力なきを思い、見え隠れに後になり先になりつつ共に行かれた。主は何故早く姿を弟子に現わさなかったであろうか。またラザロの死せし時は、何故二日もたちて後に行かれたのであるか。イエスは本当にイエスを信ずる者のために現われた。不滅の力を信じさせるために、わざわざ弟子に附き随って、エマオ村に行かれたのである。かように信仰を維持しつつ怖《おそ》ろしく淋しく思う時、キリストを見失ってはならぬ。やがて必ずキリスト現われ、人びとは感佩《かんぱい》［心から感謝して忘れない］するに至るであろう。ある年のこと、ある人貧しきために豊かにクリスマスを迎え得ず、このような家にキリストは来たるまじと考えておりし時、夕景《くれがた》一人の乞食来たりて宿を求めしかば、せめて御名のためにと、心尽しもていたわりしに、あに計らんや、この貧しき衣に包まれし人は輝く栄光のキリストなりしという。自分できめてキリストを失っても、判断や批評の外のキリストが現われ、かつ守り給うのである。またある日の夕暮、イエスは弟子とともに小舟にのってガリラヤの湖を渡らんとせられた。時に颶風《ぐふう》［強く激しい風］起こり、浪は打ち込み、舟に満ち、ほとんど覆らんばかりであった。その時イエスは舳《とも》の方に枕して寝ておられたが、弟子は彼の目を揺り醒まして言った「師よ、われらが溺るるをも顧み給わざるか」と。すなわちイエス起きて風を斥《せ》め、かつ海鎮まりて穏やかになれと言われたので、風止みて大いに和らぎたりとある。弟子が全力をあげて働きし後、イエスはまたできるだけ働きて許さる。道徳教の福音を去って真に人格の福音を許さる。イエスに従うは依頼心ではない。祈りに興味がなくなり、緊張を欠き、精神に弛みが生ぜし時、なお心を合わせてエマオ村に、あるいはまたペンテコステに祈りし時、聖霊おのおのに降下して力づけられた。エマオ途上の弟子のごとく気力を失っても、実はもっと深い関係に立ち帰りしことを疑ってはならぬ。祈りに興味がなくなりし時、うっかり主より離反することなく一層精神界の佳境に入らねばならぬ。

（四）イエスの教訓は、イエス御自身、身をもって教育され、必要もないほど、それを説かれた。神の国の教訓は、イエスの人格から離れているものは一つもなく、すべてイエスの人格から明らかに出ている。例えば罪を許すことに権威をもっておられたごとき（マルコ伝二・六）、また教訓の中心はわれらがイエスに仕うるにあることを明らかにしたごときである。ある富める青年がイエスのもとに走り来たり、「善き師よ。永遠の生命を嗣ぐためには、我何をすべきか」と問い質した。しかるにイエスは直ぐそれに答え給わず、まず「何故我を善しと言うか。神一人の外に善き者はなし」と反問して、青年が単純に（不用意に）善き師よと呼びかけたのに対し、その思慮の足らざる言葉を厳格に責められるのは実に驚くべきものである（マルコ伝一〇・一七）。

イエスの教訓の中心は常にイエス御自身である。我は道なり、真《まこと》なり、生命《いのち》なり、我に来たるものは死すとも生くべしというにある。イエスは「われ」というものに全部をこめておられたのである。イエスは十二の弟子を選んだけれど、弟子は遥かにイエスより低く、イエスの望みより浅く、すべてに感違いをした。彼らがもっと卑しい人の思いを持つ時、その時受くるイエスの悲しみと淋しみとは、弟子に何の響きもなかった。そのほか、低い卑しい、取るに足らない熱心のものを、明らかに拒絶され、潔い愛を父なる神によって維持された。かつ、たとい弟子たちは浅薄な、人格の低い者であっても、もっと熟達させ向上させんため、イエスは多くの人びとをさけ、町を去って山に登り、このために祈りをせられた。

イエスは僅かなる弟子を連れ、町を去ってピリポ・カイザリヤの村々に旅行をされた（マルコ伝八・二七、マタイ伝一六・一三）。その目的は何であったか。そは天国の真理や、教訓を与うるためでなく、その弟子をしてイエスと交わらしめ、その人格に触れしめ、かつ彼らがおのおの長所、短所を隠すことなからしめるためであった。イエスの弟子を愛することのいかに深くあったかを弟子たちに示すため、彼らを連れて淋しく旅行されたのである。

イエスは弟子とのこの交わりにおいてその最後に、神の国伝道の方法を述べるのでなく、「人びとは人の子を誰と言うか」との質問をなされた。彼らの言うには、「ある人はバプテスマのヨハネ、ある人はエリヤ、ある人はエレミヤ、また預言者の一人である」と答えた。イエスはこれに満足されず、露骨に肉薄せられた。しかもそれは、人間に牛馬が使われるように、命令されなければ動かぬようなものでなく、イエスは人格的にヒントを与え、みずから悟るところの方法をとられた。弟子は「キリスト」と言えば絶対服従したに相違ない。しかし彼らは、神と対するには余りに低く、その目的が純粋でない。世間には平民的といっているが、イエスの問いに対し、弟子たちは胸に釘をさされたごとく感じた。イエス再び彼らに問うて言わるるには「汝らは我を誰と言うか」と。その言葉は火に燃ゆるごとき愛をもってせられ、弟子たちは逃る立場なく泌々《しみじみ》とされた。これに答えるものは誰もない。ただその人格よりほとばしる愛の言葉に、磐石の重みをもって圧倒せられた。ついにシモン・ペテロは、「汝はキリスト、活ける神の子なり」と答えた。この時イエスはペテロを非常に称《ほ》め、「バルヨナ・シモン、汝は幸福《さいわい》なり、汝にこれを示したるは血肉にあらず。天に在すわが父なり。我はまた汝に告ぐ。汝はペテロなり。我この磐の上にわが教会を建てん」と言われたのである。三度主を否みしほどなりしペテロも非常に喜び、その魂に大いなる飛躍を経験したであろう。イエスにおいては対手《あい》の方から来なければこちらから教えて導くことは明らかに人格的である。しかしキリストの望まれし愛は充たされたであろうか。ペテロとイエスとの関係を考えると本質的にはまだ淋しさが残っている。

さて、最後に手段と目的について一言したい。イエスには他の目的なくして、純粋のところのみがあった。ペテロに対し、「汝この者どもに勝《まさ》りて我を愛するか」と三度も問われた（ヨハネ伝二一・一五、一八）。ペテロは「主よ然り。わが汝を愛することは汝知り給う」と答えた。しかし最後にペテロは、うろたえ、自分がすべてを捧げてつき従い、獄にも、死にまでも従わんとする心を十分に、明瞭におわかりになっているのにとさえ思った。それで心憂えて「主よ知り給わぬ所なし、わが汝を愛することは汝識り給う」と答えた。イエスはさらに「わが羔を養え」とたたみかけて仰せられた。二つとなきわれわれの生を全《まっと》うするために熱心なる要求をされた。愛の言葉を全うするものは信である。己が生命を失うところに真に生きる道がある。キリストはわれわれの魂のために、みずからの生命を与えられた。善き羊飼は己れの羊のために命を捨つるとイエスは明言された（ヨハネ伝一〇・一四〜一五）。

キリストの生命に生きる者は、初めには思想・感情において一致する。が、やがてはキリストの愛の中に一致し、もって絶頂に入るのである。自分の少しも頓着しなかった行ないの一つ一つが入る道となるのである。主の御要求ならば、手を斬り目を抉《えぐ》り抜きましょう。妨げになる行ないあれば苦しくとも捨て、御心ならば一切を捨てましょうと、ペテロは言ったに違いない。それはペテロの新約聖書の生活において明らかである。マグダラのマリアもそうであった。禁欲主義では高潔にならないであろう。キリストの愛は人間性を根底より覆えして新たにする。イエスに対して純粋の態度を取ると否とが根本の問題である。されば血塗《ちみどろ》になられしこのキリストがいかに近く在し給うか、みずからキリストの御恵みに溢るる体験をもって勝利の生涯を全うしたい。かよわいイエスは大祭司となられた。われわれもまたそうあるべきはずだ。十二使徒でさえもキリストたることを知らずにいて、イエスと共にありながら躓き倒れていた。今日イエスを信ずるわれわれは実に幸いである。時代を遠ざかるに従って、よりよくイエスが分かる。世界的事実と見ると、イエスの生きたる力が分かる。しかるにこの貧弱な魂はどうして救われないのか。救われないのは真剣にならないからだ。今イエスは個人的・個別的に、われわれの罪のためにどんなに苦しんでおられるのか分からない。それを悟るには忍んで従うがよい。真の愛は広告されぬ。ある人が言った。親父が多額の費を投じては書画を購《か》い、また田畑を求め、それに対し一言の言葉も言わなかった。変なことをするものと思っていたが、親父の死後、それは子の生活に深い思いをかけた愛からであることを知った。子はただその父の深い愛に感涙に咽《むせ》んだ。愛は実に広告されない。黙して親切にされることは感激に堪えぬことである。キリストの十字架はわれわれのために与えられたのである。今日もなお、愛していて下さることは実に幸いである。淋しい生活を忍んで今もキリストはわれわれとともにおられる。しかして、主は契約されたことは必ずなし遂げ給うのである。ピリピ書にもパウロは「我は汝らのうちに善き業を始め給いし者の、キリスト・イエスの日までこれを全うし給うべきことを確信す」(ピリピ書一・六)と言っている。実にキリスト・イエスの教えは真実である。われわれもまた、真面目に、真実にキリストのために生きたいと思う。

キリスト教の朋友道

キリスト教の根本は友情である。われわれは三位一体を信ずる。三位一体についてはいろいろの方面から議論がある。その一つに友情の方面から論じたものがある。例えば、キング[Edward King, 1829-1910]のザ・ロー・オブ・フレンドシップなる本がある。これは、永遠の初めより神のうちに友情があった、父と子の関係は友情であった、というものである。これは、父なる神は聖霊と子とを支配するのではない。自由にしてしかも一つである、これが友情である。友情とは互いにどんなに迫られても圧迫を感ぜぬところのものである。苦しくともその交わりに感謝があり、生命と温かみとを有するものである。神のうちにこの点がある。キリストが杯《さかずき》を避け給うたのは決して圧迫を感ぜられたからではない。かく友情は愛によってつながれるもので、支配されるのではない。しかも形は全く服従であり、奴隷のごとく見ゆる。しかし決して支配されるのではない、人格的である。友情は実にこれ一つに懸かっている。これは信用である。信ずればこそできるのである。キリストは神を信ぜられた。パウロのごときは、「今われらは鏡をもて見るごとく見るところ朧《おぼろ》なり。されど、かの時には顔を対《あわ》せて相見ん」といい、また「今わが知るところ全《まった》からず、されど、かの時にはわが知られたるごとく全く知るべし」(コリント前書一三・一二）との希望に燃えている。しかるにわれらは神を信用せず、したがってその本性について十分わからぬために、常に淋しい思いをしている。友人ならば信用があるはずだ。友人の言うこと、なすこと、何もいちいち質問などしない。ひとたび信ずればどこまでもこれを信じぬく、これが友情ではないか。しかしながら、信ずるまでは十分の用心はするけれども。

キリストを、われわれは信ずるはもちろんのこと、キリストを信じて学問・地位・財産その他を棒に振る人さえある。これは見えざるキリストを信じてゆくのである。これがキリスト教の朋友道である。キリストと我とはもちろん友人同志である。キリストは生命を賭《と》して信じて下さる。友がこれだけの信用をおいてくれるとすれば、ありがたいことではあるが、また実に心苦しい。ゆえに友たることは練磨が必要である。友から真に愛されるとき、その友をあざむくに忍びず、もだえ苦しみ、励んで悔いて応《こた》えるのである。決して圧迫によるのではない。生命のない悔いではない。かく、信ぜられるところに責任が生ずる。生命を賭《か》けて信じ給うキリストに、われわれは責任がある。

また、友人は親子と異なる。親子は気が合わなくとも、親子は親子で分かち難い。しかるに友人には血筋もない。味方ともなりうるが、また敵ともなる。キリスト者たることは、決して、腐れ縁では断じてない。どうもキリスト者は腐れ縁と考えているからいけない。惰性でいっては生命がなくなる。われわれはキリストを離るれば敵となり、互いに離れ離れになりうることを考えることが必要である。愛せんとして愛しえざることがありうる。神と我とは絶縁せられ、「外の暗きに投げ出さ」れることがありうる。恐るべきことである。

さらば、キリスト教の友情は何によってつながるか。いうまでもなく、神という霊魂の君主に忠勤を擢《ぬき》んずるの意気と真心とをもって励みゆくところに結ばれる。これがキリスト者の友情ではないだろうか。すなわち、神に対する思いつめた一つの考えから、はじめて一致しうるのである。歴史に見るも、キリスト者の「新しい村」は永つづきがするが、そうでないと必ずすぐ破綻《はたん》している(注、本稿末尾)。神が生活の全部であって、これが他の人にもあるとせば、この二人の者が一致できないであろうか。ゆえにキリスト者は、他人の本尊《ほんぞん》(キリスト)をよく見れば、決してその人の欠点などに苦しむことはないはずである。ゆえにすべてを打ち明けて交わりうる、また楽しい、朋友信ありである。しかし絶縁もありうるのである。

また、友情は時を要する。神がその人を愛し給うことは、パウロがキリストを、「母の胎を出でしよりわれを選び別ち、その恩恵《めぐみ》をもて召し給える者」(ガラテヤ書一・一五)と言っているごとく、神は早くよりわれを選び給うて二十年・三十年・五十年たって初めてキリストに目覚めるまで、信じて忍び待ち給う。この永い間、キリストはじっと護って導いて下さる。ゆえにひとたびこれに気づけば奮い立たざるをえない。この限りなき悔いが、どれだけ多くの人びとを救うたか、考えてもおそろしい。かようにして、伝道も心に起こる。伝道は友情であり、神の友情による。われらのキリスト者たるは、神がわれを選びて信ずるものとなし給うたのである(ヨハネ伝一五・一六)、決して我が神を選んだのではない。

さて、どうしたら神のこの永い御忍耐の聖愛に報いまつりつつ、わが感激を清め、また永くすることができるであろうか。――それは、神がどうして我を愛するかをよく考えるとわかる。我の周囲には、我よりまされる人が多くある。それにもかかわらず、かえって誠に薄志弱行、無為無能の我を捨て給わずして召して下さった。思えば、かえって心苦しさをさえ感ずるではないか、すなわち、信じて選び、忍んで待たれている。神は人を価値によって判断し給わなかった。されば我もまた、神に対して他に乗りかえてはならぬ節がある。生まれた母教会に属しおおせぬ人がある。母教会を離れて行くときも大いに考うべきである。神はかくも単純であり給うに、我はあまりにも複雑である。これは大いにつつしむべきである。志を強固にし、じりじり進むべきもので、不便も収入も位置もすべて捨てて、我また犠牲を払うてこそ、神に報ゆる愛であろう。人間同志でも、かくのごとく進むべきである。それがためには、自分には都合が悪いこともある。しかしこれを忍ばねばならぬ。われわれは神をじきに捨てはしないか。神は決して価値によっては我を愛しておられなかった。我もまた生命を捨てて、わが友情を神に全うすべきである。かく考えると、友情にはけわしいものがある。われわれは常に仲間同志親しくあることが必要だ。私は木村長門守《ながとのかみ》がすきである。剛勇の人で、しかも彼のごとく優しい人はなかった。われわれは義に勇むことが必要である。権勢や政府に阿付《あふ》［へつらい付き従う］することはいけない。しかるにそうしている。われわれは小教会なりとも栄光とすべきである。節を売り、勢いについてはならぬ。どうしても、神の予定を思わなくてはならぬ。すべては神の予定である。貧乏教会に生まれたるも予定である。光栄である。ましてや伝道のごときそうである。日常生活が勉強である。お清書である。顧みて涙なき能わぬ思いがなくてはならぬ。われらの日々の生活がわれらの学びである。さればわれらは日々に祈りて生きねばならぬ。

　さらに、友情は沈黙である。友情の初めは沈黙である。しかし、次第に近くなり、ついに話しかけ、交際がはじまる。神は母の胎《たい》を出でしより我を選び給えりとあるごとく、沈黙のうちに護られて世に来たり、さまざまの出来事を通して神との交わりに至らしめられる。しかし、その交わりは、やがて再び沈黙に帰るのである。友人同志でも言葉だけではだめだと思うとき、単に非人格的にせずしてどうしても深くなるためには、わかりきっておっても沈黙すべきである。いつも親切な人がちっとも言葉をかけぬと思えば気になる。自己反省をはじめる。祈る。神と人とに見放された悲しみが来る。かくてついに、その人の前に親しく自分の欠点を聞かんとまで、もだえ苦しむ。かくてこそ、みずから気づき、心より悔い、新たなる生活となるべきである。これが人格的に友を救うことである。神もだしぬれば云々とは、これである。フェローシップ・オブ・サイレンスというクエーカーの本や、サイレンス・オブ・ジーザスという本など教えられるところがある。イエスの弟子を教育せらるるに、キリスト沈黙のときに初めて弟子らを深めていられる。かく沈黙は深いものである。実にキリストとは、沈黙のキリストではないか。

されば人びと、おのおの考え工夫し、キリストの友情に従うべく、聖霊に導かれ行くことが必要である。かくてこそ主に従いゆく愛は燃え立つであろう。

注　この講演の行なわれた大正九年の頃、わが国では「新しい村」の運動がおこり、人びとの興味をひいていた。本講演のこの箇所には、文化運動としての新しい村に対する批判が続いたと筆記者は記憶しているが、筆記には載せられていない。

論文篇——第一部　宗教論

文化の常識より見たるキリスト教の真理性

一　宗教の真理性

宗教の真理、平たく言うと、なぜ私たちは、日々の多忙な現世《このよ》の生活を続けて行くのに、直接それに縁遠いと思われ、むしろ無くても一向なんらの不足も感じないであろうと思われる宗教に、信頼しなければならないのであろうかということ、結局宗教が人間にとって必要であるかということをまず述べてみよう。

ある人は、宗教の信仰は劣敗者のするもので、病人とか失敗者とか、堕落して他人が相手にしてくれない者とか、そういう連中にはなるほどよいに相違ない、ただ望みなくクヨクヨしているより気休めでも何でも心に慰めを与えれば自然幸福になれるし勇気も出よう、病気もよくなる端緒となるかも知れないから。しかし自分のように別に聖人賢人というのではないが、これと言うて他人から非難されたり厄介になったり、またみずから省みて恥ずべきこともない一個の人間にとっては宗教はなんらの必要をも感じない。自分は別段悔い改めなくとも救われなくとも現在のままで結構である。これでもでき得るだけ修養は怠っていないツモリであるから——と言う。

さらにまた、宗教賛成者というような立場の人々もずいぶんある。宗教は人の道で、どれも悪いことは教えやしない、結構である。自分が宗教を聴くのはなにもその宗教に感心して信者になろうというのではない、自分の修養の参考にするためである、見聞を広くしておいて悪かろうはずはないではないか、何も首まで突っ込んで夢中になることはない、宗教は人にまっすぐな道を歩かせようという方便に過ぎないのである、それを生命がけになってみずからを全然忘れて感情的に迷い込むと、一も神様のお陰、二も神様のお陰というふうになる。耶蘇《ヤソ》教信者の日常を見ていると、昨夜もお陰で無事に安眠ができ、今朝も無事で目が醒《さ》めました、神様ご飯を頂きます云々といちいち乞食のように礼を言って食べている。不見識千万である。自分で働いた金で自分が食物を買って食べるのに誰のお陰もないはずである。人間は独立独行の精神が大切である。依頼心の強いものは決して出世はしない。何でも頼ってばかりいるようになるから宗教家は女々しくて物の役には立たなくなるのだ。宗教は参考になすべきもので決して信頼したり崇拝したりして、有難屋《ありがたや》になってはならない——と言う。

私はこれらの人びと、すなわち宗教は劣敗者の世界のもの、または宗教は方便で決して深入りして信仰したり、信者となってはならぬ、という意見の人びとに対して、もっと根本的に宗教の真理性を考えて貫いたいと希望するのである。自分には宗教の必要はないと言う人が、前に言ったように、ときどきあるけれども、そんなはずはないと思う。

総じて宇宙にはいろいろなものが存在しているが、これを大別して見ると、二種類になる。その一つは旧約聖書にも現われているが、「それ自身存在するもの」と、他は「依って存するもの」とになるのであるが、何にも依らずに独立自存するものは神のみで、森羅万象ことごとく独立自存ではない。皆何かに依って存在が保たれている。宇宙は相対的の存在である。人間もまたこの類《たぐい》にもれない。日光・空気・食物・土地等すべてに依っている。そればかりではない、人間は社交的動物で「相互扶助」を必要とする。決して孤立して生存はできない。互いに相助け合うから生活が成り立つのである。ゆえに生きることは頼ることである。自然物も互いに依存するが、人間と自然とも、人間と人間ともまた相互に、その存在を保ち合っている。

生きるということは、それ自身の力でなく必ず他の力によるというのは、物質的生活においてその通りであるが、心は独立の存在者で何物にも依らずにいられるであろうか。

心の対象なしに人間はよく生きて行けるであろうか。なるほど心は無形であるから、自由であるように思われるが、しかし対象なしに、あて無しにボンヤリとは寸刻も居られないのが心の本性であろう。精神が健全であったら、人間は何か思ったり計画したりしている。心にそれを画いて楽しみ、希望を抱いている。何も思わずには淋しくて、とてもいたたまらないのである。

求めたり憧《あこが》れたりすることは、生命の要求であり人間の本質的な姿で、何物かを心に得ていないならば、とても生きて行かれるものではない。

現世に望みを断った、みずから隠居・世捨て人と言っている人びとにも、風流の要求はある。月花《つきはな》を友とし、書画に親しむ人間は、終生自分だけではいられない。常に何か自分の心を纏《まと》めてくれる相手を求め、これによって生活を続けていくのである。

肉体が他の自然物である空気や食物やその他によって生存を保っていると等しく、心もまた何物かに頼って、それを生命にして生きてゆくのである。人間は今述べたように、本性上頼って生存するものであるが、人間はこれを得ると生き生きとし、失うと失望落胆《たん》してしまう。これを言い換えるならば、生活欲と称するものであるが、それは死よりも強い追求の力を有している。己れの愛する者のためなら、一切を棄て、あえて死をも恐れない。これを失うて肉体の生命を続けるよりも死をもってもなおその対手者《あいて》から離れまいとする。心の対手者《あいて》を得ればたちまち精神が緊張して歓喜に充たされ、真に生命の経験をなすのである。

さて、私たちは、現在何が心の対象となっているであろうか。私たちはまずこの問題から考えていかなければならない。それは何も思わず、頼らずには居られない本性を有しているから。

世には、生活の対象は金銭《かね》である、学問である、名誉である、位置である、もっと下って肉欲である、と言う人など、何にてもあれ人間は何かを追求していなければ片時も居られぬ性分である以上、現在みずからの感ずる欲求を満たしていくのが自然であり、真実で虚偽がなくてよいではないか、と言う人がある。がしかしよく考えて見ると、信頼すべきもの、すなわち全生活を投げかけて自分の生命をこれに託してゆくものと、いかに貴重なるものでも然《しか》すべからざるものとの二種類がある。前に言った種類のものについてむつかしく考えて見ると、肉欲などが決してわが一生の運命を託すべき対象でないことは明白である。しからば金銭であろうか。「地獄の沙汰《さた》も金次第」、黄金万能であるから、すべての要求はこれに依って求めうるようになる、金、金！　と言う人がある。しかし英国の諺《ことわざ》に「金銭は何処《どこ》でも行かれる通行券であるが、幸福と天国とには役に立たぬ」というのがある。もし私たちが某《だれか》を愛する、また某《だれか》の真実な愛を求める場合、もしその人が私たちの財産に心を動かされて私たちの愛を受け入れ、また私たちを愛するということになったら、はたして私たちは真に愛の幸福を感じ得るであろうか、金銭で買えるような、また売るような愛と親しみとに、真の幸福な生活がないのは当然である。また金銭の力では天国へ行かれない。天国は聖《きよ》き、限りなき生命の溢るるところであるから。人間五十年あるいは七十年と限定せられている墓場までの期間役立つことはあろうが、死物である金銭をもって、とうてい永遠の生命は買えない。

すべて、有限のものに無限の要求を注ぐから、人生ははかなく淋しい経験に充ちているのである。肉欲も金銭も地位も名誉もまた私たちの事業も、いかにそれらが現在のみずからにとって切実な要求であり、必要物であるにせよ、結局生活の手段であって、決して私たちの運命、いな、生命の対象とすべきものではない。

このような真理を思わずに、進んで行った多くの人びとの場合を考えてみよう。かりに千円儲《もう》けたいと思った人は、千円で決して満足ができない。百万円できれば、一千万円という風になる。そして金さえあればと思った人が、名誉や地位が欲しくなる。米国などの富豪で欧州の小さな貧しい貴族と結婚して、地位や名誉を得ようとする者があるように、なかなか人間は満足することができない。ナポレオンでも、自国の皇帝だけで満足していたら彼の一代は無事であったかも知れないが、彼はさらに大いなる成功を期して敗れた。たとえ全世界を得ても人間には満足はできない。欲は得てますます要求するのが本性であるから。

私たちには二種類の要求の仕方があると思う。

一は、たとえば金銭一つによって全部の満足を発見しようとするものと、二は、一方面だけでは満足できずにこれからあれへと要求を転じていくものとである。今その実例を述べてみよう。あるところに一代のうちに非常に多くの財産を作り上げた人がいた。彼がなお、すでに老年に及んでいるにもかかわらず、毎日金儲けの工夫に心を労しているのを見て、傍《かたわら》の人びとが忠告して言うのに、「貴老《あなた》はもう大変な財産家でいられるのだから、老後には風流を楽しむとか、少しは気晴らしをなさったらどうです。もうこの上お儲けにならなくともよいではありませんか」と。すると老人は「でもこのように電話を掛けると何千円と儲かるのだ。もちろん損をする時もあるが、大体私は金儲けが自分ながら上手で幸運である以上、みすみす儲かるのをどうして止めることができるものか」と言って、毎日株式の取引の始まる頃になると、電話機の前に坐り込み、食事もそこに取り寄せてする。そして株の高低に心を労していたが、ある日その電話機の前に坐ったたまま、脳溢血で突然死んでしまった。彼の一生は全然金儲けのために費やされて、適当に使用すべき金銭は、少しも思うように使用することなく、相続人もない家の遺産として残された。実に愚かしい話であるが、人間の無限の欲求とその本性の偉大とを、よく証拠立てていると思う。しかしてさらに、二の場合を考えてみよう。たとえばここに子供が非常に高価な精巧を極めた玩具の汽車をもらったとする。すると子供は非常に喜び満足して、その心は全く汽車のために有頂天になって、他《ほか》に何の思うこともなくなる。子供にはその汽車が全生命で、彼は幸福な者となるのであるが、しかしその子供にとっていつまでも汽車が満足であってよいであろうか。中学生となり、専門学校に入り、あるいは立派な紳士となってもなお、その人にとってその汽車の玩具が唯一の幸福満足であったら、それは一種の精神病で、正気の沙汰ではない。中学生となったらその要求する所も異なり、興味を感ずる対象物も異なってくるのが当然である。いつまでも幼稚な子供の時、あるいは青年の時代に要求したものが、自分にとって何よりも満足であってはならない。私たちの要求は進化して、さらに価値ある、さらに意義ある根本的な永続的なものが要求せられてくる。であるから現在のみの要求によって、たとえそれが偽りのない求めるものであったにせよ、これが真に自分の根本的な満足すべき要求であると思ってはならない。前にも述べたように、金銭は現世の宝で、無くてはならない要求せられるものではあるが、さりとて人間はそれのみで満足ができないのみならず、要求は無限であるから、五十年七十年の肉体の生命における間にのみ必要でも、永遠の世界に対しては何の通用もしない物質は、運命を懸《か》けてそれのみを追求することは愚かしいことである。そこで、私たちが生きて行くためには必ず何かに頼って行かなければならない本性を有しているのであるが、さて私たちは何に頼るかというと、今言ったように、第一私たちの要求が無限であること、いま一つは一時的の満足ではいけない、いかに私たちの運命が変化しても、たとえば子供が大人になっても、なお満足してそれを使用し楽しむことのできるような、また得意の時も失意の時も、健康の時も病気の時も、男も女も、現世におる時にも死後にも、徹底的にいついかなる時にも永続的に頼るものが必要となるわけである。そうした完全なものが、はたして在るか無いかという問題はさておいて、人間はそうした無限な恒久なものを要求する本能性を有しているということだけは、今まで述べてきたことで明白であると思う。

　私たち人間はこの偉大な心の荷物、すなわち「心の望み」を持って、人生の旅路を辿って行くのであるが、これはいったい何を意味しているのであろうか。もし私たちが日帰りで行けるほどの近い所へ行くのであったら別段大きい荷物は要しないが、洋行するというように遠い所へ行く時には、日帰りの旅行と仕度が違うはずである。停車場へ行って見ても、多くの荷物を持って行く人は、普通長旅をする人であることが明白である。そのように、私たちの要求する荷物から見ると、五十年や七十年の限られた旅では使い果たすことができない多くの荷を心に持っており、永遠の旅路を辿るもののように見える。人生、意長くして齢《よわい》短しである。心の荷物は幼少よりかずかず使用してきたけれども、とうてい短い現世においては荷造りを解くによしもない貴重なトランクを携帯している。試みにカントの言葉によれば「人間の要求する福と徳とは二つながら貴重なものでありながら、真に両者が現世において一致を見るという事実には到達し難い。有徳の人必ずしも人生の幸福をこの現世において得るとも言えず、また富める者必ずしも有徳の人ではない。これを見ても理想的世界は、現世においてはまだ実現されてはおらぬことを証明している。永遠においてこの両者が一致し、矛盾なき生活が実現されなければならない。「永遠と神とはかくして立証せらるべきである」、と主張している。私たちが神を認め永遠の世界を肯定する時に、人生にて解き難い荷を解くことがあるべきを予想することができる。ことに私たちの要求は徹底的なもの、すなわち得意の時も失意の時も、男にも女にも平等して、いかなる場合にも変わらぬ価値あるもの、常に生命の対象となりうるもの、また時間空間の範囲においてのみならず、永遠に本質的なるものを求めている。これを発見するまでは真の満足は心に来ない。いい加減なものでは、一時空虚を満たし得たように思っても、さらに寂しくなるのである。限られた生命の歓喜を僅かに経験して、その対象が失われたりまた裏切られたりする場合があり、初めは非常に満足して喜悦を感じ得たものにでも、案外永続的な喜びをつなぐには物足りなくなってきたり、到底、人生では真剣になっても真の満足は与えられないから、むしろみずからの欲望を呪いたくなるような気がしたりさえする。人生をはかなく観じきたり、諸行無常という言葉をしみじみ思わせられるような気持になったり、遂には欲は迷いであるとさえ思われてくるのであるが、しかし私たちは真に生きんとする欲望を呪ってはいけない。欲望は限りなく湧《わ》いてくる本性を持っているものであるから、限られたもののみをもって、これに応ぜしめようとするのは無理である。むしろ限りなきものは、限りなきものに向かわしめねばならぬ。キリスト教においては、満足しやすき心を誡めて「心の貧しき者は幸福《さいわい》なり」と言うのである。すなわちいつも満たされない貧しい心があればこそ、一時的のものや、じきに行きづまるものに目がくらまされたり、思わぬ失望をさせられたりせぬようになる。この深い強い人間の欲求は、正宗《まさむね》の銘刀のようなものであるから、その使用法を一歩誤れば、人をも我をも傷つけ殺すほどの鋭さを持っているが、これを正しく使用するならば、真に身を守り、種々な誘惑《いざない》を切り払って、人をして真《まこと》の道に至らしめるのである。ひとたびそれが永遠なる神に向けられたならば、この限りなき生命の歓喜によって、ただに来世の希望を獲得するのみならず、一時的と見えたものや、価値なきものと考えられた種々なる人生の経験、ことに損失打撃、あるいは死の事実をさえ新しく美化し、その中に無限の慰めと意義を希望とを発見するに至るのである。神と永遠とを得て、初めて私たちが真の人生を肯定せざるを得ない事実が、宗教の真理性を語るものと思われるのである。このように考えてくると、次に起こってくる問題は、さらば神とはいったい何であるか、それよりも先に永遠なる神が実際存在するであろうか、その真偽が先決問題となる。人間が勝手に解決できない諸問題を持ちあぐねて、遂に、在るか無いかも判らない神なぞを仮定して、気休めをしているのではないか。実際神が存在するものであるならばいかにして、いかなる理由で、その存在を認めうるであろうか。宗教の真理性もこの問題が解決して初めて真に証明され、また私たちの信仰に対する積極的な態度を採ることができるようになる。神が果たして在るであろうか。このことを次に考えていこう。

二　神の存在

神の存在については、昔から種々に論議せられて今日に及んでいる。すべての根源であり、真理あるいは生命そのものの起源であるとせられる以上、人おのおのその立場において証明しようと試みる。しかし他方において全然宇宙間に神なぞは存在するものではないと言い、あるいは存在するかも知れないが、そのようなことは人智を越えた問題で、人間には到底判るものではないと論ずる。

　在ると言い無いと称するのも、互いに相当の理屈を持ってはいても、結局は水掛論に過ぎないという不可知論者が実際にはずいぶん多く、また人間の理性の能力をよく知り得た正直な説であるように見える。しかし前にも考えてきたように、人生の根本問題がこの一点に依って破れるのに、これを漠然としてそのままに等閑《なおざり》に附し去ることは、真理と生命とを追求する熱情の燃えたる者にとり余りに不本意に耐えなく思われる。このように偽りなく人生を眺める者が要求する宗教、すなわち神への憧憬をでき得る限り単なる夢想にとどめず、その確信の手がかりともなる幾何《いくばく》かの方面について、考えを進めてみたいと思う。

(一)　神の直接経験

　神の存在を的確に知る最も正当な、力づよい確信は、神との直接の交通、すなわち宗教的経験におよぶものはない。百の議論よりも一個の事実の方が強いのであるが、しかし事実として、自分には偽りなく経験せられたこと、すなわち、あの時不思議な人間わざ以上の力によって救われたとか、自分の心の闇が不思議に神を念じた時に光明に変化したとか、その他いろいろの否定すべからざる体験によって、神の存在を確信することができる。これが最も自然な、また生命に富める存在の証明となるのであるが、一方から言うと、そのように経験し得た者はよいが、そういう経験のない者は全く手懸りがない。その上に人びとの確信して疑わない種々な宗教的体験そのものそれ自身が、真に神によって与えられたるものか、あるいは鰯《いわし》の頭も信心の類《たぐい》で、実は自己催眠や、砂漠の蜃気楼のように、病的に種々なことを心が経験するその一種に過ぎない場合もあると言うことができる。それで宗教的経験が、一人一人ばらばらに、あったりなかったり、あるいはその内容が千差万別で、少しも統一がないならばあてにはならない。神を経験した者が正しいのか、神なぞの存在を必要とは思わず、従って経験を少しも持たない者が正しいのか、これを決定するためには、第一は宗教に対する人間の経験の妥当性を吟味することが一番公平である。そして今日までの人生の歴史は、人間が自分たち以上の尊きもの、力あるものを信じてこれを礼拝してきた事実について、非常な統計を示している。この多くの人間の神秘的な経験は、一人や二人の気まぐれとは同一に考えることはできない。神の存在に対する最も有力な材料を、経験が提供していることを認めざるを得ない。その上に、ある人たちは、「他人の宗教は、そう思えるならそうでもよいが、少なくとも自分自身は、全く神を信じたいという要求もなければ、もちろん経験も持っていない。そういう者にとっては、神との直接経験がその存在を証明するものなら自分には何の交渉もない」と言うが、しかし神に信頼したいという宗教心は、現在の自分が持っていなくとも、全然自己の内にはないと言い切ることはむずかしい。人間の意識は心理学者が研究してくれたように、深い所には潜在しても、なかなか意識に現われて来ないものがある。たとえば少年の時には、青年期に踏み入った時には否定し難い、またその力に自分みずから引き回されるほどの恐ろしいまでに強いしかも自然な欲求が、無いのではなくして、眠って隠れて存在している。時あってその本性が醒まされ、あるいはみずから醒めてくるのである。このように今感ぜられないからといって、自分は全然無関係と言い切ることはできないと思う。人は困難な場合、また人生の最も真剣な岐路に立つ場合、その決断を選ぶのに占《うらな》い心を起こし、宗教的感情がおのずから生じ来ることが多い。自分も実際あの時ばかりは、祈り心になったと言う人がたくさんにある。

このように考えてくると、経験を最も深く確実に持った人びとの神を認めることが、人生の一般的の経験から帰納して重んぜられなければならないと思う。

(二) 要求と存在

神に対する要求や経験があれば、すなわち神が存在しているものと思ってしまってもよいのであろうか、人生の一般的な経験ではありながら、存在を証明する根拠と何故《なぜ》なるのであろうか、ということを考えて見よう。いったい宇宙間に存在するものは、ことごとく相対的であると考えることができよう。たとえば光線があればこそ目が存在し、音響があるから耳が存在する、というごとく、いかなる事物でも単独に、対象物なく存在しているものはない。一つの実例について考えて見ると次のことが明らかになる。深海の魚族にはところによっては目を持たないものがいる。何故かと言えばその対象物である光線が、彼らの所までは到達しないゆえに、目が存在している必要がなくなって、漸次に退化してしまったものである。あったものまでその対象が失われればそれ自身存在の意義を失い、宇宙から省《はぶ》かれてしまう。すべて最も良く対象物と順応する物は、ただに存在しうるのみならず、だんだん発達していくのである。運動家の肉体が普通人より立派であるごとく、学者の頭脳が明敏になるようなものである。それに引き代えて、歩むべき足も労働すべき手も、用うることがなければ、弱くなり無力となってしまう。赤児はその生命の対象である乳を飲むことによって発育し、これを失うことによって死亡してしまう。前にも宇宙は頼ることによって存在していると言ったが、頼るものがなくなれば、他の一方も存在してはいられない。こう考えてくると今言ったように、人が人以上のものに頼ろうとする宗教心を持っていることは、取りも直さず向こうに神が存在している故である、と考えても、別段乱暴なことでないのみならず、それが科学的な宇宙の事実に根拠を有する考え方であると思われる。宗教がもし人間の幼稚な心から生じた迷信に過ぎないならば、野蛮時代はとにかく、現代には迷信として文明人には一笑に附せられるはずであるのに、事実はこれに反してますます人心の要求は真剣に宗教を要求している。これを思うと、人類の最初から今日まで、いかなる民族にもいかなる時代にも一貫して、その信仰の内容こそ種々あっても、人以上のあるものを信じて、これに信頼することのなかった場合はない。有力な学者が出て、唯物的にともかくも筋道を立てて神を否定しても、それには少数の犠牲を出すほか、人類全体としては一切かまわず宗教が盛んになるばかりである。

もしも神が宇宙間に存在しないものならば、このような人類の歴史を貫く力強い一大事として、神を求むる宗教心が連続するはずはないと思われる。今もなおますます根底深く盛んなる要求が私たちの心や経験に生きて働く以上、この一事をもってしても神の存在を認めることが当然であると思われる。

(三) 原因と結果

前にもちょっと言ったように、神が存在していると考えるけれども、私たちが理性から割り出して理屈上これを認めても、一歩深く突き込んで、理性そのものが果たしてどれだけ信用を置くことができるであろうか。人間は自分以外の外界をすべて実在していると考えるけれども、それが存在しているということはどうして判るかといえば、帰着するところ、自分自身の感覚に触れてくるから判るのである。自分というものがなかったら、もちろんすべては存在しないのも同様である。つまり、あるかもしれないが、自己をほかにして判る理屈がないのである。しかもその自己は外界の事物を知り得たと思っても、実際、物そのものをその通り知り得るということは疑問である。何故なれば、私たちは外界のものそれ自身を知るのでなく、感覚に触れてきたものだけを知り、その上に、感覚そのものが果たして正当に事物を感じているかどうかが、大いなる問題となるのである。たとえば私たちが机を眺めて机とはこのような形と色と重さとを持っていると思っても、形はわずかに自分の根底に反射している影だけが感ぜられるのである。そして自分の目に写った机の形や色と、本物のそれと必ずしも一致するとはいえない。もし近眼の人や色盲の人であったならば、まったく物そのものと異なった感覚をするから、本物は到底判らないのである。もし人間すべての感覚が、生まれながらある種類の傾きを持っているとしたら、人間の感覚はとうてい物それ自身をその通り知ることはむずかしいわけであるから、自分たちにはある感覚があるけれども、それは、真理それ自身、あるいは外界の物それ自身、もちろん神なぞは判るものではない。すべては疑わしい。自分以外に物が存在しているか、いないかということさえ（常識ではおかしいようであるが）疑い、自分がまた存在していることさえ問題とせられるようになった。こんな風に真剣に間違いのない真理を求めようとすると、人間の物を知るという能力や、自分自身の存在ということにまで、疑惑を生ずるようになる。この問題に苦しんで、これを解決し得て神の存在をさえ確信するに至ったその道筋は、有名なデカルトの考え方である。「我考《おも》う故に我在り」という一点からすべては疑わしいが、疑っている我が在ることだけは否定することができないゆえに、正しく我が存在しているのである。我が存在する以上、その原因として我以上のもの、すなわち、神が実在しなければならないとデカルトは主張したのである。宇宙は起源がなくてはならない。学者もまたこれを認めているが、結果である宇宙間の限定せられた事物は、皆原因をもっていることが常識でも判る。永遠における神は、有限なるものに対する絶対としての無限者であると言うことができよう。

それは有限ということは、無限を予想しないでは考えられないからである。このように考えてくると神の存在を肯定し得るのみでなく、私たちの第一原因また創造者としてさえ、考えられるようになるであろうと思う。

㈣　認識論上の問題

しかしこの原因結果の考え方から神を予想した人びとの立場の弱点を指摘して、さらに根本的に懐疑を起こしたのがヒュームであるが、彼は因果の関係は決して真理を決定する権威を持っていないことを指摘して、真理の探究者を驚かした。カントもまたこれに依って真理の考え方を一変してかの有名な認識論を著わすようになった。

これらのむずかしい問題からどうして神を認むるに至る道が導かれるであろうかということは、ここではあまり必要とも思われないから省略していこうと思う。もしこのような理性の根本問題から出発して宗教的真理を追究せられんとするならば、その探究の一助として拙著『宗教に関する科学および哲学』の「哲学と宗教」の部を参考せられんことを望む。要するに今述べてきたように、私たちの自然の考え方からそのいずれの道を選んでも、その存在を認めるのに差し支えはないと思う。

三　神の本性

神が存在する以上それがいかなるものであろうかという問題が次に私たちの心を往来する。

いかにして神の本性を知ることができるであろうか。これを考えていくのに二つの態度があると思う。

㈠　直接経験　目に見ることができない神を、精神的実験によって知ろうとする行き方である。

これには広い考えと狭い考えとがある。今そのことを述べて見る。宗教に対して極めて楽天的に呑気《のんき》な意味で、広い考えを持っている人が多いと思う。その人たちは、大概宗教は何でも同じだ、その根本は一つであるからどの宗教から始めようとつまるところは同じ極意に到達する。だから仏教でも神道でも耶蘇《ヤソ》教でも皆人に善をなせ悪をなすなということなのだから、何も先祖伝来の宗旨を捨てて、家庭に風波まで起こして、宗旨変えをしたりするのは愚の極である。人に円満と幸福とを与えるための宗教だから、本来の目的を破壊してまで何故に耶蘇教になってしまわなければならないという理屈がどこにあるか、そうなると宗教もかえって害毒を流し砂にこり固まって迷信じみてくる。もっと広い考えで、人おのおの自分に最も適当と思う宗教を信じておればよいのである。ついには皆一つの真理に到達するから、というのである。そこで人生には種々な神や仏があって、取るに足らない別段神というような深い高尚な対象を持っていないのもあるが、しかしずいぶん立派な信仰の対象を認めている宗派もある。彼らの考えをその宗教的実験から学んで見ると皆違う。ちょっと似ているようでも、その考えの内容がまるで反対なのや、片方にあっても他にないのや、種々神の本性をそれらから割り出してくると、宇宙に一つであるべき神に対する見方が非常に異なっている。その有様をたとえるならば「群盲象を評す」という形で、全体が見えない。彼らはおのおのその触れた所に依って、その牙に触れた者は象は固いものと言い、腹を探りし者は山のようと評し、その尾を捕えたる者は象とは細き房のごときものなりと評するごとき類《たぐい》である。皆多少ずつ偽りのない部分に触れながら、全体を知ることのできないために、滑稽な批評をなし、しかも全然正物を誤解してしまうことさえある。それだから私たちの経験だけでは、間違いを生じやすく、生中《なまなか》の寛大なる態度がかえって神の本質を知る道を失わす場合がある。これを防ぐためには、諸宗教を科学的に研究して、公平にその真理性を帰納して断案を下すのが、神の本性を確信するのに正しい考え方であると思う。このことは別に「諸宗教の比較におけるキリスト教の独創性」という論文の内に述べたいと思うから、ここでは省いておく。どの宗教でもかまわないという人びとに、私は真の宗教とその神を識るのには、狭い道を選んで一筋に進む必要があると主張したい。宗教は道である。道は沢山あるかも知れないが、真の道というのは二つとはない。キリストが「生命に至る道は狭くその門は小さい」といっているが、すなわち道である以上道の本質を考えて見なければならない。私たちが旅行して山道を行く時、広い道が目的地に通じているだろうと思い、またその方向に向かっているものはどの道でも行かれるように思われるけど、実際は岐路に立った時よほど立ち止まって思案させられる。

広い道でも山の中の炭焼場で行きどまったり、同じ方向でも途中から曲がったりしているのが多く、一歩を誤れば陽《ひ》のある内に目的地に達し得ないで終わることがある。故にどの道でもよいとはいわれない。道にも種々あって、書道・画道・芸道等、神への道は宗教であるから、誤りない道を選ばないと、真の神に達することはできない。ある友人が、自己流ではあるが音楽の上手な人であったが、ある時、先生について教授して貰おうと弟子入りに行った。その先生が今まで自分でやったことがあるかと聞いた時、その人はかなりの自信をもって、ほんの少々ばかりと答えたらば、先生は自己流の癖のついておる人は、ほんとうの道に進みにくいからと言ってその人を断わった。道には法則があって、これを無視して行くことはできない。宗教もその通りで真理にかなった宗教、すなわち宇宙間にたった一つ真理の宗教の道があるだけである。この宗教の経験で、まことの神の本質を明らかに経験しそれに依って迷信を捨てなければならない。それではどうして一つしかない真理の道を、これが果たしてその一つであると、多くの中から選び出して決定することができようか、私たちはそのことを考えてみよう。

㈡　間接経験　物を知るということには、直接にその物に触れて見る方法と間接に知る方法とがあり、間接に知る法とはたとえば「その人を知らんと欲せばその友を見よ」というやり方である。

西郷南洲の人物を知ろうとするのには、どうしてもその当時の歴史、彼の事業等を研究しなければ判然としてこない。会社などで人を採用するのにも履歴・境遇・友人等を調べると大体本人を見ないでも知ることができる。ある場合には、直接にその人を見るよりも的確にその人物を知ることのできる事実が、彼の周囲を研究することによって与えられることになる。それゆえに、私たちが直接に見ることができず、雲を掴《つか》むような、あるには違いなくとも、どういうものか想像のつかない神の本性を知るためにも、この間接の考え方が役立つのである。私たちには、最初に述べたように、神を求むる心があればこそ神の存在を確かめ、また今あるものはすべて起原を有し、これを創造した原因があるのみならず、絶えず宇宙の運動は何物かによって促され、また存在を保たれていると考えることができると思う。プラトンが、世界は実在の影で完全なものはないが、これによって完全なる実在を思い起こし、これを慕うようになるのも人間の真の知識であると、美しく述べているように、確かに実在から表現してきたものがこの森羅万象である。進化論も従来は物質から漸次に機械的に進化し、物理的動力によって活動しつつあるものと考えられてきたが、しかしこの唯物的進化説は、漸次に生命の本質やその進化の法則から見て変化してきた。これを修正して、進化は盲目的にそれ自身行なわれるのでなく、少なくともこれを動かす根本の原因がある、と主張されるに至った。ベルグソンやオイケンの主張するところに従えば、世界に表現しつつ進化する生命現象は、さらに根本的な宇宙によって絶えず創造的に進化せしめられていると見るのである。オイケンのごときはこの進化の原因は、人格的な意識ある生命だとさえ主張するのである。この新旧二種の進化説のいずれが真理であるかはことさらにここで論じようとは思わない。ただこの新学説がますます勢力を得つつあることは事実である。これを平易な譬えをもって語るならば、あたかも海水には干満があるが、かつてはその原因は海の中にのみ在ると思い、潮流やその寒暖深浅などから割り出そうとしていたものが、一度これが地球以外の他の天体との関係などによって動きつつあるということを知り得たというのと、幾分か類似していると思う。であるから宇宙の根底である神の生命に、絶えず創造されつつ進化するというのが新しい立場である。そこで神の本質を知ろうと思えば、神から表現してきているこの世界を研究することが最もよい方法である。芸術家を知るためには、その作品を研究すると本人が良く判るように、世界は神によって創造せられた芸術品である。また神の心をこめて書いた手紙と等しい。これを注意深く読むならば、その手紙を書いたものの心を良く知ることができる。それゆえに聖書には「その故は神につきて知り得べきことは彼らに顕著《あらわ》なればなり、神これを顕わし給えり。それ神の見るべからざる永遠《とこしえ》の能力《ちから》と神性とは造られたる物により世の創《はじめ》より悟りえて明らかに見るべければ、彼ら言いのがるる術《すべ》なし」(ロマ書一・一九、二〇)とパウロが主張するのは当然であると思う。一歩進んで自然現象における力の研究においても、宇宙間には機械論または偶然以上の事実を発見することができると思う。自然の中には偉大なる力が存在していて、雷や地震や洪水がその偉力を示すことがしばしばあるが、しかし、それらはいかに大いなる力でもマッチ箱一つ作りはしない。物質的努力のみであるならばすべては破壊に傾き、一つの建設をもなさないが、世界には実に建設の力、創造的生命が働いている。昔、ギリシア人に宇宙は混沌であるというのに対して、否、コスモス(調和)であると主張した者があったが、実に真理であると思われる。ヘブル書の記者は神はなにゆえ存在してい、またどういう本性の方であるか、そのことを知る手がかりとしていうのには、およそ家はこれを造った者がある、この造った者というのは自然現象の力ではない、なぜなれば家を見るとどんなに簡単なものでも、上には雨をしのぐ屋根を張り、客座敷には床の間をこしらえ、台所には水流しの板を便宜《べんぎ》よく拵《こしら》えてある等、いかにしても大嵐の力が偶然にこのような好都合の家を建てたとは考えることができない、やはり人間が計画をもって造り、「心の持主」がその背後にあることを認めることができるように、この複雑にして微妙な調和を有している宇宙は、決して偶然だけの力によるものではなく、偉大なる人格的の意識ある神が存在しなければならないという見解に到達すると主張するのである(ヘブル書三・四)。さてこのように考えてくると、神の本質をさぐる手がかりがどこにも発見されてくると思う。科学者はその学問から、芸術家はその芸術を通し、皆、神の本質を間接に研究していくことができるのであるが、宇宙のすべての真理を知りつくさねば神の本性を考えることができないと思わなくともよいと思う。物を知るのには一つ一つ知るのと、ある一つのことを知ることによって、幾多のことを同時に知ることのできる道がある。広い戦線の形勢も本営におればその全体の有様を知ることができるように、また末の方ならば五、六本の指を用いても、それよりも多い一つ一つの扇の骨を支配することはむずかしいのが、要《かなめ》を持てば二本の指をもってよく全体を支配することができるように、この広い宇宙間の事物をいちいち知ることはできないが、その要《かなめ》とも思われる幾つかの真理をもって全体を推しはかることもできよう。まず宇宙間には科学が成立し得るゆえに法則が存在することを知ることができる。ただに法則のみならずまた威力もある。そしてそれが機械的方面ばかりでなしに精神的方面にも、道徳律またこれを支配する道徳的権威をも知ることができる。しかもこれらのあらゆる事実は相互に微妙な関係を保って立派な全体としての調和と統一とを示している。この事実の背後に存在すべき神は、少なくとも世界から得た知識を帰納すれば、偉大なるものまた威力を有するもの、しかも法則および道徳律を支配する正義なるものでなければならない。しかも全体としての調和から推しはかると、無限の知恵を有する建設的の人格性を認めなければならぬ。その上に宇宙間には、唯物的機械論者を除くほか、進化しつつある生命とその自由なる進展を産出していく生けるもの、絶えず自己を創造的に表現しつつあるものを考えることができる。さらに進んで神によって促され進化しつつある生命の歴史を研究すると、さらに鮮かに神の本性を予想することができると思う。生命はいかに進化しつつあるであろうか。その流れの方向を研究すると機械的勢力から精神的勢力へ向かっている。人生観においても、力は正義なり、という考えから、正義は力であるという自覚に傾いてきた。このことからも連想されるのであるが、生命の最も野蛮な姿は、進化論者のいうように弱肉強食で、強い者勝ちの状態、すなわち強い者が弱い者を犠牲にして生きる時代であるが、高等な生命の姿は反対に強い者が喜んで弱い者の犠牲となる。すなわち進化は力から愛の世界へ向かって流れつつあるということができる。一度愛の世界、すなわち親友・親子・夫婦などの生活に踏みこむにおいては優勝劣敗の競争はもちろん、弱肉強食等の法則をもっては律せられないことが判明する。オイケン〔Rudolf Christoph Eucken, 1846-1926〕も『生活の基礎および理想』において進化における事業は、古い進化論者の見た自然法以上であることを述べている。また進化は先にも述べたように、機械的から精神的に向かっている。人間上進論者は等しく、肉体的には最早多くの進化を期待し得ないのみならず、文明はかえってこれを劣弱に向かわしめつつある、少なくとも停止の姿を示しつつあるのに引き換え、精神的文化はますます向上進歩を示していることを認める。このように考えると神は偉大にして力ある正しき本性を持っているものと考えるのみならず、また実に無限の愛をその人格性の内容として持っている創造的生命であると考えることができる。キリスト教において、神は愛なり、と主張するのも根拠のない言い分ではない。私たちは次にその当然の順序として神の愛なることを説くキリスト教の神観を述べていこうと思う。

かくのごとく述べているうちに人びとは多くの疑問を感ぜられると思う。そのなかで一番問題になるのは、この世界はその原因である神から生じたものであるが、神の内にある本性が表現して世界に現われているなら、これを見るとその原因である神が判る、という説き方であるが、ちょっと考えると理屈があるように見えるけれど、世界の現象がすべて神から来ているならば、善とか義とか愛とか都合のよい方面ばかりでなく、人生には実に恐るべき罪悪が行なわれ、新聞の三面記事に現われる、むしろその方が人生の真相かと思わるるほど悲惨な事実を、どう見たらよいであろうか。この世にうるわしい愛があるから神はさらに美しい愛であるというならば、世界に不合理な罪悪がある以上、やはり神はそのような本性を持っているというならば公平であるが、そんなことが神にあっては神とはいえなくなる、この問題はいかに解決したらばよいであろうか、という人がある。これに対してある人は次のように答える。「あなたは『神が実際愛であったならば、己れの愛する人間に何故悲惨な罪を許し、そして一方には良心を与えて煩悶させ、そして後に救われるために信仰を起こすように仕組んだのであるか。神が芝居をしない以上、最初から苦しむ必要のないように、その愛する者を祝福しないのであるか。人生に罪悪がなく、人は善いことのみを行なって慕っていくように造られたら、それは神が愛であるとも、正義であるとも考えられるであろうが、事実は決してそうではない』、といわれる。けれど、神がもし人間をもっと低級なものに造られたら、あるいはそのような理想的な形式において生活ができるかも知れない。現在でもあなたが望まれるような罪悪が行なわれない品行方正、勤勉な努力、規律ある生活、すべて道徳的な生活が珍しく良く行なわれている社会が一つある。それは監獄中の生活である。悪いことをしないのではなく、もはやできないのである。このように余儀なく正しくあってもそれは少しもその人の価値とならない。善いことをしても善といえない。善悪いずれへでも行かれる所を善く行くので初めて価値が出てくるのである。人は機械のような者でなく、自由ある人格的な者に作られているから、そこで初めて各自の精神的および道徳的責任が存在する。このように考えてくると神は人を苦しめるために、あるいは自己の内に悪を持っているから、それで世界にも悪が存在するのであると思う必要はない」と答えるのである。人間を自由ある人格として造ったがゆえである。

もう一つ、これはあえて根本問題ではないからどうでもよいと考えられるが、ついでであるからこのような疑問を持っている人のために書き添えて置こう。それは、「自分は神の存在も信じ、また天地間に正義に組する神があることも信じている。しかしある種の宗教家のように、会堂へ行ったり、ことさらに祈祷などしなければ神が愛してもくれず、守ってもくれないというなら自分は不服である。失敗者や弱虫等はともかく、正しい者は、神が愛なら、祈らずとも神や守らんという歌のある通りで、それでよいではないか。神に祈ったり、自分の間違いを救って貰ったりする必要は、正しい人間には少しもない。神を念じなくとも助けて貰わなくとも、神は正しい者だから守っているに違いない、頼みに行かなければ愛してくれないというなら間違いである。宗教家がいやなのはこの点である」という人がある。神は認める、しかし宗教は必要がない、正しくさえしていれば、神は自然と自分を守るはずだと主張する人びとに、私は宗教の必要なことを明らかにしたいと思う。「自分はそんなに人よりも偉いとも聖人だとも思わないが、物の善悪ぐらいは心得ている。だからできるだけ善を行なってあえて不義には組しない、自分としてはできるだけの修養をしているから、人間として恥じる所はない」というのであるが、しかし人間が自分で考えている真理とか正義とかあるいは善とかいうものは、間違いないとは言い切ることができない。ことに天地の神の心に適うや否やは大いなる疑問である。人間の善悪の自覚でも昔と今とは大いに異なっている。昔の善行今は明白に罪悪となることさえある。その一つをいえば仇討のごとき、高き道念に照らして見るとまさしくその通りである。人間の良心の標準もそのように自覚の深浅や時代によって異なり、進化してゆくものである。ミュンスターベルヒ〔Hugo Müinsterberg, 1863-1916〕の著『永遠の価値』〔*The Eternal Values*, 1909〕には、「過去において真理であったことは今既に真理ではない、今真理であるとせられておることでも明日はおそらく真理でなくなるであろう」と言っている。これは人生の真実であるが、それではいかにして私たちに生活の標準を定めたらよいであろうか。時間と空間とを超越して常に現在である神と交通することができるならば、初めて真の確信ある生活に入ることができよう。そして宗教を体験したものがしばしば自己の判断の誤りを発見して、その人生観を新しくするのであるが、みずから割り出した考えを永遠なる神の生命によって訂正し、完成するのである。これは迷信に陥らざる真の宗教を奉ずることによって動きなき判断を与えられる。神が愛であれば祈らなくとも神は守るであろう、それは自分が正しいからであるということは、浅い考えであると思う。その上に愛は与えるばかりでなく要求するものであるから、神は私たちに宗教を要求せられることは当然であると思う。こう考えてくると神と人間との関係またその道を知りたく思う。キリスト教においては神をいかに見また人生をいかに考えるかということを述べようと思うが、これは今まで述べてきたように人生の事実と常識とから自然と進んで行くので、あえて他の宗教を排斥してキリスト教のみを見ていこうというのではない。もしキリスト教が真理に根ざした唯一なるそのものであるなら、思想の連絡がおのずから取れていくと思う。

四　キリスト教の神観（その一）

前にも述べてきたように、この宇宙を研究すると、神の本性を予想することができるのであるが、キリスト教の神観は「人格的な聖《きよ》き愛の創造的生命」であると考えられる。絶えず溢れ出ずる生命より宇宙は創造せられつつある。その本質が愛である以上、さらに深く神をさぐらんとする時、私たちはしからば「愛」とは何であるかと考えて見なければならない。愛の本質について種々の研究やその定義があるであろうが、愛はそれみずから永遠性を有して、その対象の完全性を得ることによって初めて相対的関係から脱する。すなわち愛する者に対して種々なる期待を持っていたものが、だんだんに自分の思うように相手がなってくる時、そしてついに全く自分の理想通りになった時、もはや二つのものではない一つとなるのである。すなわち絶対の姿となる時に愛の生命は無限なる光輝を放つのである。キリスト教の神は一神教というよりむしろ絶対的存在者といわれなければならないと思う。そのわけは愛の永遠性と完全性とが神自身の内に存在していると見る以上、愛する者と愛せらるる者とが一つの実在の内に含まれていなければならない、そうでなければ最初に言ったように神もまた依って存する者に過ぎないことになる。神が愛である以上、何ものにか働きかけなければ愛の生命は保たれない。その質においても比較にならない有限的な世界をのみ対象として永遠なる神がわずかにその愛を満たす、というのであれば、その実在の完全性を欠くことになる。永遠なるものは永遠なる者をもって、神聖なるものは神聖なる者を対象としてここに絶対の姿を見る。このように考えてくるのが新約聖書の神観であって三位一体説の主張さるる一つの原因である。ここにおいてのみ神は独立自存、絶対と呼ぶことができると思う。しかしながら、世界もまた神によって創造せられつつあると考える以上、神と世界との関係が知られなければならない。神の本性が世界の事物によって推測せられ、人間の智的研究から種々断案を下すのであるが、そのいずれが正しいか、古来よりの学者の意見を調べて見ると種々異なっているが、確実なる断定を人間の智的能力によって下すことは不可能であると考えるのが最も正直な考えである。しかし人は決してそれで諦《あきら》めることはできない。ますますこの宇宙の根底である神を知ろうとして探究の力をゆるめない。人類文化の究極の使命であると考えられつつあるこの場合、キリスト教においてはキリストの自意識に従って、人間が神を探求する間に、神みずから自己を表現しつつ、ついに歴史の存在者として己れを顕現したのであるとするのである。人はこの歴史上の人格者となったナザレのイエスを知ることによって、古来より秘められたる神とその本性とを知るのみならず、彼において無限の愛とその犠牲が産出したる救いとを与えられ、永遠の生命に入ることができると確信している。このように考えてくるのであるからキリスト教は人間の考えに終始するのでなく、客観的の真理、すなわち神自身の愛の表現を認容して初めて成り立つ宗教なのである。そこで、何故そのようなことを信ずることができるであろうかといえば、元来愛は本性上愛するものを自己に引きつけると共に愛する者へ自己を喜んで与うるものであるから、人間の文化が神を尋ねて、自然において、歴史において、人格において表現しつつある神の真理を発見し、ますます近く神に接近せしめられつつある一方、神もまた自己を世界に表現してついに全く人類とはただ一つの地平線に立つに至ったのである。進化が神に向かうばかりでなく、これを促し創造しつつ、ついに自己を人類に与うるものである。元来愛は二つのものが一つとなる性質を有するものであることを考えると、偉大なる神が不完全な一個の人間となったという見解を持っておるキリスト教は真《まこと》であると言い得ると思う。ロッジもその著『理性と信仰』の中にこのことについて、「キリスト教は驚くべき真理を有している」と述べている。しかしある人びとは乱暴なるこじつけというのみならず、ナザレの大工の私生児をもってその人格者に擬するというのは驚くに堪えたる言い分であると考える人もあるのであろう。そこで私たちは偉大なる神が一個の人間となったという不思議に対して少し考えて、さらにまた後の部分に何故私たちがイエスをそのような崇高な信仰の対象者と仰ぐかということについて考えて見よう。今述べてきたように神が愛ならば、愛する者に与えるということは当然である。しかし愛する者と愛せられる者とが互いに同格である場合は別として、ここに両者がその能力において、あるいは経験において相違した場合には、愛は特別な方法をもって現われてくるのである。

愛の自己制限、たとえば母親が最愛なる幼児を抱いてこれと語る時、自然とほとんど意識せずして片言《かたこと》を語るのである。言葉も自由に学問も豊かなその母は、愛のゆえに自己を制限して全く片言を語る幼児と同じ姿をもってその子の前に自己を現わしている。さらにまた私たちの進歩発達の経験を考えてみると、もしも学校の教師がその持てる知識の全部をもって学生に臨むならば、おそらく理解するのに困るであろうが、小学校の生徒にはその生徒らの能力に従って教師らは自己の知識を制限して教授し、最も生徒の生活に深く親しみその立場をとり得る教師が、生徒によって理解ある良教師として尊敬せられ、従って理想に近い教育者となることができる。この事実によって完全なるものは不完全者に、進歩せる者は幼稚なる者に、自己を制限して接触するがゆえに、進歩発達があり教育が功を奏するのである。愛は最も自然にその愛する者のために自己を制限して彼と同一の立場をとるのである。この、人生における否定すべからざる事実を思う時に、神が人を愛して人となることは当然といわなければならない。生徒らの理解にあまるむずかしい学問は教育とならない、生徒ら自身が自己の能力をもって到達し得る所まで真理を制限して与え、その能力の進むに従ってさらに高い真理を示す。人類の進歩は、このようにして神から啓示せられた真理を、一歩一歩探究してわがものとしていくのである。この意味においてキリスト教では神を主とするけれど、人間の努力人類の文化を併せて肯定するのである。生徒が考えたり、疑問を起こしたり、持てる限りの能力を使用して知識を自己のものとし、自覚ある人格的の苦心をすることによって、授けられた問題がその人のものとなり得るように、神は人をして人生に試験問題のごとき事実を与え、人間の工夫努力をこらすことによって人格の世界を建設し、自由を許して自覚を得るに至らしめる。しかも常に周到なる愛によって計画せられ、多くみずからを現わさずして人類を創造しつつあるその状態は、神の恩寵かあるいは自己の能力によってなし遂げ得たるかそのいずれなるかを分かち兼ねるほど、神は人間各自に全人格的自覚を与えてその文化を促し給う。これ実に歴史哲学が吾人に教える微妙なる真理である。それはまことに神の啓示と人類進歩の自覚との真《まこと》の関係を語り示しているものである。キリスト教の神がついに自己を制限して人となることを認容するのは、これのみにとどまらずして、人生の暗き半面である罪悪の問題に関連してその真理を承認しなければならないと思う。

五　キリスト教の神観（その二）イエスの神観

神の聖《きよ》き愛に対して人生は多くの罪と穢《けがれ》とを持っているために、神と人との関係は単純に成立することができない。善の理想を自己に実現しつつ人格を建設しようと努力する道徳家は、善の理想の極致として正しき神を認めている。このように神は神聖にして侵すべからず、身も心も潔めなければ彼を礼拝することさえも不可能であると考え、神は正義なるゆえに罪悪の世界とはとうてい一致することができない、と考えられる。新約聖書の時代にも神については学者も道徳家も皆かくのごとく信じていた。しかし聖《きよ》き者・善なる者・純粋なる愛などのほかは神と相交わることができない者となってしまう。フリント教授（Robert Flint, 1838-1910）がその著『有神論』の中に、単純な有神論では不十分である、すなわち神を光と見れば、山や海原《うなばら》を照らすその光をもっては罪ある人類を照らすことはできない、すなわち罪の救い主、十字架上のキリストの御顔より射して来る光が人類に必要なのである、という意味を述べている。イエスを批評した当時の学者たちが口を揃えて、この人は罪人を迎えて親しげに共に食しているが、まことに神の福音を宣べ伝うべき人物にして世間で呪われている取税人や罪ある者らを何の隔《へだて》なく、かえって彼らと親しく交わるのは言語同断である、と言っているのに対して、彼らの神に対する考えの誤りを訂正せられて、なおみずから神の本質と人類との関係を述べられた。イエスが神をいかに見、またこれを人に紹介せられたか、ということは最も興味深いことである。その第一の譬喩《たとえ》に、人はだれでもその人が百匹の羊を飼っていると仮定すれば、もしその中に一匹を失った時いかにするであろうか。打算ずくの立場を採れば一匹の羊を見出すために九十九匹を野獣の往来する危険の野に置き去りにして行くことは愚かである。おそらく、一匹を尋ねつつある間に残りの多くが監督者なき野原に幾つとなく失われ、せっかく幸いにして一匹を発見して帰って来ても、さらに多くの羊を失うていることを知ってその損失が大きくなるばかりであるから、一匹を見殺しにしても九十九匹を保護する方が得策である。しかし羊飼と羊とには利害関係以上の関係があって、失われた憐れむべき一匹に対する同情と愛着とは、現在手もとにある多くの羊があるいは自分の留守中失われるかも知れないという杞憂《きゆう》位で動かず、現在すでに見失われて寂しく助けなくいかなる状態にいるであろうかという危急なる事実の方が、羊飼にとっては、余裕を示すことができない出来事である。今在る九十九匹を野に置いてみずから捜索に出かけ、失うたものを見出すまでは尋ねてやまない。ついに尋ね出した場合は自分の疲れも忘れて非常に歓喜し、さまよい疲れた羊を己が肩に掛け、家に連れ帰って安心するばかりでなく、隣人や友を呼び集めて、どうか喜んでくれ、見失われたあの私の羊を見出した、といって非常に喜ぶように、かくのごとく悔い改めて、一人の精神的に失われていた人が真《ま》人間の心に帰った時、悔改めの必要のない多くの人びとに勝って天に歓喜《よろこび》があるであろう。また二人の息子を持っている父親の心をもって神の本性を説明して言われるのには、その弟が父に言うのに、貴方の財産の中で私が戴く分をどうか分けて下さいと申し出たのに対して、父はおそらく無経験な彼を気づかったであろう。いまだ財産を分け与うるには早過ぎると思ったかも知れない。しかし一方青年の方からいえば、一日も早く自由独立の一人前の生活がしたい。青年の気力に燃えている時であったから熱心にこれを要求した。その自治独立の精神を父は非常にたのもしく満足に思ったであろう。人の親はいつまでもわが子を一人立ちのできない部屋住者《ずみもの》にして置きたくはない、一日も早く立派な独立の人としてやりたいのであるから、その域に達するまで監督もすれば束縛も余儀なくするのである。そこで子供の方から自発的に自治独立の生活を始めたいと言い出したことは、親にとっては非常に嬉しいことで、自由を与えても、それによって放縦になったり、堕落したりしないで、真の自治生活をなすことができるために教育してきたのであるが、今この弟は、このようにして財産を分与せられ、幾日も経ない内に旅装を整えて父から離れて遠国に旅立ったのである。なぜ今まで養育してくれた親の手もとを離れて、遠くへ去ったのであろうか。おそらくその主な原因は、父の圧迫《あっぱく》を避けようという気分であったに違いない。人の親は、その最愛の子に対して少しも圧迫を感ぜしめるような気持はなく、子供が独立することは、自分と絶縁することでなくして、そのことによって親子は共に喜び、さらに精神的に深く近い人格的な満足なる関係となるはずである。それであるのに、財産を受け取るが早いか父のもとを逃れ去ったのはまことに浅ましい。自分一人非常な成功を夢見て我こそはという気分で出発したに違いない。このような心であったから、行く先において放蕩を覚え思わざる誘惑にかかって財産を失い、自信力は消失して、心の平和も失われてしまった。その所有物を費やし果てた時、饑饉が起こってついに自活の道を失ったので、その地方のある人に身を寄せ、ひたすらに救助を求めたので、その人は彼を畑に遣わして豚を飼わしめた。しかも十分の俸給も食物をも与えられないために、豚の食う豆をもって空腹をしのごうかと思い惑うほどで、この苦境を誰一人憐れむ者なく、何者も彼に与える同情者もなくなってしまった。誰に訴うることもできないこの苦しみと孤独との中で自分を省みて見ると、父の深き愛と信任とを受け、祝されて年若い自分の要求に応じ自由と特権とを与えられて感謝すべきであったのを、青年の自負心にかられ、みずから自由の道を切り拓《ひら》いて自己の権利を主張し、父を屈服せしめて勝ち誇った気分になり、時代遅れの父や先輩らを愚者《おろかもの》よと心中に冷笑して、自分の新たなる抱負を見ておれといわぬばかりに新天地の開拓に赴いたが、そのかつて言い放った独立の宣言に対して、自分が困窮に陥ってきた時も、今さら郷《くに》に援助を求めるのもくやしくまた面目もなく、今に今にと細っていく自分の力を唯一つ励ましてきたけれども、すべて自分は考え違いをして、父の信愛に対しては冷笑とわがままとをもって報い、何の親しみも感じないで、永年の養育の恵みも心から父と親しませる力とはならずに、むやみと自己にのみ捕われて、全く自己を束縛するもののように思ったが、今考えると実にもったいない心持がする。このように寂しくつらく見知らぬ旅の空に放浪して、はじめて自分は人の情の有難いことをしみじみと思わせられる。翻然として我に帰ったこの放蕩なる子は、あの懐かしい故郷を思い出て、わが父の家にはその雇い人でさえ食物が余って、すこやかに楽しく暮らしているのに、今日の自分がこのままで行けば、この氷よりも冷やかな、誰一人心の友もない旅の空で、人には厄介に思われながら餓えて死ぬよりほかに行く道はない。しみじみと沈思にふけって、全く自分の過失と罪とが、あの慈愛深い父に対して感ぜらるるようになった時、この青年は物質上の困窮ということのみでなく、初めて愛を裏切った不幸なる子の悲しさを味わい、自分にも勝って深い愛を裏切られた父の心を思いやると真に申し訳なく罪深く感ずる。癒されがたい手傷を父の心に負わしめたそのことを、たとえ、怒りによってもはや親子と名のることが許されないまでも、自分はかつての大言壮語に対してこの敗残の身を父に見せることは死ぬほどつらいことであろうとも、海よりも深いその恩恵を犯した罪を心から一言でも謝罪しなければいられない。思い切って立って帰ろう、そして父に、天とあなたの前に私は罪を犯して参りました、もはや御怒りも解けますまい、あなたが苦心してはぐくみ育てたこの身体は放蕩に汚し、貴方の深い聖《きよ》い愛を裏切って身は不義なるものの偽りの愛に裏切られ、貴方が辛苦して貯蓄せられたその財産は、血迷っていた自分のために空しく使い果たされました、このような自分を子として扱われることはもとより望まれませんが、せめて雇い人の一人のごとくしても、どうかお側近く、せめて懐かしいお顔やお声に朝夕接して、せめてもの平和を心に得たい、と願って見よう。彼はこのような決心をもって、なかば恐ろしく思いながらついに故郷にたどり着いたのである。遠国から悲しい悔いの暗い心になって力なくはるばると辿って来る胸の中には、迷いから醒めた静かな思いの内に、父懐かしいという一念が、知らず知らず重い足をも促し立てて来たのである。見慣れた山や河やまた町の誰彼の家も、久しぶりで見ることができたのである。しかし以前と変わる現在の自分の姿を知り合いの人に見られたらどのように恥ずかしく感ずることであろう。それにも優って親はどれほどの恥をかくか、これを思うと申し訳なくいかにしたらよいであろうと嘆息のほかはない。夕闇にまぎれて人目をいといながらわが家に立ち帰ろうと考えたかも知れない。もちろん怒った父が、自分のことなどすでに思い切って取り合いもしなければ、とうの昔忘れて、心の中から捨てられてしまっているに違いない。ひょっくりとこの姿で立ち帰ったならば、どんなにか驚きまた新しい怒りに燃えることであろう、と考えつつついにわが家へ近づいた時、いまだ自分が門から遠く歩いて来る時、家から突然懐かしい父が自分を見つけて走り来るのを見た。どうして変わり果てた自分の姿をわが子であると気付いたのであろうか、そして近寄るに従って、昔に変わらぬ慈愛に満ちた顔を向け、憐れな自分を深く憐れむような態度と採って、ついに無言の内に親子は互いに相抱いて泣いたのである。その青年が父について冷やかに観察していたのとは異なって、わが子が家出してからはその前途を案じ、故郷を忘れて栄達の夢にあこがれ、賤しき愛に迷わされて家をも父をも忘れている間に、父の心は休みなく絶えずわが子の上を思うていた。愛は深いほど、純粋なるほど、その愛する者のために耐え忍ぶのである。そして愛する者の心が正しき本来の状態に復するまでは、いかにもしてその罪の迷いから救い出そうとして苦心するのである。このような心をもってその父は、雇い人らがすでに忘れ果ててしまった次男のことを、来る日も来る日も、あたかも昨日今日袖を搾って別れたような心で思い遣ってきた。長い月日何の音沙汰もないその間、父は忘れずに心待ちに風の便りをまっていた。忘れがたい者を心から失っている父は、何物を持って行ってもその寂しさを満たすことはできない。人影を見てはその失った、明け暮れ心を離れない子でないかとしばしば思ったであろう。このように天の父は、人が彼を忘れて罪の苦しみにおちいり、しかもあさましき快楽を追うて前後忘却している間、その愛する者のためには苦しみ悩んでおられる。人の思いにまさって深い神の愛と憐れみとは、実に放蕩なる子が夢より醒めて悔いて立ち帰った時、待ちに待っていたその父によって深く喜ばれ、その罪を赦されたように、神は実に聖《きよ》い愛であり、また愛の顕われの特長である同情をもって、傷つける者・苦しめる者・悲しみ迷っている者を、聖き生命と歓喜とに立ち帰らさなければやまない本性を有していると、イエスは語られたのである。

このほかになお一つの譬喩《たとえ》をもって神の本質について語られている。ある細心の女が丹念に貯蓄した銀貨十枚を持っていたが、その内一枚失ったとしたらばその女はどういう心と態度とを示すであろうか。もしそれが豪放な男であったならばちょっと探してなければすぐに忘れてしまうか、他から補充して用を弁ずるであろう。しかしこの女は深い愛着を銀貨に感じているので、その失った一つを惜しむ心が深いのである。そのことが気になって、他のをもって補充するということを考え付く余裕もないほどに、失ったその物に心を奪われている。灯火をともし家を掃いて、探し出すまではねんごろに尋ねてやまない。もし発見したならば非常に喜ぶであろう。このように一人の罪人のために、神は非常に心を労せられる。この三つの譬喩《たとえ》の内、先の二つは、失われた物が一つはみずから歩むことのできる動物であり他は人であるゆえに、その関係は深いのであるが、女と銀貨との対照の場合は、女の細心な情熱的な心に対して銀貨は死物で冷やかである。自分の方からその持ち主の心を察してどうするという関係ではない。このようにまで精神的にいえば寂しく浅ましく、あたかも神の生ける愛に対しては銀貨のように冷やかになり果てた人の心も、なお神の深い愛の御心によって尋ねられている。それゆえに神は聖なる愛であるからその愛する者を惜しむのである。そして神と人とは多くの中の一つという数の関係でなく、一つと一つとの避けがたい深さにおいて純粋さにおいて関係せしめられているという愛の真理をキリストは宣言し給うた。このように神が、みずから立ち帰る能力を失っている者を尋ねて救い出すために、みずから出現するというこの事実は、すなわちキリスト御自身の自覚と言われている（ルカ伝一五章、ヨハネ伝一四・七、ヨハネ伝一〇・三〇参照）。私たちは順序を追うて、そのことの真理であり、かつ事実であることについて考慮していこう。

六　神の自己実現と罪悪観

神が愛であるからその愛するものに己れを顕わし、ついに自己を制限して全く人となることの真理性について、私たちの常識を整えたのであるが、さらにキリスト教の根本真理をなし、かつイエス・キリストにおいて歴史上の事実として実現せられたと考えられる神の自己実現は、その罪悪観から一層深い理由を見出すことができるように思う。そのことに関して次に述べていこう。

イエスによりて説き示された神の本質もまた無限なる愛の本質として、ただに潔《きよ》く正しき者のみにでなく、堕落し失われたものに対しては、ことに深い同情者として認められる。人が神の聖《きよ》き愛にみずから叛き利己に生きる時に、罪悪の自覚を持つようになる。そして自分の罪悪に苦しみ悶ゆるのみならず、かつて在りし、神を喜ぶ心、両者の間に豊かに保有せられた愛の清く正しき歓喜、それが生じた平和の経験、これらを罪のために失い、神の愛を裏切って生きる時は、何時か自己の本心をさえ裏切るようになり、すべて聖愛より孤立して、はかなきものを愛しこれに迷い、一時的の享楽を味おうて強い本心に背きつつ生きるようになると、いうべからざる心の不安と恐怖とを経験しながらも、しかもみずから清き愛に立ち帰る能力を失って、ただ瞬間の慰安・一時的の喜びによって内心の深い苦痛を忘れようと努力しつつ、精神的にいえばますます寂寞《せきばく》と不安とに陥り、良心の声を聞かざるように上辺《うわべ》にて歓談笑話し、これをさらに押し広めてしきりに罪を犯す。身はついに破滅を予期しながら本来の愛を裏切り反《そむ》き、我を愛したる聖きものに傷手を負わしめた事実からくる耐えがたい心の苛責《かしゃく》を、いかにもしてまぎらわさなければならない。あまりの苦痛に堪え兼ねて、人生が暗く悲しくはかなく、生命の歓びを全く失って、むしろ死の与える無感覚を思うようになる。罪が人生観を暗くして、輝くべき生命をして漸次にその光度を失わしめ、ついに死という暗黒の滅亡に至らしめるのである。さてかように恐るべき罪の本性と、またその種々なる状態と方面とを考えて、私たちの罪悪観をできるだけ明らかになし、生命への道を急ぐ手がかりとしなければならぬ。罪悪は人性の事実であるということを承認して、この否定すべからざる忌わしき事実と自覚とを、いかに処分し得るであろうか。これ実に単なる思想上の問題には留まらないのである。前にも述べたように、罪とは愛とその生命との敵であって、孤立と死との最も冷酷悲惨な運命を誘うものであるが、罪に陥ったその状態は、大別して二つに分けることができると思う。

その一つは、堕落することである。たとえば悪い病気が健康な肉体に食い入って、生命を破滅していくのをどうかして食い止めなければならぬと焦るように、自己の生命の損失である。堕落は自己の生命を滅ぼすことであるから、その人たちは、健康を害してこれを非常に心配し、大切に用心し回復の方法を講じているように努力しているであろうかというと、全然状態を異にしている場合が多い。一体罪というものは、人間の正しい感覚を失わしめるもので、あたかも精神上の脚気《かっけ》病である。堕落すればするほど、自分の堕落が苦痛でなくなり、精神的には生きながら死物になってしまうのである。初犯の罪人は、非常に悔悟する者が多いそうであるが、前科何犯という罪に罪を重ねた者は、平然として恥も外聞もなくなっているものが多いというように、人が神を考えても己れの罪を感じない。このままであえて救われる必要がないと考えるのは、全く罪がないからであろうか、あるいはその反対に、なるほど法律上の罪はなくとも、精神的に堕落しているからではなかろうか、このことを考えて見なければならぬ。昔から聖者といわれた人は、皆己れの罪の懺悔をして、その救いを得るのに非常に苦心している。この事実こそ人心の真相を語っているものであろう。私たちが少しでも精神的に向上心を起こすと、必ず自己の内に罪を感ずるようになる。無理想者に高尚な煩悶はないはずである。キリスト教では、この堕落して罪によって精神的に無理想、無感覚になっている魂は、とうてい人間自身の良心の力では回復し得る望みがないから、これを啓発して、神に立ち帰らしめるために、神みずから運動を開始せられた、と見るのである。

しかしそれのみに留まるのではない。さらに罪は堕落ということのほかに、最も重要な根本問題を含んでいる。それは、我を愛してくれる者に対する自己の罪を指していうのであるが、自己の過ちによりて自己の損失を招くばかりでなく、実に我を愛する者を苦しめ悩ますことである。罪は自己のみで犯すのではなくして、「対して犯す」という方がより根本的で重要である。精神的に相対立している者によって、その罪の深さが定められる。友人と夫婦と親子と皆相互に対立する罪が成り立つ。そして一方のみが損失、あるいは苦悶するのみではない、犯した本人はかえって罪のために感覚が鈍って、それほどに感じなくっても、正しい愛をもってこれを見た他の一方の方がより深刻に悩みを経験する。その品性の度合いが相違するほど、聖い正しい者、真理なる者ほど、悩むのである。ゆえに聖き神の愛を拒絶して罪に親しむことは、自己の問題にとどまらずして神を苦しめ犯すことになる。この「対して犯す罪」の感覚こそ、宗教的罪悪意識と称するのである。であるから、無神論者には、かような罪悪観の苦悶はあり得ない。あたかも、米国には帝王に対する罪はないのであるが、英国や日本には罪悪中の罪悪として、罪悪観が成り立つ。人間同志の関係はいずれであっても、私たちがこれまで考えてきたように、宇宙に無限の愛をもって私たちを祝福する神のあることを承認する以上は、神に対する罪が最も深い意味で成り立つのである。この意味において私たちの罪悪観は、その深奥なる自覚において常に対立的でなければならない。この宗教的な最も深刻な罪悪の自覚が、ついに私たちをキリスト教の中心真理とする十字架の「救済《すくい》」の問題に至らしめるのであるが、これは後に述べることとして、ここに、神が人類の罪のためにみずからなやみ、ついに人間みずから回復し能わざる罪悪の救済を全うすべく、みずから罪の世界に肉体をもって実現し給うたことを承認する。神は愛する人類に、自己を制限して与え給うのであるが、さらにその苦悶に与え給う一身同体、わが煩悶はいつしかに彼の煩悶と化し、わが嘉悦はまた真に彼自身の嘉悦となる。神、人と共に悶え、ついに弱き人類の越えがたい「罪」と「死」との関門を打ち破って、永遠なる生命の勝利への道を開き給うた。これ実にイエス・キリストの十字架とその復活とが人類に与えた否定すべからざる証拠である。このように救い主を必要とすることの真理であることは、ひとりキリスト教の特別な信仰であるには相違ないが、しかしより広い生命進化の研究においてさえ、それは明白に多くの生物学者、さらに広い意味でいえば進化論者間に認められている。その理由は、今日生命は廃頽を始めているという事実を指摘する者がはなはだ多いゆえである。現代における生命進化の根本問題に至っても、「生命の救い」あるいは「再生」などが必要で、この生命はこのままではいけない。進化論においては、「罪悪」は進化が未熟なためでなくして、生命が本道をはずれて岐路に踏み入ったものであると見るのであって、いつまでもそのままであれば、いかに発達しても駄目である。本道に立ち帰って救われ新たにせられる必要がある。「自分は彼らの生命進化説を研究してそこに、或るキリスト（a Christ）の必要を認める、……然るに二千年前の歴史上のイエス・キリストを一度眺める時、吾人の要求するキリストがすでに実現しているのではないか」とヘルマンがその著『オイケンとベルグソン』という書に言っている。生命の世界はついに「救い」を要求するのである。

かように進化論上からも、その救いの要求が注がれるが、精神上から言って愛する者の苦痛はまた自己の苦痛となる。愛の労作の最も深くして、不可思議なる表現の一つは、「同情心」とその自己犠牲の精神である。愛は最後まで耐え忍びてその愛する者を助け、危きより救い出さざれば止みがたいものである。自分もその苦悶の渦中に投じて共に苦痛を経験するのみならず、実に喜んで愛する者のために生命をさえ犠牲として、その身代りとなるに至るのである。はかなき人生においてさえ、すでに真剣なる愛の存するところには、必ずこのような生命の気高い姿を発見することができる。神は実に人類の罪悪のために、共に悩み、みずから同じ立場をとり、その救いの道を開き給うた。ここに「神、人となる」ということのさらに深い理由を認むるのである。他の言葉をもって言うならば、神の「贖罪《しょくざい》的顕現」と称しているところの真理である。しかもその救済は一般的法則でなくして、実に個人的・人格的方法、すなわち一個の歴史上の人物なるナザレより出でし「イエス・キリスト」において実現せられたのである。神がその愛し慈《いつくし》む者に近接し、自己を制限して、人類に顕現することの真理については、すでに前にも述べた通りであるが、このような神の宇宙的人格顕現の真理性を認容するとしても、ナザレに生まれたるイエスをもってすぐにこの驚くべき信仰の対象者と認むることははなはだ早計ではないか。宇宙間にそのような真理が成り立つとしても、それとこれとはさらに問題を新たにして考え探究しなければならない。何故なれば、神が人となって人生に顕れたものと信ずる偉大なる宗教的人格者は、ひとりイエスにとどまらない。その異常なる出生において、その永生を預言するの点において、また世の罪人を救済せんとする慈愛心において、仏教の「観音」のごとき、その他種々なる宗教に、神が人となったという思想がある。それにもかかわらず、ひとり「キリスト」をもってのみ、唯一絶対の神の贖罪的顕現と見るのは、いかなる真理によるのであろうかということを考えてみようと思う。

七　イエス・キリスト

イエスが果たして前に述べたような重大な意味において、「そのキリスト」(the Christ) であるかないかという極めて大切な問題について、考えてみなければならない。

この貴重な問題である本文に入るに先立って、論理主義あるいは経験主義の学問からいっても、今日あたかもヨハネ伝一章一四節に主張せられている「ロゴスの自己産出」の真理性を十分に肯定しているということを前提として、さてその実現せられたロゴス、すなわち神の「言《ことば》」がなにゆえにイエスであることを認容し得るであろうか。私たちは今イエスという歴史的人物を中心として、その外的および内的立証を試みたいと思う。まず外部との交渉から始めよう。

第一　他の宗教的天才との対比

神が人になったという思想は、野蛮時代に非常に盛んであるが、迷信時代のその神話が取るに足らない跡形もないことだから、それと五十歩百歩の思想に過ぎない、と外見だけで決めてしまうのははなはだ早計である上に、神話などに現われてくる神人合一の思想が、従来のつまらぬものであったからといって「神が人となる」ということの真理性を否定する材料とはならない。似て非なることは、人生にいくらも有ることであるから、もちろんそうであるであろうが、さらにその迷信に相違ない幼稚な神話の中にも「神が人となる」ということの暗示がすでに現わされているから、これを単に採りどころのない下らぬ未開人の夢に過ぎないとその全部を斥けてしまうのは残念である。また一例を引けば、イエスの処女から生まれ出たということが、人生に起こり得べからざる馬鹿げた迷信であると考うることは今は科学の提供する真理性を重んずる人びとの中にはありえないはずである。そは生命は必ずしも異性生殖を要しない単性生殖の可能性が十分立証せられているからである。であるから私たちは処女説をもってのみイエスが他の人間と異なって神の人となった証拠だとは少しも考えていない。なぜなら、それが自然界の法則の中に立派に承認せられている以上、自然界には単にイエスの場合のみならず、これが起こり得る可能性を有しているからである。しかしそれであるからといって神話やその他の記録を全部承認する理由《わけ》にはいかないことは言うまでもないと思う。要するに、その史的事実と、内容とによって公平に判断するより他に正しい道はないと思われる。ある人は言うであろう、考え方によっては何も単性生殖などと、困難な苦しい、しかしてまた迷信の宗教に同類視されやすい不利益な考え方を主張しなくとも、大工職ヨセフの子でよいではないか、それでやはり神が人となったと主張するのに何も不都合を感じないばかりでなく、かえって自然で良いではないか、聖書に記されてあるから、何でもその通りにこじつけなければならないという理由はないはずである、元来聖書はその大部分は無教育の有難屋が書いた書物に過ぎないかられ、その辺のこともよく考えてかからねばならない、否定できない宗教的真理も記されているだろうが、また迷信も交じっていると見てもあえて悪いことではあるまい、だからこのように困難多くして別段重要性を持っていない問題なぞ生真面目《きまじめ》に固守する必要はないではないか、と言う人があるが、しかしそれは非常な浅慮と言わねばならない。第一多くの人びと（教養ある者をも含む）によって信奉せられ承認せられ、すでに千幾年の間聖書の史実的研究において除外せられず、今も聖書の中に現存し、しかも公平なる科学がその真理性を立証しつつあるのである。その上に何がゆえにこの問題が含む真理性を熱心に主張せんと欲するかと言うに、それはキリスト教においてのみ特有に深めらるる「罪悪観」に重大な関係を有することと、「キリストの無罪性」ひいては「贖罪観」および「キリストの肉体復活観」にまで及ぶがゆえである。これらのすべて重要なる真理の立証は、相互に相連絡照応しつつあるがゆえに非常に重大であると言わなければならない。深き宗教的真理がつねに有機的関係にあるとは当然のことで、真に真理性に充ちた真正な宗教であるならば無用の部分を剰《あま》さざることがかえって当然のことと言わざるを得ないと思う。これらの深い問題については今はいちいち述べていくことは許されないことである上に、この方面の真理の立証は、深い精神的体験によって極めて奥深い考察を遂げなければ、単に粗い表面的論理の上において取り扱うことは不可である。それはあたかも砂金の小粒を粗い笊《ざる》で採取しようとするようなものである。

ただこの場合、イエスと他の神話やまたはずっと関係が高尚になる他の宗教的天才などの人びとのいわゆる超自然的要素、生まれること、在世中のかずかずの奇蹟的行動、不死、昇天等と、その内容は大いに異なっているにもせよ、よくもこれほど各宗教は、このような諸点について一致的であると思われるほど類似している。このことは何を語っているであろうか、ということを考えねばならない。すなわち、その中に否定すべからざるあるものを含んでいるという事実の承認である。ゆえにイエスの周囲にこれに類似の思想が存在することは、むしろイエスの聖書的真理性を認容するのに有利である。この場合に今の考えを逆に、一般的だからこれらのことをもって、イエスのみの神性の立証とはならないではないか、それをイエスに許すなら公平に他の宗教的天才に関するそれをも許すべきだとちょっと考えられるように思うが、一般的ということは科学的に考えて、そこに否定すべからざる真理性が存するということを意味して、必ずしもすべての一つ一つの現象がそうでなければならないと考える必要がないと思う。そのことの決定は前にも述べたように、史実とその内容について、公平に吟味してからでなければ決定することのできない問題であると思う。

キリストの出現ということについては、旧約の時代から預言者らによって、その意味は浅薄であったにせよ、確信をもって予期され待ち望まれていた。そしてついに予期よりも優《すぐ》れた、一時的の者に対して永久的の価値を有するキリストが来た。

これは聖書に記録された事実であるが、宇宙間には影と実物との関係が在る。実物がどこかにあるから影がさすのである。実物がなければ影だにもささないであろう。某《それがし》の有名な詩人の歌の中に、世界の某地方の夜半《よは》の太陽のことが言ってある。「夜半の太陽」とは、夜半に東の空が急に明るくなってきて、今にも旭日《あさひ》が射し昇るような状態を示す、暫時にして再度暗くなってしまう。この時ならぬ夜中に東天が紅さすのを「フォールス・モーニング」虚偽の朝《あした》［false dawn, zodiacal light 黄道光］、と称されているのであるが、しかし全く虚偽でない本物の光線が在ればこそ、それが反射して奇観を現わすのである。やがて本当の太陽が再度、今度は前のとは全然比較にならない光輝ある姿をもって現われてくる。これは事実であるが、詩人は「人生の旅行者は暗い夜半にこの『虚偽の朝』の光を望んで歓喜するが、やがて失望させられる」と歌うている。迷信に懲りてはいけない、その迷信の奥に存するものも思わずに失望してはならない。いかなる宗教の中にも、また宗教的天才の中にも、「神が人となった」という思想の中に多少の真理性を含まぬものはないであろう。しかしそれは正物と深い関係を有していて、正物出現の真理性を十分に立証しつつ、ついに「虚偽の朝」に止まるのである。しかしそれで十分に深い意義を示しているのである。

「全き者来たる時は、全からざる者廃《すた》るなり」と聖書の記者は言い、ヨハネ伝の初めには、洗礼者ヨハネとイエスとを対比して、ヨハネの立場について「彼は光にあらず、光に就きて証《あかし》を作《な》さんために来たれり」、イエスについて「それすべての人をてらす真《まこと》の光は世にきたれり」と言っている。あたかも太陽と月との関係のごとく、他の宗教的偉人は神によってその人格が輝くが、神それ自身ではない。また光明と陰影とのごとき関係を有することは当然で、あえて不合理とも思われない。

次には、各天才の生活およびその意識内容について、公平に対比して見なければならない。この場合において、注意しておかなければならないことは歴史である。人びとはよく、偉人天才の伝記を後世の人が勝手に作り替えて、いろいろの、事実にはなかったことまで、その人物を立派に見せたいために附加するものであるから割引きして見なければならない、と言うことであるが、それではどこまでが偽りでどこまでが信用が置けるかということを決定するのは、極めて困難なことと言わなければならない。これは、科学的に妥当的真理をそれらの内から発見すると言うだけでは足らない。その信仰内容および研究者の宗教的体験をも除外することはできない。これを除外した方が公平でよいと思う人があるかも知れないが、それでは真の宗教的真理の価値を批判することはできにくいことと思う。そこで、この価値の内容ということを公平に比較することはほとんど望み難いことであるから、歴史の記録、すなわち各天才の伝記によってできるだけ公平に対比して、その優秀なるものに帰着しなければならない。歴史には誤りの部分があるには違いないが、しかしそれでもその歴史を疑うのは病的である。歴史そのままではないが、その歴史の示す真理性を認めなければ科学は成り立たないからである。

そこでかりに世界三聖人と称される、釈迦・孔子およびキリストについて考えてみよう。まず第一に、この場合でも先に述べたように、各自は宇宙の真理に等しく関与していて、かほどの人物は皆相互に重大な使命を持っているということを前もって承知しておいた上で、さてその関係的価値について考えなければならない。

その類似した点はその内容においては非常に相違しているとしても、今はあまり深い問題としないで、相違している所を選び出すことによって、その概要を得るように考証していこう。

◇ 伝記に関する比較

今この三人の伝記を通じて発見せらるる一つの大いなる相違点は、生活状態、すなわち人生観宇宙観の変化性、あるいは矛盾性の有無である。今いちいち各人について言う暇がないが、公平に観察して、イエス以外の人びとには等しく変化性、矛盾性をその伝記の内に発見さるるであろう。たとえば釈迦の一生について考うる時、彼の生活態度が途中一変し、俗の生活の迷誤なるを悟り、人生の無常を観破して以来は全く異なった方向を執った。また孔子においても、一生の内迷誤を発見し、七十にして天命を知る、と言ったように、その生活が常に真理の発見、徳操の修養の努力に充ち、苦行の跡が歴然と残され、しかして変化矛盾を辿《たど》ってついにある種の自覚に到達したものと見るのが正当であろう。そのこと自身は人間にとって貴重なことであるが、イエスの場合にはこの点に余程相違した状態を顕わしている。すなわちその史実について研究すると、その一生涯の歴史の間に意識の発展は在ったが、顕われた生活状態にもまた内面的な自意識においても、等しく終始矛盾変化また迷誤し、あるいは真理の発見に苦心し、あるいは人格の修養に苦行した跡を、発見することはできない。ここでちょっと注意しておく必要を認めるのは彼の荒野の誘惑の記事であるが、あれは彼自身の心理的作用と認めることは不適当で、従って、彼自身にとっては全く外部との交渉と認めなければならない理由がある。彼自身の本質にとってはなんらの問題をも含むようには見えないのみならず、少しもその記事は彼の宇宙観人生観の変化や、万一その四十日間を修業と見てもそれによって従来の迷路から覚醒して従前の生活態度を否定して新たに「悟りを開く」と言ったような事実は、少しもその中に含有していないのみならず、神的自意識が明白に顕われている。要するにイエスの荒野の誘惑は、他の人びとのそれと相似たるものと全く異なった内容を示していることを史実が正直に語っている。

それであるから、この外《ほか》には前後に疑問となる個所は少しも存していないゆえ、だれでもちょっと注意点となる個所であるから、私の見解と抵触しないことを釈明しておく。イエスの伝記をその史実について厳密に調べてみても、終始一貫して矛盾性・虚偽性・罪悪性が認められない。フランスの有名な学者でしかもキリストは神にあらずと反対したルナンさえ、イエスの生活に一つ不可思議のあること、それは彼の生活の内にはどこにも罪悪の行ないはもちろん、その意識にも全くその根跡さえ発見することのできないということを述べているが、この点においてイエスが比類無き人格を有することは公平な見地から認容しなければならないであろうと思われる。かくのごとく、一つ一つについて対比してくると、かなりその人格性の差異がその意識内容に立ち入って研究すればするほど明白になってくることもまた争いがたい事実である。今これらの事についてこれ以上述べることをやめて、大体次のように考えることができると思う。

イエスと他の宗教的天才との対比において、他の人びとが常に修養苦行の結果向上進歩し行った史実を示しつつあるに、イエスは全くそれらの史実を有せずきわめて自然に、しかも常に「光を包み香をかくす」とも言うべき言動があった。イエスはみずから「人の子」と言った。それは言うまでもなく、この場合「神の子」ということに対比して考えねば、特別に「人の子」という必要を認めない理由《わけ》である。「しからば人の子原《もと》居りし所に昇るを見ばいかに」（ヨハネ伝六・六二）とイエスは、史実の伝うるところに従うと常に、神が世の罪を救うために自己を実現し来たった、すなわち、「人の子となった神」であるとみずから意識し、また外部に向かってもこれを主張した。他の人びとが一生の努力を要してたとえば天へ向上しゆく状態であるのと比較して、イエスは天より、自己を制限してでき得る限り小なる姿をもって世に現われ来たったもののごとくである。公平な見地からこの譬えは正鵠を得ていると確信するものである。またイエス自身の見解として同様のことが聖書の内に記されている。これ伝記上の対比の示す傾向である。

◇ イエス伝と批評界

この異常なイエスの人格の研究は、非常な興味をもって、今では実力をもって世界を動かしつつあるキリスト教の教祖として、各国の宗教家・学者・政治家・社会思想家など各方面から要求せられている。イエス在世中より今日に至るまで約二千年間にわたる彼の人格探究であるいわゆる「キリスト論」の種々なる論争が、その伝記の批評となって著作せられている。その数がまた世界に現出したるあらゆる大人物のそれよりもはるかに多く、かつ厳重な吟味を受けつつあるのは私たちのよく知っているところである。このことにおいてその帰趨《きすう》を見ると大体二つの傾向に分かたれ、しかして両者の間に一貫した事実の発見を語りつつあるものとなると思う。すなわち一つはイエスを「神」と考えて、その神たることを認めるに都合よき方面を自然と高調し、全く神聖の位置を失わぬように伝記を作製して行く、神の側から割り出した見方で、主として信者の労作になるものであるが、しかし公平にその史実を辿って行くと神に止まることはできないで、いつか人としてのイエスを伝記の中に言い顕わさねばならないようになってくるのである。他の一方においては、純然たる信者以外の批評家、およびキリスト教徒の中でも天の父たる神は信ずるがキリストは神の顕われとしては信じられないと考えている人びとの、イエス伝の著作になるものである。

これは言うまでもなく、最初からイエスに対しては白紙で、他の聖人君子との対比においてはなんらの先入観念がないだけに、極めて、理想的に取り扱われる次第である。このイエス伝研究においても、史実に史実について研究していくと、人だ人だと思って書き下して行く中に、いつか人以上の生活を書き、「神的本性」を認容せざれば止《や》み難いようなものとなりかけてくる、ということが否定できない事実である。であるから神だ神だと思っているうちに人となり、人だ人だと考えているうちに神となる、というのがさしもに多いイエス伝の二大傾向で同時に共通の現象である。キリストはイエスであると認め、イエスはキリストなりと承認する。この「神人」、人力の解すべからざる事実がその人格の根底に存すると認めるのが最も厳正な「キリスト論」の等しく到達する一致点である。

かくのごとく、公平なる立場において、キリスト伝が二千年間の批評に堪えきたって、今日なお、人か神かの明確な解決に至らないということ、それ自身が、軽視すべからざるイエスの異常な人格性を、語っているものと思わざるを得ない。

第一　イエスの伝記の研究において、キリストの人格の位置は極めて高く、他の人びとと、到底同一の標準をもって、計ることができないほど差異を示している。現代における責任ある学者にして、なおイエスの神性の問題に関しては、むしろ否定的傾向にあるオイケンさえも、彼はイエスの卓越性を評して、他のいかなる聖者とも同位に論ずることはできない、と言っている。

かくのごとく、イエスの信者の側でなく、全く無色な人びと、あるいは反対者の間にあって、その人格性がこのように承認せられるということは、驚くべきことであると思われる。なぜというのに、一例を引用すれば、自然科学の真理のみならず、世界には文化科学の真理性が昔からあったのであるが、自然科学者の世界観は、ただ自分の見ている自然科学的法則のほかには、世界を支配する他のさらに優れたる文化科学の真理が成り立っているということを気づかずに、永い間過ごしてきたのみならず、今でも自然科学的法則の限界ということを考えない人にとっては、全く他にそのような立派な科学の真理が世界を支配していて、しかも自然科学と文化科学とは、別個の全然無関係のものではないということさえも、考えていないところから、文化科学の主張する真理性などを馬鹿にして、全く無視してしまうことが従来は多かったように、イエス伝中の精神的、もしくは宗教的真理をその史実が記録するままに（もちろん吟味しての上）

同情ある理解をもって対するならば、それはさらにまた非常な有力なイエスの神性に対する確信を握ることができるはずであるのは、当然と言わなければならない。しかし同情ある立場といっても、極めて公平に、冷静に研究していくことは言うまでもないことである。

第二　教訓と彼自身の関係

イエスの民衆に向かい、あるいはその選び出したる弟子らに対して行なったかずかずの教訓、それはほとんど神と神の国との問題に触れざるものはないのであるが、これらの教訓は彼自身とはいかなる関係を示していいのかということを研究してみることは、やがて彼の本質を探り知るのに極めて重要な一事であると考えられるので、次にそのいくばくかの事実について考証してゆこう。

イエスは、その崇高な説教、あるいは神を求むる者に対してなしたかずかずの教訓の中に、自己の人格を含有せしめたのであろうか、あるいは単に抽象的に天地の真理を説き、神については、自己以外の事実として、人びとに、あたかも哲学者が神の観念に関して証明するごとくに、教えかつ紹介したのであろうか、ということは非常に興味深い問題である。

引例の一。ある時イエスが某地方の途を通過しつつあった時、一人の青年が急ぎ来たって、跪いてイエスに問うて言うのに、「善き教師よ、永遠の生命の体験を得るためには私はいかなることをなせばよいのですか」とまず質《ただ》した。これに対してイエスは、当面の永遠の生命の問題は差し置いて、いかなる意味において、またいかなる理由で自分（イエス）を善《よ》しと呼ぶのか、宇宙間に真に「善き」と呼び得るものは、ただひとりのほかには存在しない。すなわちそれは神であるが、私を「善き」と呼ぶのはそのような重大な意味で言ったのか、と青年に反問した。それは言うまでもなく、青年が「善き師よ」と言ったのは、「尊敬する先生」位のつもりで言ったものに相違はなかった。何もいわゆる哲学者の「善きとは何ぞや」「理想的善は人格神」であるなどという深い考えや理由から割り出したものではもとよりなかったのであることは明白である。イエスもまた、この恒久の真理の追求に熱心な富める青年の、真剣な高尚な質問を非常に悦ばれた、がしかし、青年の要求している至上の生命は、不注意にも別段深い意味でなく使用した「善」という言葉、しかもそれは、他の唯物的な知識や、自然主義的な汎神的な思想からはとうてい考証できないで、ただ一つ道徳的な「善」の理想としてのみ考え得る人格的な宇宙神に至るべき、極めて大切な意味を含んでいる言葉であったのであるから、イエスはこの場合、神よりほかには与えることのできない青年の求めている「永遠の生命」であるゆえ、これを求めんと欲すれば、まず神に至らなければならないはずであり、そして神と自己との関係から生じ来るものは、その求めつつある「永遠の生命」でなければならないのであるから、青年の真剣でしかも意味深い高尚な要求の態度には深く喜んだが、そのような重大な問題に対するのにしては、いかにも不謹慎で不用意で、大切な問題を開くべき鍵である「善」ということさえ、凡俗の無意義な用語と化せしめて気づかないような精神状態では、とうてい駄目であるから、まずこの問題に立ち帰って質したのである。何故に我を善しというか、宇宙間に善なるものは唯一つのみ、すなわち神であるが、お前は、私（イエス）をそのような重大な意味で認め、かつ私にその生命を要求しているのか、と言うた。この時まで青年は、多分は名高い預言者とも見るべき高潔な人格者にして、人生の良教師であるナザレのイエスが、あたかも好し、自分の近所を通過せらるると聞いて、真理の究明、人生の最高の生命の要求に熱情を注いでいた折からであったから、好機を逸すべからずとなして、急いでイエスの教えを乞うたものであるが、青年はイエスをどこまでも、先生として学び、また学問上の疑問なども解いて貫おうとしていたのであろうが、今、問題はさらに切迫して、思いもよらないイエスそのものの人格観、すなわち、「善きと私（イエス）を敬い評するが、実際神として敬い教えを乞うのであるか、お前の永遠の生命の要求は神よりほかに与え得るものがないのであるが、その与え得る人格者、すなわち神として私の所に求めに来たのかどうか」という、意外千万なイエスの反問に面した。青年はイエスに対する態度を決してかからねばならないように仕向けられたのであった。人となった神としてか、または従来までのように聖人の一人としてか、というところまで差し迫っていた。聖書中において、この記事を読むと、最初の中は、「何ぞ我を善きというか」（マルコ伝一〇・一七以下）とイエスの言ったのは「自分は神ではない」という意味をあらかじめ青年に断わっている言葉のように取りやすいが、決してそうでないことは、最初から青年はイエスを神として思いも寄らず、ただ単にイエスを高徳有識の人格者として「師」と呼んでいるのであるから、別段改めてこんな反問をする必要もないはずである。しかるにかえって、青年が善の意義の軽率な取り扱い、従って問題の解決の中心の鍵であるこの根本条件としてのイエス自身に対する見解の不用意・不謹慎を責めたのであるのは、問題の中心をどこまでも自己の人格に関与せしめているのみならず、この青年との対話の末段において、実に驚くべき要求を青年に向かって発したことでわかる。イエスは、神か人かの問題についていかなる態度を持って青年が接するのか、ということを問うたが、記録を見ると、正確なものを欠いてはいるが、おそらくこの難問に対しては、半信半疑の態度を採ったように後段の会話から推察される。イエスは、この見当違いの真理の探究者をも愛した。しかして懇切にその道を説き、かつそれらについて青年に質問したが、その条件とした他のものはこの青年は絶えずみずから努力し来たって立派に行ないつつあったので、この点についてはイエスは大いに悦んだのであった。そして最後に「永遠の生命」に入る中心の秘義に触れる一点に帰着してきた時、イエスは決然として、「お前はなお一つを欠く、その一つは他のあらゆるものよりも大切な、そして他のすべてのものもこれによってのみ生かし得る一つである。その一つを欠いている。すなわちお前は、真理の問題に苦しんで解決を求めているが、そのことには直接には関係していないように思われるが、しかし大いなる精神上の関係を有しているお前の所有財産に心惹かるる人格の弱点を解決し、すべて自分本位の考え・生活を棄てて、私（イエス）を信用して服従しなさい。永遠への生命の道は私に帰属することこそその根本条件である」（マルコ伝一〇・一七―三一）と、イエスは事実上生活の対象を我に求めよ、という態度に出たのである。ここまでくると、お前はどのような意味で私を「善き」と呼びかけるか、というイエスの反問は非常な中心的意義を含んでいることが判明してくるのである。従って、イエスとこの教訓との関係が極めて明白になってくる。イエスはあらゆる場合において、何時でも、説教および教訓の中心真理として、自己の人格を主張し、人びとをしてこれに帰属せしめねばやまない態度を採っている。

引例の二。さらに他の場合を考えてみよう。すなわちイエスがユダヤを去ってまたガリラヤに往く時のことであった。この道程《みちのり》はサマリヤ地方を通過せずしては、目的地に往くことができないのである。それでサマリヤのスカルという町に来た。この町は、昔ヤコブがその子ヨセフに与えた地所に近いので、ここに「ヤコブの泉」という名高い井戸がある。イエスは旅路に疲労して、この泉のかたわらに腰を下ろした。暫時にして、ある女が水を汲むためにこの井戸に来たので、イエスはこの女に、「私に飲ましてくれ」と依頼した。あたかもその時弟子たちは食物を買うためにイエスをひとり残して町へ往っていたのであるから、この寂しい田舎道の片ほとりの旧跡ヤコブの井戸を中心にして、イエスと女とただ二人のみであった。しかもユダヤとサマリヤとは昔から不和の関係にあって、もし互いに他の地方を旅行する用件ができた場合は、万一を恐れて、一人旅はせず隊を組んで通過する位の間柄であって、従って往還でも、ユダヤ人とサマリヤ人とは、相敵視して容易に会話などせぬようになっていた。であるから、サマリヤの女もイエスの風俗を見てユダヤ人であると見たので、余程用心もし、かつ、もっと低く卑しい意味で対していたのであろう。それで女はイエスに「あなたはユダヤ人であるのに、何故サマリヤの女である妾《あたし》にそんなことをお言いなさるのですか」と旧習を破って率直に申し出たイエスの心理を、疑い深く、幾分かさげすむような語調で言った。イエスは、自己の品性を最もよからぬ劣等さに観察されたのであった。しかし、あらゆる人が自分に対してとうていそのあるがままの本質において自分を観察し得ず、常に人その人の狭く小さい、またいやしい主観だけにしか解されないことについては強い忍耐を示した。イエスが罪なくして罪人のごとく取り扱われたのは、ピラトの判決の時ばかりではない、ということを史実がこまごまと語っている。イエスはこの自分に関する全くの見当違いが、この女を救うのにいかんともすることのできないものであることを知っているゆえに、その自己流の見解打開に取りかかってまず「お前さんがもし神の賜物ということを知り、かつ今お前さんに『飲ましてくれ』と頼んでいる者が『誰であるか』ということを悟り得たならば、かえってお前さんの方から、要求するところがあったはずである。そうすれば、私は活《い》ける水を与えただろうに」と言った。この言葉は、女にまずその観察と全然異なった意想外の心をイエスが持っているということを知らしめた。そしてまた女は一種の反感を起こしたのであった。ゆえに女は、イエスに「主よ」と今度はある意味では尊称を使って呼びかけた。それが真の尊敬からでなかったことは、問答の間に十分理解される。「あなたは汲む器を持たず井戸もまた深いのに、どうして活《い》ける水をどこからお汲みでしたか。失礼ですが、あなたはこの井戸を妾たちに与えた妾たちの祖先ヤコブよりも、立派な方だとおっしゃるのですか。妾たちは祖先をはじめ、代々その家畜までもこの井戸から飲んだものですが、この霊水よりも良い水をお持ち合わせでしょうか」と、女はなかば笑止な表情をしたのでもあろう。イエスはこれに答えて、「すべてこの水を飲む者はまた渇くであろうが、私の与うる水を飲む者は、永久に渇くことがない。しかのみならず、私の与うる水は飲む者の中にて泉となりて、永遠の生命の水が湧き出でるようになるであろう」と言った。女はこの言葉を聴いて、いよいよ不真面目な態度となって、「主よ、妾が渇いたりまたは苦労な思いをして、ここまで水を汲みに来ないでもすむように、そのような結構な水を、どうぞいただかして下さいな」と、嘲笑的な態度をもって言った。イエスはこの女を見た瞬間から、女が罪に汚れて堕落し、精神的の生命が今にも絶えなんとしている状態であるのに深く同情して、肉体の生命をつなぐ飲料水に事よせて、ほのかに、女の精神上いかにも侘《わび》しく、清き愛と恵みとに渇しつつある心に向かって、言外の交渉を開始したのであった。女もイエスのこの意《こころ》をすぐ直感したので、なおさらに、反動的となった。あたかも傷ついた者が、思い切って局所を切開しなければ、自分の生命はそこから失われていくことを知っていながら、しかもこれに触れられるのを恐れるのと同じような心理状態であったであろう。今やいよいよ会話が精神上の生命の問題、しかも、平日自分でもあさましく思う一時しのぎの、はかない生命の対象によってのみ過ごしつつある満たされざる悩み、その惨《いた》ましきまでに渇したる不安なる心に、こころにくきまでに的中したる、永遠に湧き出て尽きる時もないという、イエスの与えんとする生命の水の譬えは、まさにそれと感づかされた。しかし偽らざる心の奥に深く、何ものよりも要求しているのは、その永続的な生命の嘉悦でありながら、これを得んとするに当たって、現在の自己のいかにもあさましい、しばしば自己みずからさえが、淋しさに堪え得なくなるほどの一時のがれのまに合わせ的生活、しかも恥じ恐れながらも、罪から離れ得ない執着心が働いて、女は自分の中に相争う自己を見出したのである。そしてイエスが婉曲ながら、自分の人知れずして苦悶する心に、触れようとするのを感じて、ますます反抗心をつのらせた。そしてイエスが自分に迫ってくる意味を、十分に感付いていて、それが真に自分にとっても、根本的に重大な問題であることを意識すればするほど、反動して、ついに空とぼけたのであった。イエスは、この時もはや地道では駄目であることを看取し、話題を急転して、短刀直入その局所に突き入ったのである。「夫をここへ呼んでおいで」とイエスは一言いい放った。女はこの意外な言葉に対して、「妾には夫はありません」と狼狽しながら答えた。するとイエスは「夫がないというのは真実である。お前は前に五人まであったが、今のはおまえの夫ではない、夫がないと言ったのは本当である」と言われた。この驚くべき秘密の洞察力に打たれて、女は深く恐れ、態度を一変して、「主よ、私はあなたを預言者のお方であると信じます。しかし私たちの祖先はこの山において礼拝しましたのに、ユダヤの人びとはエルサレムであると仰しゃいますが、これは両者いずれが正しいのでしょうか」と、今度は宗教論を持ち出して難問をかけた。しかるにイエスは、「この山のみでもなく、またエルサレムのみでもなく、いつどこにおいても真の神を拝する時が来る。今、既にその時機が到来している」と答えられた。

いったい、神は霊的な存在者であるから、精神的に、真実をもって求めんと欲する者には、だれにでも来たり給う、ということを説いた時、女は、かほどの重大なことを真に説き示し得るものは、旧約の時代から待ち望んでいるあのキリストと称うるメシアで、その「救い主」の来られた時に初めて真相が示されるでありましょうが、まあそれまでは水掛け論のようなものでしょうと、かくしてもなお自己を言い張ろうとしたが、ついにイエスは「汝と語っている私はそれである」と断言し給うたのである。その後の方を読むと、この女が新たに霊的に目覚め、悪しき汚れた罪の生活から離れて、伝道している(ヨハネ伝四章)。とにかくこの場合においても、イエスは教訓の中心に自己の人格を置いて、会話を自己に引き付けてこられたことは、前の富める青年の場合と同一である。

引例の三。さらにまたイエスは、十二人のとくに選び出した弟子を引き連れて、ある時非常な多忙な伝道生活の中から、この数名の師弟のみで、ピリポ・カイザリヤの村々を旅行したことがあった。常には種々な事件以外に、人びとに向かって道を伝えるのに忙しいので、しみじみ弟子はイエスのため人について、思いめぐらすこともすくないのみならず、旧約時代の思想のごとく、イエスを単にこの世の大改革者、とくに神に祝された社会改良家であって、この人においてこそ、昔の栄えを失っている愛する祖国を救い出す能力を見出すのであろう、と考えていたので、進んでその全運命までも懸《か》けてイエスに従った者が、ほとんど全部であったろう。しかるに、イエスは直接に乱れ乱れた社会の改革には着手せずして、一路神の国の福音、すなわち人間の霊魂およびその品性の救いにのみ従事せられているのを見て、一同は少なからず予期に反したのであったが、イエスは一時代・一国家の救いより、人類の永遠なる真の人間の帰省すべき霊魂・人格の救済を主眼としておられたのであったから、弟子らの期待とは、大いに異なるものがあった。しかしイエスもまた、出生の地を愛し、その荒廃とどまるところを知らないユダヤの民族が、民族的にも救わるることを望んでい給うたことは、聖書の記事に明らかである。これがためには、イエスは血涙禁ずる能わなかったと記されている。霊魂が救われ、人格が新たになるならば、霊界において永遠を望み得るのみならず、また同時に、おのずから社会国家の根本的救いともなるのであるから、イエスは人生の根本の事業を目的とせられたのであった。しかし弟子らには、社会の実際問題の偉大を尊崇しつつも、心のうちに思い迷う者があった。イエスは、この心中の暗影をよく察知していた。しかも、弟子らがさらに進んで、純粋に宗教的生活に入るように望まれた。それには、宗教上信仰の対象者がなければならない。この問題が一番何よりも重大な問題である。そこで、イエスは弟子を伴って旅行されたのである。他に用事のない旅先では、直接に師弟が相接し、親しく寝食して、個人的に触れ合う場合が常日よりもはるかに多いのである。ある村まで来たとき、イエスはついに弟子らに向かって「世間では私のことを何と噂しているか」と質問せられた。すると弟子らは「ある人は洗礼者ヨハネ、エリヤ、またはエレミヤあるいは他の預言者であるなどと申しています」と答えた時、イエスはなお追求して、「世間では噂とりどりであろうがおまえたちは私を誰であると思っているか」との根本問題に触れて問われた。その時ペテロがついに、「汝は生ける神の子キリストである」と答えた。この時、日頃あまり人を軽々しく称讃しないイエスは、ペテロを非常にほめ「これは人間の観察身びいきなどでなく、全く天の父なる神が教えたのである。わが教会を汝の上に建てる」とまで言われたのである。

今これを三つの引例について考えてみると、イエスは明白に、その教訓の中心に自己の人格を置いていたことが容易に判る。このほか聖書到る所、皆同一の事実を発見することができる。イエスは神と等しく、またキリストなりとの自覚を有していたと思わざるを得ないのであるが、私たちはさらにこの外部的証拠のみならず、内部的証拠、すなわちイエスの内的生活である自覚について、イエスの崇拝者や、外側の立証でなく、イエス自身みずからを何と考えていられたかという問題にまで進んで行こうと思う。

第三　イエスの自意識

神と等しき者として、前に例証したように、イエスは常に教訓の中心に自己を置いていたことが明白である。決して教訓とイエスの人格とを、引き離すことはできないのであることが判った。そこで最も興味ある問題は、イエスは自己を何と自覚しておられたかということであるが、今も述べた通り、宗教の対象者として自己みずからを選べと、他人に要求せられたのであった。ある時は弟子の一人であるトマスがイエスに向かって、「主よわれらに天父（神）を示して下さい、どうも大切な神がはっきり分かりません」と質問したとき、イエスは「何ぞ私に天父を示せというのであるか。私はこのように久しくまた親しくお前たちと一緒にいるのに、いまだ『私』というものが真実《ほんと》に分からないのか。私を見た者は、すなわち父を見たのである」と言明したのである。今これらのことを考えて見ると、前の富める青年が永遠の生命を求めて来たのに対して、「善」なる唯一絶対の神に関する教訓と注意とを喚起せしめつつ、しかも信仰の唯一の対象として自己に絶対的服従を青年に要求し、またサマリヤの女との問答においても「我に求めよ、然《さ》らば活《い》ける水を汝に与えん」、「汝と語る我はそれなり」と言い、またはピリポ・カイザリヤの村においては、みずから弟子に自己に関する質問を試み、神の独り子キリストとして告白したるペテロを称讃した。さらに神を示せと要求した弟子に対しては、私を御覧と返答せられた。これ実に異常の精神状態と言わなければならないであろう。イエスみずからは生まれながら他人と異なって、神と等しい本性を持っているということを自覚していられたようである。単に神に関して他人よりも多くを識《し》っているという意味ばかりでなく、その崇高純粋なる人格性において神と同格であるとの自覚である。世の常の聖賢であったならば、他人が自分を極端に尊重したり称讃したりした場合には、必ず「いや自分はそのような称讃を受けるべき資格はないものである」と謙遜するものである。また達人ほど自己の欠点をよく気づいているものであるが、イエスはこれら聖賢と自覚を異にしているのである、またキリストは高い道徳を説き、いまだ外部に顕わされない心中の思いをまで罪として既に犯したも同然であると宣言し（マタイ伝五章）、一般に驚くべき罪悪に対する鋭覚を持っておられたのであるが、イエスにはその一生を通じて迷いや罪跡を少しも発見し得ないのみならず、その内部生活すなわち心の中にも罪や穢れが絶無であったと考えなければならない理由が十分に存する。これは真面目にイエスの人格その伝記を研究する者なれば異口同音に一致して驚嘆するところである。「誰がわが罪を定め得ようぞ、罪なき者であるのに」と言っておらるる。このような精神状態はもしただの人間なれば、非常の偽善者である。しかるに、およそ世の中で偽善者ほどイエスが憎まれたものはないのである。普通の人格者であっても、黒を白と自分の事を偽るはずがない。正直に、自分にも欠点があると言ってこそ、通常の人格者の精神状態であろう。しかるに、イエスは天真作らずして自分の無罪を自覚していた。これ実に不思議の精神状態と言わなければならないと思う。ただの人間でなければ今一つは狂人でなければならない。（未完）

（編集附記）七、イエス・キリスト、を未完として本篇は絶筆となった。以下には本篇冒頭に掲げた目次のみが残されている。この欠けた部分を窺うべき照応部分としては、本稿の前身と見られる次掲論文「キリストの人格および位置」のうち、「キリストの自意識」（その末部、192-193頁）以下を参照されたい。

キリストの人格および位置

キリストに志を寄せて励まるる未見の友と相携え相補いて進まんと欲する一助ともならばやと思い数回にわたりてこの記述を試むることとした。

生活の事実

出でて理想のために戦い、退いて身を修め徳を建てんと欲する時、吾人《ごじん》はみずから省みてあまりに薄志弱行なるに堪えがたく思う。一切の虚偽を去って自己を凝視する時、吾人には正しく大いなる「不安」と「悲哀」とがある。悪しき運命の車に乗せられ、己れもまた自己の不善に悶え、その行末《ゆくすえ》に戦慄しつつも「死の谷」へ陥る道程にあるをいかんともすることができぬ。これ真面目に人生を味わいし者の辞《や》みがたき事実であろう。学識徳望すぐれたりと見ゆるパウロも「われ内なる人については神の律法《おきて》を楽しめど、わが肢体にほかの法《のり》ありてわが心の法と戦い、我を虜《とりこ》にしてわが肢体のうちにある罪の法に従わするを悟れり。ああ、われ悩める人なるかな、この死の体より我を救わん者は誰ぞ」（ロマ書七・二二―二四）と言った。巨万の富を有し、道徳を励み、他人の尊敬を受けつつも、なおかつ生命の光明なく希望なくして「われら永遠の生命を嗣《つ》ぐために何をなすべきか」（マルコ伝一〇・一七）とイエスに質問せる青年もあった。彼らこそその生活の偽《いつわ》らざる告白をなせし者といわねばならぬ。

宗教の起源

ジェームズ〔William James, 1842-1910〕は、『種々なる宗教的経験』〔The Varieties Of Religious Experience, 1901-2 〔宗教的経験の諸相 上・下、岩波文庫〕〕を論じて、あらゆる宗教の根底をなせるものは「不安」および「その解決」であると断案を下している。しかしてその解決とは、吾人が善《よ》き志のために努力し、大いなる勇気を奮い起こす時は、何者か自己以上の者ありてその志に同情を寄せ、我を助くる者の存するがごとくに思われ、彼と一致融合して初めて大いなる平和を経験すべきを高調している。要求のあるところ必ず対象存在す、吾人はいかにして神を識ることを得べきか。

人生はついに宗教である。しからば吾人は何を拝せんか、果たして吾人の信頼すべき神存在すべきか、存在せばいかなる者にて吾人との関係いかん。これ脳裡に浮かび来る問題の主要なる部分たるを失わぬ。この問に答うるには種々なる途があろう。しかしこれを大別せば理解と経験の二方面である。

理解と経験

由来信仰に志す者が常に経験するところは、いかにもして早く要求を充たされんと欲するうちようやく感情動き何となく心うれしく勇み立ちたるごとき思いをなし、引き続きて道を聞かんと思いおる時、たまたま一友と宗教を談じ、その冷笑に遇《あ》いてたちまち不安を生じ、迷信にあらざるかと思い惑うものもある。また一歩ずつ研究的態度をとりて理解せんとして道理の上より神の存在を認め、なおも専門の学問に分け入りて精細に研究すれども、感謝の念も湧き出でず、平和も経験せられず、品性の短所は依然として改まらず、ついに生命に到達し得ずしてやむ者が少なくない。これすなわち「理解」と「経験」との分野を混同して考うるゆえである。すなわち理解は相対にとどまりて決して実在に触れず、なんらの感興をも得る能わざれど、経験は直ちにその目的に到達し、絶対に至るものである。これ主として近世哲学がその実在の探究において経験主義に傾き、宗教的色彩をおびるに至った理由である。最も平凡なる一例を挙ぐれば、ここに一個の菓子ありてその成分より風味に至るまで分析して、かかる風味のすべきはずなりと断言し、いかほど細かく説明しても、実際これを口中に入れて味わうにあらざれば、決してなんらの風味も感じ得ざるがごとくである。ゆえに神は知識をもってのみ知るべきものにあらず、むしろ経験し進んで信仰すべきである。信仰して新しく起これる疑惑は、疑惑せんためにあらずして信ぜんがためである（ロッジ）。されば吾人《ごじん》はその信仰の正鵠《せいこく》を失わざるために、理性を最も正当に働かしむる必要がある。

この問題に関して、キリスト教はいかに教うるか。もとより神秘的経験は主要なる部分であるが、神を伝うるに当たりて、吾人が正当なる信仰を得るためにただ天をのみ仰ぐにあらずして、かえって自己およびその周囲を深く考察すべきを教う、「こは人をして神を求めしめ、彼らがあるいは探りて見出すことあらしめんためなり。されど神はわれらおのおのを離るること遠からざるなり。それわれらは彼によりて生き、動きまた在ることをうるなり」（使徒行伝一七・二七）と。果実の落つるを見て天地の大いなる理法を知りし学者ありしごとく、最も平凡に見ゆる事実も観察し来れば、神の栄光の閃《ひらめ》きその中に輝けるを見る。聖書に「およそ家はこれを造る者あり。万物を造れる者は神なり」（ヘブル書三・四）とある。この世界は結果である以上、原因ありという理由より神の存在を認むるもその一であるが、さらに自然の現象を観察する時、嵐も洪水もいかなる自然力も、小なる家屋一つをも建つることができぬ。すなわち意志あるいは知識、計画を有する人間ありて初めて建築しうるのである。古来より宇宙は混沌《カオース》なりといい、また調和《コスモス》なりと論争せられているが、「自然」に調和あり法則存するを誰も否定することはできない。

人は自然に接してその複雑なる配置の中に、大いなる調和整然たる理法のあることを讃美しうる偶然以上の事実の顕われていることを許さねばならぬ。ここにも神の存在を認むると同時に、この世界の進化の跡を辿りて考察しゆけば、彼とその本性および吾人との関係を知ることができる。「それ人の見ることをえざる神の永遠の能力と神性とは、造られたる者により世の初めより悟り得て明らかに見るべければ彼ら言いのがるる術《すべ》なし」とパウロは言っている（ロマ書一・二〇）。人生は神を見るの展望鏡である。写して彼を望みうるのみならず、吾人は人生に目のあたり彼を見識ることができる。ピリポは、イエスに「われらに父を示し給え、さらば足《た》れり」と願った。イエスは「我かく久しく汝らと共におりしに、いまだ我を知らぬか。我を見しものは父を見しなり。何ぞ『われらに父を示せ』と言うか」（ヨハネ伝一四・九）と答え給うた。「父と我とは一つなり」（ヨハネ伝一〇・三〇）、「子および子の顕わすところの者の外に、父のたれなるを識る者なし」（ルカ伝一〇・二二）と言われた。吾人は彼においてのみ、真の神を知りうるのみならず、彼を信じ彼よりうけて豊かなる生命に入らんことを希うものである。余はこれらのキリストの言明に基づきてこの稿を終始せんと思うている。

「歴史とキリスト」との関係を、一、精神的文明の目標として、二、罪悪観の目標として簡単に述ぶることとする。

生命の本性

生命とはいかなるものなりや、これ古えよりの疑題である。されども今はその問題に触れようとするにあらずして、ただその本性について一言する必要がある。まず「生命」は植物学者ケルネル［Oscar Kellner, 1851-1911］の言いしごとく、自然現象における電気力または磁気力でもなく、他の自然における勢力にもあらず、しかしてエネルギーの動作とも異なるもので、これらを支配し指導しゆくものである。生命の現象には明らかに目的を有している。さらにビネー[Alfred Binet, 1857-1911]のごときは、顕微鏡的生物中にすでに「心的現象」さえ見らるると言った。世界は生命の王国であるゆえに、進化の跡について見るとさらに明らかになる。

進化論の今昔

古えの進化論は、まずすべてのものが同一物質より成り、漸次進化し来たりて猿となり人間となると信ぜられていた。しかるに生理化学《ビオケミストリ》の貢献によって、今日進化は同種同類の外に出ずることなしとせらるるに至った。すなわち動物は動物、人間は人間として進化しゆくのである。

宇宙の進化はいかなる事実を示しつつありや。（第一）一定の厳密なる法則の中に、（第二）一定の方向に進み、しかして（第三）進化は創造的なること、すなわち従前の進化論は自然淘汰説にして経験という自己の力のみを認むるに過ぎなかった。従って神を要しないのである。あたかも無智な人が潮の満干を海中の事実によってのみ知らんと欲すると同一にして、実は海水運動の原因は、遠く天空にかかる月に影響せられつつある。かくのごとく現今進化論は少なくともある「意志」によって導かれ創造せられつつありとする説、最も有力である。

進化の傾向

かくある以上、進化には一定の方向がある。そして最高表現たる人類進化の歴史を研究しきたると、他の生物と大いに異なれる方法をもって異なれる方向へ進化しつつあるという事実を認むる。もし吾人が他の動物のごとく優勝劣敗なれば、個人の品性・家庭生活・国家社会、いずれの方面にも全く行き詰まりに至る外はない。いわゆる生存競争の世界ならば、ついに吾人の生活は恐るべき状態に陥るべきである。試みに今日より数千年以前と今日とどれほど人間の肉体が進化を示し来たったかを思う時、人類は物質的方面より、むしろ精神的方面に顕著なる発達を遂げ来たりしにあらざるか。

精神的進化

ウォーレス〔Alfred Russel Wallace, 1823-1913〕は『人間の位置』中に、「万物は人間のために存し、人間の物質的方面は自然淘汰によりて進化せしなるべきも、脳髄は神が造り給えり」と言った。平凡に見ゆるも興味浅からず覚ゆ。オイケンは『生活の基礎および理想』〔Der Sinn und Wert des Lebens, 1908〕に「人はだれも、吾人の経験内に来る人間生活発展の最高形式は単なる動物的生活とは全く異なれる他の方法によりて行なわれつつあるを疑う者はあらざるべし」と言い、「人間がもし自然性のみなれば、人は機械的自然の一部分に過ぎぬはずである」、さらに彼は「自然の限界を超《こ》ゆる吾人の生活発展とは、愛および同情献身犠牲の精神なり」と断定した。ブウトルウ〔Étienne Émile Boutroux, 1845-1921〕の教うるごとく、行き詰まれる人間の進化は「内部よりの超越」である。吾人はここに生活の苦痛と至難なる問題を解決しうべき鍵を有す。

この真理を看過すれば、個人も社会的生活も共に破壊に陥る重要点である。「人はパンのみにて生くるものにあらず」(ルカ伝四・四)とイエスの言明せられしごとく、人類の進化は漸次精神的方面へ向かいつつある。近時哲学的進化論者が「宗教の真理」を叫ぶに至りしもまたこの点である。野蛮なる生活においては強者は利己のために弱者を犠牲とせしが、精神的生活の発達するに従ってかえって強者が弱者のために犠牲となる愛の生活に進みつつある。ゆえに進化の尖端は愛の世界である。

キリストの位置

ひるがえって、イエスの教訓とその人格とを見る時、吾人は彼の一生が聖《きよ》き愛のなす献身犠牲そのものであったことを知る。

人類の歴史は、あたかも彼の影を、最も淡きものながら、水面に反影せしめたごとく思われる節があって、時には風波のために全くその姿の消失せるかのごとくあるも、漸次その輪郭色彩が明瞭になりつつある。しかしてイエスの精神とその人格とに深く触れたるものが、常に世界人類の発達に最も貴重なる貢献をなしつつあるは否定し能わざる事実である。人生は深くキリストに根ざせるを知らざるべからず。「ダーウィンやマルサス主義および自然淘汰説は、ながく科学の信条として受け容れられたれども今やその欠陥発見せらる。吾人の今後の努力は人道のより輝ける将来に対する希望なり。この希望は歴史の研究においてわれら人類の中にその根源を発見せられたるものにして、さらに深くそのすべてはイエスに源泉を発せるを知るに至れり」（ホール・カルベルト『人類将来の進化』）とある。「我万民を引きて云々《うんぬん》」とイエスの言い給いしごとく、あたかも鉄の磁石におけるがごとく、歴史はキリストに根ざし、彼に向かって引かれつつある。「われら今神の子たり、のち如何、いまだ現われず、その現われん時には必ず神に似んことを知る」（ヨハネ第一書三・二）とヨハネの言いしもそれである。かく思い来たればイエスは人類進化の理想また目的である。しかしてただに彼によりて「常に進化する真理」および「価値」の絶対的要素、および進んで神の本性を知り得るにとどまらず、実に彼は創造者（ヨハネ伝一・一）、吾人の生命であると認めざるを得ぬ。しかしてここに注意すべきは、キリストは吾人の概念、すなわち漠然たる抽象的観念にあらずして、歴史に生ける「人格」であるという一事である。

人格的世界

『十九世紀およびその後におけるイエス』という書に、近世のあらゆる方面におけるイエスの影響を記述し、終りに「進化は個人的すなわち人格的である。人格との交渉より行なわれる」と附記している。これ実に吾人生活の中心問題にして、吾人は、宇宙は決して機械観をもって見るべきものにあらずして、人格の世界たることを認むるものである。選択判断の自由を与えられ、自己意識的すなわち人格的生活を許されたる吾人は、良心を有し、従って道徳的責任を有することを決して忘却してはならぬ。向上進歩して、神を求めこれを信ぜねばならぬ要求と責任とを有する。これ吾人の最も意義あり価値ある生活の特権である。

最後に人類の歴史の根底深くキリストの存するを認むるものである。

罪悪観の目標としてのキリスト

人生は光明より光明に進展していきつつあるであろうか。「然り」と言いえないでもない。けれど事実は暗く悲惨なる罪悪の歴史である。吾人に事実、生活に行き悩み、「不安」の思いがある。ジェームズは「不安の原因」は「ある悪しきこと」"Something wrong"があるゆえなりと証明している。この漠然たる観察は吾人の経験内に起こり来る事実に引き合わせて異論ないことはもちろんであるが、しかしながら今一歩進みて何を「罪悪」とは言うや、と反問すれば答弁に苦しむであろう。

意識の有無

罪悪の意識存せざれば、自己に罪悪なしと言い難い、否、むしろ、死せる者が苦痛を感覚せざるごとく、罪悪の感覚なき者は、精神上の死者にして、自己の不善に苦悶するは、いまだ精神的生命の残存せる証拠である。かく考察し来たれば、煩悶なき者は精神上の死者なれば、ある意味において苦痛は生命の光いまだ失われざる証拠と言うべきである。

感覚の発生

総じて罪悪の意識はいかにして発生し来たるかと言うに「比較」より起こり来たる。吾人はキリスト者が常に「罪悪」という言葉をあまりに多く口外するに、最初は奇異な感を抱いたものである。しかしこれ彼らは最もすぐれたる「比較」をキリストにおいて有するがゆえである。キリストの潔高《けだかく》純粋なる品性と精神との前に吾人のみずから欺ける誇りと正義とは全くその光を失うて、「我は罪人なり」との感覚を生ずるに至る。

二種の罪悪

あらゆる罪悪は大別して二種の感覚を有しうる。一つは消極的にして、他は積極的である。すなわち一つは罪悪に圧迫せられて自己が滅亡しゆくすべての不義堕落であり、他はイエスが、人は神に対して「負債がある」（マタイ伝六・一二）と言い給いしごとく、罪悪は負債であるとの意識である。すなわち社会の一員として当然なすべき義務をなさざること、たとえば事《つか》うべき主人・良人・妻子・友人・父母および神に対してその本分を全うせざることである。キリストが神と人とにせられたる完全なる犠牲献身の聖《きよ》き生涯に照らし来ると、さらにまた「主よ罪人なる我を憐れみ給え」との祈りがおのずから捧げらるるはずである。「もし罪なしと言わば、これみずから欺けるにて真理われらの中《うち》になし……もし罪を犯したることなしと言わば、これ神を偽者《いつわりもの》とするなり、神の言《ことば》われらの中になし」（ヨハネ第一書一・八、一〇）とあるごとく、キリストに触れて新たに気づかざりし罪悪の自覚が起こり来るものである。

進化論的解釈

人間の精神的進化がいまだ幼稚なるがゆえに罪悪が行なわれつつあるかと言うに事実は然らず。文明になり知識が進むにつれてますます罪悪の勢力も増進しつつある。

進化論者は、罪悪は進化が幼稚なるがためにあらずして進化の「方向」を誤ったがためである、と断定を下している。オイケンは『宗教と生活』において「新生活」「再生」を、ベルグソンは『形而上学総論』の中に現在の自己をみずから否定せねばならぬことを力説している。ヘルマンがかつて『オイケンとベルグソン』という書中に「創造的進化の過去にある人類を見る場合に、吾人は熱心にA Christ（あるキリスト）の必要を認むるものである。ひるがえって歴史の The Christ（そのキリスト）を望めば、そこに彼において要求が実現せられしことを感ずる」と言い、グリフィス・ジョンスのごときも同一の見解を有する学者である。すなわち人間の真の発達には罪悪の処分・救いが必要であると主張する傾向に向かいつつある。

かくのごとくキリストは光明および暗黒の両生活の中心に位してその根本の目標となりつつある。

啓示としてのキリスト

キリストはついに歴史の目標である。単に人類中における卓越せる人格者として見るにとどまらずして、彼は実に人生に現われ来たれる神の「自啓」なりと認むるのである。人類の精神的文明が漸次神に引かれ神に近づきゆくのみならず、神もまた自己を啓示してついに「言《ことば》は肉体となりわれらのうちに宿る」（ヨハネ伝一・一四）のである。

これ一見はなはだ奇異の感なきにあらざれど、「神人となる《インカーネーション》」の義は神の本性を予想する時、その不自然ならざるを信じうるのである。

愛の本性

進化の傾向が漸次「愛」に帰着しつつある事実より考うるとき、人類にすでに美しき愛の生活存する以上、神は少なくとも愛なるを否定すべからざるは当然である。しからざれば、神は人間よりも野蛮なる者と言わねばならぬ。すでに神が愛たる以上、愛とは何ぞやと尋ねねばならぬ。前にも言いしごとく、生物の最高表現は人格の世界である。ゆえに愛はその人格を離れて存在するものにあらず。神の人格は進化の事実より帰納して、少なくとも正義なるを認む以上、愛もまた聖き愛なるべきである。そして愛には種々なる本性の発露を有す。神の愛の人類に現わされたる跡を探ぬるとき、その本性を知り、ついに「神肉体となりて吾人のうちに宿り」たる事実を承認するに至るのである。

神と人との関係

神と人類とはただに創造者と被創造者、支配者と被支配者たるにとどまらず、キリストの教訓によれば、その関係は「父子」あるいは「夫婦」のごときものである。すなわち機械的関係にあらずして人格的関係である以上、時に精神上その交通の断絶を可能とするものにして、倫理的関係にあるものである。従って「罪悪」の成立を見るものである。ある人かつて余に問うて「神がもし愛ならばかくのごとき悲惨なる罪悪を人生に存在せしめざるはずなりと思わる。人は自然のままに幸福に神にのみ向かい、発達しうるこそ当然なるべきに、事実のしからざるは如何《いかん》。わざわざ罪悪の苦痛にかく堪ええざらしめて後にまた救わるるとは少しも合点ゆかず。ゆえに神は宇宙における勢力なりと言わば是認すべきも、愛なりとはとうてい信ずる能わず」と言えり。これに対して、「もし貴下の言うごとく神が人類を創造せられしならば人は万物の霊長とはなりうべからず、神がまた現在よりも下等に人間を造り給えりと言わざるをえぬ。もし人間が善に行きうるのみにして取捨選択進退の自由を有せざりせば、人にあらずして『機械』なるべし。善をなすも善と言うべからず。『人格』と言うべからず。汽車がいかほど鉄路を一直線に走りたればとて感服する価値なかるべし」と答えたり。ゆえに人はみずからその良心に悖《もと》り、

「子が父に」「夫が妻に」背きて罪悪に赴き、神に対しては不信仰となりうるのである。ここに却って人類の価値が存するのである。ゆえに人格的意義において愛なれど聖き愛にしてその本性に悖りて人を愛することをえ、その愛を全うせんためにはその正義を傷つけざる道において全うせらるべきである。このあたりの消息についてキリストの語りし「放蕩息子の譬え」（ルカ伝一五・一一以下）は最も適切なる教訓を与うるものである。人は皆罪悪に陥りて神の聖き愛を受くるに足らず、従って神を知るの能力を欠けども、一度キリストの人格とその生涯とを見るに、人間生活の理想を見出すのである。

模範としてのキリスト

愛は価値の存するところに存在す。放蕩なる子がその父に「汝の子と称うるに足らず」と言いしは吾人の立場にして、イエスにおいて初めて神との正しき関係、すなわち「子となる」べき理想を示され、さらに彼が「子たる」の事実を目撃したるものである。愛は理想・主張にして神はその愛を行なわんために理想を人類に啓示し、自然において、人類の歴史において現わすのみならず、ついにみずから人間となり給うたのである。

愛における自己制限

愛はみずからを主張すると同時にその目的に近づき、自己を与える、その愛する者の立場に自己を置くものである。ここに人格と人格との生ける交渉が行なわるるのである。これを人生の事実についてその一、二を見るに人生は教育である。教育とは大いなるものが小さきものの前に小さくなり、完全なるものが不完全なるものと同位置をとることである。試《こころ》みに小学校の生徒の前に立てる大学教授を見るに、決して自己の知識の全部を現わすものにあらず、必ず教えらるる生徒の能力の程度において自己を現わすべし。しからざれば、いかに高遠なる学理の説明をなすも、小学生の前には、馬耳東風にして教育とはなりがたきゆえである。この意味において、最もよく生徒の立場になりえたるものを、理想の教育者というべきである。

母と幼児

さらに吾人はしばしば幼児を愛《いつく》める母の挙動を注意して観察することがある。母は高等なる学校を卒えて知識も経験も豊かに有するものながら、その幼児に対しおる状態を見るとき、彼女は全く無能力なる幼児となりしかの観あり。すなわち自由なる言語を有しながら、みずから不自由なる片言《かたこと》にて語り、手にせる風車に興味を覚え、目を見張り手を振りてあやしおる様を傍観する時に、はなはだ滑稽に思わるることあれど、当人は決して滑稽にあらず、最も自然にその児の立場に成りうるのである。かくのごとく神は愛なるがゆえに、さらに完全に自己を制限して人となりうるところにその全能を認むるのである。ジェームズ・ウォード（James Ward, 1843-1925）は人類の進化を哲学的に研究せる有名なる『究極の王国《レールムス・オブ・エンズ》』に、宇宙の実在なる神の人格的愛なるを認め、その最後は愛の創造なり、人生は神の自己制限また自己放棄なりと言い、ドイツの古き神学者の言葉を引用して「神のあらゆる方法の最後は、神、肉体となる」ということなりと言い、ロッジは『人と宇宙』の第九章「キリスト教の神的要素」の中にこの真理を承認し、さらにその著『理性と信仰』において、「余は科学の研究者として獲得せる知識に反対すべき何物もないことを余儀なくせらる……余は漸次かかる（神人となるの《インカーネーション》）可能を確かむるに至れるがゆえなり、キリスト教会は一大真理を有せり」と言っている。

贖罪的理由

さらにまた「神、人となる」の根本的理由は罪悪に対する神の聖き愛の反応である。キリストはその名の示すごとく「救い主」である。これ愛が理想の実現をなしえざる時、これに背いて凋落し行く者を惜しみ悼む本性を有するゆえである。すなわち堕落せる児を放棄しえざる親の苦悩である。神は人の滅ぶることを惜しみこれを救い、愛しうるものとなさんために、動作を起こさるるのである（ルカ伝一五章）。かかる意味において「神人となる」の義は、十字架の第一歩にして、吾人の最も困難なる問題たる罪悪の根本的解決なる「贖罪」の端緒と見るべきである。かく観察し来るとき、われらは啓示の最後に「神人となる」の真理なるを認容せんと欲するものである。これ実に人類進化の大局より観察して、光明および暗黒の両方面の目標は、ただこの一点に集中せるを認むるものである。フリント［Robert Flint, 1838-1910］はその『有神論』［Theism, 1877］に、歴史は単なる有神論の不十分なるを証明するものにして、もしキリスト現われざりせば、人間の理性が神を求めて、しかもその帰着するところを知らず、真の有神論はキリストの啓示において、初めて明確にせらるることを力説している。さらに人類は、抽象観念における神をもって満足しえず、形において認めんと希《ねが》うものである（『有神論』304頁）。さらに単なる有神論は、万一人類が神の前に罪なき場合においてのみ成立しうべきも、それは空想に過ぎず、堕落せる人類にとりては人となりしキリストの光のみが要求せらるると言っている。

かく思い来たれば、「神、人となる」の真理を是認すれども、ここに一つ問題の存するは、あるドイツの学者が、理論上より人類進化の理想としてまた罪悪の根本解決の理由として認めうれども、歴史に現われたるかのイエスが、果たしてそのキリストなりや否やは疑問なりと言えるごとく、おのずから別問題にして、これ一に、イエス・キリストが単に偉人あるいは天才にとどまるか、また真に神みずから人生に顕現せるものなるかは、彼の人格ことに彼の自意識の研究において決定せらるるがゆえに、次回に主としてこの方面に進まんとするものである。

キリストの自意識の問題

吾人は常にキリストに対して二種の見解を有している。一、神に祝福せられたる人なるイエス。二、人となりし神なるイエス・キリストにして、結局は進化か啓示か、人か神かの問題である。一は地より天へ、他は天より地へ。そのいずれなるべきかは、イエスの死後、否、在世中より、人びとの心意に大いなる問題となりし点である。古来この一点に関するキリスト論は、はなはだ盛んにきわめて真面目に行なわれつつ今日に及んでいる。思い来たればこのことがすでにキリストの本性の異常なるべきを深く教うるものである。すなわち人か神か、幾世紀の間争論せられて、いまだ決定せざるほどの本質が存するゆえである。

二種の方法

これに関して吾人の試むべき最善の努力は、彼を外面より研究するものと、内面より、すなわち彼自身の意識に立ち入りて行なうものとの二途である。

昔よりキリストの神性に反対せる学者少なからざれど、その中にありて一つ深く注意すべき事実がある。そはキリストを神自身の顕現なりとするに反対の学者といえども、等しく彼に罪悪の痕跡を見出すことができぬという一事である。ルナンのごとき「人なるキリスト」を主張せる学者ながら、ただいかにも不思議なるは、彼に罪悪の痕跡なきことを認め、近くはオイケンが『吾人は、なおキリスト者たるを得るか』といえる書に「彼は吾人のいかなる階級にも置くことのできぬ人であるゆえに、吾人は彼を指導者・英雄として、また殉教者として崇むるものである」と言った。彼の断言によると、キリストは世界の他のいかなる聖人君子よりも、遥かに上位にある人格者として認めている。ヘルマンがこの主張を評して、オイケンがキリストの人格に近づくやその十分なる実験的用意を欠くものであると言い、ヘンリー・セルドムもまた『現代に対するオイケンの使命』中に「彼はキリストの人格とその事業との観察に関しては欠点を有す」と公言している。代々の聖賢と同列に置くことのできぬ純然たる「人」がありうるであろうか。イエスが人類進化の産物としてはいかにも首肯し難き人物なりとは、進化論者のかつて言いし言葉なり。その懸隔を研究し比較し来たると、まずその一生を貫きて注意すべきは、他の聖人には矛盾がある。孔子は、七十歳にして初めて天命を知りえ、釈迦は人生の事実に触れてその人生観を一変し、いわゆる「仏ももとは凡夫なり」〔『平家物語』一之巻祇王〕しが、ついに宗教に志したものである。彼らは天才なれども後天的なるに比し、キリストはその生涯に少しの矛盾も有せざるものである。この点において彼は全く先天的と言わざるをえぬ。他の聖人は聖人となるために努力を要せしが、キリストの高潔なる品性には努力の跡なくして最も自然のままにあることである。ある人この事実を評して「他の聖人は地より天へ修養の結果昇り行けど、キリストは天より最も自然に降りたるもののごとし」と言っている。とにもかくにも、キリストを神の顕現と見るに反対する学者も、等しく特殊の位置をキリストに許すものにして、キリストは反対者の中に有力なる権威を有するのである。

キリスト伝の事実

ここに不思議なるは人びとの伝記の多き中に、キリストの伝記ほど多種多様なるはなかるべし。その幾多を大別すれば「人として書ける伝記」と「神として書ける伝記」との二種である。かつて余の教師が余らに暗示せしごとく、著者が人なりとの見解をもって書きし伝記を読みゆくうち、読者は著者の意に反して、いつしか人間の範囲を脱して、人以上の事実を彼について述べおるに心附くに至る。これに反し、著者が神なりとして記しゆくうちに、(前にも述べしごとく）いつしか単純に彼を神とのみ記すことをえずして、人としての彼を伝えざるべからざるに至る。これすなわち真面目に企てられたるキリスト伝の事実である。神と人類とはキリストの人格において相会する事実を知るに至るのである。

教訓と人格

キリストの語られたる多くの教訓、福音と彼自身すなわちその人格とは、いかなる関係交渉にあるであろうか。全然別個のものなるべきか、たとえば神に関し救いに関する教訓をせらるる場合、その教訓の中に彼自身を含むや否やということである。イエスは、パリサイ人の教訓は学ぶべし、しかも彼らは「白く塗りたる墓」にしてその人格は最も卑しむべき偽善者なりと言われしごとく、全く別個のものにしてただ宗教の真理を説明せられたるにとどまるであろうか。これ大いなる興味をもって、看過すべからざる点である。キリストの教訓の根底には常に自己の人格が存する。人格を離れて一の教訓も存在せずと見るのが至当である。

彼は吾人に福音を伝うる場合、一、二の例を挙ぐれば、かの富める一青年が永遠の生命を得んためにその方法についてイエスに教えを求めし時（マルコ伝一〇・一七）、青年の「善き師よ」と言えるを捕え、「何ぞ我を善と言うや。一人の外に善き者はなし、すなわち神なり」と言い給いしは、その深き意味において、我を何と見るかとの暗示を与えられたるものにして、最後にその意味を徹底せしむるために、十字架を取りて我に従えと要求せられ、永遠の生命は彼より受くべきものたるを説かれたのである。キリストの説きし神の中には、自己を明白に含んでいる。すなわちながくイエスに従い教育を受けつつありしピリポの唯一の不安不満足は、信仰の対象なる神を知りえざりし点であったゆえに、イエスに「主よわれらに父を示し給え、さらば足れり」と言えるに「ピリポ我かく久しく汝らとともにおりしにいまだ我を知らざるか。我を見し者は父を見しなり。なんぞ父をわれらに示せと言うや」（ヨハネ伝一四・九）と答え給うた。イエスの説教を聞きし者の等しく驚ける点は、「学者のごとく語らず権威あるもののごとく」語りしことである（マタイ伝七・二九）。

キリストの教育

イエスが弟子たちを教育し給う順序を観察しゆく時、吾人はその指導が漸次キリスト自身の人格に引き付け、彼を真に識りて神とし救い主と信じ、ただこれにのみ依り頼むに至らんことをその教育の主眼とし給いしを明らかに認む。十二人の弟子たちを伴いて、キリストはピリポ・カイザリヤの村々を旅行せられたるも、伝道の目的にあらずして、弟子たちと親しく人格の交渉を全うせんがためであった。弟子たちは、多くの聴衆と共に、説教を聴き宗教に関する知識を得た。しかもその中心がキリストに存せしことは気づかざりしごとく見ゆる。ここにおいて、キリストはいうべからざる寂寞を感ぜられ、ついに弟子たちに、世人は人の子を謂《い》いて誰とするやと質問を発せられた。その時多くの預言者の一人なりと言いおる由をイエスに答えし時、さらにたたみかけて「汝らは我を謂《い》いて誰とするか」と言えるに対しペテロが「汝はキリスト活ける神の子なり」と答えし時、イエスはこれを否定せられたであろうか。否、非常に満足の意を表されペテロを激賞せられたのである（マタイ伝一六・一三以下）。かくのごとくキリストは常に吾人の理想・神観・罪悪観等あらゆる問題が、自己の人格に帰着し来たるために骨折られつつありしを認むるのである。

キリストの自意識

最後にキリストは果たして神の顕現であるや否やに関して最も根拠とすべきは、彼自身いかに自分を意識しい給いしかを知ることである。すでに彼には神たるの自覚が明らかに存するのみならず、彼は神の自啓、仲保者（ルカ伝一〇・二二、ヨハネ伝八・四二）、また吾人の罪悪の救い主（マタイ伝二四・五、二六・六三、ルカ伝二二・六七）である。かつてイエス、サマリヤの地方に一婦人を伝道せられたることがあった（ヨハネ伝四章）。この時、神の本質、神と吾人との精神的関係より吾人の救いのために神みずから人生に来たり給う、すなわちキリストの来たるを待てる由を婦人がイエスに告げたる時、「汝と語る我はそれなり」（ヨハネ伝四・二六）と宣言せられた。彼はみずからその無罪を意識し（ヨハネ伝八・四六、一四・三〇）、神およびキリストたるの自意識を有し給うたのが明白である。

これらを総合すれば、キリストは神にあらざれば狂人なりと言うに帰着すべし。そは自己を偽るはキリストのなしえざることなるがゆえである。今日世界を風靡しつつあるキリスト教は狂人の人格より生まれしものと見るをうべきか、思いてここに至れば、われらは彼の前に、「わが主よ、わが神よ」と言わざるをえぬ。

吾人の三時期

神が正義である以上、吾人の罪悪は寸毫も許容せられ、あるいは介在せらるることはできぬはずである。その正義を犯す場合にはそのままに過ごさるべきでない。いわゆる「律法の一点一画も廃《すた》ることなくことごとく全うせらる」にあらずして止むべきでない。不完全極まる人生にさえすでに律法あり、刑罰がある。ましてや神の支配し給う世界においてをやである。キリストが「我、律法と預言者とを廃するために来たれりと意《おも》うなかれ、われ来たりてこれを廃するにあらず、成就せんためなり」（マタイ伝五・一七）と、言明せらるるところに本文の中心点を置き、吾人の罪が神の前にいかに取り扱わるべきかを知らんとするものである。

吾人はいかにもして従来の行きがかりより脱《のが》れて、聖《きよ》く正しき者とならんことを希う、悔い多く悲しみ多き過去を動かす能力なけれど、せめてこれを忘れ、今日以後は生まれ変われる心地の者とならんと努力するより他に方法を持たざるものである。しかし神が正義である以上、この望みはついに失敗である。神は吾人の能力の少しも及びえぬ過去の罪悪、さらに深くみずから意識だもせざる吾人の根本の罪悪の責任までも少しも余すところなく問い給うゆえである。神の聖き愛を蹂躙したる責任である。これを意識するとせざるとにかかわらず、罪は成立するものである。この罪悪をいかにして神に赦され、その断絶せる関係を回復しうべきやということになる。神が過去および意識し得ざる吾人の罪悪にまでその責任を問い給うことになると、とうてい吾人はその資格を失いおるものと言わねばならぬ。ここにキリストのみがその全部を意識せられ、余すところなくその罪を負い、神の前に謝罪し、その正しき処分解決をなし得る唯一の人格であると認むるのである。そは彼においては全く無罪なるがゆえに、人生の全部の罪を意識し得るゆえである。「この故にイエス・キリストに在るものは罪せらるることなし……それ律法は肉に由りて弱く、その能わざるところを神はなしたまえり」（ロマ書八・一―四）とパウロが言いしごとくである。

救いの経験

キリストは実に贖罪者である。吾人は彼の十字架を信じて、全くいかなる罪悪も余すところなく最も正しく立派に神の前に処分せられたる事実を知り、彼にのみ依り頼む時、吾人は全く罪より解き放たれたるを経験するものである。キリスト者の救いの経験においては、柱に打ち込みし釘が抜き取らるるばかりでなく、その跡をも止めぬようになりしごとく、すなわち少しも罪悪の影響を受けず、全く自由を心に経験し根本よりわが罪は神に赦されたりとの意識をなすに至る。

その理由

何故にキリストを信ずればかく罪より救われうるやと言うに、先にも述べしごとく無罪なるキリストのみがその恐るべき罪を意識しうるゆえである。罪悪の処分は

第一、刑罰と服罪

第二、悔改めと赦罪、である。刑罰にはその被罰者に自己の罪悪の意識を必要とする。昔「武士は犬を斬る刀は所持せぬ」としばしば言った。すなわち犬が武士に無礼を働きて斬られたればとて、何の意味でせられしか全く無意味の中に殺さるるのみに終わりてその目的はついに達せられぬゆえである。ゆえに罰が罰になりえぬ。かくのごとく罰には心よりの「服罪」を必要とする。服罪とはその罪を意識しこれに苦しみ、みずから万死に値するを悟り、ついに悔い改むることである。かくのごとき意味において吾人は全く神より罰せらるる価値さえも失いおることを明白に認むる。吾人がキリストを見る時、彼にのみは「罰に値する」大いなる罪の苦悶があった。「わが神わが神何ぞ我を捨て給うや」（マタイ伝二七・四六）と、天父の正しき怒りを経験せられたのである。これ実にみずから罪なくしてその愛するものの罪が自己の罪の意識となるの秘義である。宗教的の言葉をもって言えば「代わって罰せらるる《アトーンメント》」である。しかし刑罰はそれのみでその目的は達しておらぬ。罪赦さるるには「罰に値する」ほかに、「罰し甲斐あること」が必要である。すなわち「悔改めの可能性」possibility of penitence である。モズレー［James Bowling Mozley, 1813-1878］は『代罪の教理』に、モーバレー［Robert Campbell Moberly, 1845-1903］

は『代罪と人格』［Atonement and Personality, 1901］において、キリストにのみその可能性を認めうると断言している。この事実より神の怒りを意識し、これがために悲しみ悶え、その罰に正当に服罪しえたるはキリストにして、彼は罪の「ために」死せしのみならず、「罪に死に」たるを承認するものである。これキリストの事業の最高啓示である。フォーサイス［Peter Taylor Forsyth, 1848-1921, The Person and Place of Jesus Christ, 1909］が十字架は神の正義と恩寵とを同時に顕わしていると言いしごとくである。

罰者と被罰者

罰者と被罰者とは等しく同一の神である。「潔《きよ》むるものと潔めらるるものとはすべて一つより出ず」（ヘブル書二・一一）とあるもこの点である。赦すものも神なれば赦さるるも神である。これ一見不合理のごとく見ゆるが、人生における事実である。たとえば正しき親が不肖の子を怒り勘当すれども、そのまま滅びよかしと希うものはない。さらに深き苦痛を経験し、悔い改めて帰参するを待ちおれど一向帰り来たらざる時、親は間接に人に依頼して八方手を尽し、本人もようやくみずから反省し前非を悔い謝罪して立ち帰り来たりし時、吾人は親が自己に立ち帰りたりと言い得ざるか、子をしてここに至らしめるは親の愛の力である。ゆえに結局親が赦さるるのである。神はその正義を貫きてその愛を全うし給うのである。

キリスト教の信仰において、吾人が神の前に「義とせらるる」は、ただ信仰によりて全うせらるる一途あるのみなりと主張するものである。何故自己の罪悪に対する責任をみずから負わ

正しく解決したる彼の聖き生命に吾人の生命が同化され創造さるるのである。パウロが、「我生くるにあらずキリスト我に在りて生く」（ガラテヤ書二・二〇）と言いしもこの点である。これを「信仰によりて義とせらるる」と言うのである。その結果は罪より全く解放せられたる人の、真面目なる子たるの意識をもって、初めて神とやわらぐことを得るのである（ロマ書五章）。

十字架と吾人

しかれども、いかにキリストの十字架に完全なる罪悪の処分が行なわれたりとも、これを信じこれによりすがるにあらざれば、その恩恵はついに吾人のものとなり得ないのである。言い換えれば、キリストの生命に触れたる者のみその救いに与るのである。強き電力を有する電線に接触を有する電車のみ、自由に走り得るのである。かくのごとく、吾人はその生命の根底よりキリストを信ずることによりて全く一変せられ、新しく清く正しきに至る資格を与えらるるのである。ゆえにキリスト教の救いは、全くキリストの恩恵より出ずるものであることを記憶すべきである。フォーサイスはこれを第二の創造なりと言う。そしてここに新たにせられたる吾人の生活は、キリストの恩恵の力によりて、将来に完成せられつつ進展しゆくものである。これをキリスト者の生活とする。そしてついにキリストより享《う》けて、永遠の生命に至るものである。永遠の生命について質問せし青年に、あるいは悲しめる姉妹に向かって、「我を信ぜよ」との心を宣言せられたるキリストである。

かく思い来たれば、キリストは「すべてにおいて、すべてである」。永遠の過去より永遠の未来に渡りて、吾人の生命なるは彼である。彼は絶対者、すなわち「初《アルファ》にしてまた終り《オメガ》」である

（ヨハネ黙示録二二・一三）。

用意の不備と当然触れるべかりし問題にも触れ得ずして過ぎしことの多かるべきを恥じつつ擱筆《かくひつ》

比較宗教学におけるキリスト教の位置および特性

比較宗教学とは世界の諸宗教の比較をなし、その中にて最も真理性多きもの、また秀《すぐ》れたものを一点に帰着せしめん目的をもって考究せらるる学問である。私たちは今これをあまりに学問的に考究せず極めて常識的にほぐして考えてみようと思う。まず宗教の比較をなす前に宗教の成立について考える必要があろう。人は元来宗教的なるものであるという、宗教の真理性について考えることは極めて大切なることであるが、今はとくにこの一階梯を飛躍しこれを超越して、宗教の真理性をすでに認容したるものとしてただちに比較宗教に入ろう。

比較宗教学に最も必要なる材料はもちろん宗教歴史である。

比較宗教学の実用的要求

これについて公平なる科学的方法をもって研究を行なうことがすなわち比較宗教である。単に学問的興味を有する以外に、私たちの実際生活の上に何故かかる研究が必要となるであろうかと考えるのが実用主義の比較宗教学である。実際生活に応用（Applied）されたるもの、すなわちその真理の実用（Pragmatics）である。何故にかかることをなすかというに、これは真剣に人生を渡り、私たちの人生観をして誤りなからしめたるためになすのである。スエーデンボルグ（Swedenborg）がその著書『神学論文』（Theological Writings）の中で「神に関する正しき観念の重要性」（Importance of a Just Idea of God）と題したる章において言えるごとく、個人・一家庭・国家民族が奉ずる神の観念によりてそれらの人びとの運命は決まるものである。人生が実に意義深きものとなるか、また無価値なる堕落の生活に追い詰められるかは、一に私たちの信仰の対象、すなわち神の性質を考えることによって決定する。ゆえに科学的に知的に誤りなく真理を究めることは真に重要なることとなってくる。ヴントも彼の民族心理学において、いかに民族がその信仰によりて意義を生じ、礼拝の本尊およびその奉じ方がその民族の興亡に密接なる関係を有しているかを説いている。かく考えてくれば比較宗教学はこの実用的要求から宗教の吟味が大いに緊急の問題となってくる。これは実際上の事実で、古来その宗教がその個人や民族に及ぼしたる大いなる事実上の問題である。

各宗教相互の関係とその吟味の要求

ある人は思うかも知れぬ、すなわち、あれこれと宗教を選り好みすることは気が狭い、と。なるほど「わけ登る麓の路は異なれど同じ高嶺《たかね》の月を見るかな」というごとく、二つとはない唯一つの真理に辿りつくのが宗教の本質である以上、いずれでも同じであるように考えられるかも知れないが、私たちは何故にかく寛大になり得ないかというに、もしも宗教が単に一つの思想上の観念に止まるものならば差し支えないが、そうでなくして宗教は一つの私たちの実際的運動であり、発展であり、生活の道程そのものとなるのであるゆえに決してゆるがせにできないのである。何故厳重に比較したり吟味したりしなければならないかというと、いかなる方面にも道は多いが、しかし必ずしもすべての道が目的地に達するとは限らない、広くとも行詰まりなのもあれば、目的地とは異なったあらぬ方に導くのもある。また単に目的に到達するだけが価値ある宗教の目的ではない。「道程《みちのり》」そのものがすでに大切なる価値を造り出すのである。生きて働いていくことが文化人格の宗教的価値であって、これのみが私たち人格発展の世界となるのである。この意味において真の宗教は私たちの文化である歴史の基礎づけとならねばならない。このようにわれわれの宗教的生活の道が神に達するものとして深き意味を有するのみならず、またその道程そのものにも等しき価値と意義とを発見するのはこれがためである。信仰の対象である神の観念によって生活の意義と価値とが変わり、世渡りの方法や態度が変わる。そして宗教は、かかる意味において、いたずらに思想上の興味ではなくして人生の実際的基調となるのである以上、ますますその吟味が必要になってくる。

仏教信者は仏教を、マホメット教信者はそれを絶対としてどうしても自分の宗教でなければならぬというのは偏狭である、などというのは本当の意味で真理に忠実なものではない。それは一見公平なようではなはだ無責任な考えである。宗教が世渡りの単なる手段に過ぎないならば、あるいはそれほど真剣な問題とはならないであろうし、ただ方便にとどまるものであるならば、その真理性の研究の理由ははなはだ弱いが、宗教は私たちの手段でもなく、また方便でも決してなく、生命それみずからの本質となるのである。パウロが言えるごとくに、もしもこの世のみで来世がないならば、よろしく飲み食いした方がよい。神と永遠がないならばあらゆるこの世の満足を満たすがよい。しかし人の一生はそのようなものではない。この意味で人類の歴史が真に実在であり価値あるものとされるのである。近代の思想家たちが努めて高調しつつある歴史の意義と価値はここにある。人の生活はその奉ずる神の観念によりて高尚なるものとなるのみならず、永遠に人格価値の創造に赴くものであるから、これに至り着く道そのものを大いに吟味せねばならない。比較宗教学はこの実際的要求から重要な学問になる。比較は実際上運用の道である。広き山路が必ずしも街道でなく、炭焼き小屋に通ずる車道であることもある。その正しき道を見出すことが道を歩む者の運命に関与している。さらに道には歩く道のみならず、歩かない道がある。人道・芸道・書道・茶道・挿花の道、これみな道であると共に、この道に入らんとする者、またこれを指導せんとする者は実際非常に厳密にその道を吟味する。その定められたる法則に全然初手より従い得るものでなければ、決してその道に入ることはできない。我流は何の道においても容《ゆる》されない。音楽においても我流に染みたるものは単に器用弾きたる以上に進歩するものでない。素人天狗は芸道の敵である。踏み迷った道から正しい道に戻し直すことは容易ではない。正しい道に戻っても前の癖があってどうしても正しく歩くことはできない。人類のこの問題を常に語るものは歴史である。昔より多くの宗教は歴史の中に編まれているが、そのいずれも各自の奉じたる宗教によって興亡している。そして、これらの諸宗教がついにただ一つの真理に到着しているとはいえないところを見ると、神は一つであり従ってその道も一つであるべきことが明らかである以上、歴史における諸宗教に対して多くの人がなすごとくに科学的にその真理性を要求するため、今この宗教史中の多くの宗教を分類して大別三つに分かつことができよう。そしてその妥当にして最も真理性多きものを辿って最後の真理に帰着せんとするのがこの比較宗教学の目的である。

諸宗教の分類

歴史に現われたる最も幼稚なる宗教の姿は、第一に拝物神教（Fetishism）で、第二に多神教（Polytheism）となり、第三階梯において唯一神教（Monotheism）となり、最後にキリスト教に到達するのである。

第一に、今これらの諸宗教の有する価値内容を、科学的にかつ宗教学的に、考究してみよう。宗教とは、神秘の世界、すなわち人間が理解し得ない世界とその意味とに対して一種不可思議な力が原始人の幼稚な脳裡を圧迫してついに宗教という観念に立ち至ったものであろう。彼らは雷を恐れ、天地間の勢力を感じ、その偉大なる現象を見て、これを恐れて拝した。たとえば太陽とか月とか人間の理解に余るものには霊が在って不思議なる力を有するものであると考えた。かく原始人は自然物の偉力に圧されてその物を拝んだ。児玉大将〔源太郎、日露戦争当時の総参謀長〕は戦中陣地でただ一人太陽に向かって礼拝祈願をこめられたと聞く。すべてはかくのごとく、人智の尽きるところに宗教は生ずる。雷も今では科学上から自然現象の一つに過ぎない、別段神秘的に考える必要もないとせられてきたのである。しかし今なお大岩石や大木老樹には標縄《しめなわ》の張られてあるのを見る。また、拝物教の思想は占いの意味がある。自己の力が決しかねたること、また人間の理解以上のもので自己に判断のつきかねることある時、この力によって盲目に定めることは、すなわち占いの心である。これもまた宗教の一種であり、多くの迷信を有する最も低級なる拝物教の一つである。拝物教の大いなる欠陥は、この宗教に道徳とか正義とかいう要素の毫《ごう》もないことである。単に不可思議なる力を崇拝するのみで、これに対して愛を感ずるとか憧憬を持つとかまたは責任を感ずるとかいうようなことは全然ないことである。しかし時には拝物教的幼稚なる信仰を有する人びとの中に、自分の日頃拝するものに対する感恩奉仕の麗しい精神を有する者があるが、一例をいうと、ある所に、常日には外出も自由でない老人で、一月元旦には早朝氷のような寒風を物ともせず愛宕山に登って太陽を拝む人があった。理由《いわれ》を聞くと、「太陽様《おてんとう》のおかげで、われわれがかく生活していける。もしもこれがなかったら、われわれの命を保つ米やその他の草木も生長することはできない。実にこの有難いおてんとう様に昨年中のお礼やら、また今年のこともお願いせねば罰が当たる」という。ちょっと考えると太陽が心あって人を照らしているとは認めない。太陽の無生物であることはまさに明らかなることである。ここにおいてすでにこの信仰には迷信が伴っていることが判る。かく拝物教の弱点は物を拝んで物の背後にあるその根本の神を知らないところに存する。誰でも、友人から提灯《ちょうちん》を借りてきたので夜路が安全に歩けたからというて、提灯にお辞儀をして礼をいうものがあろうはずはない。これを親切に貸してくれた人に礼を言うであろう。そのようになるほど万象は人類に多くの利益を与える、なくてならぬ物をもって満たされているが、しかしこれらに対して人間は直接その感謝の思いを持っていってはならぬはずである。拝物教はこの点に大いなる誤謬を有しているのである。

第二に多神教は、拝物教よりやや進歩した宗教の形式で、物の背後にある精神的のものを拝むまでに進歩したものである。位牌《いはい》そのものを礼拝するのは拝物教であるが、その背後にある人格的なるもの精神的なるものを拝せんとするのが多神教である。この点においてこの宗教は、物・非人格的なるものの崇拝を止《や》めて、人格的なるものに進歩したものである。人は精神を有し人格を与えられているゆえに、人格的でないものを尊敬することができないのは当然である。人格は自由を尊び、人は自由の中において善にみずから赴くことを尊しとなすのである。そのために努力する世界こそ実に高尚なる道徳の世界である。人間が拝む神が人間より低きものであることは不合理である。物でも鳥獣でもない人間が物や鳥獣を拝むのは不合理である。人は、人格的に触れていくことができ、また人格の建設に交渉あり力ある道徳的な本性を有する対象を求めるようになる。

しかしてさらに多神教の成り立つ理由について考えて見ると、人間は、皆月足らずの子供のごとく、何かの弱点を有しているものであるから、理想的なる人格をその崇拝の対象として求める心理を有することは自然のことである。知情意を完全に具備した人間がわれわれの崇拝の対象となる。しかし理想的な人間はいないからこれを宗教的に仮想するようになる。たとえばギリシアにおいては理想的な美しい女はアプロディテー、代表的男はアポロンというようにおのおのが要求している理想的な人物を神々として多くの物を拝している、しかして各人がその願うところの理想に達せんとするのである。また多神教の観念の中には、常に自然物崇拝である拝物教時代の精神が残存していて、自然に現われたる不思議なる力の人格化ということが判っている。たとえばポセイドーンは海の神、ゼウスは嵐の神というように自然と密接なる関係を持ち、自然力の人格化と見るも可である。この点はパウルゼンがよく言い顕わしている通りである。しかして人間には多くの方面に理想を有するがゆえに、その理想の人格化なる神々にも、エロース（愛の神）、アプロディテー（美の神）、アレス（戦の神）のごとく、多くの神の生ずるのは当然である。これは日本においても同様で八百万《やおよろず》の神々は大概自然力と相結んでいる。多神教はかかる動機より生じたるものである。さらにこの教えの神と人との関係いかがというに、これは、神は自己の意志を有するゆえにこれに願いを人間の側からのみせず、神の心をも伺い、その神意を奉じ神との交通を得る、という信念において、拝物教よりもよほど進歩せるものである。また多神教に特に著しきことは祭日を定めてこの日のみは神に供え物をなすことである。拝物教においても月に団子《だんご》を供えたるごとき幽《ほの》かなる兆《きざし》はあるが、これは多神教において最も著しく、神は絶対に最善なる物を要求し給うという観念より、人身御供《ひとみごくう》などを行なうこともあるほどである。しかしこれらは単に祭日の当日のみに限られ、常日は何ら人の生活に触れるところがない。一銭二銭の「お月掛け」をを社に納めて、あらゆる無理なる願いを神に捧げ注文する。これはギリシアにおいてもローマにおいても同様である。人間はもちろん、その対象とさるる神々さえ決して道徳的・倫理的ではなく、掠奪・戦争は実に神々の間にすら起こるのである。わが国において鼠小僧が祭られ、盗賊をした者を神とする。これが思想に及ぼす所ははなはだ恐ろしい。いかなる方法でも金を得て貧しい者を助ければよい、非道徳的な道を辿ってもかまわぬという心になりやすい。実にかかる宗教が白日の下に行なわれているとは戦慄せざるを得ない。人はその拝む対象によりて良心を左右せらるるものであるから、個人的生活も民族的品性もこれによって決定するのである。多神教においてはかく各自の利益のみにて毫も道徳的なるものがない。神々それ自身も今の人間より低きものであるゆえに、この宗教には何らの統一がない。また多神教はすべて国家・民族の神である。その範囲において五穀の神あり水神あり火の神があるという風にいろいろあるが、さらにその国の名士大人物を崇拝して菅原道真・乃木大将というようになり、はなはだしきは凡俗人をも死ねば直ちに仏に成り得ると思うことである。死の真際《まぎわ》まで罪に染み、他人を苦しめていた人間を死がそのように容易に清めて神にしてくれようか。

多神教中における一神教的傾向

われわれが多神教に物足りなさを感ずることは当然である。人間の本来の性質はただ一つのものにまとまりたいと願い、一つのものを認めんことを欲するものであるから、五穀のみの神、自分の国家のみの神というごとく部分的なる神のみにては物足りなくなる。そこで面白いことには多神教を少しく深く調べるならば、ギリシアの神々の中にも、オリュムポスの山に集う神々の中にまたそれらを統一し支配する神ゼウスがあることを発見するのである。わが国においても道真よりも乃木大将よりも優位なる神のあることは誰しもうなずき得ることである。

かかる傾向を考察すると、本当の神は天に二日なく、一国に二皇なしというごとく、唯一つでなければならぬ。すべてを統一する神を求めて人間はついに唯一神教に辿り着くのである。

唯一神教

すべての物を照らす、永遠なる唯一つの神、これは民族を超越し、国家を超越したるものである。

そして一神教において重大なるものはキリスト教である。仏教は宗教における人格的追求に関しては何ら徹底せる肯定的材料を有してはいない。むしろ他の哲学的標準を有し、非人格的な汎神論である。世界的宗教と名づけられ得る宗教は二、三に過ぎない。仏教・マホメット教・キリスト教を比較してわれわれはその中で最も真理性多きもの唯一つに帰着すべきである。今仏教について多くを語る時を有しないが、惟《おも》うに一神教は世界の宗教であり、公平にして人格的のものでなければならない。歴史を手段と見ず、現実在として取り扱うものでなければならないのである。この世を仮のものとなし、人類はこの世でただ仮の姿を表わしているに過ぎない、彼岸こそ真の世界である、という意味での存在性には真の価値を見出し得ない。死後が真《しん》如《によ》であるとなすならば、この世のすべてのものは現象であり方便であるに過ぎない。歴史もその価値性を全く失うことになる。人類の歴史、文化の世界は現実在であり、人は死ぬであろうが文化主義の道程《みちのり》にある人びとの日常の生活は、これを構成する永遠の生活である。キリスト教はこの世を重んじこの世においてすでに永遠に至る道を踏み進むのである。手段の世界を排斥して実在の世界に活《い》き、夢の世界を打破して価値の世界に活《い》きるのである。これ実に歴史を重んずる人格的宗教の本質である。

キリスト教文学においても、キリスト自身の生活においても、かくあることを窺《うかが》うことができる。ゆえにキリスト教は歴史を非常に重んずる。この歴史に価値を与えていくものが人格宗教である。この神は倫理的であり、自由の世界における実在で、道徳的価値の標準・理想的世界の主である。しからば何故に世に悪が存するかという疑問が起こるかも知れない。しかし、もしも善のみにしか進めない世界であるならば非価値の世界であり、善は一種の人間の本能となるに過ぎない。宿命論・機械論となってしまう。親に手を持たれて書く習字には子供の方に何らの価値づけをなすことができぬ。自由の圏内で善を選ぶのが価値の世界であり、ここに感情・意志その他の正しい人格的価値を生ずるのである。これが文化人格の世界である。そして人間の感覚には誤謬があるが、神は実に完全なる善の理想であるゆえに、この至高なるものによって導かれる必要がある。これによって人間が自覚していく所に歴史の重要なる価値が生ずるのである。

キリスト教の位置

さらにキリスト教の位置および真理内容について一言すれば、キリスト教は人格的の唯一つの神を礼拝するが、まず神と人間との関係においていかなる態度をとることを神が要求し給うかというに、神と人間との関係は清き愛の人格的関係であるがゆえに、礼拝、すなわち信仰の内容において最も吟味を要するのである。幼稚なる宗教には御利益《ごりやく》主義、交換条件主義のごとき信仰もあるが、キリスト教においては、「汝霊と真とをもって神を拝せよ」とサマリヤの女(ヨハネ伝四・二三)にイエスが言い給いしごとく、これがキリスト教の根本的な信仰の立場である。神は、自分のために利用すべきものにあらずして、実に神の御栄えのために礼拝すべきものである。ためにする宗教でばかりあってはならない。罪に染みたりといえ、救われんためにのみ祈祷するは利己主義である。友と親しくするにも友を自己の手段にのみするならば実にその友情は不純なるものである。相手を利用することは、罪であり、人格あるものの愛の交渉において不快なるもの、人格を侮辱したものである。宗教的情操において最も気高き姿は神の御栄えのために救われんことを願う心である。不遇の人が社会に罪を着せたり、絶望すべき悲しき状態にある場合に、もし愛と犠牲とに富める親あらば、その親の愛のために責任を感じて自棄の態度から目覚むべきである。自分では棄ててしまいたきこの身も、自分を愛するもののために申し訳なくてこのまま自棄の姿ではおられない、実に己れの救われるのは己れのためにあらずして、己れを愛する相手のために自分の救いが必要である、と思うようになる。神の深き愛に触れるとき、人は実にこのような自覚に達するのである。これがキリスト教の信仰の生活の内容である。愛する者の期待していてくれる良い者になりたい、愛する者のために棄てがたい自分自身をさえ棄てる、という聖なる人生至高の経験に達する。キリスト教における信仰の光輝ある特質がここにおいて明らかに発揚せられ、従ってその立場を明らかにすることができる。次に考うべきことは、単なる神が宇宙にあるのみでは物足りない、われわれはいかにしてもキリストを要求するに至る、という一事である。救いの観念においてキリスト教の特殊性はキリストにおける罪の救いの要求の根本問題となる。これが単なる有神論であるならば今のわれわれの生活に十分に触れることができないことを知るに至る。何故ならば人間には罪がある。神の恩寵をそのまま受け容れることができないくらい神を裏切っている。堕落したものを真実なるものの愛が抱くことができないごとく、われわれの中にわれわれを抱かんとし給う神の恩寵を阻む罪がある。

これについて——その根本的なる解決の要求が起こってくる。この人生最深の要求に最も徹底的に触れ来たるものはただ、キリスト教におけるキリストの十字架における罪の贖いの信仰である。

思うに、私たちの提出したる問に対して比較宗教学が与うる最高の答えは、常にキリスト教がすべての宗教の間にあって相対的関係の再優位にあるというにとどまらず、それは実に無比なる「絶対」という栄えある名をもって呼ぶことこそむしろ当然なる言葉となるであろう。私たちは次に、キリスト教が有する特性ことに贖罪の意義について語りたいと思う。

キリスト教の独創性

キリスト教の客観性

　およそ古今を通じて行なわれてきた諸種の宗教は、その名称も内容も異なってはいるが、人間が宗教を要求している証拠として前にも種々述べたごとく、その三大分類中にあるいずれの宗教を考えてみても、みな主観的なものである。主観に立脚している宗教は、神はどういう方だか分からないから、結局人間の方でかくあるであろうと推量するものである。ゆえに人類の進歩と共に、その宗教の概念もまた進歩するものである。この点はキリスト教と比較するにあたって十分注意する必要があると思う。人間の脳裡に想像する神は、その時代、その人間の頭脳や体験相応のものである。彼らは自己の生み出し得る範囲の神を拝するのである。これが主観的宗教の本性である。

　人類の拝する宗教がかくのごときものであろうか、との疑問、あるいは論議が近世に至って喧《やかま》しくなり、学問上の難問題ともなるに至った。ヒュームあるいはそれ以後の人びとのごとく、我自身が「我」を解することが不可能で、あるいは「我」以外のものは絶対的に不可能であるといったような懐疑説に陥り、ついにカントに至りて「我」という観念をほかにして、主観のいかんにかかわらず、神は絶対的の存在であるというようなことさえ考えるのはいよいよむずかしくなったのである。そして、我という考えをほかにして我をはなれては、神の本当の姿を捉えることはできない。ゆえに近世の学問はその真理の追求においても決して主観を離れない。主観を離れない神を追求することにより自我の発展が来たされ、自我がますます勢力を有してくるゆえに、神を確定することはますます困難となる。どこまで追求しても人間の割り出した神、組み立て考え出した神のほかには神は分からないのである。それでは宗教は結局人間の夢に過ぎないであろうかというと、これに対してキリスト教ははなはだしき特徴を有している。キリスト教の神は全く客観的要素の上に立つ神である。人間の考えいかんにかかわらず、神の方からみずからを啓示する。しかしそれは決して人間の理性を無視するものではないが、これを拒絶するか認容するかの自由は人間が有するのであるが、キリスト教の信者は、自己が神を造り出すことはせぬのである。これがキリスト教の神観である。この客観的啓示が前述の主観的進化の宗教と対立している点が最も重要な問題となるのである。

そは主観を脱し得た真理、主観を超越して、しかも人間の主観的自覚に深い交渉を有する宗教のみが絶対的となりうるのであるから、私たちはおいおいこの問題を論じていこう。神は宇宙間に、戸帳《ヴェール》の中にあるごとく、その姿がさやかに見えない。「何事のおわしますかは」知るよしもないが、何か崇高偉大なものがあるにはあると思われる節《ふし》があるのである。おりにふれては、なんらか人間以上の大能が我を守っていてくれた、救ってくれた、というようなかたじけない経験をすることがある。しかしその本尊は不明である。人間は依然として常に暗中模索しつつ主観の世界にこれを描いているのである。人間の歴史があらん限りかくのごとく人智は真理の追求に右往左往しているのではあるまいか。しかし神の方から姿を顕わしてしまったならばいかがであろうか。人間はただこれを神であると認容するか、否として拒絶するかの二様の立場に置かれるのである。これは絶対的で主観的想像を入れることを許されない立場となるのである。

銅像に覆《おお》いあるうちは想像の余地があるが、除幕された後はその像は何であれ、もはや創造の余地を残さない絶対であるごとく、キリスト教は人間の意識を超越した神自身の顕現であるとの主張を有している。

キリスト教と諸宗教

今この事実から出発して、まず第一に諸宗教とこの客観的要素多きキリスト教とは、いかなる関係を有するであろうかということを考えてみよう。世の多くの宗教はその内容に多くの迷信的分子を含むのであるが、真の神とそれらとの関係いかんということについて諸宗教の歴史を考えてみると、一の宗教が生ずるときすでに神が働きを始められていたことを知るのである。諸宗教を科学的に研究する時、いかに不備なる宗教にもその中に真理への一縷《いちる》の脈絡があって、次第次第に不備なるものより真理性に富めるものに近づき進歩しつつあることが明らかである。人生は単に唯物史観のみでなく、否定することの許されない真理性への生命の流れを見ることができる。これを見ればその中にすでに機械的以上に大きな力、すなわち宗教心を人間が意識しないうちに、すでに神がそれを動かしていることが発見せられる。ゆえに諸宗教もキリスト教出現の準備のごときものであると見ることができる。キリストの生まれ給う前に洗礼のヨハネが出現したごとき同じ意味である。諸宗教にも真理性はある。しかし主観すなわち自分たちが考えている宗教のみでは完成にはいたらない。何故といえば、もともと自分の真理で割り出した神だから、自分の理性や考えが変わってきたら、根本から信仰が変化してしまうからである。このもろもろの低き宗教も訂正される時が来るはずである。

具体的に言えば、さらによき光に照らされて諸宗教の含む多少の真理性がキリスト教によって完成に導かれるはずである。多くの宗教家、ことにジェボン〔F. B. Jevons, An Introduction of the History of Religion, 1902〕のごとき比較宗教学の大家もかく分類している。しかして多くの学者もまたこれに同意している。諸宗教はあたかも雲間に羽衣の裾を見るごときものである。裾なれば羽衣でないとは言い難いように、これを無下に貶《けな》してしまうことは早計である。またこれにとどまってしまうことはさらに不可であるが、この中より、よりよきものを引き出さなければならない。

忠孝とキリスト教

たとえば、儒教の道徳、忠孝の道のごときはキリスト教にはないかというとやはりある。世間ではキリスト教は忠孝の道を危くするものであると誤解しているものもあるが大いなる誤りである。キリスト教では天地の始まらぬ前にすでに天において孝道があった。宇宙人類のあらざりし以前にすでに天には父と子との聖《きよ》き愛の関係のありしを観ずる。これがキリスト教の本質である。熊沢蕃山の孝経の釈義にも「孝は天地成生の理也《なり》」とあるが、これを否定さるるならば人生道義心の立脚地も危くならざるを得ない。

また忠義の道も近来欧米に盛んに論ぜられ、日本の忠君についても最近研究を始むるに至った。至尊に対する人格的の絶対服従は、忠義の精神であってまたキリスト教の根本精神である。ただキリスト教は孝にしろ忠にしろロイス（ロイス著『忠義の哲学』参照）［Josiah Royce, 1855-1916］の言うように無自覚ではない。真理に従って服従する意義あり価値ある服従でなければならないというのである。

　この点から見るとキリスト教の有する真理内容に実に無限なる興味を感ずる。キリスト教において孝道もまた完成されるのである。しからば忠君の道はいかがというに、これに対してもまた大いなる暗示を有している。ロイスの『忠義の哲学』を読むと日本の忠君愛国を評して、「武士が君主の前に身を捨てる場合にいかなる自覚を有しているかが懸念せらるる」と。何故君に忠義でなければならないかということを知らずになす行《ぎょう》は零である。自覚の伴わぬ行為はすべて空しいものであり、しきたりでなすことはすべてそれがいかに立派な行《ぎょう》でも、それは単に貴重なる人間を機械同様にしてしまうものであり、全く非人格的な習慣に過ぎないのである。ロイスは日本の忠君の意義をこの点より懸念しているのである。しかしキリスト教の精神からこれを見る時、ロイスの主張するごとく、盲従を排して人格的関係となるのである。何故ならば神と私たち人間とは精神的に最初は主従であるが、しかもこれにとどまらずその本来の関係は父子であるゆえに、利害以上の愛の関係を有している。主従にしてしかも生命なる愛の関係に繋がれているものは、すでに機械的な服従から脱しているものである。「君ならば親ならばただ従え」という盲目的要求に対して、キリストが妻は夫に子は親に背く者にあらずば我に適わぬ者であると言ったのは、一言にしていえばただ従うにあらずして真理に従って真の忠孝をなせということである。あたかも非を知った重盛が涙をふるって君のために父を諫《いさ》めた場合に、形においては親に背いているが、心では父の意に反しながら子として生命がけで父につかえているのである。すべて真理に従って自覚して行なう忠孝の行《ぎょう》が誠《まこと》の忠義となり、また孝行となるのである。形式的にあらずして精神的関係となり、君臣も父子なりとの自覚が彼我《ひが》の間に確立するに至るのである。

またキリスト教は他の学問的なるすべてのものと異なり、キリスト教の善も愛も生命に充ち、霊に充ち、これによりて他の諸宗教を真理と生命とに導くのである。キリスト教にある絶対的真理が、他の諸宗教の裡に部分的に準備されていると思われるのであるから、キリスト教は決して他の宗教を敵視するものではない。

宗教の最も幼稚なる姿である拝物教のごときものにおいても、キリスト教の光に照らして見ると深い意義が生ずる。一部の科学者は冷評するかも知れないが天地は神が造り給うたものであると信ずる。昔の拝物教時代の人が雷を「神が鳴って」いると言ったのは不合理のことではあるが、一歩深くキリスト教的に見るならば意義のないことではない。ルーテルはある夕べ、身近くあった人が雷に打たれて死んだのを見てから、宗教に入った。心あって見る者にとっては、天地は神の声であり、また教訓である。神がその時まことにその人に鳴ったのであった。人間はこれによって神を知り神にいたるの道を知るのである。いかなる幼稚なる宗教もキリスト教によって成さるる能力を備え、仏教も儒教も神道もキリスト教によって初めてより深き意義を発見されるように思われるのである。

キリスト教の神は自然に顕われ歴史を通じてその遺志を実現してくる。神の思いが自然の中に顕われ、人間の歴史に顕われて、明らかに人がこれを感じ得るようになり、ついには神自身が顕現してくる。ここにその客観的要素があり、啓示の本質を有する宗教であるとする理由がある。（未完）

聖書研究の方法論的序言

一

聖書の研究と言っても、種々な態度でいろいろな方法が行なわれ得る。しかしてその結果が常に私たちの生活を基礎づける唯一無二の真理となって、私たちの前に現われてくる以上は、信者にとっては最も厳密にその真理性が吟味されなければならないはずである。

私たちの聖書に対する態度が、やがてその研究法を決定せしむるようになるであろう。しかし必然的な関係がそこに約束せられていようとも、「態度」と「方法」とはおのずから区分して考え、かつ取り扱われなければならない。私は今、後段において明らかにせらるるであろう一つの目的に従って、その「態度」について語り、しかして「方法」について述べてみたいのである。

まずキリスト者は聖書に対していかなる態度をとるか、ということから考えてみよう。そして当然それは教界内部の問題の解決にとどまることを得ないで、広く教界外部の一般学問の真理認識の要求の一対象となるのは言うまでもないから、この広い範囲にわたる学界を見渡してそこにも重大なる関係を見出さねばならない。であるから、多く従来から試みられてきた弁証的立場からではなく、全く一つの公平な学問として、それがいかなる態度でいかなる「方法論的」取扱いを受けつつあるであろうか、そして受けるのが正当であろうか、ということを決定することとそれ自身が実に貴重な学問であらねばならない。もしかくのごとき範囲を考慮の中に包含せしめないならば、聖書は「学問として」とうてい教会以外の思想を動かすことができないのみならず、内部の研究において独断の不安に陥るはずである。もちろん真理であるであろうならば、いついかなる場合にいかなる立場の人がこれを眺《なが》むるであろうとも、ついに真理は真理として見出され残されねばならないはずである。

二

聖書とキリスト者との関係はどうであろうか。だれでも常識をもって考える者はひとしく言う、「聖書は絶対的ではない、ないよりはよい、いな、なければならないのであるが、万一なくともキリスト教もキリスト者も存立しうる、言うまでもなく聖書といえども一つの書籍に過ぎない、これが一番正しい穏当な考え方であろう」、と。

しかし実際上は、聖書によらざればほとんど全くその宗教的生活、および外部に向かっての真理の価値判断が成立し得ないほど、それは深い関係を示しつつあるがゆえに、事実上は比類ない無二の位置をキリスト者の心に占めることとなる。それであるからその関係が次に述べるように現われて来ると思う。

（イ）　**聖書無謬主義**。すなわち聖書は神が聖徒をして、とくに書かせ給うた特別に神聖な書物であるから決して誤りがない、一字一句皆神の御言葉である、と考える。あるいは信者が何か判断に苦しむことの起こった場合、心に念じつつパッと聖書を開いてそこに現われた聖句によって是非取捨を決定する。もちろんこれには重んずべき点がないではないが、一般に異常な信頼をこの書に置く結果、聖書を批評的に見るのは非常に不信仰でかつ罪深いことだと考えるところから、ついに実際上の事実をも無知のために無視する結果は、実に思わざる迷信的な困難損害を生活の上におよぼすに至るのである。この点についてマーカス・ドッズの好著がある。近時もなおこの幼稚なる態度を聖書に対してとりつつある人びとが意外に多く、また多くならんとしつつある傾向を見る。何故かかる傾向を示すのであるかと問うならば、それは言うまでもなく本来の生命を外にした極端な批評主義が一方においてこれまた案外な勢いを持っているからである。この絶対的に文字通りに信頼する態度には危険がはなはだ多く、かつかえって聖書が構成された事実と異なってくるという重大な欠点が伴う。この人びとの研究法はただ信仰的に読むということである。その自分で感得した聖書の文字の意味が果たして聖書そのものの顕わしている真の意味であるかないかについてさえ、正当な方法をとって考察することを欲しないのである。

（ロ）**聖書批評主義**。態度はその名の現わしている通りであるが、研究方法は非常に進歩している。聖書の意味に忠実にならんとすればするほどこれを研究して止《や》まない。その方法は、

一　聖書の歴史的研究（総論）

二　語義の研究

三　主題に対する統一的意味研究（聖書神学）

等がその主な項目であるが、これは批評的と信仰的との二つの傾向に分かれたる。そしてもち

ろんそれらの与うる正確な聖書に関する知識を基礎として前に述べた聖書の信仰的解釈が行なわれる。

この（ロ）に属する研究方法をとっているのが私たち普通の場合である。そのうちをさらに、新約の例をとって言えば、四福音書と他の書簡とその総合との分類的および統一的研究などというごとくに多くの部門に分かたれるが、ここに大切と思うことは一定の「態度」をとりつつ、しかも各部門に応じて異なった研究「方法」をとることである。このことの是非については幾多の論議があるであろうが、これが実際上最も聡明な、また聖書がいかに貴重でも結局は宗教的生活の一つの材料に過ぎないという見解を持している以上は、正当な道理ある態度と方法とである、ということは言い得ると思う。「一定の態度」というそれの、ほとんど基準的不変的な確信を構成する自覚の内容は、主として多くの場合キリストの言葉とその宗教的経験とから成り立っているのである。「態度」と「方法」とは必ずしも一致せしめる必要がないのみならず、この場合のごときは異なった方向を示すように見ゆる関係において、かえってその正鵠を得ることができるように思われる。

三

聖書の研究者はひとりキリスト教部内の者のみにとどまらない。外部において種々なる立場にあるものが種々なる要求から種々なる研究方法を試みる。何者にも制約せられず全く自由に科学の一対象として他の宗教の聖典等と比較しその優劣を決定しようと試み、あるいは他の純然たる自然科学的真理をもって聖書中の自然観を批評し、または認識論上から聖書中に顕われつつある真理の自覚につきこれと交渉してその批評主義的研究方法をもって臨むがごとき、列挙し来ると非常な多数となるであろう。

かくして、(八) **批評主義的なる聖書研究方法**が講ぜられるのは当然である。そして今日はむしろ聖書の価値その真理性がこのような自由な批評主義の厳密な研究の間にあって立証せられ、かつ承認せられなければならないはずである。

四

聖書研究の方法論的体系をはなはだ粗略ながら一つの目的によって少しく述べた。その目的とは、私たちキリスト教部内の者にとって実際的なまた必須な事実を含むところの「研究」と「信仰」との関係を明らかにしたい、という目的である。

広い範囲における一般的学問の一科学あるいは一宗教哲学として取り扱われる場合には、あらかじめ一定の概念をもってこれに臨むことの許されない以上は、聖書の批評論的立脚点をとることによって、「研究」が「信仰」の内容を決定し、あるいは不幸にして一時は全く懐疑的傾向を示すようになってくるかもしれない。しかしこれは公平な学問上の立場においてはいかんともすることができないのであるが、ただし懐疑には二種類あることを忘却することは真理の省察を意図する者の決して許容すべからざる条件である。

その一つは懐疑せんための懐疑である。換言すれば、理性の病的現象である。何となく懐疑的否定的な態度において対立するにあらざれば不安を経験することのごとき、すなわちその証拠である。何がゆえにしかるかは学問(哲学)の歴史についてこれを観察するも明白である。かの懐疑論者たちを導いて真理の肯定に至らしめたるソクラテスのごとき、近世の懐疑的時代と呼ばれたる独立形而上学時代は等しくこの「懐疑」をその出発点とはしたが、人のよく知るごとく決して懐疑せんための懐疑ではなくして、確実なる真理に到達せんと欲する熱心なる要求より発している。すなわち肯定せんための否定である。これ実にあらゆる学問の真面目にして健全なる学者の態度と言わなければならない。英国の一学者は、「テニスンと科学」を論じたる中にテニスンが科学的真理を常に尊重したる詩人でありしを説き来たって、「彼は疑惑を正当化した」と言っている。そしていかなる唯物的立場をとる科学者であろうとも、それが真に偉大なる学者であるならば、必ずある「信仰」の下に「研究」が導かれてあるのを直ちに発見することができるであろう。偉大なる科学者ブウトルウが「科学者は宗教的熱心に伴われてその実験室に入るが、出てくる時には戸外に待たせ置いた者を同伴し帰るを忘却する」と宗教と科学とを論じたのは、言葉短かけれどもその関係をよく表明しえていると思う。

人生の根底をなすものは先験的信仰である。これあるがために理性も成り立つのである。肯定せんための懐疑、これは研究者にしばらく許されたる一特権に過ぎない。しかるに懐疑によって信仰を傷つけあるいは失うごときは、病的現象にあらざれば真理の究明いまだその至るべき所に到達せざるがためである。

五

自由なる学問の立場よりするも信仰はついに最高なる位置を占める。信仰によって導き出されたる理性が信仰を知識の上に立証しその迷蒙《めいもう》を排除し去る。しかれどもこの場合とくにその方法論上の取扱いについて注意を促さんと欲するのは、聖書の難解と思わるる点、すなわち例えばキリストの神性・その単性出生説・肉体の復活等につき従来は科学者の間に疑問を抱く者多かりしも、今日においてはすでに科学的にその真理性が表明さるるに至ったごとき実例について考うるも、知識は常に不変の決定者ではないことが明白に知らるる以上、容易に聖書中の事実を浅薄なる学問をもって批評しその真疑について決定せらるべきものではない、ということである。かくのごとき事情関係が「信仰」と「研究」との間に存するがゆえに、最も正当にして責任ある態度は、信仰を肯定し、そして種々なる「方法」によって、自由に「研究」の歩を進むるを、穏当なる態度と見るのである。

重ねて言う。疑惑は信仰予想の上にのみ立つ。信仰の存在せざる所には疑惑も存在し得ない。信仰こそ人生最深の実在である。

祈　祷

祈祷の位置

あらゆる知的努力よりくる労作は理解にとどまり観念に終わるものなり。神に関する知識・理解・断定のみにて宗教家と言われ得ざるは、あたかも道徳学者必ずしも道徳家にあらず、神学者必ずしも真正なる神の使者なりと言いがたき場合あるがごとくなり。

近世の努力が主として知的に傾き、神の探究においてもまたかかる傾向あるは、常にその生命に触れずしていたずらに論議を重ねしむる所以《ゆえん》なり。

吾人は自己の是非を知るといえども、パウロの言えりしごとく、知れること志すところを実現する能わず。ただその無能・無力に失望落胆するのみなり。

知識は、吾人の生活の正確なる指針となり得べければ、最も大切なる要素なれども、しかもこれによりて、神に達し生活をあらたむべき能力は決して出で来たらざるなり。けだし知識は常に相対にとどまりて決して目的に触れず、実在の周囲を回転するのみなればなり。

ただ祈祷のみ絶対。すなわち神と生命の関係において結ばるるものなり。祈祷の立脚地、その使命は実にこの一点に存す。あらゆる労作も努力も企て及ばざるものなり。

幾歳をか費やして勝ち得ざりし性格の欠点、何物をもっても癒す能わざりし悲歎より、心をこめたるひと時の祈りに救わるるは吾人の実験するところ、吾人の理性および知的判断はしばしば取捨選択に迷うものなれど、かかる場合祈祷は唯一の解決にして、一身の安危・国家の進運も祈祷において導かるるべきものなり。

人世すべての動力の根源たるべき祈祷とはいかなるものなりや。「祈祷は神との会話交通なり」また「神に行く霊魂の向上」なり。人は本来「上を望むもの」なればなり。「宗教とは心よりの祈祷を言う。神との交通はひとり祈りにおいてのみ実現さるべく、祈祷は活動における宗教にして、換言すれば真の宗教なり」と学者は言えり。

吾人が自己を内省しゆくとき必ず祈らんとする意志を起こすべし。そは自然の結果なればなり。なんとなれば、真に自己を赤裸々に発見せんとするものは良き友と交わるにしかず、友を知るはやがて自己を知る所以なり。ゆえに神に至りて初めて自己を発見す。人間の真面目はここに発揮せらるるに至る。

祈祷なくして吾人はとうてい真正なる進歩向上を望むべからざるなり。

これを近代の自然科学に問うもあえて不合理にあらず。ことに輓近《ばんきん》心理学上より見れば最も愉快なる裏書を附せらるるに至るべし。知解に傾きし哲学は今や直観を説き、誠や、固定せる冷やかなる認識より脱して持続流動する宇宙の生命を認むるに至りぬ。けだし哲学の目的は常に相対にとどまる知的労作においてのみ遂げらるるものにあらず、むしろ絶対に到達し得べき直観の世界あるを知りしゆえなるべし。科学・哲学・詩歌は今や混然として融合しつつ流行す。その中心に位して深淵をなせるは祈祷の世界なり。吾人はすでにその存在の真なるを知る。しかれども直感だにあらば理性の判断を要せざるか。これ実に誤れる思想にしてしばしば迷信に陥り恐るべき結果を生ずるがゆえに、常に厳正なる理性の判断を要す。しかも理性は健全なる祈祷に導かれつつあるを要するなり。ここに吾人は祈祷に関する研究工夫をめぐらすべき必要を切実に感ずるものなり。

祈祷の本性

一　願　望

吾人は何故に祈祷するや？　ただ祈らざれば止みがたき思いあるがゆえに祈るのみなり。あたかも水の低きに流下せざれば止まざるごとく、引かるるがゆえに発動す。祈祷は決して自己催眠にあらず。大いなるもの待てるがためなり。吾人の幾多の祈祷の題目は彼において導かれ、そして全うせらるるに至るべきものなり。

ただに人においてのみならず森羅万象皆祈禱しつつあるなり。そは学者の主張するごとく、「自然は目的を有す」ればなり。目的とは「志」「希望」なり。「それ受造者《つくられしもの》のふかき望みは神の諸子《こたち》の顕われんことを俟《まて》るなり。そは受造者の虚空《むなしさ》に帰せらるるはその願う所にあらず。すなわちこれを帰する者に因れり。また受造者みずから敗壊《やぶれ》の奴《しもべ》たることを脱《のが》れ神の諸子の栄なる自由に入らんことを許《ゆる》されんとの望みをもたれたり。万の受造者は今に至るまで共に歎き共に労苦《くるしむ》ことあるを私らは知る」（ロマ書八・一九―二二）とパウロは言えり。「種々なる宗教的経験」を論じたる書にも自然が神を讃美し祈りつつあることを記せるものあり。鳥歌い花笑う、いずれか至高者に寄する思いにあらずして何ぞや――イエスもまた「汝ら黙しなばこの石叫ぶべし」と言われたり。天地は切なる願望に充てるなり。願望を押し詰むればすなわち祈りとなる。人のごとく意識せざれど、祈りつつあるは自然なり。あにひとり吾人に祈禱なくして止むべけんや。ある人言えらく、余には祈禱は滑稽なりと。聴者これに対して、されど貴下にも祈禱ありと信ずと言えば、否《いな》決して然《さ》る愚かしきことなしと答う。されど、貴下は日頃善良なる人とならんことを欲せらるることなきか、と問えば、そは人にして向上進歩をこいねがわざるものは人にして人にあらざるべしと言う。それぞすなわち祈禱の第一歩にあらずやと言えるに初めて合点ゆきしという話あり。人はだれも祈禱しつつあるなり。されどいまだその対象を明らかに知る能わず、またみずから意識せずして過ごしつつあるのみ。

二　理　想

されど一度志を立つるや、多くの場合高き孤独を感じ堪えがたき思いを経験すべし。俗輩に解せられずしてかえって嘲笑の的となることさえあり。かかる場合人は知己を千歳に求む。高潔なる理想を懐きて立てば天はおのずから近くわが思いに同情を寄するに似たり。「我を知るものは天か」と言いし者。弟子たちの要望にまさりて深かりしイエスの事業はついに彼らに解せられず、苦心せらるる高き悩みに同情を表わし得るもの一人もなかりき。「されど我ひとりおるにあらず天の父我と共にあるなり」(ヨハネ伝一六・三二)と、これ知己を天に求むる経験なり。熱心なる理想の追求は人をして信仰祈祷の人たらしむ。

三　交　通

かくのごとく思いを運び、その人格に依る、これを友という、おのずから信を生ずべきなり。祈祷はここに初めて交通の域に達す。問えば答え仕うれば報いらる。彼我相近接してその感化を交じえ、結びて生命をなす。

天地は調和、融合せんとして常に働く。ただ人間生活のみならず、奔流する水、吹き行く風も調和を得んのみ。吾人の心霊もまた欠乏を感じ要求の頻なるものあり。

されど人生にかかる要求存するのみならず、「彼」また我に臨まんとす。その声を聞きて我彼に行く。両者会う所に実在を感じ生命に入る。

教育とは「引き出さるる」ことなり。人はその現状をみずから点検すれば、極めて貧弱なるに驚きかつ失望すべし。時に天使にもまごうべき精神の高調はなきにあらねど、指を屈するにも及ばず、常に浅ましき生活を続けつつ、しばしば禽獣《きんじゅう》とまでなり下がるものなり。吾人はここに言うべからざる不安の生活を営む。

昔人ありて、官権を私し弱者を苦しめ、利己の栄達を追い利欲に耽りて、何の理想もなく禽獣にも等しき生活をなしいけるが、一日イエスにまみえ愕《がく》然として本心に帰り、胸底深く潜在せる真面目を発揮して善良なる者とせられたる話あり。イエスは「けだしこの人もアブラハムの裔《すえ》なればなり」と言い給いき。人類の精神的王国の開祖、その偉大なる人格者アブラハムは卑しき吾人の霊魂の奥深く潜めるなり。その指導よろしきを得れば、たちまちその真面目を発露し来たる。あたかも土中に埋没せる真珠の発見せられたるごとき歓喜を経験すべし。鉄は磁石にのみ引かる、黄金をもってするも他のいかなる物をもってするも動かざるなり。ある人『人《ひと》神を要求す』という書に、「人のあらゆる労作はその口のためのみ、なおその霊魂は充たされずしてあり」との聖句の下に文を草し、「霊魂は永遠を望むものなり」と言えり。偉大なるものを引くに何とて物質をもってすべき。われら瞑目心を傾けて神に祈る時、吾人の精神胸底より躍動するを覚ゆるにあらずや。道をもって尋ぬれば人生の深淵を知るを得べく、そこに思わざる偉大なる「我」の存せしを知るに至る。良師友を得たるものがその天才を発揮するに至るもまた同一の真理なり。吾人祈祷によりてのみいまだかつて知らざりしを見るに至る。されど祈祷は自己の発見にとどまらず、加うるに自己以上の力に触れしめて永遠の生命に至るものなり。

祈祷の進化

一　主観的要素

しからばいかにせば祈祷によりて自己を発見し、また永遠の生命に入るを得べきか。単に熱心だにあらば足るべきや。これ実に考うべき問題なり。第一に吾人は自己の計画に対する努力の欠乏を切に感ずるところより祈るものなり。心血をそそぎつつある事業、しかもその前途の遼遠なるを思う時、最も愛する者の重病を看護しつつ人力の頼みがたきを感ずる時、失敗を招きて途方に暮るる時、たれか祈る心地を生ぜざる者あらんや。かくて己れ一身の安危栄達のために祈祷するものははなはだ多かるべし。かかる祈りはその対象たる神について極めて漠然たる観念を有するか、または全く迷信の徒なるべし。自己のためならんには道義に反したる目的のためにも祈り、はなはだしきは他人を詛うためにも祈ることさえあり。

　第二に同じく自己のために祈るなれど修養・鍛練のためにするもの、かかる程度において人は多く神に祈るものなり。しかも神意いかにあるか、吾人の生活その理想が果たして神意に副うや否やは深く考慮せず、ただ自己の希望・企てをのみ遂行せんとするものなり。自己の品性のため、家庭のため、朋友・社会・国家のために祈祷するもまた同一の精神よりなす。その思うところ・祈るところは高尚なるがごときも、祈祷とは本来かかる意味において出発点を有するものにあらざるなり。

二　客観的要素

　昔イエスに深く接せる弟子たちは、祈らんと欲するも祈りえず、「主よわれらに祈ることを教え給え」と言いき。けだし祈祷とは何の思慮分別もなくその欲するがままを祈るべきにあらずして、その目的たる神の生ける存在を思い、その意思を推し、聖旨《みむね》に副うや否やを弁《わきま》えて祈らざるべからず。祈祷とは仰ぐこと、信頼することにして、みだりにこれを自己の便宜にのみなすべからざるを知りしゆえなるべし。キリストにおいて祈らざるものが常に有力なる祈祷をなし得ざるはこれがためなり。そはキリストみずから明言せられしごとく、彼の外に神を明らかに意識し得るものあらざるがゆえなり。もとより祈祷は主観的のものなれど、しかもこれを導かるるにあらずば真正なるものとなし難し。音楽の修得においても、正しき教師につかざる前に自己の工夫をもってみだりに練習せしものは初心者よりも教授に困難なりと言えり。長く人生の困苦と戦い、祈祷によりてわずかに堪え来たりしものは、天に神の存在せるを疑わず常に祈りすれども、しかもその品性において精神状態において理想・救いの経験・感謝の念・祈祷の内容において十年以前とさしたる変化進歩なく、いつも「危き時の神頼み」という精神より離るること能わず。かかるものは何がためにキリストという特別の人格を要するや、かえって邪魔もののごとく思わるるなり。これその出発点においてすでに正しからざりしゆえなり。旧約書中の祈祷にして、われらのとうてい及び難きもの多けれど、その精神性質において大いに異なるものあり。弟子たちがこの事実を看守《かんしゅ》したるゆえに祈りに関する教えを請うに至れるなり。

ここにイエスは快く真正なる祈祷の条件およびその模範を示し給えり。これを見るにまず「父よ」とは吾人との関係を明らかに示し、子の父におけるごとき理解と信頼とを基礎とし、「み名を崇めさせたまえ」と、孝子の父を思い、これに事《つか》うると等しく、神の栄光を讃美し憧憬し、いやが上にもみ名の栄えんことをのみこいねがう。その状態は自己を全く忘れて神の栄えをのみ心とす。かくのごとく崇拝するは進歩の第一階梯なり。「み国をきたらせ給え」とてわれらをもその清き王国の民となし給えと冀《こいねが》う。しかして不肖なるわれらもこの永遠の建国のために用い給えと祈る。これに必要なる生活を与え給えと、われらが自己の貧弱なるとうていその目的にそい難きを思いて、品性人格の救いを待ち望む。「われらに罪を犯す者を赦せば、われらの罪をも赦し給え」との精神を懐くに至る。これ皆自己の救いを祈るものなれど、自己のためならず。その動機は神に存するなり。ここに至りて祈りは全く客観的立場となる。しかも救いはすべて己が功《いさおし》にあらず、自己は依然として弱きものなれば、「試練に会わせず悪より救い出し給え」と祈るに至る。この祈祷において見るべき精神は、第一、神の栄光・権威・親愛の下に、吾人はその秘密を全うし得ずして、すでに神の力に支配せらる、第二、すなわち告白して救いを得、第三、感謝をもって王国の建設に与り、その国民たるの特権と義務を担うて神に絶対の服従忠勤を励み、あらゆる野心を断ち専心聖旨《みむね》に副わんことを期す、これすなわち神のために生けるものにして、第四、古き生涯より解脱し、第五、勝利の感謝を捧ぐ、しかれどパウロの言いしごとく「人は自ら立てりと思う時、すでに倒れつつある」なれば、真に信仰生活の秘義を知るものは必ず自己の力をもってせず絶えず祈りて勝利に進むなり。

三　イエスの人格と祈祷

祈祷は神の観念の如何によりてその内容を著しく異にす。そは前に述べしごとく主観にのみとどまらざるがゆえなり。ゆえに「祈祷の歴史は人類の宗教的発達の最良なる歴史なり」。その一例を示さんに、宗教の歴史を大別三期に分かち、第一期はいわゆる拝物教時代なり。日月山川木石その他自然物を拝するその信仰は極めて利己的にして、しばしば神を薬のごとく使い、倫理的観念を少しも含まずして欲望をのみ祈る。第二期を多神教時代とす。これ奉仕の念やや萌せども、もとより主観の産物にして人の想像および理想を人格化せしに過ぎず。神々の間に不義争闘行なわる。これを信ずる者の祈祷内容もみずから分明なるべし。されど人心の要求は多神に満足せず、漸次唯一の存在者を思うに至る。この時代に至りて信仰は著しく精神的・抽象的となる。理論の上よりすれば一応肯《うなず》かるるところ多けれど、宗教的要求に至りては多神教時代にすら認められし親密なる神との交通を経験せず、神は吾人より遠く隔てられし感あり。これ神道および仏教における も同一なるべし。

祈祷は交通・会話なるにその話しかくるものの性質分明せずば熱心なる祈祷の起こるべきはずなし。人はとうていその寂寞《せきばく》に堪え得るものにあらず。仏教における観音のごときものを想像して親しくその救いを祈らんとするに至る。ある人『有神論』を著わせし一節に、「人の心状は学者および思想家の抽象的思索によりて了解せられたる神にとうてい満足し得るものにあらず」と。かくのごとく祈祷の歴史においてさえ吾人の燃ゆるごとき要求を満足せしむる対象を得ずしてもだゆるを見る。

ここにイエスという人格現われてその要求を充たし、なお祈祷の精神を導きて全うす。祈祷は人類の初めより行なわれ来たりたれど、今や彼を得てすべてその誤れる方向より彼に帰り集中さるるに至れり。けだしイエスのキリストなるがゆえなり。

「汝ら求むるところを知らず」と歎じ給えり。イエスが祈祷に関していかに教えられしか、吾人は聖書中に少なからずその条件・態度等についてせられたる教訓を散見す。今これをいちいち記述し研究しゆくこと困難なれど、要するにイエスはすべての要求に先だちて「汝ら先ず神の国とその正義とを求めよ、さらばすべてのもの汝らに加えらるべし」（マタイ伝六・三三）と。いかにすれば神の国の民たる資格を得るや。これ一朝一夕の業《わざ》にあらず。パウロは「我願うところはこれをなさず、願わざる悪は反ってこれをなせり、ああこの死の体より救わんものは誰ぞや、これ主イエス・キリストなるがゆえに神に感謝す」（ロマ書七・一九、二四、二五）と言えり。吾人はイエスの人格を信じ、その十字架の救い、彼において明確に顕わされたる神とその愛とを信じ、キリストがその実現されたる神たるを識りて彼を拝するに至る。彼において祈祷の精神を教えられしにとどまらず、彼に向かって祈祷するに至るなり。長き祈祷の歴史において得られざりしものをキリストにおいて充たさる。彼我相近づきて一点に会す。生命これより湧き、限りなき希望を生ず。

されど無条件にて彼に従うことを許されず、「汝一切を棄てて我に従え」と要求せらる。彼において根本より新たにせられ、思うところ・願うところもまた改まるにあらずば、あらゆる努力も空しく有力なる祈祷は望むべからず。「汝ら今までわが名によりて求めたることなし、求めよ、さらば受けん、しかして汝らの喜び満つべし」と言われたり。かつて英国の有名なる牧者は「み名においてという一句の真理を了解せしむるために、余は喜びてその半生をこれがために費やし来たれり」と言えり。「我生けるにあらずキリスト我に在りて生けるなり」と言いしはその経験の極致にして、われらは勉めてみ名において祈らざるべからず。かくてキリストの姿ついにわが衷《うち》に成るなり。

このあたり宗教哲学および神学の上より最も重要なる点なれど今は論ぜざるべし。ただ余は Galloway の主張するごとく、特殊なる意味における内在を主張せんとするものにして、祈は Identification にあらずして Communion なりと信ず。

かくて生活の状態は根本より変化し、その思うところ、なすところ、ことごとくキリストを中心とするに至る。これを断えざる祈祷と称す。換言すれば献身犠牲の生涯なり。ここに初めて忠信なる王国の民となり、その建設のためにたえず祈りて十字架を負うに至る。

四　祈祷と戦争

しからば祈祷は一身の救いを目的とするものにあらず。神を讃美し、神のために憂え、神のために戦う唯一の武器となすべきなり。実に生きることは戦うことなり、とは先哲の言なり。むかし篤き信仰を持ちて国家のために常に熱心なる祈祷を捧げつつありし愛国者ありけるが、一夕毅然として祈りより起《た》ち上がりて「我ついに勝てり」と言えり。あたかもその時悪政をほしいままにしいたる権力者の突然病死せしこと、後に至りて判明せりという。真正なる文明の根底にはキリストの名において捧げらるる祈祷を基礎とせざるべからず。今次欧州の大戦を見るに唯一なる神に対し双方その戦勝を祈りつつある奇観を呈しつつあり。これ実に深く考慮すべき問題にあらずや。ある人『戦いつつある世界に対するキリスト教の抗議』という書を公にして、信仰・文明・道徳・家庭・国家主義・軍国主義および宗教に対する手厳しき抗議をなせり。これ真に大いなる宣戦と言わざるを得ず。「汝ら憂うるなかれ我すでに世に勝てり」（ヨハネ伝一六・三三）との一言こそ吾人の必勝の楯なれ。

キリストの祈祷

祈祷は神にぬかずきて捧げらるるのみならず、神のうちにこそ真の祈祷存するなれ、溢れては人を思い給う祈りとなる。地上に完全なる祈りはイエスより外に捧げしものなし。イエスは祈祷の人にてありき。祈祷は彼の習慣にしてしばしばせられたるのみならず、彼は祈ることを好み、祈ることは彼の休息の途《みち》にてありき。彼には祈ることは呼吸するに等しく、最も自然に行なわれたり。祈りは彼の生命また力なりき。彼はしかも祈りをして有力ならしむるために大いなる工夫をめぐらされたり。しばしば人を避け山に入り、日没天地静寂に帰る時、あるいは朝まだきひとり起き出でて弟子をも伴い給わずして祈り、時に終夜寝《い》ね給わず。

　彼の生涯の大いなる転機は必ず祈祷の中に行なわれたるを見る。彼は常に迷える者を愛し憐れみ、これがために祈祷せられたり。人が祈祷に失望せざるため譬えをもってさえこれを励まし、あるいは「汝の信仰絶えざるよう神に祈れり」とペテロに向かって言われたり。実に天地は祈祷にて充つ。「われらは祈るべきところを知らざれども、聖霊みずから言い難き歎きをもってわれらのために祈り」（ロマ書八・二六）つつあるを覚ゆ。一度霊性の眼を開かば、吾人は清き祈りの中に包まれて導かれつつあるを知るべし。かくのごとく人の神に祈らんとするに至るは、神まずわれらのために祈り給うがゆえなり。

　されどこれのみならず宇宙は神が神に祈り給うところなり。キリストは多くの者と共に祈られたれど、その最も重大なる時期には弟子をさえ退けてただ一人神と交わり給いき。けだし人のとうてい解する能わざる高さにおいて祈祷せられしがゆえのみ。神の中には永遠限りなき祈祷存す。人生は実在者の影に等し。あらゆるもの影を捉《とら》うるがごとく空しけれど祈祷のみひとり実在者に達す。吾人の希望はただこの一点に懸かる。「汝らわが名によりて求めたることなし、求めよ、さらば受けん、しかして汝らの喜び満つべし」と永遠に至るの道を示さる。われら踏みて昇らんかな。

論文篇——第二部　文化論

世界主義および国家主義に対するキリスト教の観念

一

この稿において、私は別段学術的な研究やその理論について論議を試みようとするのではない。要は世人（もちろん一部の人びと）が「キリスト教は世界主義から人類愛を説くが『国家』に対しては極めて冷淡である。その教理が超国家的であるから」と言うことを問題にしたい。果たしてキリスト教の正当な立場から、そうであるかないか、また「国家主義」を理由《わけ》もなく看過して「世界主義」にのみ傾くことが進歩したる人生の真理であるか否か、ということを考える前に、私は次のような私たちの現状を知っているがゆえに、キリスト教の正当な立場からは、これらの問題についてはいかに考察し（もちろん私一個の貧しい見解に過ぎないことをくれぐれもお断わりしておくが）いかなる態度をとるべきが当然であるかということを少しでも鮮明にしておきたいのである。

そのことのただごとでないと思われるのは、もちろん不健全なキリスト教徒の中にもそのような行き過ぎた考えを持っている者があるいはないとも限らないと思うが、むしろヨリ以上、私には今日わが国社会一般殊に無教育者のみにとどまらず、教養ある高等の学府を出た青年たちの間にも、それがキリスト教徒であるとないとにかかわらず「国家」に対する観念が、はなはだ不徹底であるものが多いように思われる場合が多い。私は常に面識するこれらの人びとに「君は『国家』ということと『社会』ということといずれを重んじますか」と質《ただ》すと、その大多数はもちろん「社会」であると答える。

「民族、人種、ということについては?」とたずねると、「サア……」などと深くは考量していないような人たちもかなりある。(と言って自分も深い意義を独りで弁《わきま》えているというわけではないが)とにかく、無差別平等、帰一主義などという思想は大いなる真理を背景に有するだけ、それだけ力強く主張される理由《わけ》である。

全宇宙もまた「平等」のためにはつねに運動している。吹く風や流るる水など、自然界もその平均を得ざれば止まない。であるから「水平運動」は宇宙的真理である。「自由」と「平等」また「正義」「公平」のために、人類の「歴史」が絶えず運動していることは言うまでもない事実である。社会改造運動も、革命も、あらゆる人生の出来事は皆これらの真理に根ざしつつ、その実現に向かって働きかけて行くのである。

すべて宇宙の傾向性が「自然」と言わず、「人間」と言わず、あらゆる墻壁《しょうへき》を乗り越えて「一」に帰着しようとすることを証拠立てている上に、第十九世紀後半に至ってますますその全盛を極めた「自然科学」の立証する「普遍」「必然」の真理に淵源する唯物的宇宙観もしくは人生観が、ダーウィン(Charles Robert Darwin, 1809-1882)の機械論的進化説になおも勢力を得て、非常な勢いを示し、社会思想や経済思想また文芸思潮の上にも、絶大な影響を投げたことは言うまでもないことで、この科学的真理をもって、あたかも全宇宙的な唯一絶対の真理であるかのごとくに早計にも思いこんで、コントの思想のごとくに、宗教も、道徳も、また形而上学的認識さえ否定して、「現実」にのみ執着する単純なる唯物論的一元説を主張する人びとが、現在もなお随分に多い。常に「普遍」「必然」の観念より外には何物も存在しない。この思想の前には「国家主義」よりも「世界主義」の方が、その抱いている真理内容と一致するということは否定できないことであろう。それでは熱心な科学者は皆非国民であるか、少なくとも「国家」には冷淡であるかというならば決して然りとは言われない。熱心な愛国者が沢山あるのも事実である。

しかしそれは「学問」と「実際生活」とを別物にしている人びとで、真の自然科学的真理をもって全体を律するならば、宗教も道徳もない（強いて認めるならば、それは単に方便としてに過ぎない）。すべて人格的真理を見ようとはしない、また、してはならないのが科学的真理の真面目である。「平等」の外には「差別」は存在しない。民族性、国民性、ことに世界人類の前に「国家」分立の意義なぞは、自然科学者の真理探究から全く他のものである以上、知識ある人びとの中に国家に対する思想が極めて貧弱で、むしろ否定的な思想を抱いている者が多いようであるというのも当然であると言わなければならない。

この科学的な無差別主義・一元主義は、あらゆる人格的価値の世界、すなわち、倫理道徳、宗教等の真理性を、あえて無視し、否定し去る、とは言わないまでも、全く無関心《インディファレンス》の態度を執るから、その結果、生ける社会・国家に及ぼす影響は重大で、また極めて徹底的である。今日のわが国社会一般の人心の傾向中、寒心すべきものの原因が、ほとんど全部と言っても過言ではないであろうと思わるるほど、強烈に、この思想から発していると考えらるる。「何故に人は自己の国家に忠実でなければならないか」ということは現代人にとって、すでにインテレストを失うたる一宿題となりつつあるようである。いな、現代人はこれらのことにほとんど無関心に過ぎつつある者が多い。

しからずとも理想の追求に急な、自己の把握する理論の外に何物も存在し得ようとは思いにくい青年にとっては「民族」や「国家」の限界を越えて、その本来の「科学」が裏書きしつつある「世界的」境地に立とうとするのは決して無理とばかりは言われないが、現在私たちは、この思想の勢力の方が、もしかりにキリスト教が「国家」を重要視しないとしても、それよりもはるかに強く「国家」に対しては、倫理、道徳の基礎観念を危くする意味から言っても恐るべき強敵となっているのである。近代における世界的傾向とも言うべきこの唯物的人生観が、いかに世道人心を危くしつつあるかについて深く思わせらるるのである。明治の初年、わが国にコント〔Isidore Auguste Marie François Xavier Comte, 1798-1857〕やスペンサー〔Herbert Spencer, 1820-1903〕の思想が流入して彼の「欧化主義」の盛んに流行した頃には、神社仏閣を破壊せよ、宗教は未開国の遺物で文明国民の恥辱なりと叫んだごときその一例であるが、一事が万事である。今日もなお人倫の高貴なる関係や——むしろ立国の基礎ともなるべき真理概念が、つねにこの思想によって破壊されつつあるのを見る。ダーウィンによって提唱せられた「自然の連続律」は、人びとをして「世界主義へ！」「世界主義へ！」と促し立てるのである。

「普通選挙」「男女同権」「〇〇主義」「人種平等」「世界一家主義」これらは皆、人道主義から叫ばれ倫理的要素を十分に含んでいるのみならず、それは実に宗教的真理の要求するところであることは言うまでもないことではあるが、しかしさらにこれを唯物的な立場から単に「権利の要求」と見、「自然必然」と見て行く時は、これまた立派に一つの根拠を有する思想である。しかしてこの場合においてはあらゆる倫理、道徳、あるいは宗教などは進化の過程における一現象にとどまって、何らの実在を有さないのは言うまでもない。人格価値、したがって深い意味における「歴史」を認めないのであるから、ある場合には出発点から終局点まで、何ら相当の準備的、もしくは順序、階梯的道程を取らずして直ちに帰着する。（あたかも独裁主義から労農過激主義に至りしロシアのごとき）もしかりにそれが必然の真理として発見された場合においては自然科学者はなんらの顧慮するところなく直ちにこれに帰着するが、文化科学の対象とする「人格」的真理とその価値深い実現を望むためには、その各自の意識的、または自覚的出発を要求するところから、まず自己を充実しつつ次第に進展していく「歴史」を見ていくのである。

ここには「個人」の意義、「民族」「国家」存立の十分なる意義を発見することができる。これを帰納的に考えて追求していく結果として自己の存立上必然的に要求せられてくるところから「国際主義」や「世界主義」に到達するのであるが、今これら二つの「世界主義」を対立せしめて眺めると、その意義、その真理内容がはなはだしく異なっていることを発見することができる。

前者は倫理的真理の実在性を否定し、後者は終始人格的人生観に立脚している。

しかしこの場合後者がいかに人格的・倫理的観念に立脚していようとも、単にそれが近時ある人びとによって提唱せられる科学的倫理観念、すなわち従来カント、グリーン［Thomas Hill Green, 1936-1882］等のすべて倫理の形而上学的起源を主張する学説を否定し、神を天外より呼び下し、あるいは倫理の結末を「死後」の信仰に委ねざれば成立し難き学説のごときは甚だ幼稚なる思想にして、「良心起源」の問題も形而下学の対象にして十分に解決し得ると主張する、純然たる科学的倫理観にとどまる一流派もなかなか有力である。ことにわが国の現在においてはかくのごとき思想を抱く学者、教育家、政治家、さらに一般人士が多いと思われる。「人間万能」「人道主義」より一歩たりとも出でずして、しかもそれが倫理的見地から「世界同朋主義」を主張するものである。

二

この科学的倫理主義の人生観はいかにも勇ましく心地よく思われるが、しかし結局は主観の格率《マキシム》「主観的法則」にとどまり、妥当的真理性にのみ準拠するに過ぎない。この思想は、個人の倫理的生活、あるいは一国家または民族を一人格と見る国際道徳の実際問題（もちろん理論上からも結局は同じであるが）に逢着《ほうちゃく》した場合に、単に人類の主観の妥当的真理によって進もうと試みる時、たちまち困難な問題が出現するのは止むを得ないことと言わなければなるまい。すなわち各自の人格すなわち個性、国民性を尊重しつつ、しかも妥当的真理を発見しもしくは実行しようとする場合に、かの世界大戦の最も重大なる責任者としてドイツ皇帝の罪過の軽重につき論議せられた時、倫理的観念の上において国際的意見の一致を欠いたごときその一例である。帝国であるわが国や英国は軽く、共和国は彼に死刑を要求したと聞き及ぶ。

この両者の場合には互いに言い分を有している。世界大戦の責任は決してドイツ皇帝一人の罪悪に帰着せしめることはできない。事実においては彼自身よりも彼を囲む政治家等を始め、皇帝自身は少しも関知せざる幾多の人びとによってなされたる残虐であるから、彼一人を代表的に処刑することは事実に相違するのみならず、国民的倫理の基礎観念として神聖視している国柄にとってはいかに敵国であるとしてもとうていこの問題について他の共和国のような態度を執ることはできるはずがないのである。

しかしまた他方から言うと、一つの集団は、それがいかなる場合におけるものでも、一つの「人格」であることもまた真理である。それが真理である以上は自己が犯さずとも責任は自己にもある。片田舎において汽車旅客が一小属吏《ぞくり》のために受けた損害に対して、鉄道大臣を相手取ることもまた真理中の真理であるごとく。この考え方からいくと共和国の主張するところにも道理がある。

いずれを是とし、いずれを非とすることもできないであろう。これ単なる「民族主義」「国家主義」の欠点であって主観主義の避け難き弱点である。ただわずかにこの調和し難きもろもろの思想を進化論の真理性に照応せしめて解決しようと試みるに過ぎないが、これにも大いなる論点がのこされている。そしてそれがついに自己の立つ人格的個別性を没却して自然科学的一元の主張と同一に帰着せねばならぬ自己自殺に陥るのである。

いついかなる場合の個人にも社会にも、国家もしくは国際の関係においても、そのいずれもの異なった立場にある民族にも等しく公平にまた絶対的（相対的または進化論的に対立す）に倫理的真理である観念があらゆる主観を包含しながら、しかも純粋に客観的に存立しなければならないのである。この普遍的・必然的な要求を充たしながら、しかも個別的人格的である唯一絶対の倫理観念によって引き出さるる世界主義が真の世界主義であると言わなければならない。この要求に適合するものは言うまでもなく、人格神論的多元説の真理性に立つ「宗教的世界主義」でなければならない。現代の哲学的思索においても等しく米国のロイス〔Josiah Royce, 1855-1916〕の『個人と世界』やドイツの西南学派のリッケルト〔Heinrich John Rickert, 1863-1936〕の『哲学大系』などが指示する思想がその優れたるものである。今や純粋にして厳密なる学問の上からも、かつては調和し難かりし「普遍」と「個別」の関係を正当に調和せしむることができる。この人格神論的多元説の要求する真理性はキリスト教の宇宙観および世界観のそれと全く一致するものであると言いうると私は確信している。前者が単に「人道主義的世界主義」をおのおの自己を立場としつつこれを全うしていくために「共存」あるいは「世界主義」を唱え、その倫理観念は主観の「格率」にとどまるのであるから、倫理の真理性もまた世界文化の進運に伴うて進化し変化しいく一種の進化論的観念にとどまるものと言わなければならない。

これは事実上に然《し》かあるべきだが、今日世界における国際的会議、すなわち国際連盟であっても米国における平和会議であっても、そのよって提唱せらるるに至りたる根本的要素は、時代と人種とに完全に妥当するさらに崇高なる宗教的意識に起因していることは、ウィルソンの表明したる精神の中にも、米国における第一回平和会議の開会に当たって永遠なる神に向かって捧げられたる祈祷に見るも明白である。(これらを一種の世界政策的手段と見るのは断じて不可である。そは彼らは従来確かに神を信じているからである。)これ実に事実上「世界主義」への運動がついに神の永遠なる愛と正義、公平の理念から演繹せられたる光によって導き出されつつあるという事実を語るものであると想う。

しかしてキリスト教によって眺めらるる人類全体という観念は、常に国際間における真理の規範として人類みずからの平和幸福のために宗教が要求せられているにとどまらずして、実に世界は「神聖なるもの」のために文化を遂げ、さらに光輝ある意義に到達せねばならぬ、という「神聖」の意義にまで及ぶものである。これは功利的要求より見ても「利他は真の利己なり」との逆説が一種の真理を語るが、しかし、キリスト教的意義による世界同盟主義の観念はその終局においてそれらの何物をも含有しない、ただ「神聖」の領域においてのみ思考せられるのである。そは真理はつねに手段として許容せらるべきものでないがゆえである。

三

「世界主義」がいかなる意味においていかに「国家主義」と関与すべきであるか、同時に「国家主義」が等しく「世界主義」に対していかなる関係にあるべきであるかということの真理性について考察するに先立って、極めて簡単にそれらの世界観を構成するもろもろの思想の根底について考慮しよう。その体系を大別すると次のごとくなるようである。

一　唯物論的世界主義
二　人道主義的世界主義
三　宗教的世界主義
　イ　非人格神論的一元論的
　ロ　人格神論的多元論的

一　唯物論的世界観はギリシア時代にすでに在る極めて古い思想であるが、今日もなお私たちの社会思想、ことに「生存」および「生活」の根底的な立脚点として要求される。近世の自然科学の発達とともに、さらに新たに学として独立せる幾多の経済学説中の最も有力なる思想の体系を構成しつつあるのみならず、社会および国際間における重大なる実際的運動を起こしつつある。その左傾派は個人の品性・家庭・社会・国家および世界人類の健全なる発達を根底より破壊する最も怖るべき思想の根底をなしつつある。彼らは自然科学的普遍の真理性が要求する過激なる無差別主義は「階級」「貧富」「国体」「人種」等について全く無差別であるのみならず、実に科学的真理の無視する「特殊」「個別」の関係にあるものはすべてこれを否定し去る結果、一人の男子がとくに一人の女子を選ぶ、人倫の上より言わば最も神聖視されつつある正しき夫婦関係にまで及び、優良種を得るためには「女子国有」を主張しこれを実行するに至ったとさえ伝えられる。

さらに悪化したるものは、十九世紀末のフランス（フランスは元来科学の国で哲学のない所である）に行なわれたデカダン派の思想である。科学的真理を、それが有する限界を無視して極度まで主張した結果、かえって科学そのものの不信任になり絶望となって、全く「無法則」の人生観に陥った。

元来この「無法則」という思想は、全く反対の意味から非常に興味深い極めて優れた一つの思想体系を有しているのであるから、たまたまこの「語」に触れた序をもって、前者を明確にするため、またキリスト教人生観の真理に触れるから少しく述べておこう。

言うまでもなく、それは文化人格の理想的人生観であるとともに、また人格神論的宇宙観、および世界観を抱くキリスト教の聖なる愛の理想的王国を指すのである。

前にも述べたように、「平等」が法則的自然の必然性を語るものならば、「自由」は実に「人格的世界」の必然的要求でなければならない。「自由」のない所に「独立」はない。従って「人格」は存立し得ないのである。古来あらゆる人類の運動はことごとく「自由」の要求より発していることは例証するまでもない。「平等」はなお唯物的・法則的命令からも要求せられるから必ずしも「人格」を要さないが、「自由」は「人格」の世界にのみ発見せられる。一例を引けば近時の労働運動においてもギルド社会主義のごときは労資の物質的関係をのみ見ようとするものではない。現在の社会における最も悲惨なるものは貧困そのものにあらずして、労働者が奴隷の位置に在って人間としての価値ある生活をなすための機会も組織も失われていることに着眼するのである。「労働者もまた人間なり」という自覚から賃金制度の撤廃を要求し、自主的立場に立って「自由」を獲得せんとする「人格的要求」に対する運動である。であるから労働問題も単なる物質問題を離れて漸次精神問題・人格問題に向かいつつあることは人のすでによく知るところであるように、人生の根本問題は「自由への道」である。ラッセル［Bertrand Russell, 1872-1970］はその論文集『神秘主義と論理』［Mysticism and Logic and Other Essays］中の「自由人の礼拝」において、人間があらゆるものの拘束から自由を得てもなお「時」「運命」「死」には無条件に屈服をせねばならないが、しかし吾人はさらにそれらを打ち越えて「永遠への熱心な要求を持っている、これこそは自由人の自由の礼拝であって真の解放である」と叫んでいる。かくのごとき要求は宗教的世界観のみが充たし得るのみであり、ラッセルが宗教家でないことは人の知るところであるが、「自由」への論理的追求はついにここに至らしめるのである。

この「自由の王国」すなわち「人格自律」を目的とする人類の社会的状態を大別すれば、三つの段階に分かたれると思う。

一　外部律法の世界。強制的支配の社会、法的社会、あるいは法治国家。

二　内部律法の世界。「合目的王国」「断言命令の国」良心支配の社会、すなわち道徳的社会。

三　「理想的教会」もしくは聖愛の世界（阿部次郎氏『人格主義』289頁参照）。

である。第一は、外的力をもって適当に社会における吾人の幸福、自由を保証せんとし、第二は、強制せられずして自己内面の道徳律によって生くる世界を言うのであるが、しかしなお「法則」から離脱することはできない。第三は、聖愛の世界であって「全き自由」の人格的世界である。第二の道徳的世界においては良心の法則に支配せられているが、「愛は律法を完成し」かつ法則の自由創造者となる。愛は外部より強制せられず、また責任の道徳的良心の命令に支配せられずして、最も自然に自発的にこれを想い、あるいは行なう。そこには生命に充ちたる満足と歓喜が溢るる、「無法則」「絶対自由の世界」である。「心の欲するところを行なうて則《のり》を越えず」と支那の聖人も言ったが、ここに「人格」があらゆる制度組織および法則等の下に存せずして万物の長たる理由を認識することができる。しかも「愛」は、さらに自縄自縛の利己《エゴイズム》からも自己を解きて真に献身・犠牲、「与うること」によって、さらに自己の充実を発見する光輝ある人格本然の世界へ放たしむる。これを聖なる理想的人格の世界と呼ぶことができると思う。キリスト教は「万物は人のため、人は神のために」と主張する。しかしてその関係は絶対に機械的でなく自由である。パウロは「われ思うに、今の時の苦難《くるしみ》は、われらの上に顕われんとする栄光にくらぶるに足らず。それ造られたる者は切に慕いて神の子たちの現われんことを待つ。

造られしものの虚無《むなしき》に服せしは、己が願いによるにあらず、服せしめ給いし者によるなり。されどなお造られたるものにも滅亡《ほろび》の僕《しもべ》たる状《さま》より解かれて、神の子たちの光栄の自由に入る望みは存《のこ》れり……」（ロマ書八・一八―二一）と、また「キリストは自由を得させんためにわれらを釈《と》き放ちたまえり」（ガラテヤ書五・一）と述べている。かくのごとく真の人格の世界には、人格と人格との交渉において治者被治者、自主奴隷のごとき関係は許容せられない。そこには相互に自主的立場が許されるのみならず、単なる倫理的な「義務」の内面的法則からも釈き放たれたる親子、兄弟、朋友等の愛における最も自由なる人格的関係のみが見出される。

「無法則世界」は今述べたように、二つの全く相反したる思想から要求せられている。唯物的見地に立って科学的普遍の真理を主張し、さらに科学的法則にも堪えずして「自由」に換うるに「放縦」をもって「無法則世界」を要望したるは、デカダン派の人生観である。デカダン派は「法則」を否定して廃し、人格主義はこれを完成して廃するということができよう。

この衰頽《すいたい》堕落《だらく》を特徴とするデカダン派の思想の流れは、特殊科学である。最近に至って非常な勢力を示しつつある生物学が立証する生命主義の産む自然主義の大いなる思潮と合流して、すべての「法則」「因襲」「実在」などと戦って、ひたすらその耽美者となり、文明と文化とを呪詛《じゅそ》しつつ赤裸々の生活を主張し、道徳宗教等すべて理想的生活は虚偽迷蒙なりとしてむしろこれを恥じ、「自然のままなれ」と言うのである。わが国においても半獣主義を唱うなどそれである。彼らの眼中には社会も国家もない。またそれらの何らの制裁および自己内心の道徳律をも否定し去るのである。彼らは「放縦」を「自由」と称し、これに抵触するあらゆるものを排斥する。「人倫を濫《みだ》り社会の風俗公安を害するも欲望自然の発動遂行に何の恥ずべきところあるべき」と白日の下に公言し、かつ、これを行なう。これらの生活を妨ぐるものはかえって人間侮辱なりと叫ぶのである。この「人間自由」の観念は先にも述べたように、他方において極めて優れた思想の体系を有するところから、一応、人をして服せしむるごとく見ゆるが、決して混同同一視してはならない。わが国現代の社会および国家の深憂はこの思想とその実際生活とこれらに対する社会的批判の不用意とに勝って怖るべき何ものもないであろう。そは良心を発狂せしめついにこれを死滅せしめざれば止まないゆえである。外国の侵害、社会革命など恐るべきものもはなはだ多い。しかしかりに過激なる社会主義によって打ち勝たれたる悲しむべき結果を予想するよりも、さらにはるかに恐怖すべく警戒すべきは、この無主義・無理想の堕落、淫蕩・廃頽《はいたい》・死滅の思想とその生活である。これ実に吾人は、世界興亡の歴史においてその否定すべからざる実際的教訓を学びつつあるがゆえである。

廃頽し行く思想とその堕落を堕落と思わず、むしろ、これを堕落と呼ぶ者を旧式と蔑視し、形に囚われたる憐れむべき時代遅れと冷笑する。このように良心が罪のもとに売られその奴隷として繋がれつつある者を、健全にして自由の天地に開放するものは、宗教による外部より強制せられざる悔改めの意識とその生活とである。これらを単に理論にとどめずして、しからばいかにして実現するを得べきかとの極めて肝要なる実際問題についてその個人的および世界的実証を提供しつつあるものはキリスト教であろう。しかしてその根本問題なる罪悪とその取扱いおよび解決に関する最も厳粛を極めたるものは、キリスト教の贖罪の真理性が示すものであると確信する。今その真理内容について述べることはここに許されないが、いつか機会を得てこの問題だけを取り扱って見たいと思っている。このような深い意識からではなく極めて漠然とではあるが、わが国においても「歴史哲学」や「民族心理学」等の学問上の根拠を背景として必要上政府も国民も等しく漸次宗教の価値を認め、国民の精神および生活の頽勢を挽回するためには、教育機関のみならず、さらに人格の根底に作用する宗教の力に拠らざるべからずとするに至ったのは当然である。しかるに、ただ敬神の念と称するも宗教なれば何でもよい、との見解は公平なるごとくして実に極愚にしてははなはだ有害なる浅慮と言わねばならない。国民良心の基準をなすだけそれだけ厳密に宗教はその有する真理性を吟味されねばならぬはずである。宗教は良心の良心であるがゆえである。この問題は極めて重大であるから、さらに後の「宗教的世界主義」のところで再説しよう。（未完）

宗教生活の充実——同化問題とその宗教的意義

一　土地所有の原則

(イ)　所有とは保管のこと

海洋の自由・土地開放の要求は人道上必然の真理性を指示している。すべて高貴なるもの・基本的なるものは、「私有」をもって終始することは許され難い。太陽の光線然《しか》り、空気然り、宇宙の真理然り、しかして神また然るがごときである。

ただその人類文化の達成の過程において、人意的に差別し占有することの許容せらるべき場合は単に「時間」の問題にして、決して人類生活を基礎づける原則ではない。しかもその一時的占有に対しても、常に「機会均等」の真理が認容せられ、かつ有力に主張されねばならないはずである。

所有権は「自然」の上に存せずして、倫理的もしくは、さらに宗教的に深められたる「文化」の上に存すべきである。しかしてこの場合における「所有」あるいは「占有」は、「保管」の意味で行なわれなければならない。これを所有し、あるいはこれを占有することによって、物そのものの価値を増進し効果あらしむる者のみ、その権利を附与せらるるのでなければならない。

金銭は天下のまわり持ちにして、財産はわが所有にして所有ではない。ただこれをもって人格を高め生活を改良し、社会の進運を促し、崇高にして遠大なる人類共同の目的を達成せしむるに貢献せしむることの外、これを私することは許されない。「土地」また然りである。しかもいかなる者、それが個人の場合あるいは民族または国家の場合であっても、またいかなる人種にして風俗習性を異にし、文化の程度あるいは性質に差異ありとも、全く公平に「機会」は附与せられなければならない。これ実に人類全体という偉大なる意識の中において唯一無二の原則である。

（ロ）　力より愛へ

その動かすべからざる真理なることは、単に学問の論理的結論にとどまらずして、歴史における事実に照応せしむるも明白である。附与せられたる機関において自由競争・適者生存の理法を実現せしめつつ進むのである。しかして進化傾向が、自然科学的真理性より漸次文化科学的真理性の立証に有利となりつつある。すなわち唯物的傾向より精神的傾向へ、「力」より「愛」へ進展しつつあるは否定すべからざる事実である。従って自由競争・適者生存、または優勝劣敗の真理内容が全然異なった意味となりつつあることに注意しなければならない。ゆえに物質的の意味における富国強兵必ずしも優等国ではない。強欲にして巨万の富を蓄積し、他人の弱点に付け入ってなおも利己の欲望を満たさんとする者は、決して人生における優勝者ではない。また彼らのエゴイズムも許さるべきでない。ただその権能を善用する者こそ優越者である。この場合において力は弱者の幸福を増加し、その自由と独立とを達成せしむるに貢献するものたるのみである。

（ハ）　文化主義

植民政策において「文化主義」が恒久不変の信条として承認せられなければならぬ理由があ

る。人類愛の意識は歴史の目的にして人道主義の急ぎつつある旅路である。その究極するところに宗教への解放がある。否、進化しつつある愛の自意識は神的なるものの崇高なる意識によってつねに反省し聖化せられ、しかしてその実現に赴かしめらるるのである。しかもこれらの宇宙的真理を無視し、権力富力をほしいままにし、これに溺れ、他人に均等なる「機会」を与えず、口実を設けて利己のためにのみ事物を独占して優位なるものの責任を回避するに至らば、これは人類の幸福に対する共同の目的を破壊するものにして、個人間の場合においても、民族国際間の場合においても、等しく大なる罪悪となるのである。彼らはその所有もしくは占有の資格を失うたる者らである。世界民族興亡の跡を眺め来ると、歴史は明白にその真理なるを立証している。内村鑑三氏は最近『聖書之研究』誌上において、「世界はアングロサクソン民族に属せず、また米大陸は米国人に属せず。同地は神の有《もの》であって、神が与え給う民に属す。人間の政府に由りて制定せられたるいかなる法律も、その政府はいかに強大なるものなりといえども、地の所有権に関わるこの根本的法則を変更することはできない。義者は地を嗣《つ》ぐべし、不義者はその所有を奪わるべし。もし世界歴史が明白なる一事を教ゆるならば、この一事を教ゆる。……」と。これ実に聖書に表明せられたる真理とは言いながら、鋭き史眼と言わざるを得ない。この意味において適者生存である。

（二）　宇宙的真理へ

「持てる者はなおも与えられ、持たぬものはその持つものをも奪わるべし」ということは不合理に似たれども、国家民族の興亡の理由を省察する歴史哲学が所有権に関して下したる断定と一致するものである。「大勢に順応する者は栄え、これに逆行したる者は亡ぶ」と言明せし政治家は恐らく高遠なる宗教真理より引き出さるる歴史哲学の深奥なる真理の証言として言ったものではないのであろう。ただ人生を見渡してそこに流るる否定すべからざる「あるもの」を看取したに過ぎないであろうが、神の宇宙的政治に順応しその実現に努力する国家民族は栄え、これを無視して逆行する者は積年の経営とその苦心とより成りたりと見ゆるあらゆる物も、かえって自ら亡国の運命を誘発すべき素因となるに過ぎない。彼は事物保管の原則を忘却しこれを「私有」し、人生に貢献すべき義務を怠るのみならず、富力と智力と権力に頼りて専制横暴を極むるに至るならば、有害無益の国家として歴史の大局においてはついに劣敗者たるの悲運に陥れらるるに至るであろう。しかるがゆえに民族発展・国力の充実を期するにも、生物進化の大勢にのっとりその拠って来たる宇宙的真理に立脚せねばならない。

二　土地所有の現実

(イ)　民族自決の悪用

国際道徳において、自己のために自己を維持せんとすることは、もはや国家存立の真の理由とはならない。その他の国民あるいは他民族ことに自国よりも低き文化国あるいは民族に対しては、啓発指導の位置に在るがゆえに自国を充実することは、やがて他を引き上げ進歩せしむる所以であらねばならない。この意味において常に自己が主張されねばならない。

土地所有権の問題に関しても同様である。自己がこれを占有することによって他より有益にその富源を開発し一般公益に資することができなければ、これを占有する権利を有さないはずである。しかも前に断言したように、「土地」は、元来宗教的真理また人道主義の立場から見るも、はたまた歴史の立証するところに拠るも、ただこれを正しく活用する者の手にのみ委ねらるるがゆえに、これらに対して「機会均等」の真理を奉ずる高尚なる人格的意義を有する民族自決主義を悪用して、無遠慮にも世界を忘却したるかのごとく自己の律法を建て、他人にその「機会」を与えしめず、だれにも附与せられたる当然の権利を奪い去ることのはなはだ不条理であるのみならず、とくに現在国際争議となりつつある日米間における場合のごときにおいては、日本人は既得したる機会を利用してカルフォルニアにおいて立派に、あるいは米国人以上にその開拓に成功しつつある。「六十倍百倍」せしめつつあるがゆえに、「なおも与えらる」べき、また土地を所有すべき十分の資格を有するものであることはすでに事実が証明している。しかして単に米国に移住したる日本人の利益のみならず、当然それは米国そのもの（もし米国民が自国人に対するがごとく愛と正義をもって教育するならば）利益とならずしては止《や》まない。

（ロ）　国際道徳

かくのごとき状態を示しつつあったのであるから、単に土地問題だけであるならば日本人は天下いずれの地に至るも排斥さるべき理由がないのにかかわらず、米国は土地所有権を日本人から取り上げるのみならず、その入国移住をも突如として自分勝手に禁止してしまった。これを国際道徳の上から見て不都合千万であることは言うまでもないが、日本移民は米国の許諾なくして強いて土地を所有せんと欲するのは乱暴である、かかる非望は決して遂げさせないと米国民は言うであろう。また米国の土地は米国人のものだから自分たちの勝手だと言うであろうが、しかし米国人はいかにしていかなる手続きを経てその国土を獲得したであろうか。彼らもまた等しく移住民でないか。日本人は正式に米国の許諾を得て一度入国し正当なる代価を支払って贖い得たる土地を所有せんとしたのである。米国人はおそらくだれの許諾もなく勝手に上陸し、その土地権の代価をだれに支払いたるか、先住の民族の許諾なくして入国し、実力をもってこれを駆逐し、残留する者たちは永く奴隷として牛馬に等しく使役し、その余弊今日に及んでなお止まない。それのみならず土地をほとんど強制的にただ奪ったのである。時代と文化の程度こそ異なれ、同一国土に対して交渉せられたる彼（米）我（日）の道義上の優劣は論ずるまでもないであろう。少なくとも土地は世界何処においても、これを開発する資格ある者の有《もの》に帰すべきであることが立証せられる。ただ彼は野蛮時代の「力ずく」でこれを取り、我は文明の法則に従ってこれと交渉したる差異を示すのみである。土地の問題については大体その根本的真理性とその所有権に関する原則につき述べたと思うが、物質的問題としてはなお彼我労働者間の労銀問題等も数えられるが、これは今日のところ国際問題となるほどの条件とはなっていない。そして人道上からも宗教上から言えばもちろん、当然生活しつつある他人の自由を自己の利益のために排斥するという理由はどこにも見出されない。「自由競争」が天下の公道である。「対立なくんば進歩なし」とはマルクス派の明言であるが、この真理から言うと米国労働者にとっても決して損ではないはずである。しかも単に実力競争と言うにとどまらず、実に人類に許されたる愛の聖化性は、異分子異人種等、むしろ直接自己の立場とは反対の立場に在るものに対してにあらざればこれを行なうことはできない。人類のより高められたる水平線上に生存せんと欲する者は、この対象を得てこそそこに到達することを得るのであるから、人道上これを拒否する理由は全然ないのである。土地所有権の問題・経済問題なども確かに米国の排日思想の内容に含有せられてはいるであろうが、それらより遥かに重大な根底的な要素をなしつつある者は言うまでもなく、人種、ことにその同化の問題であろう。

三　異人種不同化の理由

人種問題に関しては、差しあたりその調和一致困難の理由として大別二つの方面を示していると思われる。

（イ）　自然的理由　　　　（ロ）　政治的理由

の二方面であるが、これらをさらに区分すれば、前にも述べたように、経済的理由やその他にも数えらるべき多くのものを有していることは当然であるが、今はこれを逐条的に考察することは許されない。まず第一の自然的な方面から少しく考えると、異人種に対する先天的もしくは自然にとも言うべき嫌悪が、自国の習性あるいは郷土文化（カストムまたはハビット）的意識より引き出さるる感情によって、他人種他民族の異文化的習性の劣等生を感覚したる場合にこれを排斥するに至るのであるが、第二の政治的理由というのは、極めて実際的な問題であるから、従って国際間および各人種間において常に切迫した重大問題となるのである。

それは言うまでもなく国家政策の上より割り出されたる問題で、他人種移民が必然的に現わし来る「不可化生一」に対する取扱いの問題である。これに対して米国側と日本側とに分かれる

が、

（イ）国内（米）問題として　　（ロ）国外もしくは移民（日）問題として関係国相互の立場から眺《なが》められなければならない。しかしてそれが実際問題としてもまた人道上宗教上の見地よりしても、いかに解決せらるべきかということを考慮せねばならない。

四　自然的理由

人種問題は結局は「同化」が可能なりや否やによって決定せらるるものであろうが、この重大なる根本問題は必然的に生物学・人種学および歴史哲学などの提供する真理の断定と照応せしめ——これが文化科学に属する後天的な「教育」「社会遺伝」などの程度の問題として解決さるべき性質のものなるや、さらに根本的である人間の自然性すなわち先天的素質の研究を目的とする自然科学が提出する真理によって、果たして人種間民族間における「同化」が可能なりや否やを——決定しなければならないであろうが、もちろん高き人類愛の確信に立てる宗教的見地から眺むれば、すでにこの問題は立派に解決しているのである。人間が一つの理想的動物である以上はかくのごとき崇高なる宗教的真理の実現もまた決して空想として笑殺し去るべきものではないのであろう。現に今日少なくともこの理想に導かれつつ人類全体が躓きながらも辿りつつあるのが「人道主義」である。ゆえにこの難問題を解決せんと欲するに当たっても有力なる一要素たるを失わないのみならず、実に唯物的自然性を修正し、かつ「文化」を「愛」の高さにまで引き上げる実力を有するものは、宗教のほか他にないと言わねばなるまい。

ともかく、「自然」は「同化」の能不能をいかに決定するであろうかを見よう。まず人種学から「絶対的純粋人種性」ともいうべきものは、今日すでにほとんどどこにも発見し難い状態を示しつつあるから、その人種の連帯性の観念より「共通祖先説」を連想し（宗教的には意義を有す）、本来同一生命の分化し発達し来たったものゆえ、さらにこれを還元し同化し得るが自然的本性なり、かくて実際上の問題も解決し得べしと思惟する者もあるが、しかし今日までは歴史的経験および自然科学はこれに対してむしろ反対の傾向を示しつつある。

　第一歴史的経験の語るところに従えば、異人種異民族間の徹底的なる「同化」は事実上はなはだ困難と言わなければならない。オットー・ブラウンは『歴史哲学概論』の中に、「一民族に無関係なるものを見出すことむずかしく、異民族の個性を完全に理解することはおそらくは不可能であろうし、それだからわれわれには東洋民族の個性の大部分は常に謎として残るであろう」（京口氏訳）と言い、吉野作造博士はその著『現代の政治』（322頁）に、「人種と我というものは、なかなか圧伏し去ることのできぬものであるということが分かった。ことに近年著しいのは従来全然同化されてしまっていたと考えられていた人種までが、だんだん独立の自覚を喚び起こして、自立の要求をなし来たったことである。そこで異人種というものは一体同化のできるものかということが問題となってきた」と述べている。私はこの問題に関して、さらに一歩根本的な立場に立つ生物学・遺伝学、その他の自然科学上の断定を見たい。

　前にも述べたように、一方から見れば世界人類はますますその文明の進むにつれて、交通機関の発達を来たし、自己存立の必要上からも諸民族は互いに近接の度を増し来る以上、「同化」の能不能の問題は人類の平和と幸福の決定に唯一なる根本的条件となって来るものと言わざるを得ない。

物質の根底を論ずる原子論や、生命の本性を論ずる本質論などを無論度外に置いてかかってもよいという意見を持っているものではないが、差しあたり比較的必要を感じないこれらの根本問題には触れずして、直ちに進化論上の「形態発生学」における問題から入ろう。同化の能不能に関する生物学上の断定は、少なくとも左の三説を考慮しなければならないと思う。すなわち「甲」が「乙」と成り得るや否やの問題である。

一　既定説　　二　半新発生説　　三　新発生説

第一説は、アルブレヒト・フォン・ハラーやボネ等の発表する主張であるが、これはその名の示すごとく、個体はその形態を生ぜざる先にすでに決定しているもので、「甲」は決して「乙」と成るものではないというのである。しかしこの旧来の「進化説」が主張する機械観上に立っている生命観が修正されて、生命は「機械観」以上の現象を示すもので、ベルグソン等の言うごとくに「自由」の本性を有しているものである、その事情に順応して発生し来るものであるということが種々な実験から承認されているようになってきた。これが第二第三説の立場であるが、第二説はルーやワイズマンが代表しつつある学説で、第三の現代においてはハンス・ドリーシュ等が高唱しつつあるエンテレキーの説から立証しきったところの「エピゲネシス」すなわち新発生説である。が第二説は第一と第三との中間に立ち、学説としては、個体はその発生のある道程において「順応」は自由であるがその期間を通過すれば不可能となる、というのであって、今日生物学上第三の新説は理論上真理性を十分に認容されるが、自然的生命現象においては第二説が事実を語るものと言わなければならないであろう。

さらに遺伝学上から言えば言うまでもなくメンデル法則が今のところ依然として尊重される以上、甲種が乙種に成り切るということはできない。

しかし「形質遺伝」がそのように不可能性を立証しても、「社会遺伝」ソシアル・ヘレディティの方は可能であると主張する。すなわち「同化」の可能を遺伝学上に立証しようとする。ダヴェンポート［Charles Benedict Davenport, 1866-1944］の『優生学との関係における遺伝学』や、コンクリン［Edwin Grant Conklin, 1863-1952］の『遺伝と環境』等の中に立証し主張せらるるところは人類に光輝ある希望を投げ与えたるものながら、その実現はむしろより多く文化の世界に属する。それゆえに「自然」は実際的方面においてほとんどその不可能性の断定に傾きつつある。これ実に歴史的経験の事実と一致するものと言わなければならない。さらに進んでしからば「文化」の世界において「教育」がこれを可能ならしむるか、という問題があるが、これは可能不可能の問題以外に人種および民族性の「合一」は、人道上・道徳上の問題をも含むようになる。例えばヘーゲルがその『歴史哲学』において主張しているように、各民族は各自にその独自の使命を人類に対して負うているというがごとき事実を指すのである。この要求よりすればその不同化性に、かえって貴重なる意義を見出すものとなるのである。

同化問題は「自然」においても「文化」においても等しく極めて困難な問題であるが、一国家あるいは人類の前途は、必然的に「同化」を要求しつつあるのであろうか。または各民族の習性その歴史の与えたる美しき特性を助長しつつ、しかも「同化」の達成せんとする機械的または運命的一致でなく、より以上に優秀なる途、すなわち各自の人格性・民族性を生かしながら、全く自由に道徳的に自意識的に一致し、社会あるいは国家を構成することは許されないであろうか。これらの問題をさらに「政治的理由」の下に考察して見ようと思う。

五　政治的理由

今日世界各国の国家政策としては等しく国内における異民族の取扱い方針として、苦心の結果皆「同化政策」を取っている。その然らしむるものは歴史の貴重なる経験の立証から学びたる教訓である。同化し得るものは好し、然らざる者は断然排斥せざれば国内の統一を欠き、自己亡国の端、これより生ずると見るのである。「その実例は欧州大陸にすこぶる多い。まずトルコはこれがために土崩瓦解した。ハンガリーの萎靡《いび》［衰えて元気がなくなる］振るわざるの一つの原因もこれである」（吉野博士著『現代の政治』321頁）。博士はさらに進んで、日米移民問題における米国側の立場を論じて、「移入民問題は、最近著しくその政治的方面において盛んなる論究を見ることとなったのである」云々、またアウトルック誌の二、三を抜萃して「排日問題の根元は、単なる感情にあらず、猜疑にあらず、また文明の程度低しというにあらず、徳育の欠くる所ありというにあらず、安価なる労銀に甘んずるというにもあらず、生活状態劣等なりというにもあらず。日本人は敢為の気象を有し高潔なる品性を有するにおいて敢えて欧州移民に劣る所なきは吾人の認めて疑わざる所なり。ただ問題は、米国の文明は欧州人種によらずして健全なる発達をなすことを得るや否やに在り。日本人は諸種の優秀なる性質美徳を有すれども、先天的に欧化せざる国民なり。……日本人排斥の理由は、実にこの同化せざる点に存す。ゆえにこの問題は米国にとっては、単なる労働問題・経済問題・人種問題にあらずして、実に国家存立の基礎に関する一大問題なりとす」云々。博士は他にこれに類似したるアウトルックの所説を引用したる上、「こういう風に考えが向いて来ると、排日問題はもはや社会問題や人種問題ということではなく、米国国家の存立に関する問題である。こうなると、たとい日本人に同情ある者または日本人を讃美する者であっても、重大なる国家問題としては頭を傾けねばならぬこととなる。かくて排日問題は、国家の前途を憂うる識者の根底深き重大問題となったのである」（同書323頁）と言っている。

この見解はローズヴェルト初め有識者間の意見と一致するところであるが、私もまた日米問題は結局異人種同化性の問題を中心として、それが政治的理由となることによって米本国それ自身の国家的存亡の重大問題となるのであると思う。これ実に米国の問題であって同時に異人種異民族を国内に有するすべての国家の重大なる問題たるを失わない。しかも「人種の純粋性」は、移民政策上から眺むれば、最も旧時代に属するいわゆる「移民禁止時代」においてはあるいは夢見ることが可能視され得たかも知れないが、世界の一員にして国家もしくは一民族にとっては夢にも予想することのできないことであり、かつ事実上すでにいずれの国家もその国内に異人種異民族を含有せしめている。これらの事実の利害が当然ますます濃厚の度を示し来るにつれて、第二時代たりし「自由無干渉」時代のごとくに放任し置く能わざる事情を生じ、ついに現代におけるがごとく、「制限時代」を現出せしむるに至るのであるが、しかしこれは「同化」を不可能と認めながら、しかも国家政策の上から是非とも「同化」を要求しこれを可能ならしめねばならないという極めて困難な方針に立っているがゆえに、同化不可能と認めたる異民族に対しては、国家は自衛上その国運を賭しても、これを排斥せざればならないという解釈に到達するのである。

私はこれらの極めて長期間にわたる世界各国の貴重なる経験の事実の前において、将来はさらに困難に陥るべき当然の運命を有する各国諸民族近接を予想する以上、従来の同化主義的国家政策はその本国および植民地はもちろん国際政策上においても明らかに国際道徳あるいは高尚なる宗教的意識に背馳するのみならず、実に政策それ自身の行詰まりを十分に立証しつつあるものと言わなければならぬ。文化政策が恒久不変にして、人道主義および人類の宗教的生活を全然肯定し、それらの高貴なる人格主義的真理性から引き出される個人あるいは民族性を尊重するのみならず、これに頼ってこそ相互に相補い相助け全人類のより崇高なる目的に向かい得る立場をとり得るに至るのである。しかして個別的なれどもその全体性を失わない。同化主義が関係国のいずれかに機械的に従属することを強いらるる傾向あるに反し、各自の個性を十分に生かすことによってかえって人格的、すなわち自発的に、強制せらるることなく極めて自由にその共同の目的たる同一国民としての幸福を希《ねが》う国家的理想をゆたかに追求することができる。私は民族は単元的なれども国家は必ずしも然らずしてヘーゲル〔Georg Wilhelm Friedrich Hegel, 1770-1831〕が『歴史哲学』上に述べるところの、「共自存」、リッケルト〔Heinrich John Rickert, 1863-1936〕の唱うる「個別的全体性」の説、さらにキリスト教思想の根底をなす「三位一体説」、近く社会思想においてはコールの「共同体」および近世における国家の構成とその主権を論じつつあるラスキの「多元国家説」等の主張が著しく私たちの興味を惹くのである。これらの植民政策として「同化主義」と「文化主義」の得失優劣について極めて簡単に、前に掲げたイ、「国内」、ロ、「国外」の二方面から考慮して見よう。

六　文化政策の恒久性

（イ）国内（米）問題

前述のように、自然的理由よりするも、あるいは政治的理由より見るも、交通機関が著しく発達しなお将来はより狭き世界となるべきはずである以上、国内の政策としても同化主義がもはやとうてい維持し難いのは当然であるが、単にそれらの外部的事情にとどまらずして、実に問題の中心は深く「人間の自覚」に起因するものであることは言うまでもないであろう。「知らしむべからず、よらしむべし」というに類似したる同化政策がそれ自身非人道的であって、各民族が永く教養せられ来たったその民族の特殊的文化その習性の歴史的寄与を無視し、これを打ち切らしめて自国の風俗習慣を一致せしめ、従来その民族の所有するすべてのものを、むしろ否定せんとせしめる態度に出るは、実に人類の非常なる損失なる以上、決して許容せらるべき政策ではない。

しかるに米国が自由の国としてなおかつ移入民制限、さらに進んでは旧時代に逆行してある民族に対してのみは絶対にこれを禁止せんとなす態度に出たのは実に内政の統一、その本来の国是の貫徹上非常の危険を看取したるがゆえに外ならないであろう。日米の争議に関しても、米国は本来この問題は、国内問題なり、と繰り返し繰り返し弁明しおるは決して虚言ではない。他に複雑なる理由が潜伏しつつあることを忘却することはできないとしても、その主因をなすものはやはり内政の問題であることは一点の疑いを要しない。然るがゆえに同化し得ると思わるる民族は好し、然らざる民族に対しては、断然たる処置に出でざればついに分裂亡国の悲運を見るべしとの見解が、米人の人道的意識および宗教的意識を敢えて無視するとまで言うを得ざるべきも、これらの精神的方面の自覚をみずから踏み越えて、一途に国家的安全を希う方針に出たりと見ゆるのである。ゆえにもし幾多の異人種異民族が国内に雑居し、社会的にも勢力を獲来たったとしても決して米国の国家そのものを害せず、かえってその統一になり総合的文化を統制し得るものとすれば、いずれの人種も民族も排斥する態度に出るはずがないのである。この点においては私の考えと吉野博士の考察とは全然一致しているようである。「また米国にとってもこの意味で同化は必ずしも要求せぬと思う。米国という国は、建国の精神から見ても分かる通り、諸方の外国人を狩り集め、その協同の力によりて、一つの理想国を立てんとするの主義を有する国である。ゆえにこの主義において一致するならば、その外の同化は必ずしも冀《こいねが》うところでない。……われわれ日本人としてそのまま米国の国家的経営に参加することができるのである。各自建国の理想の一部を分担して立つの決心あらば、いわゆる同化はしなくとも、米国に在住するに差支えはない。差別は決して協働を妨げないのである」（『現代の政治』341頁）と述べている。

しかし他民族雑居が単に自国内の安危に関わり、あるいは関わらざるのいずれにもせよ、米国のごとく宏大なる土地を有する国は、日本のごとく人口過剰に苦しむ国民に対して国際道徳上、土地を融通すべき義務を有するものと考えらるるのである。

かくのごとく種々なる方面より観察し来ると、国家それ自体の構成観念について、さらに新たなる真理の自覚に立たなければならない。すなわち単元的国家政策を離れ、しかして多元的国家政策の採用である。これ実に避け難き、また避けてはならない光輝ある人格主義への唯一なる条件である。かくて文化政策のみが肯定せられなければならない。

国内においてこの多元的文化政策をもって臨むならば、現在の状態にありてはそは極めて危険千万と言わざるを得ないであろう。しかし早晩は世界いずれの国家といえども、この自他共存の政策によるにあらざれば決して世界の一員たることを得なくなるであろう。危険千万である。しかし「国家」は単に永く存立するをもって足れりとするものではない。ただ意義ある存在たるを要する。米国が世界指導国家として自負しつつある以上、その国家政策には極めて優れたる意義あらしめねば止み難い理由がある。

そは、将来は世界いずれの国家にも避け得ない極めて困難な問題として到来するであろうこの国内異分子の各個性を十分に開発せしめつつ、しかも同一国民としての政治的統制に成功せしむべき、多元的国家構成の率先的実践者であらねばならない。言うまでもなく他の国家と異なり、米国はその建国の精神・国家の成員、その自覚的歴史においてすでに固有の位置を保有し、この政治的理想を実現せしむるには比類なく適当なる国民である。合衆国は実にこの点においてことに世界に負うところが多いのである。しかるに米国は現在、国外においては文化政策をとり、国内においては「背に腹は替えられぬ」という苦しき立場からその理想を危《あやぶ》み、同化政策に著しく傾きつつある。これ明白にその建国の精神に反し、貴重なる歴史の価値を世界の前に滅却せしむるものである。衆人の内に衆人によって自己の存立を保証され、さらに進んで衆団の一員として衆人のために自己の責任使命を全うすべく自己尊重をなさしめられつつありし観ありて、よくキリスト教の他愛的犠牲の精神と一致し得るものであったが、近来はまず自己を生かすことによって他を生かし得べし、ゆえに何よりも貴重なる者は優秀なる自己である、というヘレニズムに陥りつつあるごとく見ゆる。この優越的自意識の内容の変化はやがて全世界の不幸を誘発する極めて重大なる一点と言わなければならないが、いかにしてその変化を促したるかというに、自然的理由・政治的理由共にその助成者たるを失わないであろうが、その真因は実に「優越」の意識そのものに存する、と考えらるる。この強者にのみ常に来る「自己中心」の誘惑に面しつつあるのが現在の米国である。「みずから立てりと思う時すでに倒れつつある」とは聖書の貴重なる教訓である。

（ロ）国外（日）問題

国外の植民地に対する本国の政策としては、従来いずれの国家も、その本国の領土拡張の目的をもって臨んだ。経済問題についてもいわゆる「出稼《でかせぎ》」根性を脱せしめず、本国へ物資を輸送し、みずからも永住もしくはその国の利益あるいは発達に貢献するの意志なく、ひたすら自己とその本国との利益にのみ汲々として他を試みることをなさない。本国政府もまたこれに対して人道的指導を与えない。さらに進んでは、その植民地が例えば米国におけるフィリピンのごとき関係にある場合は、その政策としては米国政府は従来自己の安定を第一義とするところから同化政策をとるのである。この目的達成のためには軍隊を動かし、その民族の歴史を児童に偽り教え、かつ彼ら固有の言語を奪う等、あらゆる手段方法をもってこれに臨むのみにとどまらず、その民族が自然に劣弱となり、よく独立の実力を発揮する能わざるに立ち至るようにその自滅的政策の秘術を尽す等、実に人道上赦すべからざる政策をもって臨みつつあった。しかし今日においては政治的理想がこれに反対するのみならず、実際においても同化政策が失敗に終わることは各国の経験について考察するも明らかとなった。政治的統制の理想は同化主義による機械的合一にあらずして、ただ個性を生かす人格主義による文化主義の理解、深き一致の外に途はないのである。そは「人道」と「宗教」とを肯定したる偉大なる人性の全体性の生命活動となるがゆえである。

本国中心主義の植民政策に対する人格的反抗の大爆発となりたるが米国の独立戦争である。一個人にあっては人権蹂躙《じゅうりん》、国家にあっては民族性の無視である。

かつて新渡戸氏が私の知人に「余は米国がフィリピンを開発し、巨額の物資を傾注してついに独立に至り得る資力を備えしめる方針をもって経営しつつあることを発見して実に驚嘆感服した」と語りしと聞き及んだ。これ米国が国外政策としては文化主義を執りつつある証拠である。しかも深き理解の下に真正なる愛国心の発生を見るに至るのは、当然の順序と言われなければならない。誠の親切を受けて悪く思う者はないからである。しかるに米国は今やその本国においては、この政策を執り兼ねている。これ実に米国人の道義心の堕落を立証し、宗教的信念においてはキリストの十字架の精神より遠ざかりたるを意味するものである。

数年前私が台湾《タイワン》より帰航の船中における一エピソードを語ろう。船が支那海を通過しつつあった時はあたかも日曜日となったので、同船の二、三人の発起で船客および船員の集会を催し宗教講演を私に依頼した。その時私は神は正しき父、人はその子、人と人とは兄弟で皆一つの愛によって関係すべきものであるという平凡至極の講話を試みた。その夜夕食後より他の人びとの発起で今度は某大学教授である某法学博士を煩わして一席の台湾視察談を乞うた。その時博士は、最初アルザス・ロレーヌの話をしておられたが、本論に入って、「余はあえて政府の非難をするのではないが、台湾が日本の領土となってから何年たったと思う。余は今回同島を視察して少しも同化の成績が上がっていないのに驚く。かくては何時まで待っても日本国とはならぬ。余は断言する。一言にして言えば台湾政策は『強姦政策』に出る外はない。習性を奪い言語を奪ってしまえ。帰順せざる生蕃《せいばん》は飛行機をもって皆殺しにして一挙に目的を達成しなければならない云々」というのがその論旨であった。私の側の椅子におった某高官は私をそっと突いて「今朝のお話とは大分違いますな」と言いつつ苦笑いした。しかし同じ一等船客であった二人の陸軍将校は熱心に博士の講演を筆記していたことを記憶する。

日本がかくのごとき学者・政治家によってその政策を運用せらるる間は、世界はおろか国内においても決して真の成功を遂げ得ないであろう。人間の尊重・民族固有性の重視、これ実に神とその啓導に従うことである。

国外政策としても等しく、文化政策によって人間相互の人格的関係を尊重するにあらざれば、決してその価値深い成功を要望することはできないであろう。

本国と植民地とは支配被支配の関係ではなく、徹底的に地方分権的にして、ここにも多元的国家政策に拠る個別的全体性の統制が実行せられなければならない。しかして、それは言うまでもなく植民地の自治に向かって本国はその自律性の助長をその政策の方針とせねばならない。ことにそれは本国は国外の植民地に対して、犠牲的であって利己的野心を抱いてはならない。ことに日米間における場合のごとき、米国における日本移民に対しては、決して米国に対する印章の要求をも期待してはならない。人口過剰に傾きつつある日本国民は、品質・能力において、米国の土地を使用し得べき十分の資格を有している。ただ誤ったる愛国心と旧式なる単元的国家観念にとどまるがゆえに、人類全体にわたる正当にして光輝ある民族発展の好運を逸しつつあると言うの外はない。吉野博士の見解のごとく、またローズヴェルトの言明せるごとく、同化せざるがゆえに排斥せらるるにあらず、米国の保護を受けしかも国民として同一国内の平和と幸福に尽力する献身的勢力薄く、自己の成功にのみ急にしてその国に対する同情ははなはだ少なく、その政治的統制に調和せざるがゆえに排斥せらるるのである。日本固有の極めて崇高なる文化、例えば「武士道」のごとき、「忠孝」の精神「貞操」の観念のごとき、もしこれを個人的自覚をもって発揮するを得ば米国にとっても無二の幸福であるべきはずである。近来米国の識者にはこれらの日本民族固有の精神の研究が盛んである。その一、二を言えばロイス教授の『忠義の哲学』の中にも日本武士道が論ぜられている。またフィンネーの『個人的宗教と社会覚醒』の中にも等しく武士道の精神が考慮されている。かくのごとく彼らは大和民族の固有性を活用せんことを要求しているのであるから、日本人たるものは真の大和魂をもって世界に貢献せねばならない。こはただ大和民族のみが所有する独歩の使命であるから、米国へ行って何もかもバタ臭くならなければならぬという理由はどこにもない。常識をもって同一国民としての習慣を守り、その根底深き民族性は決して自殺を要しないのみならず、かえってこれをもって米国そのものの国家的内容を善美ならしめねばならない。いわゆる国外の移民政策はかくのごとき結果を成就せしめる方針に出ねばならないのであろう。

神において正しく個性を生かすことは、人類永遠の信条であり、責任でなければならない。

七　宗教的意義

生命の世界においてその自律性が主張せられ、進化は「弱肉強食」によりて成るとなしたるダーウィニズムは、等しく唯物的立場に在りながらもその法則が道徳の実在性を肯定したる「共助」に存することを発見し、生命の社会的原則がクロポトキン等によって立証せられたことにおいて、修正せられた。道徳の世界の肯定においてその冠となるものは「愛の精神」である。あらゆる道徳意識を生命に基礎づけるものは「愛」である。愛が利己となり終わらずして実に神聖の領域にまで進入することを得せしむるものは宗教である。かくて愛は人生最高の「名」であるが、その本質いかんによって誤りたる反社会的自己愛ともなり、国際道徳に反する愛国的精神ともなって顕わるるがゆえに、愛もまた聖別せられねばならぬ。愛の生命は、他に与うることによってかえって自己の充実を発見するものである。地球上において人類の間にかつて至高なる言葉を残したる者は「自己の生命を全うせんと欲する者はこれを失い、わがために生命を失う者は永遠の生命に入るを得べし」と教えた。世界は生きんとする者の舞台であり、歴史はその労作の苦悶の跡を語る記録である。愛は聖別せられざるべからず。然らざればかえって深刻なる禍根を造り出すべし。

然らば如何にして聖別せられんか。これ実に宗教によって公平無私にせられたる生命が意識の根底より顕現し来たってあらゆる者を抱擁し、これに生命を与うることによって実に自己の光輝をいや増していく古き自我の死滅によって初めて起こり来る新生命の自覚こそそれである。こは、あらゆる生命の生命と成るものである。宗教の高遠なる真理の要求は、活世界と隔絶したる無用の遊戯のごとく見ゆるが、実は然らずして宗教の与うる神聖なる生命の意識こそ、あらゆる者をその真面目に甦えらせかつ人類をさらに高き水準にまで引き上げる唯一にして偉大なる実力であると言わなければならない。「神は万国民の父にして人類は互いに兄弟なり」との観念が歴史上に体験し来るものもまた宗教的英雄の古来より立証し来たった真理である。宗教は空想にあらずして世界苦を正しく救う唯一無二の実力である。

日米の争議は互いに言い分を有する。しかれども相互に反省を要する。それは道念の道念、唯一にして全体なる真理自体なる生ける神より引き出されたる真理の理想によって解決せられねばならない。謙遜にして親和を求むる精神に到来する者は相互の祝福である。ペンテコステの日に、人びとは相互に自己を忘れて他人の頭上に顕われたる燃ゆる火のごとき神の生命の躍動を認めてこれを祝福した。この高貴にして盛んなる生命は今も人類を指導しつつある。祝福によって「利己を離れ、しかして聖愛の創造」に赴かねばならない。イエスかつて永遠の生命はいかにして獲得すべきかその方法を教えよと乞える富める青年に対して、「汝の所有物を貧しき者らに分け与え、しかして我に従え」と言った。多年の経営に成る富も、自己を楽しましむるためにせられたるものには何らの生命をも発見することはできない。意識は根底より革新せられ、与えんがために試みられたる労作が実に自他を真の生命に入らしむるのみならず、人類の水準をさらに輝ける相にまで高めるものと言わなければならない。

著書篇

宗教に関する科学および哲学

序

宗教の真理性について、いかにそれが表明せらるるであろうか。学問的懐疑の外に立つ神学的説明や、それの反省を欠く形而上学的独断に陥ることなくして、真に学的認識の根底においておのずからそれが証明せられなければならないであろう。本書はそれの用意について、あまりに浅くかつ不備ではあるが、この一路を辿《たど》って進もうと企てたのである。しかしそれはわずかにその道程を指示したるに過ぎない。学問としては方法論にとどまらざるを得ないのである。

第一部はやや旧稿に属する。その一部分はかつて雑誌『文明評論』に掲載せられた。今それを少しく訂正増補したに過ぎない。その第二部との関係について言うならば、なんら直接に連絡を有するものではない全く別個のものではあるが、しかしおのずからその立場を同じうすることは否定し得ない。要するに本書は余の最も貧しい（しかし真剣ではあるが）探究の径路を示すものに過ぎないゆえに、理想主義によるほかいかなる学問の系統によるものとも言うことができないであろう。

本書第一部の生命の問題に関しては柳宗悦氏に、第二部哲学の諸問題に関しては西田、波多野、朝永諸博士に啓発せらるるところが多い。しかして哲学史をでき得る限り短く、しかも正確にその必要の諸点を述べんと欲するにあたって余はその結構を故北沢定吉氏のそれによった。これらのことをここに記してもって深い謝意を表したい。

なんらの取り立てて言うべき独創もなく、また発見もないものではあるが、学問の上から真剣に宗教に赴かんとせらるる人びとの資料ともなり、かつ真剣なる道を共に辿ることを許さるるであろうなれば余の欣幸《きんこう》これに過ぎたるはないであろう。

一九二一年　クリスマスの頃

東京郊外角筈の寓居にて

著　者

目次

宗教に関する科学および哲学

悠久なる自然のうちにあって、吾人はつねに何ものをか追求している。飽くことを知らない欲求、これみな生命が営む止《や》みがたい動作である。

あまりに普遍的にして、あまりに近接するがゆえに、吾人は誰も自己の生命をその認識の対象とすることを忘却しやすいが、ひとたび人生の根本問題に触れて想うと、人生は真に「生命の王国」であって、あるいは遥かに「永遠」にまで通う、その神秘の色に包まれたるに想い至るであろう。そして、

生命が「永遠の相」において結ぶ至高の姿こそ、宗教である。

真理の追求者が、ほとんどひとしく、その探究の中心を宗教に見出す事実を、否定することはできない。かくして生命の問題は、それが基礎づけらるる最も重要なる問題として、常に生きて新たなる条件となるであろう。

最初余は「宗教哲学」について講述を試みようとしたが、宗教に学的基礎を求むる余の友の幾人かの余に語った言葉を思い出した。それは宗教そのものの真理の証明よりも、科学より、あるいは哲学より、宗教にまで至る誤りない道程を知り得たいと言うのである。これらの道が明らかになるならば信仰に対する吾人の確信の半ば以上は達成せられたと言ってもよいように思われるとも言うのであった。余もまたこれらの関係に無関心であり得ないのであるゆえに、一

歩より広い範囲に踏み出すこととした。その道程は際涯なく広く茫漠として見渡しがたい。真理認識の視力の極めて弱くかつ鈍い余はその広範な涯《はて》を眺めた時、その進路の方向さえ定めかねて幾度か逡巡した。されば思い留まるであろうか。真理を断念することは荒野に迷うよりもさらに遣瀬《やるせ》ない思いがする。この止みがたい心と同じ思いを抱いて道に志す友に促し励まされて、余はまずその第一歩を、今や学的探究の焦点とせられつつある「生命の問題」に踏み入れよう。

純正なる科学の分野において「生命」はいかに認識せられ、あるいはせらるべきであろうか。さらに遥かに深く形而上学の問題としては如何。科学と宗教とはこれらの問題を中心として存している。

しかも宗教を、もし吾人の絶対的「理想」として認め得るならば、さらにまた厳正なる哲学的認識の対象となるのは当然である。われらはこの道をも歩まねばならない。

しかしこれらは皆宗教に関与したるもしくは関与すべき学問の労作であって、いまだもって必ずしも宗教そのものの学問とはよび得ない。「宗教の王国」はなお彼岸にありと言わねばならない。われらは、「蜜の流るるカナンの地」を遥かに望んで、しばしば行き悩むはてしもない、また何の趣味も潤いもない理性の荒野を真面目に過ぎ行かねばならない。遠い、それは極めて佗しい道ではあるけれど、真理を追求する者が避け得ない、永遠へのただ一つの道程であるから。

第一部　科学と宗教

第一章　生命に関する諸問題

原形質問題（Problems of Protoplasm）

生命の問題に関して、アリストテレスが初めて学術的研究を試みて以来、長く絶えず幾多の学説が発表せられた。しかし科学の知識が極めて幼稚であった時代に見るべきものがなかったのも当然と言わなければならない。

第十八世紀の末期より第十九世紀の初頭に至って、化学（Chemistry）が顕著な発達を示すに及んで、化学的法則・化学的方法が生物学に応用せらるるに及んで、初めてここに生命問題探究の一新紀元に到達した。

細胞説の確立

一八三八年にシュライデン（Schleiden）は植物体は細胞と称する極めて微細なる部分から構成せらるるものであることを明らかにした。その翌年シュヴァン（Schwann）が動物体も等しく細胞よりなることを発見した。かくて細胞説が確立せられた。

原形質（Protoplasm）の発見

一八四六年に至ってモール（Hugo von Mohl）は植物の細胞壁をもって囲まれたる物質に、原形質（Protoplasma）という名称を与えた。そして一八六一年にマックス・シュルツェ（Max Schultze）は「サルコード」（Sarcode）の名をもって呼ばれた動物細胞中に存する生活物質は原形質と等しきものであることを明らかにした。かくてすべての生物はその生活の基礎をここに有し、生命の起源およびその本質も一つにこの「原形質」の研究に待たなければならないことを知るに至った。

原形質は初め同種同量の一元素から成り立っていると推定せられていた。ゆえにこの時代においてあらゆる生物は本質上同一なるがゆえに、下等動物より高等へ漸次進化し行くもので猿と人間とは単に進化の程度の差異を示すものに過ぎなかった。しかるにその後

生化学（Bio-chemistry）の功績

によって実験の結果、「原形質」は化合体であることが明白になった。その構造はすこぶる複雑で、今日の化学もなおいまだこれを分解し得ない。「原形質」内には一種の蛋白質があって、これはとうてい無機物質界に求むべからざるものとせられている。ゆえに生物が生命を有するのは一に原形質を構成せるこの一種の蛋白質によるものである、と推断されている。しかしてその主成分は炭素（Carbon）水素（Hydrogen）酸素（Oxygen）窒素（Nitrogen）硫黄（Sulphur）燐（Phosporus）等を含むことが明白になった。しかしてこれら諸元素といえども、一定の割合で化合せるものでもなくまたその質においても各自異なっているのである。であるから、今日生活歴史の判然《はっきり》しているすべての生物においては同種同類の外に進化することはできないとせられ

ている。

しかもこれをもって生命とは何ぞや、という問に答えることはできない。従ってその起源を知るによしもない。この根本問題に対して今日まで科学が解釈を試みた大別三種の学説がある。すなわち次のごとくである。

（イ）　生命存在説（Biogenesis）

（ロ）　偶然発生説（Abiogenesis, or Spontaneous Generation）

（ハ）　特別創造説（Special Creation）

生命の起源の問題（Problems of the Origin of Life）

生命の起源に関する学説は列記したごとく三つある、しかも現時なお各自その学説を主張して相争うている。けだしこの根本問題の決定するところは、すなわち直ちに吾人の宇宙観、人生観を決定せしむるごとくに見ゆるがゆえである。第三のハ説、すなわち特別創造の説は往時宗教上多くの幼稚なる解釈が行なわれたるほか、純正なる科学の立場よりは等閑《なおざり》に附せられて来た。ただに幼稚にして顧みるに足らざるの説として度外に置かれたる事実は、宗教的迷信より来たれるがゆえであるとの理由の外に、なお一つその重大なる素因は、特別創造説が有する相対的（神と宇宙のごとき）関係の主張、に対する科学的認識の可能を有し得なかったゆえである。しかるに今日哲学的思索に待たずしてもなお科学がそれみずから進んでこの説を認容せんとする傾向を示してきた。さらに前二説各自について批判を試みることとする。

（イ）　生命存在説

第十九世紀においては、偶然発生説、すなわち自然発生が果たして生物界に存するや否やについて幾多の実験が行なわれた。しかしてその結果として偶然発生を否定するものが多く現われた。これより先、ハーヴィ（Harvey）は第十七世紀の初めにおいて「すべての生物は卵より生ず」（Omne vivum ex ovo）と公言した。しかし彼はまた卵は母体よりも生ずるが、偶然にも現出し、あるいは物の腐敗よりも生ずる、と言った。その後レーディ（Francesco Redi）は蠅《はい》の蛆《うじ》は腐肉に蠅を近づけることがなければ決してこれより生ずることがないと言明した。以後はさらに小動物、滴虫類、輪虫類等のごときものに関して偶然発生の可否が論争せらるるようになった。最初は実験の方法が不完全であったために、さらに種々なる争いが行なわれたが、ついに水を蒸溜して、これを密閉した器に入れて空気中に混入せる生物の芽胞の入り来たらざるようにする時は小動物の発生することがないことを立証することができた。これに関する最後の実験は一八六〇年頃におけるパストゥール（Pasteur）およびそれより数年後のティンダル（Tyndall）の実験である。しかして彼らもまた「すべての生物は卵より生ずる」という見解に一致した。しかしそれ（卵）は何事もその起源について語るところがない、問題は依然として残されている。

これに対して生命存在説は大別して二様の主張を有している。すなわち

隕石起源説（Meteorite Theory）

宇宙全精子説（Cosmic Panspermia）または放射能圧説（Radiation Pressure Theory）

である。

前説はケルヴィン（Kelvin）、ヘルムホルツ（Helmholtz）等によって唱えられている。すなわち生命は決して偶然にもまた突然にも発生するものではない。生命は永遠の昔より存在せしもの

にして地球には他の天体より流星によって初めて落下して来たものであると主張するのである。後説はリヒター（Richter）等によってさらに近くはアレニウス（Arrhenius）によって主唱された。これは顕微鏡下において、すでに知られた細菌学的（bacteriological）知識に基づいて最も細微なる生命細胞は大気中に漂うて計算し得ざる太古より存在し徐々に地球へ来たったものであると言うのである。アレニウスのごときは生物胞子が太陽の放射圧によって光波に乗じエーテルを伝うて地球にまで到達したとすれば、火星からは僅々二十日間を費やすに過ぎない、他の恒星から来るものとしてもその最も近きものよりは九千年で足りる、と言っている。しかしながらかくのごとき学説がついに「生命起源」の問題に対して何事も語り得ないのを恨むものである。

（ロ）　偶然発生説

または自然発生説とも称する。

生命存在説がすでに学説それ自身において難点が多いことは言うまでもないが、さらに生命起源の問題に関してますますいたずらに問題の範囲を拡大した。ここに自然発生説の権威たるシェーファー（Schäfer）はダンディにおける大英理学奨励会（The British Association of the Advancement of Science）の講演（一九一二年）において「しかしこれら生命が他の天体より地球に到達するという理論を認容することは、その本源に関する実際の方法観念に関して吾人をなんらより近くへ運ぶものではない、これに反して問題を宇宙の一隅に追い遣りて認知すべからざるに便ならしむるのみである。しかして吾人をして全く不満足の位置に立たしむるに貢献するものである」（E. A. Schäfer: Life; its Nature, Origin and Maintenance, p. 15）と大略かくのごとく批評している。実に生命存在説の欠点をよく指摘したものと言えよう。

自然発生説の主張は次のごとくである。もちろん彼らは唯物論に立場を有するのであるから、一切の生命現象を機械的必然によって説明し去ろうとする点において彼らは全く一致しているのであるが、彼らの考えによれば世界（The World of Planets）は一度一切の生物が棲息し得ざりしほどの高熱を有していた、しかして漸次その熱度が冷却し来たる過程の或る時期においてすべての「生命」は化学的作用によりて物質より生じたものである。しかし冷却の度が加わるに従って、発生は不可能となるのである。単純より複雑に、下等より漸次高等に、何らの意識的（conscious）または目的観的（teleologica.）素因を認めずして、ダーウィン（Darwin）によって初めて提唱せられた彼の自然淘汰（Natural Selection）の理法によって、進化発展を遂げるのであると主張するのである。しかしてかく或る時期において「原形質」が発生したとする学説はダーウィン等の主張するところによれば、今より二、三億年前であると言われている〔現在では二、三十億年前と推定されている〕が、これよりもさらに太古の時代であったろうと推知し得べきが学問上の主張である。しかしもし太古に地球が赤熱していた後のある時期に、生命がある条件の下に発生し得たとすれば現今といえども、一度蒸溜したある液体を密閉して吾人が実験によって適当な温度をこれに与えるならば「生命」が発生し得ないはずはないという見解がある。これが一時世に評判となった「生命人造論」を産んだのである。目下この研究で有名なのは言うまでもなくチャールトン・バスティアン（Charlton Bastian）である。彼は一九〇三年に初めて「自然発生における研究」（Studies in Heterogenesis）を発表し、以後一九〇五と一九〇七の両年に同じく自然発生に関する著書を公にした。さらに一九一三年に『生命の起源』（The Origin of Life）を出版し、最近における彼の実験の結果を報告している。彼は同書において自己の実験の可能を力説するとともに、ヴァイスマン（Weismann）およびヘッケル（Haeckel）等がパストゥールやティンダルに対して抗弁した言語を引用して真向《まっこう》より、パストゥールおよびティンダル等の主張を否定している（The Origin of Life, p. 19）。彼はその主張を種々に弁証して「もしも幾億年か昔のある時期に『生物』（Living Matter）が発生し得たならば、それらの過程（Processes）がすべての蓋然において同じ化学的および物理学的過程によってただに往時に限らず何時の時も、すなわち現今といえどもなお行なわれ得るという結論に達することを示し得るならば極めて自然のことである。またそうであるはずであると言わなければならない。パストゥールやティンダルの主張に反して余はみずからの実験の基礎の上に永き間この信念を有して来た、……しかしてこの信念は幾度か無機物をもって実験した結果、過去四年来、さらに大いなる希望をもって勇気づけられている」（同書22頁）と称している。彼は密閉せる試験管を非常に高度に熱せしめ、しかして後その器中より得たる原料を顕微鏡下に置いて得たバクテリアの写真七〇葉を掲げて「さてここに吾人はまさにかかるものは可能であると論証した『生命の実際の起源』を有するのである」と放言している。しかし彼はその巻末に、「余は事実を記載した、しかしその説明に空しき理論を試みようとはしない、時はいまだこれに適しない。その理論をもって達し得べきは未来に属するであろう、おそらくは後継者がこれを全うするであろう」と言っている。理論の成立に先立って、事実が来たり発見が行なわれたりすることは科学の世界において何も奇蹟とするに足らない。なぜと言うならそのような事実が沢山行なわれていくからである。しかし蒸溜せられた液体または高熱によりて完全に消毒せられた物質を完全に密閉せられた試験管あるいはその他の器物中に入れ置く場合はパストゥールによって証明せられたごとく決して腐敗またはバクテリア等を発生せざる事実、今や実験上治療等に応用しなんらの差支えを生ぜざる事実は、この理論が真理であることを証しているものであろう。ゆえにバスティアンの主張を直ちに認容し能わざるはもちろん、その実験の方法になんらかの欠点の存するなきやを思わざるを得ない。彼の友人で等しく自然発生説の主張者である現代生命問題に関する同派の第一人者であるシェーファーさえもバスティアンの実験を否定して「彼は自然発生という旧信仰の実験を固執せる唯一の優秀なる学者なるが、氏は従来この問題に関する多数の実験報告をなし、かつ多くの著書を公にせしにもかかわらず、いまだ氏の意見に対抗しつつある多くの者らを論破するに至らない。余はパストゥールが滅菌の実験によりて獲得した結果の正確なることを信じて疑わない。こは実に消毒に携わる人びとが時々刻々実験するところではないか」（永井博士訳による）と言っている。かかる研究の方法においてその目的を達し得ないのはほとんど明白な事実である。次にシェーファーの「生命」に関する見解を述べてみよう。これを述べる前提として、ここに有名なる無機物進化（Inorganic Evolution）説を唱えたロッキヤー（Lockyer）の主張とその主張を産出した原因とについて少しく語らなければならない。

無機物進化説

哲学史をひもとく者は誰も、漸次その学説が多元説もしくは二元説に満足できずして一元論的（monistic）要求を示す傾向にあるを気附かない者はあるまい。こは単に哲学史の傾向のみでなく、宗教の歴史においても、等しく幾多分裂せる科学においても、自然の連続律に相触れ来たる時、相互の関係を発見する。ことにダーウィンやウォーレス（Wallace）の功績によって与えられた進化の原理に照らし来ると、機械論（Mechanism）の主張する自然の連続律（Continuity of Nature）もついに否定すべからざるものとなる。進化論によってすべての科学は皆新たな「方向」と「関係」とを知るに至った。生物学（Biology）天文学（Astronomy）地質学（Geology）物理学（Physics）および化学（Chemistry）等の自然科学はことごとくこの範囲にあるものである。しかして、ロッキヤーは天文学上より無機物進化の法則を断定した。すなわちすべての自然現象たる人間も草木も山河も星もあらゆるものみな原子（Atom）の集合である。しかしてすべて七十余の発見せられたる原子は原子重量（Atomic Weight）の順序に配列すると原子は相互に連続的性質を有することが解せられる。しかして宇宙の熱度が冷却するとともに原子は単純より複雑に進化を示すものであると言うのである。かくのごとくして生物界と無生物界の進化を認め得る時、ついに両者が相接触することの可能をも認容しなければならないと論ずるのである。

シェーファーの生命起源論は、すなわちこの有機物界と無機物界──生物と無生物との、根本関係の成立を認め、これを同種同質として、生物と無生物とはただ段階的差異に過ぎない、ゆえに進化の法則をもってこれを説明することができるものとしている。彼は他人にジャッド（Jadd）教授の著書『進化の次第』（The Coming of Evolution）の精読を切に推薦している。「余は他にこの問題に関して、かく明晰にかつ簡明に記述した良書あるを知らない、著者（ジャッド）はその書のどこにも、地球上の生物は無生物より生じたりとの意見は記載してはいないが進化の機転が本来その帰趣を一つにするのを思うと『生』の起源もまた、この進化の一大機転に支配せられたもので、すなわち進化の過程中に、いささかの突飛的間隙を許さず、漸次相関連せる連鎖的機転によりて律すべきものであることは言を俟《ま》たない。

今この進化の一般法則を推して、生物進化の跡を観察すると、生物は自然的または超自然的の理法によって、無生物から突如として変化してきたのではなくて、生命なき物質より、まず生物と無生物との中間に位すべき物質を生じ、さらに進んで『生』（Life）の語を冠することができるような特徴を具備した物質にまで、徐々に変遷したものと考えざるを得ない」と言っている。ゆえに彼は「生の問題は本来物質の問題である」と断言している。しかしてまた彼の「生命論」中に（後にもこの問題について少しく述べるが）とくに注意して置きたいのは、彼の「生命」と「霊魂」の区別論である。

「『生命』と『精神』とは同一ではない。厳密に言語学より言えば、〈animate〉と〈inanimate〉ということばは『霊魂』（Soul）の有無を意味するものであるが、これに関連して、しばしば『生命』（Life）と『霊魂』（Soul）とが同一であるかのごとくに誤用せられている。言うまでもなく、余（シェーファー）がここに『生命』に関して述べるところは、決して『霊魂』の意味において言うのではない、かかる誤謬は、『霊魂』を『生命』と関連せしめて考うるために生じ、またこの霊魂は有機体の最も複雑なる機転、すなわち生命なるものの営むべき最も複雑な動作の結果として生ずるがゆえに、疑いもなく『生命』すなわち『霊魂』というような信仰を抱くに至らしめるのである」と言っている。

以上紹介した学説に対してすくなくとも二つの難点を発見することができよう。

その一は、「生命」と「霊魂」に関する彼の非科学的独断である。彼は「生の問題は本来物質の問題である」と断言した。すると、生命は物質から生じたもので、この生命に関して述べるところは決して霊魂の意味においてするものではない、かかる誤謬は「霊魂」と「生命」とを同一に考うるために生じ霊魂は有機体の最も複雑な動作の結果として生ずるという彼のこの説によれば、すなわち〈物質＋機転＝生命〉〈生命＋機転＝霊魂〉ということになる。ゆえに「霊魂」の問題は本来「生命」の問題で「生命」の問題は本来「物質」の問題なりということに帰着する。

かかる問題を追求して行くとついに「霊魂不滅」(Immortality of the Soul) の問題に関してははだしき注意を呼び起こすであろう。もし彼がその不滅を認めるならば一つの論理として省みることができるかも知れない。しかし彼はその論文の終りに、「霊魂不滅」を認めていないことが明白である。ただ段階的に変化して行く「物質」を主張するにとどまるのである。その名称は分類上の名称に過ぎないと言わなければならない。しかもなんら科学的根拠を与え得ない。実験上にも証拠立てることが不可能である以上独断の非難はまぬかれないであろう。

さらに第二の難点に移って考えると、「生命」と「物質」との関係における難点は、いうまでもなく有機物と無機物との根本関係がいまだ科学的実験において証明し得ないことに深く注意を払わなければならない。単にその運動作用が類似しているということだけで、直ちに両者が同一物の段階的現われと断定するのは正確をとうとぶ科学の態度として余りに早計の嫌いはないであろうか。ことに両者の間に同じ約束が成り立っていて、同一の帰趣を認め得るものとしても、この関係は有機物、すなわち生物にありては、ただその物質的方面における関係に過ぎないかも知れない。この意味において無生物界の法則が生物界のある部分の現象に伴うのはむしろ当然と言わなければならない。

また生物界と無生物界とがいわゆる連鎖的関係において同一物に過ぎないという主張は、一見はなはだ真理に近く見ゆるけれども、かくのごとく無生物は生物の原因（Cause）であると言い得れば、これに対して二種の方法が可能となる。すなわち㈠原因より結果へ押し進むものと㈡結果より原因へ辿るものとである。この意味で両者いずれからしても全くその帰結を同じうする場合に、その仮定は真理性を認めらるるであろう。しかるにこの第二の方法においては厳正なる意味において次のごときことが主張し得る。すなわち生命の最も顕著なる発達を示している人間の精神的現象の実験的研究を試むる実験心理学（Experimental Psychology）の立証するところによれば、精神現象は明らかに物質から独立している、これを物質と原因結果の関係に置くことは許すべきではないと言うのである。いま問題ははなはだしく「精神」と「肉体」との問題に接近して来たけれども、ここではただその実験せられ主張さるるところを概説すれば足るのである。すなわち心理学の立場よりすれば、物質の機械的運動およびその進化を是認し得るとしても、生物が無生物より生じ、ことに脳髄が精神の原因であるというごときことは、いかにしても認め得ないことである。

　すでにシェーファーの言う通り物質と生命と霊魂とが連鎖的関係であるとしても、これに対しては最も興味ある反論を見出すことができる。すなわちヘンダーソン（Henderson）がその小冊子『生物学』（一九一三年）の中に「生命起源のこの見解に対して吾人の見るところでは純物理学的および純化学的法則によって、生物の種々なる状態を説明せんとしたのは失敗であったと言わなければならない。しかしなお、誰しもこの説明はとうてい不可能であると断念して立ち去るに忍びない。しかし吾人は現在失敗した彼らの右に出ることはできない。けれど、もし彼らによってその数代後に生物が無生物から進化したものであるということが判明したら、その時にこそ吾人は現在無生物であると考えたものが実際は生物であったということを知ることができるのである」と評している。かくのごとくに自然発生論者の主張を点検し来たると多くの難点を発見する。これら以外にもさらに根本的な問題たとえば「生命の本性」（Nature of Life）に関する研究などからも力強い反証を見出すことができよう。これらの問題はとくに取り立てて述べることはしないけれどもおのずから触れずしては過ぎ得ないのである。

エネルギーと生命

機械論者は「生命の問題」に関して、なお他に一つの証明法を有している。すなわち自然現象において最も奇しき働きを示すエネルギー不滅則（Conservation of Energy）によって一切の生命現象を説明せんと企てるのである、マイヤー（Meyer）ジュール（Jüle）ヘルムホルツ等によって、物質の含有するエネルギーの総和は一定である、しかして現象界にエネルギーは永遠に増減なく実在してその総和は恒久不変であると断定された。そして生命の現わす主なる作用をこのエネルギーが顕わす動作の法則によって、的確に完全になんらの支障を受けないで説明し尽されると主張するのである。さらにヘッケルは「実体法則」（The Law of Substance）の名の下に、優れたる二種の異なった本質および時代の法則を包括している。すなわち古き方は「物質不滅則」（Conservation of Matter）に関する化学的法則で、新しき方は「エネルギー不滅則」（Conservation of Energy）に関する物理学的法則である。彼はこれを総合した「原始的力」（Dynamodes）にその本体律を求めている。しかして宇宙のすべての現象すなわち、熱、音響、光、電気、生命、その他もことごとく、「宇宙エネルギー」（Universal Energy）の表現であると言うのである。この「根本本体」(Fundamental Substance) の分離すべからざる二属性 (Attributes) として「物質」と「エネルギー」とを認めている。しかしてこの本質はやがて、身心二元論となって現われている。エネルギーは、精神、物質は肉体である。そして精神は本体活動の中心である、という説である。ゆえに「エネルギーすなわち生命」である。

しかしこれらの説も多くの難点を発見することができる。まずエネルギーがそれ自身で、なんらの活動をも起こし得ないことに気付かなければならない、外界からの衝動を待って初めて活動を始むるのである。しかしてその運動も全然機械的範囲を出ないことが明らかに認めらるるならば、これをもって直ちに、創造的指導力を有する生命を説明したり、あるいは同一視したりすることは不当であると言わなければなるまい。いな、かえって絶対に自由でかつ指導的持続活動である生命が物質およびエネルギーに働きかけ、しかしてすべてのものが活動に入ることができるのであろう。

ロッジ (Lodge) はその著『生命と物質』(Life and Matter, p. 132) に「生命は速やかにエネルギーの一形式として証明され、しかして物理学の範疇に属すべしと言う者があるが、しかしこれらのことはすべて真実ではない。これと全く相反して、余は、生命は決してエネルギーの形式にもあらず、また今日の物理学の範疇にも包含せらるべきものにもあらずして、その解釈は現今なお探究の中にあるものであることを主張するものである」と言い、さらにまた、その著『人と宇宙』(Man and Universe, p. 69) に、「生命はエネルギーにあらずしてエネルギーおよび物質の指導者である」と言っている。オイケン (Eucken) は「生命を物質の単なる部分と認めることは漸次問題に上せられなくなる傾向が見える。これに反して漸く生命が独立存在者でなければならないということが認識さるるようになって来た」(Main Currents, p. 185) と言い、生物学の権威たるドリーシュ (Hans Driesch) は「生命はエネルギーの一種にあらず、またいかなる化学的物質にも属さざるものである」(The Science and Philosophy of the Organism, p. 338) と言っている。

かくのごとく、生気説 (Vitalism) の復活することによって「生命は物質およびエネルギーと全く異なって独立せる存在である」と主張さるるのである。これらの見解を有している最近の学者の主なる人びとを挙げると、ブウトルウ (Boutroux)、ルヌヴィエ (Renouvier)、ルウ (Roux)、マクドゥガル (Mc Dougall)、ドリーシュ、ロッジ、オイケン、ベルグソン (Bergson)、その他ミュンスターバーグ (Münsterberg)、ヒューゲル (Hügel)、アンダーヒル (Underhill) などかぞえ来たるとさらに多く見いだすことができるであろう。またジェームズ・ウォード (James Ward) は『自然主義と不可識論』(Naturalism and Agnosticism) の中にエネルギーと生命の関係を懇切に述べているが、その一節に「一言で言えば生命はすでに知られたるエネルギーの指導・支配をなすものである。そしていまだ知られざるエネルギーの形式存するとしても、それは正しく方向なき物質的動力に過ぎない。これらをもって生命を説明せんとするのは困難である」(Vol. I, p. 290) と言うている。

さらにケルナー (Kerner) は植物原形質の種々なる不可思議な現象に関して、「この自然現象における力は電気力または磁気力でもない、また他の自然における勢力でもない、すべてのエネルギーの動作とも異なるものである」(Natural History of Plants, Vol. I, p. 52)。かくエネルギーと生命とはベルグソン (Bergson, Time and Free Will, p. 145) の言ったように決して一律に論ずべきものではない。エネルギー不滅則をもって生命を解釈せんとするのは全く空しい企てと言わなければならない。

らない。オイケンがハーバード大学に講演するや、その交換教授としてイエナ大学に試みられたマイノット（Minot）教授の講演の土張もまた等しく、生命の自律性（Autonomy of Life）を最も明白に断定したことなどから推して考えて見ても現今生命問題の傾向を知ることができる。「こうして「生命」と「物質」の議論は」ますます二元論的（dualistic）に傾いて来たことは争われない事実である。かく生命の本質（Nature）に関して他のあらゆる動作を批評し公平に考究して行くと、その本性上、自然発生説が拠る物質より変化し来たったものとのみ断言することがますます困難になってくるのである。厳密に言うならば「生命」と「物質」との関係は現今科学の分野においてこれを根本的に決定することは望み得ない問題として未決のまま残されている。

しかしこの「生命」と「物質」の関係をより明らかに知るためには身心（Body and Mind）の関係にまで研究の歩を進めなければならない。

第二章　身心の関係

ロッジ（Lodge）が「生命と心とは一つの範疇に属し他の範疇には肉体および機械論が属す」［範疇を異にする］（"On separate Categories — Life and Mind on the one side, Body and Mechanism on the other side" Man and Universe, p. 70）と言ったように、またその他の多くの学者がかく分類しつつあるように、その細密なる関係の考察は後章に論ずることとして、余もまた彼らに従うて直ちに身心の関係に入ることとする。

「原形質」における心的現象

生命の原始的姿を最初に認め得る「原形質」において、すでに心的現象（Psychic Phenomena）が存すると主張さるるに至った。今これらの問題について少しく述べて見よう。

一八七三年の頃ロマーニーズ（George John Romanes）が「動物以外の生物には心的現象は欠けているが一度動物の階級に入ればいかなる動物にもこれを認め得る」と言明した。『動物の心の進化』（Mental Evolution in Animals）『ダーウィン以前およびその後における博物学の哲学』（The Philosophy of Natural History before and after Darwin）等はこれらの問題を取り扱った著書である。そのころ仏国にアルフレッド・ビネ（Alfred Binet）がたって一八八〇年十一月『微生物の心的生活』（The Psychic Life of Micro-organisms）という著を公にした。この書においてロマーニーズが動物以外もはや植物界には心的現象は認められないと言ったことに対して「余は彼の分類が極端に技巧的でかつ全く変則であると公言するに憚らない」と言っている。その書の序言には、「余は最下級の有機体中にすでに心的現象を有するものなることを示すべく微生物に関してこの論文を草した。心的現象は最も単純なる細胞より完成せられたる有機体に至るまでのいかなる形式における生物の生活状態にも随伴するものである。これはすべての「原形質」において固有する生命の根本的現象である」と言っている。ゆえに彼は「生気説」を認めている。しかして、「近世の生気説に反対する者は物理化学的勢力（Physicochemical Force）をもってすべて「生」の現象を説明せんとするが、それは不可能なことである」と言っている。

現在吾人は腸壁（The Walls of Intestines）の「滲透」（Endosmosis）の実験において精神要素を具備しない単なる薄膜（Inanimate Membrane）の機械的の働きとしてはいかにも解せられないことをその運動の実験で知ることができる。それらは上皮細胞をもって覆われ、各自有機体にして、複雑な固有性を賦与せられている。これらの細胞の「原形質」は執握の行為をもって食物を選び執るのである。あたかも繊毛を有する滴虫類および他の単細胞有機体がなすと等しい活動をする。これらはまさにその生命が独立せる証拠であろう。冷血動物の腸においては細胞は出動して脂肪物質の微細なるものを把《とら》える、そしてそれを細胞の「原形質」中に運び、ついで消化管に送るのである。しかしてまたこの脂肪物質の吸収に関してはあたかも冷血動物におけると等しく温血動物においても、そのリンパ細胞がその居所から腺状組織（Adenoidtissue）を通過し来たって腸の外面に現われ、そこにある脂肪物質を取ってその食物を荷ないつつまた元の道を辿って帰るのである。

かく食物をとり、また種々なる食物中から選択する等の能力については根本的に心的であると言い得よう。物理化学的勢力によってこの事実を説明せんとするのは明らかに不可能であろう。それらは生命の根本的現象である「生ける原形質」のみが独占せる特有性であると言わなければならない。しかしてロマーニーズが動物にこれを認めたと同じく、単細胞の熱心なる研究者グルーベル（Gruber）、フェルヴォルン（Verworn）、モエビウス（Moebius）、バルビアニ（Balbiani）その他彼ら以後の多くの自然科学者によって「原形質」における心的生活の開始が認められている。これらの実験の中にはモエビウスの試験管中における滴虫類の完全にして最も興味深い運動に関する実験（Moebius: Das flaschen Tierchen Vorticella ampulla, 1887）およびフェルヴォルンの Difflugia Calceolata と称する根足類（Rhizopoda）の最も不可思議なる本能に関する試験（Verworn: Zeitschrift für wissenschaftliche Zoologie, Bd. 46. H 4, 1888）等がある。

さらにビネやロッジとともに植物の栄養吸収に関して言えば、植物細胞含有物の一つである葉緑素（Chlorophyl）の機能は従来定義せられてきた呼吸作用ではなく、これは栄養吸収であって、まさしくそれは心的作用であると言わなければならないと主張するのである。もちろん酸素を得るためには植物は動物のごとく呼吸するということは十分に言い得る。この呼吸は昼夜絶えず行なわれている。しかして葉緑素の機能は正しく呼吸作用ではない。その作用は植物が三つあるいは四つの本質を形成するに必要なる炭素をとらえんと空気中の炭酸ガスを分解する働きである。この化学的作用は、光線の放射圧によってすべての葉緑組織（Chlorophyl Organisms）によって形成せらるる動作である（Binet: The Psychic Life of Micro-organisms, p. 35）と言わなければならない。

かくのごとく彼らの主張するように果たしてこの実験が真理を示すものであろうか、今日公平なる判断は未解決のままに存するものと見なければなるまい。しかし「原形質」に心的現象が存在することはもはや疑うべからざる事実と言えよう。一九一一年にヘンリー・バーナード(Henry Bernard)は『進化論において等閑に附せられたる要素』(Some Neglected Factors in Evolution)を著わしてその中に、「精神」は「生命現象」における要素であると言っている。なおこの外にも多くの論証があることは言うまでもない。吾人は「生命」と「物質」の関係から進んで「身心の関係」に及んできた。今その探究の歩を進めるに先だって、「生命と霊魂」との関係について現今吾人の有し得る見解について少しく述べておこう。

生命と霊魂

生命と物質、また、心身の関係を攻究しようとする時、あるいは霊魂の問題などその相互の関係などが常に問題となる。ゆえに生命(Life)、心(Mind)、霊魂(Soul)の相互関係について言を費やしておこう。

これらの問題は従来の生物学者間には起こり得ないことであった。しかし科学的探究の盛んになって以来は、機械論者(シェーファーのごとき)さえ、これらの問題に論究するようになってきた。進化論はかく論理(Logic)をその独特の理論(Theory)によって導くがためである。

ロッジが「生命と心とは一の範疇(Category)に属し他の範疇には肉体および機械論が属する」(Man and Universe, p. 70)との、この大別に関して唯物論者でない限り異論はないはずであるが、さらに同一範疇内における相互の関係を明らかにすることは極めてむつかしい。

これに関して試みにジェームズ・ウォード、ロッジ、ベルグソン等の諸説を述べて参考としてみよう。

ウォードは、「ダーウィンやラマルク（Lamarck）などの生物学者間には、このような問題は起こってこなかった。しかし自然主義（Naturalism）の方では、「生命」は心よりも広い事実である」と言っている（シェーファーの霊魂と生命論をも参考せよ）。すなわち生命は持続的で、心は生命から偶発する一時的のものであると言うけれども、「原形質」および下等動植物の研究の結果「生命の単純なる形は等しく単純なる心の形を伴い得べし」と断定し、「両者の関係は複雑でかつ根本的である」と言っている。

ロッジは「心は決定し生命は指導する」と言い、「心は決定者計画者なり。生命は指導者支配者なり。物質的生命はこれらによって統治せられ支配せられ、エネルギーはその意志のままに使用せらるる」とも言っている。さらに霊魂については「あたかもロゴス（Logos）と宇宙との関係、すなわちロゴスが存在しなければ、宇宙を生気づけあるいはこれを構成し、創造しまたは形成することができないとほとんど同一の意味において、霊魂は有機体と関係を有している。さらにまた高等なる有機体においては『霊魂』は顕然として崇高なる可能性を有している。それは『心』（Mind）という言葉が示すところのものを含むのみならず『霊』（Spirit）の性質の有するものを獲得しはじめる。この『霊』によりて神に関与するに至る」と言っている。かく論ぜられ区別せらるるが正当なりやいなや、その断定はしばらく置きてすくなくとも生命には多くの分化を認むるものである（Bergson: Creative Evolution, pp. 136, 152, 170）。しかして「生命と霊魂」の関係はいまだ直ちに原因結果の関係には置くことはできない。しかしかくのごとく問題を放棄し去るに忍び得ないゆえに、さらに根本に立ち帰って、身心の問題から始めねばならない。

附記　近著 Hans Driesch: Leib und Seele（1920）を参考せられよ。

物心の相関

前に述べた通り「原形質」において心的現象は一《ひとつ》の事実であるとする以上、ここに物心の関係について述べる必要がある。まず現象界における両者の関係を述べると、これらは「相依関係」（Correlation or Interdependence）である。「原形質」においてこれらはすでに「代謝作用」（Metabolism）によって最も微妙に全体としての発達を示している。この最も微細な細胞生活においても吾人は実に驚くべき「相依」を発見するのである。物心の関係は漸次高等動物に進むに従ってますます複雑微妙を極めている。そして実際上次のようなことが事実である。ミュンスターバーグは「万一脳の一部分が出血によって破壊されるならば人は盲目となり聾となる。もしも脳髄が麻痺すれば智力は崩解してしまう。脳髄の睡眠状態にありては、種々なる幻夢を起こし、頭を強く打てば精神を失うてすべての心的活力は消失し去る。脳の血液循環中に化学的元素（Substance）を導けば吾人の心気および感情はたちまち変化を起こすであろう」。また「人間の智力は脳髄の十分なる発達によって来るので白痴の精神的生活は発達を阻止せられた脳髄に起因する」とも言っている。ウォードは「吾人は肉体を離れては心に関して少しも知らぬ」と言い、ベルグソンは「精神は物質によらずして、また物質に順応せずしては過ぎ行くことはできない」と称している。ビネは「心それ自身では完全な実在ではない」と述べている。

同時に精神が肉体に及ぼす影響も同様である。「クリスチャン・サイエンス」（Christian Science）

と称するものが存する以外に、心理学者間において、肉体の疾病も精神力によって全治し得るという実験が盛んに行なわれている。それが「精神治療法」(Psychotherapy) である。これらの著書ははなはだ多い、しかしミュンスターバーグの同問題を取り扱った書が良いと思われる (Münsterberg: Psychotherapy)。彼は精神治療は神経系統に属する精神的疾病に限らず全く直接関係なき肉体の疾病、すなわち中耳炎、肺病、その他多くの疾病に至るまで精神的によって全治せしめ得ると主張するのである。これらの研究において興味ある一例を引けば、無知なる野蛮人にひえたる鉄を非常に高熱せるものと称してその肌に接触せしめるとたちまち腫《は》れ上がりて火傷の状態を示したることありと。精神の力がよく肉体を支配する事実もまた否定し得ないのである。かくのごとく物心の関係は現象界においてとうてい離るべからざるもので、これらは相対的相依関係において、しかも相互活動 (Interaction) によって全体としての発達を遂ぐるものである。

身心の根本関係

しかしどれほど両者の関係が微妙であるにもせよ、これをもって直ちにその根本の原因結果の関係において眺めることができない。かの有名なる組織学者 (Histologist) ウィルソン (Wilson) が「細胞の全体としての研究」において「無機世界より辛うじて区別し得るごとき最下等の有機体においてすでに両者間の『隔たり』(Gaps) は狭めらるるよりも、むしろひろめらるる傾向を示している」(E. B. Wilson: Cell in Development and Inheritance, new edition, p. 434) と言ったのを見ても明白である。なお両者が全く異なった範疇に属して、互いに独立せることを輓近《ばんきん》の心理学が力強く主張するのである。この研究において、物質より全く独立した精神の最も自由な永遠性をさえ認容せられんとしている、すなわち「死」の問題に関してこれに対する生命の存続(Survival)である。

ベルグソンは『物質と記憶』に「意識と脳髄とが密接な関係を有することは吾人は否定し得ない。しかし壁に掛かれる釘とこれに掛けられたる衣ともまた密接なる関係がある。もし釘がぬけ出せば衣も自然に下に落ちる。その時吾人は釘の針が直ちに衣の針であると言い得ようか、またはこの関係についていかなる方法にても一致を発見し得ると言うことができるであろうか」と言っている。また彼は「記憶」には二種ある、一は官能の原動的習慣（Motor Habit)、すなわち機械論で、他は「純粋記憶」（Pure Memory）で物質とは全く独立した時間における実在である（Matter and Memory, pp. 86 – 105）とする。しかしてこの第二の「純粋記憶」を彼は精神（Spirit）と呼んでいる。さらに進んで彼は「記憶は脳髄官能とは異なったある他のものである、しかしてそこには単に量においての差異にとどまらずして、知覚と回想との種（Kind）の相違がある、純粋回想の分解によれば知覚と回想とは量的差異にあらずして種の根本的差異である」と断言している。

物心の関係は一方においては生物の発達が進むに従ってますます相関的現象を示すけれども、他方においては両者の属する範疇が全く異なれるものであることを明らかに認めらるる特徴を互いに顕わして来る。かくして物心並行説（Psycho-physical Parallelism）は今や公平なる学者の間に認容せられている。

物心相互の根本的関係について現代の科学の発達はいまだ今まで述べてきた以上に彼らにつ

いて語ることを許されていない。

今日、科学（Science）は厳正なる意味において、一元論を夢みつつしかも二元論（Dualism）の形式において留まらねばならない。

しかしながら、吾人の理性はこの両者の関係について、さらに根本的の解決を望んで止み難いであろう。そこには当然かかる要求を提出し得べき十分なる暗示を問題それ自身が含んでいるからである。

第三章　進化論と宗教

二種の進化説

吾人は科学の本体論的探究においてその根本の基礎を求めつつ形而上学に入らんとするのであるが、ここになお最も重要なる考察を遂げなければならない。すなわち生命に関する従来の「本質」の探究に対して、これはその進化発展の次第を点検し、さらにその的確なる本性を知ることによって吾人の認識を確かめようとするのである。

今日進化論は、従来とやや趣を異にして来た。すくなくとも従来の進化説をもって足れりとなすことができなくなってきたことは明らかであろう。オイケンらがダーウィニズム(Darwinism)に反対するのも当然の結果と見ねばならない。ここではその精細な研究を試みようとするものではない、ただ、生命進化の真の姿を認知し得るためにとくに必要なるポイントを指摘するにとどめる。

第十八世紀に至って、生物学における発生学（Embriogy）的探究がますます盛んに行なわれ、形態学（Morphology）上に二つの学派を生ずるに至った。

その一つは進化論（Evolution theory）であって、従来の主張をそのまま主張する唯物的・機械論的学説である。

これに、アルバート・フォン・ハラー（Albert von Haller）およびボネ（Bonnet）等を頭目としたエボリューション派の人びとが属する。生物進化の原則は宇宙の間にすでに確定しおりて、その約束は少しも破られたりもしくは例外を生ぜしむるごときことはなく、純然たる機械的発展を示すものである、と主張する既定説（Pre-formism）である。個体はその形態を生ぜざる先にすでに決定し、しかして存在しているものであると言うのである。

これに対抗して起こったのが、新発生説である。ヴォルフ（C. G. Wolf）ブルーメンバッハ（Blumenbach）等で、有名なるハーヴィがこれにEpigenesis（後成説）なる名称を与えた。しかしてこの新説は現代にまで進化論上の有力なる主張としてますます勢力を得つつある。ドリーシュのごときは現代の代表者と言うことができよう。今この説の主張せらるるに至った順序について述べて行こう。

発生学の歴史において、旧進化論者の決定論が従来の唯物的進化論者によって唱えられている間に、最初の身体の各部の細胞がそのまま遺伝するという説から、遺伝はただ「生殖細胞」（Reproductive Cell）にのみ全体の形質が遺伝し来たるものであるという説が採られるに至った。その後ダーウィンが定義を下したPangenesis（汎生）の遺伝説よりド・フリース（De-Vries）に至って遺伝物質はやや自由なる発生を主張さるるようになり、これが従来長く行なわれて来た機械的進化論に新しい色彩を加うる最初となった。それは、突然変異説（Mutation Theory）である。従来必ず進化は一歩一歩機械的に連続して遂げられねばならなかった。しかるに進化の事実は必ずしも連続的ではないと主張し、有名な「月見草」の研究より得たる実験の結果として宣言したのが、ド・フリースである。

ゆえに生命進化の過程において、それが飛躍をなす事実はついに否定すべからざる原則と見るともあえて不都合はあるまい。生命の進展には必ずしも連続を要しない。これに反して飛躍をも示す。「自由」は、生命の本性を語るに似ている。しかも生命進化の事実はそれのみにとどまらない。従来機械論的進化論者の主張するところによれば、進化はどこまでも２＋２＝４であるが、「新発生説」に従えば２＋２は必ずしも４となるを要しない。２＋２＝５、２＋２＝７ともなる場合がある。

今その新発生説が主張する形態発生学上の論点を述べてみよう。それは従来の進化説では形態を現わす以前にすでに頭となる部分、あるいは手足となる部分等が決定しており、それが形態をとって発生して来ると言うが、しかし事実は決してそうではないと言うのである。たとえば一個の卵の一部を切り取った場合にはその切り取られた個所だけ不具に生まれて来るかというと必ずしもそうではない、やはり通常の全体を具備した生物として生まれて来る場合がある。であるから生命には根本的に適応性（Adaptability）があって、それ自身創造的であるとも言えよう。形而上学（Metaphysics）からそれが意志（Will）または意識的（conscious）とよばれるのも当然であろう。

新発生説を主張する学者の中には幾多の異なった見地にあるものがある。

ルーやヴァイスマンは生物進化の過程の或る時期に至って「新発生」は可能で、また事実である、この機会をほかにしてはその前後には起こり得ないと言うのである。なかば従来の機械論に立脚しつつ、しかも「新発生」を進化のある時期においてのみ認容するものである。

ロープ（Loeb）やモーガン（Morgan）等も「新発生」の熱心な研究者である。彼らの実験の中、蛙の実験においてこの説を主張する学者は次のように報告している。

蛙の実験においては、従来の「進化論」の主張するごとく個々の形態はその発生以前にすでに無形の中に決定しおるものではなくして環境の事情、あるいは外界よりの刺激等によって、適応性を有し、あるいはその祖先さえ今まで有していなかった新たなる、発生、形態をさえ示し得ると主張するのである。蛙の卵がいまだ形態を生ぜざる先に、これを傷つけて置くと、本来なれば一個の蛙であるべきに、二つの頭を持ち、四個の眼を有するもの、しかもその尾端は一つである体形を得るに至ったことなど、これに類する多くの実験が重ねられている。この場合「偶然の奇形」と見誤る恐れは無いでもないけれど、その実験はそれらの疑いを晴らすに十分であると言わなければならない。

今や形態発生学が漸次に示しつつある傾向は、「既定説」を離れて、自由なる生命の自律的動作を承認する「新発生説」に向かいつつあると言うことができよう。

有名なるウィルソンはその著『発生および遺伝における細胞』（The Cell in Development and Heredity, p. 431）の「発展における不可知的要素」の章に、「生物の進化にいまだ知られざる要素がある。これらの傾向を辿って、吾人は無生物とわずかに区別し得るほどの下級生命においてさえ、今日、その距離は狭めらるるよりも寧ろ広めらるる傾向を認める」と断定している。

生命は機械論以上のものであって、それ自身自由を保有している、そして外界との「順応」（Adaptation）が行なわるることによって生命が発展し得るのみならず、進化の内容に大いなる影響を来たすものである。従来の学説より言えば、遺伝（Heredity）の研究の結果は、生物はおのおのその祖先より優秀なものは決して生じ得ない、優生学（Eugenics）においてもまた、その原則の外には出ずることは絶対にないとせられて来た。しかも精神的産物である「教育」はその者一代に限られていて、遺伝学は今日まで「教育」を認めていなかった。教育は「遺伝」と全然没交渉とせられて来たのであるが、今まで述べてきたように機械論を離れた生命観が是認せらるる場合には、遺伝学上優生学上に全く新しい立脚点を与えるものとなるのである。従って生命が唯物説を脱して自由なるそれ自身の自律を主張し、精神的基礎の上に立つ以上、進化が環境に影響せらるる物質的方面のみならず、実に精神的あるいは「心的」影響をも疑いなく蒙るものと見ることができよう。道徳（Morality）や宗教（Religion）が遺伝学上にも大いなる意味を持ってくるのである。由来遺伝学上の大問題であった「教育」が遺伝するかしないか、という問題もおのずから光明に近づきつつあるようである。漸次に唯物主義から精神主義に移って行くように見える。しかして遺伝の内容には精神的要素をも含ませることを当然に認めるのである。ダヴェンポート（C. B. Darvenport）はその著『優生学に関与したる遺伝』（Heredity in Relation to Eugenics）およびその他の著書において「個人気質」（Individual Trait）および教育（Nurture）がまさに遺伝することを主張し、またプリンストン大学生物学教授コンクリン（E. G. Conklin）もその著『遺伝と環境』（Heredity and Environment, p. 301）において遺伝に「自然と教育」（Nature, Nurture）の二様の事実を認めて教育は「社会遺伝」（Social Inheritance）であると言っている。そして繰り返して「人生は決して元の元始的野蛮状態に逆行すべきではない」と言っている。ドリーシュは形態発生の実験（Experimental Morphology）において生命の常に新たなる進展の可能を力説している。しかもルーやヴァイスマンのように進化の過程の一現象と見ずして、自由と新創造は生命そのものの本質なりと見るのである。かく進化論の上から新しい真理が主張さるるに至って、心理学も新しき進化論に参与すべき重要なる科学とは成った。今述べてきたような真理の主張を心理学の方面から等しく主張しているのは、ボールドウィン（Baldwin: Development and Evolution）である。また、ウォード（J. Ward）は『遺伝と記憶』（Heredity and Memory）に「従来心理学は遺伝にはなんらの交渉がなかったが、唯物主義の見地にあらずして精神的の人生観の立場から、心理学が吾人に遺伝の秘密は記憶（Memory）の中に発見せらるることを示すであろう」と言っている。

生命進化の事実が絶対的にその自律を主張して機械論を斥け自由を主張する以上、ここに進化は「必然」以外に偶然すなわち道徳的秩序（Moral Order）に支配せらるるのである。ヴェステルマルク（Westermark）やホッブハウス（Hobhouse）等が「進化」における道徳的要素を指摘している通りその真理であることを承認しなければならない。「自由に対する責任」は進化論上の一つの大いなる題目である。ドリーシュは自由あるところには必ず道徳的責任が生ずることを言い、生命の世界は実に道徳的世界であると主張し、しかして進化の原因でありまた方向であるべき絶対者（神）に生物学より到達し得べき三個の窓を有するうち、道徳はその一つである、神は道徳的本性を有するものであろう、「道徳」すなわち「汝」（神）“Morality the Thou” である、と言い放った。

吾人は生物進化の歴史を点検して、その進化が高等に進むに従って、目的観（Teleology）が明らかになり、道徳的生活の世界に進み入ることを承認しなければならない。

さらに生命進化の根本的原則として「順応」のないところには生命は存在し得ない事実を注

意せねばならない。一度この事実より出発して観察すると進化には相対性（Relativity）が存することを許さなければならない。形而上学からは「実在と現象」とよびなされるように、生命は常に何ものかに促され、刺激（Stimulate）されつつ伸びて行くのである。ここに、創造的進化（Creative Evolution）の原理を認めるのである。しかもその関係は、あたかもベルグソン等が指摘しているように単純な因果以上であって、この場合に「自由」がその関係を示すものであるとするならば、進化は実に理想的（idealistic）なものとなるのである。（この点は後で述べるが）従ってカント（Kant）の言ったように、道徳的悪（Moral Evil）が成立する。かかる事実を認めると、ここに次のような問題を生ずる。すなわち、進化は正当なる発展を遂げているか、はたまたその本道をはずれ岐路に入り、生命は堕落を始めているのではないか、これ実に進化論上の大問題である。生命が「自由」の本質をゆたかに具有していることを現わす状態に進むに従って、罪悪の傾向が明確なる事実として吾人の前に現われて来る。そしてその解決を必要とせらるるに至ることを承認しなければならないであろう。かくのごとく進化を観察して来ると、罪悪よりの「救済」（Salvation）をその中心問顯とする宗教がここに最も真面目な問題となって来るのである。「罪悪よりの救い」の要求、これらは吾人の生活において明らかに体験せらるる重要なる事実の一つであろう。しかし余は今ここにはこの最も趣味深き問題により深く立ち入ることを許されていない。

要するに今日進化論は大いにその意義を従来と異にして来ている。そして述べて来たように創造的進化説を執る以上、ここに物心二元説の解決と形而上学上の「実在と現象」「神と世界」との関係、交渉の問題が著しく吾人の意識に昇って来るのを覚ゆるのである。

第四章　形而上学の問題

学問の歴史を顧みると、あたかも山間を流るる渓流の幾条が右往左往して、各自の方向に下ってもついに海洋に合せずには止まないように、学説の流れもその本体論的（Ontological）探究においてはかつてパウルゼン（Paulsen）が指摘したように等しく一元説に傾きつつある。

そこには一元説を想わざるを得ない深い理由があるであろう。それの労作が常に本体論を使命とする形而上学（Metaphysics）が、この一元説に傾き行く十分の真理は存するとしても、これを科学的帰納法（Scientific Induction）によって容易に多元論（Pluralism）もしくは二元論（Dualism）を否定し去ることはむずかしい。

エルサレム（Jerusalem）が「吾人の見解によれば、二元論はいかなる意味においても究極的には破壊され得ない」（Jerusalem: An Introduction to Philosophy, p. 180）と言っている。しかし同時に彼は「両者が不同にして相互活動をなし能わないということの立証を正しとする原因観念は何物もない」……さらに「物心相依の要素は吾人の経験し能う最も元始的な事実の一つである」と言ったのを見ても、これをもって直ちに一元論がとうてい成立し得ないとは言えない。

ウォードはこれに関して二個の経験形式を立てている。一は与えられたる個人的経験、他は交互主観的交渉（Intersubjective Intercourse）の結果としての経験、すなわち後者は前者経験の一般的（generalised）もしくは普遍的（universal）延長である。「一般の科学的思想より来る二元論を論験せんとすれば、普遍化せられたる、または普汎的経験が、吾人の最初の個人的具象経験によりまたこれより直接に生じたこと、およびその具象経験の真に単なる延長に過ぎないことを指摘し示すことが必要である。しかしてまた経験内には常に有機的一致が存することをも指摘することである」(J. Ward: Naturalism and Agnosticism, p. 153) と言っている。「一元論と二元論とは時間および空間の特殊なる場合において共に真理である」(同書153頁)。すなわち二元論は空間的に一時的に真理であるけれども、これは相互に独立した実在性（Reality）を意味する観念においてではない。

エルサレムは、「物心」の並行は実在ではなくて、単に現象（Phenomena）に過ぎない。これが「物質」および「精神」現象間における相互関係の避け難い事実において提出せられたる問題の解決である。「内部位置」（Inner Aspect）に関して語るには、一つの幻影的比喩を用いなければならない、吾人は心的現象を「内部運動」として記すことはできない、そはこれら吾人の組織中に置かれたるものとして顕わるるからである。この意味においてもちろん、肉体内に行なわるるすべての血液の、消化・同化・循環作用のごとき純物理的運動さえこの制限内に含まれていなければならないはずである。それゆえに物心運動の「内部位置」は意識の運動として認められたる心的本性のみである（同書170頁）、と言っている。かく主張して来るとデカルト（Descartes）の二元論が物心相互を各実在とした点において失敗を示している。

古来幾多の学説の争いとなったこの問題は、要するに現今、すでに述べたごとくに「現象界」において二元説をとり、実在の観念においては一元説を主張するように見える。

しかしてその「実在」とは何であるか。形而上学はこれをいかに断定するのであろうか。またこの「実在」と「現象」との関係交渉は如何。ここにさらに複雑困難なる諸問題を生ずるのである。

しかしまずこれだけは認めなければならない。すなわちプラトン（Platon）の言ったように、現象界のいずれの一つをも宇宙の本体と見ることが許されないことである。従って単純な唯心論も唯物論もそれが形而上学的基礎に立つまでは成り立つことができない。

ここに問題はふたたび相対の姿において現われるが、形而上学は飽くまで一元説に基礎を要求するものである。しかしてかく見る現象は見えざる実在より顕現し、あるいは影響せられつつあることもまた学問の認むるところである。しかしてその「実在」の本質如何によって現象界との関係交渉の意義が甚だしく異なってくるのは言うまでもない。吾人は大別してそれに三種の立場を与える。すなわち

一　自然主義的一元説（Naturalistic Monism）

二　唯心的一元説（Idealistic Monism）

三　不可知的一元説（Agnostic Monism）

である。自然主義的一元説は言うまでもなく全然機械論の範疇に属して、宇宙はただ因果の法則によって支配せられていると見るのである。ウォードが「自然主義的一元説を吾人は完全に無視することができる。科学はもはやそれと直接関与するものではない」（Naturalism and Agnosticism, p. 206）と言ったのは真実である。この意味において単純な進化論は、もはやこれらの問題を決定すべきなんらの権能をも有してはいない。

唯心的一元説もまた究極の実在として直ちに許容さるべきではない。たとえ、それが成立す

るとしても幾多の複雑にしてかつ困難なる問題を産むであろう。しかしエルサレムが「吾人は心的現象を内部運動として認むることはできない。それはこれらが吾人の組織中に置かれたるものとして顕わるるゆえである」と言っている通りであるから、少なくともかかる唯心論は、身心並行説という観念より離れたる第二位をそれが占むることを許さなければならぬであろう。なんとなれば物心の関係はわずかに現象を区別するのみにとどまりて、いまだ決して究極の問題に触れることを許されていないからである。もし単に科学的認識をもってのみ直ちにそこに本体律を求めんか、問題はどこまでも物心の困難なる関係を離るることはできないであろう。

このゆえに、最後に到達すべきは不可知的一元説である。ここにカントの超越的一元説(Transcendental Monism)が、実にこの至難なる問題の迷宮の戸を開くべき唯一の鍵とはなった。しかしてカントのこの超越説（Transcendentalism）の根拠は、もちろんかの有名なるヒューム（Hume）によって指摘せられて、従来の形而上学の独断（Dogmatism）に向かって、これを批判すべく創始した新たにして、かつ深いその認識論より出発したものであるが（今はその細密なる紹介を後の「哲学と宗教」の章になすとして）、要するに、物心が相互に独立せる現象を有するにかかわらず両者の間には相依と統一とが存することを否定し得ない以上、それが常に統一を要求する哲学の対象になるのは当然と言わなければならない。しかしてそこには両者が相関与する根本原因が存すべき十分なる蓋然性（Probability）がある。この根本的な原因は形而上学から「第一原因」(The First Cause）とよばれている。その観念は多くの学者によって異なっている。最近においてベルグソンは、これを「生命の流れ」（Vital current）と言っている。吾人の有する生命は、これと同じき範疇に属するけれどおのずから異なるものである、「吾人は生命の流れそれ自身ではない、ただ物質に籠められたる流れである」(Creative Evolution, p. 282) と。しかし、よしそれが実在と現象を区別し得たとしても、本体論上からは種々なる困難を喚び起こすであろうが、かかる生命主観の学説もなお現象と実在とを分かたなければならないのである。〔彼は実に生物学から直ちに実在に達せんと企てて特殊なる途を歩み出した最初の学者である。その学説の一般は誰も知るように有名な『創造的進化』(Creative Evolution) において知ることができる。彼と共に記憶すべきはかのドリーシュである。その名著『有機体の科学および哲学』(The Science and Philosophy of the Organism, 2 vols) の形而上学の部を参考すべし。〕しかしてこの「第一原因」をショーペンハウアー (Schopenhauer) は「意志」(Will) であると言った。しかして本体論の歴史において「第一原因」は漸次に現象界との関係において、単なる機械観を離れて、目的観(Teleology) に近づきつつある、すなわち宇宙ことにその進化の示すところは機械観以上の意味を有し、目的を有している、と認められるのである。ゆえに「第一原因」は漸次意識的 (conscious) のものとせらるる傾向がある。マーティノー (Martineau) は宇宙のあらゆる原動力 (Dynamics) の原因であるのみならず「唯一絶対の原因 (Sole Cause) がある。しかしてそれは一の至高意志 (Supreme Will) である」と言っている。リンゼイ (Lindsay) はその著『形而上学の根本問題』(The Fundamental Problems of Metaphysics) 中の「第一原因」に関する歴史的考察を試みた終りに、「かかる人類を生ずる世界に非人格的宇宙論は明らかに不可能である。第一原因は少なくとも人格的 (personal) であらねばならない。あるいはそれ以上であるべきである。しかして倫理的生命、智能、および意志を具有すべきはずである。ここに言う第一原因は通例の意義におけるなんらの倫理的意味を含まない、自由なき単なる物質的結果に対する第一原因ではなくして、神 (God)

である。因果律はまさに彼と世界との関係の一方面に相違ない、しかしそれは全体ではない。彼は自由なる創造者（Free Originator）、倫理的本性を有する自己計画者、宇宙の究極本源である」（ibid., pp. 119－120）と言っている。〔読者はここで因果律（Causality）と自由（Freedom）と必然（Necessity）と偶然（Ought）とに関する問題について考えられるであろう。しかし今はこれを後の問題としなければならない。〕近世の学者の中、ジェームズ（William James）、ウォード（James Ward）、ロイス（Joshia Royce）、ロッジ（Sir Oliver Lodge）、オイケン（Rudolf Eucken）、ハウィソン（Howison）およびオックスフォードの人格的唯心論者（Personal Idealists）等がある。

すべての現象がこの「第一原因」（今は多くの学者によって神とよばれている）から発しているとする以上、もちろん、現象界に在って最も不可思議な働きを有する「生命」もまた、そこに起源を有するものであると見るのはあえて不当ではあるまい。

その関係において、「因果律は神と世界との否定すべからざる一つの要素には相違ないが、単に現象の原因としてのみでは、宇宙の真の究極本源たる「意志」の自己計画的活動、その自由なる創造者たることの本源にすることはできない」。機械論以上の事実を吾人は生命の現象においてすでに明白に認容し得るものである。実在はここに原因としての外に創造者たることを許さなければならない。

ベルグソンは「彼は絶えざる生命・活動・自由である。かくて創造は一つの神秘ではないことを認める。吾人が自由に行なう時に、吾人自身創造を経験するものである」と言っている。

神は万物および生命の最初の起源であるにとどまらず、常に現在の意味において絶えざる創造をなしつつある者と言わなければならない。ベルグソンが、カントの静的実在に対して動的実在説を主張し、絶対の「自由」(Freedom) と「持続」(Duration) をもって宇宙の真相とした理由である。彼は宇宙生命をもって唯一絶対の実在とした。その本性において彼は次のように語っている。「吾人の見解から、生命はその完全なる状態においては中心より発して四方へ堤を切って押し流れる大波のごときものとして顕われる」(Creative Evolution, p. 280)、「しかしその周囲のほとんど全体においてそれは阻止せられ、また或るものは障害を越えて進む。しかして人間において初めて生命の純粋持続 (Pure Duration) または内部持続 (Inner Duration) が可能となる」と言っている。ゆえに創造は一度行なわれたのみならず、絶えず時々刻々行なわれつつ進歩発展するのである。

このような自由なる生命運動は、単純な機械論をもって容易に説明され得べきものではない。それればかりでなく彼は実に、目的論的説明をも斥けた。一切の創造は絶対の自由それ自身であるから、「自由は自己形成の行為に至るまでの関係にして、この関係はあたかも吾人が自由それ自身であるゆえに不定である」(Time and Free Will, p. 219)。あらかじめ定められたる目的を許さないのである。この点は彼の哲学に大いなる問題の存するところである。しかし彼はまた一面においてみずから次のような言を語り、かつ漸次目的論に近づかんとしつつあるかのごとく見ゆる。彼はすでに宇宙の目的論的事実を承認していると思わるる点がある。これらの問題に関して丁寧なる批評を試みたドッドソン (Rowland Dodson) はその著『ベルグソンと近代精神』中に「ベルグソンは他方において、もし進化が実在であるか、または絶対であるならば、その意味においいて彼はロマンティックな進化論者に属するのである。時間は、それゆえに結果なきものではない。究極の実在は創造的に進化しつつある生命である。ゆえに吾人はそれを吾人自身において知るごとくに生命は目的を有するものである。ことに彼は、生命は心理学的秩序より成ること、および一般におけるその意識は宇宙生命にまで拡大されなければならない、と明白に言っている。ゆえにベルグソンは直ちに目的論的哲学に近づきつつあるごとく見ゆる」（Bergson and Modern Spirit, p. 230）と言っている。かくのごとく生命進化の過程において目的論がついに否定すべからざることはもはや公平なる科学および哲学の承認し得る真理であろう。ウォードは「目的論としての自然」（Nature as Teleological）の題下に多くの立証を試みている。その最後に、「吾人は等しくこの自然の統一と正確とが自然それ自身目的論的であることを証明しつつありと語り得る権利を附与せられている」（Naturalism and Agnosticism, p. 254）と明言している。

実在に意識的本性を許し自然界に目的論的事実を承認するに至るのは、ここにウォードの言うごとく吾人の経験を普遍化し、これを帰納したる結果である。

由来本体論的の探究に関して学問の歴史が現わしてきた一つの大いなる傾向は、ヴィンデルバント（Windelband）の指摘したように、最初の実在を外部に求めたるその探究より漸次自己に内省し来たりて、ついに吾人の経験に発見せんとするに至ったジェームズのごとき、その光輝ある代表者である。個人経験において「目的」はリンジの言ったように、自己計画、また理想である。しかしてこれらの経験を基礎とする学問が当然帰着する本体論上の立場は実に人格主義（Personalism）である。古来多くの人びとが人格主義に達している。かくて神の人格性を明白に承認すれば、神と世界との倫理的関係においてたちまち「罪悪」（Sin or Guilty）およびその救《きゅう》拯《じょう》（Salvation）等の純粋なる宗教上の問題の解決がここに要求せられて来るのである。しかし今はそれらの問題について語ろうとしているものではない。最近の人格主義に立ちつつある学者の数名を紹介すれば、オイケン、ウォード、ロッジ、さらにウェッブ（Webb）など、その白眉である。その他経験主義（Empiricism）あるいは実証主義（Positivism）または実用主義（Pragmatism）、近くデューイの『哲学の改造』（The Reconstruction of Philosophy）等の立場にあるものはおおよそそうであらねばならない。しかし経験主義は学問がその限定せられた経験の立場のみを重んじ、そこにのみ真理を発見せんと欲するゆえに、そこに否定すべからざる真理を有するにせよ、一方から見れば波多野博士が言われるように「実証主義が結局は宗教の否定に終わりはしないかを恐れる。むしろ私たちはこの主張をもって、宗教に反対する現実主義の哲学的表白とも見なすべきであろう」（『宗教哲学の本質及其根本問題』9頁）。この重要なる哲学上の問題は後に述べることとして、ここにはただ読者の注意を促して置くにとどめたい。

ここに実在と現象――神と世界との関係は、実在すなわち神の自由なる自己実現（Self Realisation）と見るのである。これは一般に「啓示」（Revelation）とよばれている。神の人格性を認むる見解より来る「啓示」の内容は、単に神を世界の原因とのみ見、そして直接吾人の人格的生活とはなんらの交渉なき全く理論上の神である理神論（Deism）や、今も述べたような神をただ現象界の経験より帰納して世界の本体とのみ思う汎神論（Pantheism）と異なって超越的であると同時に内在的を主張し、その自由なる創造活動をなすことによって「価値」（Value）の世界を開展するに至るのである。

バウン（Bowne）は「非人格主義は二重の失敗を顕わしている。もし吾人がその基礎観念たる経験基礎を探究せば吾人はそこに基礎となるべき何ものをも存しないことを知るであろう。非人格主義は思索の空しき形式に過ぎない」（Personalism, p. 267）と言っている。

かくのごとく論じてくると、有神論的（theistic）信仰を主張する（もしその最もすぐれたる宗教を選べば）キリスト教（Christianity）の宇宙観（Cosmology）および世界観（The View of the World）が全体として肯定せられてくるであろう。

ただに形而上学からそのように主張されるばかりでなく、生物学や心理学からもこれに最も有力な助言を与えるものである。ドリーシュのごときは、生命がその本性上ついに機械論にとどまることができないで生命自律（Autonomy of Life）、すなわち生気説（Vitalism）と人格的価値の世界にのみ許さるる道徳（Morality）との関係について、「われらは生気説と道徳との真に重要な関係に到達した。道徳の証明が生命自律の証明となることはあたかも生命自律の証明が因果律および本質を含有するのと同一である。道徳と生命自律はその一つを証明すれば他の証明となり、その一つを否定すれば、すなわち他の否定となるであろう。かく密接な関係に両者が存することを表明することは余にとって最も重大なことである」（The Science and the Philosophy of the Organism, Vol. II, p. 357）と述べている。しかして彼はなお進んで、生物学より「絶対」（Absolute）に達し得べき三個の窓があると言い、道徳はその一つであって、実在者は道徳本性を有するものと思惟せらるるゆえに、その究極の実在は「道徳すなわち至高なる汝」（Vol. II, p. 361）であると言っている。今日人格不滅を高調しつつある心理学の立場からは、さらに力強き援《たす》けを受けることができるのである。

科学の基礎の上に立つ形而上学の断定が、神の人格性を主張する以上、生命起源の問題において特別創造説を、物心並行の困難なる問題に対しては超越的実在説を主張することによって初めて問題を哲学的基礎の上に引き上げて、さらにまた哲学すなわち学問を学問の対象とする認識論上の大いなる問題（例えば超越的、純客観的実在がいかにしてこの現象界と直接関与し得べきか、と言うがごとき）として提出したのであるが、少なくとも科学の世界において神の人格性（Personality）の認容と、その自由なる創造的啓示を承認するのは必ずしも越権ではないであろう。

さて、吾人は次に「科学」と「宗教」がいかに関係交渉すべきであるかについて述べてみよう。

第五章　科学と宗教（結論）

科学と宗教とは、いかに関与し、交渉するであろうか。それらの創り営める世界が、相互に遥かにも隔たって、その距離において相近づき難いのではないか。その存在の姿においてさえ、宗教の世界に燃え上がる焔よりも熱き感激の純情は、氷よりもなお冷やかなる科学の理智が振り下ろす白刃の下にその魂緒《たまのお》を断たれるのではないか。

吾人が永遠の生命と、その宗教的感激の純情がもたらす喜悦とに楽しくも生きんとしつつある時、かの異なりたる世界よりわが内に来たり住んでいる「理性」が猛然として立ち上がって、その冷やかなる利刃を翳《かざ》して「宗教は迷信なり、汝の理性が肯定し得ざる世界に一歩たりとも踏み入らば汝はたちまち自滅すべし」との声を聞いて、宗教に対してその切なる要求を感じつつも悄然《しょうぜん》として信仰を棄て去る者が甚だ多い。科学と宗教はかくて永遠に相触れ相結ぶことは不可能であろうか。吾人は両者の分野、異同点について述べてみよう。

相違点

古来、科学と宗教とは両立し得ないかのごとく思惟せられやすく見えていた。しかし本来は相互に他を否定したり攻撃したりすべきものではなくて、よく両立することが許されるものであろう。

しかるに、何がゆえに今日まで、いな、今日もなお、この問題についてかく論争が行なわるるであろうか。その理由の一つは科学が従来甚だ幼稚であったのにも基因しているであろう(今日とてもそうであるが)。さらにその謬見のよって来たった、その根本の原因は科学と宗教が各自その分野を混同したがためであると断言するをはばからない。そしてその分野とは何を意味するであろうか。

一、「外部的」(outer)と「内部的」(inner)世界である。メルツ(Merz)は「内部的」(宗教)および「外部的」(科学)の区別をもって顕わし、物理学的探究をもって、人格的真理を要求する精神的「内部的」真理を究めようとすべきではない、その分野がおのずから異なれることを述べ、しかし両者は相反対すべきものではない、相抱きつつ人間のさらにより広き思惟の世界を全うせしめるのであるとの見解を述べている(Religion and Science, p. 164)。ことに科学が宇宙の動かすべからざる普遍的真理の探究を使命としつつもついに、自然の「意味」(Meaning)と「価値」(Value)の問題に触れやすいことを彼は「宗教と科学」のうち科学を論じたる章の末節に述べている。これ実に最もすぐれたる観察と言わなければならない。それは世界は自然・必然または普遍妥当性のみが認容せらるるにとどまってはいない。

宗教は人格的真理を追求するから、意味と価値の実在を主張するものである。これらは共に真理であって互いに他を否定することはできない。

二、一般的、普遍的真理(科学)と意味と価値(宗教)との区別は厳正で、その世界を全く異にしている。これをもって他に代用し流通せしむることは決して許されない。互いにその資格を有していないのである。相互は全く別世界をなしている。しかるにこれを混同もしくは同一視するか自己の真理をもって他を律せんとするならば、たちまち相殺傷するに至るのである。かかる時においてのみ両者はまさに両立することができない。

科学の要求するところは道徳上の善悪でもなければ幸不幸歓喜あるいは悲哀に関係を有さない。また個人の生死にもなんら関与するところがない。ただ自然界における一般的真理の鮮明の要求である。人はこの明らかにせられた真理を利用して実用と幸福とに資しているけれど、それは全く科学そのものが夢にも要求しない、またしてはならないことである。

しかし人生の要求は科学的認識のみをもって満足し得べくもない。科学が「存在」（Sein）の必然性を明示する外に、「当為」（Sollen）、すなわち「在り得る世界」における認識の要求がある。すべて人格的要求がそれである。吾人にはこれらの善、美、および生命の要求が存することを否定することはできない。ここに道徳あり芸術あり、宗教があるのである。この点について田辺元氏はその『最近の自然科学』（331頁）に次のごとく述べている。

「このように考えるならば、科学が他の理想的産物たる、道徳、宗教等と本性上矛盾するというような疑いも、全然根拠のないことが明らかとなる。もし自然科学の方法を唯一の人生の見方とし、自然主義を正当なる人生観とするならば、宗教は幻想であり、道徳は功利の手段、芸術は本能的快楽の機関というようなことにあり、真の宗教や道徳、芸術の意味は解せられる余地がなくなるであろう。しかしながら、理想主義の立脚地に立ち、科学をもって真の理想を体現する産物と考え、『真』以外に善、美、円満等の理想を認めるならば道徳も芸術も宗教もそれぞれ科学と同様の根拠があることを承認しなければならぬ。古来宗教と科学とが矛盾するという考えから、科学者は宗教を幻想とし宗教家は科学者を危険視するごときは、全くそれらのものの根底と範囲とを明らかに理解しない結果である。宗教が科学と同じく経験的自然に関する認識を提供しようとするのは自己の範囲を忘れるものであって、自然の認識は自然科学以外に与えることはできぬ。宗教はその真理を承認しなければならぬ。しかし自然科学が自然科学によって認識せられざるものはすべて架空幻想であると言うならば、またそれは越権であって、すでに自然科学そのものの彼方に、理想とか価値とかいうような、自然科学的に認識せられないものを、認めなければならぬことを忘れたのである。科学の理想たる真以外に他の理想的価値があって、それぞれこれを体現するものとして、道徳、芸術、宗教が存し、宗教は実在の一つの現われたる人性の根本に基礎を有すること、科学と同様なることを承認しなければならぬ」。

科学（心理学）より宗教へ

両者の限界がいかに厳正であるかは言うまでもないことであるが、最近自然科学が進歩するに従って新しい光明を生物学（Biology）および新しい心理学に認めるのである。

ロッジは従来の科学と宗教の争論は必要ではない、両者はすでに和解している、と言っている。なおその著『人と宇宙』(Man and Universe）の「科学と宗教の和解」(p. 26）に「問題はただ両者がどこで会うかということである」と言い、また「真の宗教の境地と、より完全なる科学のそれとは同一である」(p. 51）と言っている。この大胆な宣言はいかなる根拠より発せられたかというと、それは全く新しい心理学的発見に基づくものと言わなければならない。

心理学の貢献

次にそのことを少しく述べて置こう。近世の心理学において永き間問題となっていたのは、かの「余剰意識」（Marginal Consciousness）〔W・ジェームズの心理学用語で「周辺意識」と訳される。「意識」とあるが、実際は、意識の中心部分に微妙だが重要な意味合いを付与する「感情的要素」のこと。〕の問題である。エドマンド・ガーニー（Edmund Garney）やフレデリック・マイヤーズ（Frederic Myers）等の労作によって漸次光明を認めるに至った教育心理学（Pedagogical Psychology）および、変態もしくは病的心理学（Abnormal or Pathological Psychology）の研究からすべての発見が行なわれていった。心霊（Spirit）の自由性（物質に対する）および意識の二重以上の存在等の発見、さらにその根本問題たる「余剰意識」の研究は、一八八六年に至ってフレデリック・マイヤーズが初めてこれに「潜在意識」（subliminal or subconscious）の名称を与えた。新しき心理学はこの実験に基づいてその学的確信を開展しつつある。これらの発見のうち、その中心真理をなしているものは「精神伝達」（Telepathy）の説である。人間の精神は甲より乙へなんら物質的影響を受けずして全く自由に相通うというのである。催眠術もその一つであるが、物体透視（Clairvoyance）千里眼等もそうである。しかしてこの原理から人間の霊魂不滅（Human Immortality）の可能を主張さるるようになって来た。その代表的な著を紹介すると、Frederic Myers: Human Personality and its Survival of Bodily Death; James: Human Immortality; Lodge: The Survival of Man その他にも多くの良書がある。かく心理学から肉体死後における霊魂の存続を予想さるるようになってきたゆえに、近代の心理学に基礎を有する学者が等しく神の霊的存在と吾人の精神のこれに対する関係の可能との認容から一般に宗教に真理性を承認するに至った。

さらにベルグソンはその著『夢の研究』の終りに、「潜在意識」に他の意識が働きかける事実を注意深く指摘して「余はかつて物理学およびその他の自然科学が近世においてなしたる発見よりも、さらに驚くべき発見がそこに存するを疑わない」と言っている。かくて科学より宗教への立脚点において同一圏内に入り来たりしことは実に注意すべきことであろう。ロッジの“The region of true Religion and the region of a completer Science are one”と言ったのもこの意味であろう。両者の「隔たり」はこの一点に架橋せられたるかの観がある。

一致点

ジェームズ・ウォードもその著 Realm of Ends, p. 416. に完全なる知識はあるいは宗教を肯定するであろうと言っている。

しかも科学は常に限定（limit）せられていることを忘れてはならない。与えられた事象における真理の認識にとどまるのであって、その根本に至れば仮説（Postulate）に入るのである。この世界においては科学と宗教とは全く同一の立脚地に立つものである。ロイスはその著『哲学の宗教的意義』（The Religious Aspect of Philosophy, p. 291）の「仮説の世界」を論じた中に、「科学者が人生における理論的合理主義の仮説を採用するのに、吾人は何故に人生における道徳的合理主義の仮説を採用してはならないのか」と言っている。しかして彼の「仮説」は一つの信仰である。しかし「盲目的信仰」（Blind Faith）ではない。信仰には二種あるが、「仮説」はその他の一つである「積極的信仰」（Active Faith）であると主張している。

ジェームズ・ウォードは「信仰と知識」を論じて「吾人のごとくにかく限定せられたる知識を有する者にはそこには常に信仰の一室が備えられている」（Realm of Ends, p. 416）と言い、しかしてこの仮説、すなわち一つの学問的信仰に大胆なる基礎を置いて、「吾人は信じてまず試みん、後に至るまで了解することなくとも」“We trust, and try first, not understanding till afterward”と彼は言った。そのような態度をもって進まなければいかなる真理にも到達し得ないであろう。

今日まで偉大なる科学者は、おのおのその熱心なる確信に導かれつつ種々なる発見を遂げて来た。エディソン（Edison）やバーバンク（Burbank）等は一種の直感的研究者（Intuitive Investigators）であって決して確信なき学者ではない。彼らはまさに一の信仰に導かるる人びとと言わなければならない。「至純なる衝動は理性の労作より来たらずして吾人の内部的本性の自然なる活動より来たる」（Weston: Intuition, p. 33）とウェストンが言った。

かくのごとく吾人のあらゆる労作は、「熱心」と「信念」を経ずしては、理性活動をさえ促すことができないと言わなければならない。波多野精一氏は、その著『宗教哲学の本質及其根本問題』147頁に、理性の主張を論じて、「理性は自己を主張するに先立って、みずから然なし得る権利あるを証明すべきではないか。もしかく論ずる人があったら、吾人はカントの精神に従って次のごとく答えよう。もし理性の自己主張が独断的ならば、この独断はむしろ歓迎すべきである。なぜと言うに、この独断があってこそ、証明も批判も哲学も成り立つのである。真理の可能そのことは、要するに信ずべきこと、主張すべきことで、証明すべきことではない。水泳を学ばんと欲する者は、先ず水に飛び込まねばならぬ。フィヒテやヘーゲルの要求した通り、先ず理性を主張し真理の世界に身を投ずる決心と勇気とのない者は哲学、いなすべての真理を断念すべきである」と言っている。

かくて信仰の世界のその本質とも称すべきはついに冒険的精神である。ウォードは「冒険なくしては何ものもなし」（Realm of Ends, p. 416）と言い、この辺の消息についてジェームズは「信ぜんとする意志」（Will to Believe）の終りに、「冒険的な態度がなく、逡巡して立ち止まれば凍え死ぬであろう、逡巡して無為に死に会わんよりは、よし吟味の余地なくとも、最善を行なえ！しかして最善を望め！」と言っている。かくのごとく、科学者は一種の「宗教的態度」と「熱心」とに導かれつつ冷静なる実験室の戸口まで伴われ行くのである。某《あるひと》が言ったように、彼らはその実験室を出る時そこに待たせ置いた熱心を忘れて独り出で来るのである。吾人は一種の直覚によって各自その専門を選み取るのである。しかしてそれはほとんど宗教の熱心と等しき熱心に導かれて研究に入り行くのである。かく宗教的感情、信仰的態度が科学をさえ産むのであると言うことができよう。

信仰を外にして、吾人の生くべき世界は存し得ない。実に人類の世界は信仰の世界である。アンセルムス（Anselmus）とともに「真理をば知らんがために我信ず」（Credo ut intelligam）と言わなければならない、しかも両者は決して相対するものではないから。いな、すべての根底には信念が潜むことを忘れてはならない。そして冒険、それは科学者の歩み去った旅の跡にも見出される鮮明なる足どりである。彼らはしばしばこれによって異常なる獲得をなしている。その生命の飛躍！　それこそは人間本来の真面目《しんめんもく》であろう。それが「永遠者」と感化を交ゆるその体験においてこそ宗教そのものが存し、しかして人生が存し得るのである。

第二部　哲学と宗教

哲学と宗教とがいかに交渉するであろうかという問題について昔から種々な見解が存している。たとえば宗教を感情の所産と見、哲学を理性の所産であるとするものがあるが、それは明白に不当であろう。必ずしも相対立して存すべきではあるまい。両者が共に宇宙の根本的真理探究を目的とする以上、相対立しあるいは相争うものにあらずして、紀平氏の指摘せられたように、宗教と哲学との争議は結局哲学と哲学の争議であることを示すに過ぎないであろう。宗教が単なる、理性の承認の伴わない感情であるに過ぎないならば、それはまさしく迷信であって真正な宗教とは言い得ない。同時に哲学がもし全人格的活動の所産でないならば、それは決して真の哲学とは呼び得ないであろう。宗教の歴史を見るとそれが常に迷信をいとうて真理に近づかんとする努力を示していることを直ちに発見するであろう。しかして哲学史をひもとく者はそのすべての学問が常に宇宙最深の本体、すなわち神について論議しつつあることを知るであろう。

宗教は宇宙の根本的実在（神）を対象として初めて成立するがゆえに、実在（神）に関する論議はまたそれが迷信に甘んじない限り宗教にとって最も重大な問題とならねばならない。

由来、宗教と哲学とは同一源泉より出発し分化して来たものであるゆえに、その関係は相互に細やかにかつ極めて根本的である。吾人はまずそれの問題について論議する前に、問題を正当な理解のうちに提出させるためにその背景について語らなければならない。

第一章　史的背景

宗教と哲学との離合に関して最初に吾人が語らなければならないものは、まず中世の教父哲学（Patristicism）であろう。古代ギリシア哲学が、原始キリスト教の時代にその大いなる影響をこうむって、かの教父哲学（紀元一〇〇年―八〇〇年頃に至る七百年間ニカイア（Nicaea）の宗教会議の教義を決定した牧師等の哲学）となり、このキリスト教の信条に哲学的基礎を与えようと試みた学派によってその信条は確定した。この信条と哲学とを結合して、「何故に信条を信ずべきか」ということを説明せんとしたのが、スコラ哲学（Scholasticism）である。紀元第九世紀から十五世紀に至る六百年間にわたって中世哲学の中心思想となった。しかして中世哲学の目的は真理そのものよりも、むしろ教会によって与えられた、既知の真理（？）の証明であって、純正な哲学の立場を脱して哲学を「神学の婢《はしため》」として組織したものである。

（一）　創立時代　第九―十二世紀。
（二）　全盛時代　第十三世紀。
（三）　衰頽時代　第十四―十五世紀。

かく教会の信条を合理的に説明して哲学と宗教とを結合せんとする場合、提出せらるる問題は、普遍（Universalia）の問題である。教会は個人の集合にあらずして個人集合より独立する普遍的な実在である、アダムの堕落は一個人アダムの堕落ではなくして人類という普遍的実在の堕落である、とする。その他、神・キリスト・聖霊など皆普遍的の実在で、個人あるいは個物に先立って存在する必要がある、信条はこの確実な基礎の上に立たなければならない、と主張するのである。ゆえに個々の現われよりも、むしろ実在に重きを置いたスコラ哲学は、皆等しくプラトン（Platon）の「イデア」（Idea）論を採用して普遍の実在を主張した。もし普遍的実在が存するならば個物と個物とはいかなる関係にあるであろうか。「普遍的実在は個物中に存す」と説いたのである。これを実念論（Realism）という。さらにアリストテレスの立場からこの普遍の問題を論じたものを概念論（Conceptualism）とする。実念論も概念論も共に、普遍の実在性を認めたが、これに反対して、実在性を拒み、普遍は単に名目に過ぎない、存在するものはただ個物であると主張する一派を生じた。彼らは「普遍は個物の後にある名目に過ぎない」という「名目論」（Nominalism）である。前者にはアンセルムス（Anselmus, 1033-1109）、エリウゲナ（Eriugena, 810 頃 -877 以後）、アベラルドゥス（Abelardus, 1079-1142）、トマス・アクイナス（Thomas Aquinas, 1225-1274）があり、後者にはオッカム（W. Occam, 1300 頃— 1349 頃）がある。

さて実念論の主張するところは個物の本質がつねに不変であると主張する点から彼らは汎神論（Pantheism）に著しく傾いた。しかるにキリスト教は本来超越にして独一の神を奉ずるがゆえに、両者は互いに相容れず、実念論はこれがために哲学と宗教とを結合せしむるに不適当となった。この難問を解決せんとしたのが概念論である。すなわち普遍的実在を認めて、しかも汎神論とならずしてよくその実在性を維持せんとする主張である。これは第十三世紀の頃、スコラ哲学全盛期である。かくて実念論が陥った困難を概念論が救ったのであるが、一方漸次に勢力を得つつあったものは名目論である。彼らの主張が全然個物以外に実在を認めない以上、神、三位一体、救済の思想などは皆粉砕せられてしまうはずである。ゆえに彼らが勢力を得るに従ってキリスト教は衰頽していった。

この時代より経験論、感覚論（Empiricism, Sensualism）および不可識論（Agnosticism［不可知論］）など懐疑論の萌芽となった。近世の自由研究の端緒はここにすでに開かれたと言い得よう。

神秘派（Mysticism）

これらの変遷の中にあって、同時に神秘説を主張する一流派が起こって来た。すなわちグノーシス派（Gnostics）と称せられる理知にあらずして神秘的直感説である。スコラ時代にはフゴ（Hugo, 1096-1141）、リシャール（Richard, 1173 没）、ヴァルター（Walter, 12cent.）等である。外界は肉眼をもって、内界は理眼によって、しかして神はただ心眼によってのみ認識せらるるというごとき説である。彼らの中にはダンテ（Dante）のごとき人もある。さらにスコラ哲学の勢力を失うに至ってますますこれらの神秘説が続出した。そのうち最も注目すべき一派がある。それは教会の教権より独立して単に自己の宗教的経験に訴えて神秘説を立てる一派がドイツに起こり「宗教改革の母」（Mutter der Reformation）となった。彼らの代表者はエックハルト（Eckhart, 1250-1320）、タウラー（J. Tauler, 1300-1361）、スーソー（H. Suso, 1300-1365）、ロイスブルーク（Ruysbroek, 1294-1381）等である。これ実に民族的宗教の発端で宗教改革はこの精神に基礎づけらるるものである。

ドイツ神秘派

今その変遷の傾向を顧みる時、ここに顕著なる一事実を認むるであろう。すなわち中世哲学の主潮たるスコラ哲学はキリスト教とギリシア哲学とを結合して合理的に宗教を説明せんと試みたが漸次内面的となり経験主義（Empiricism）となり、個人意識の要素が極めて多くなって来たのみならず、その支流として流れつつありし神秘派に至り、さらにその色彩を鮮かにするようになった。そのうちピエール・ダイイ（Pierre d'Ailly, 1350-1425）、レームンド（Raymond, 1436 没）、ジェルソン（Gerson, 1363-1429）等は教会の教義を神秘的に解釈してこれと背馳することを恐れ、その調和に努力した正統的神秘主義（Orthodox Mysticism）と称する一派である。しかしその後に至って教会の教義より独立して自由に自己の宗教的経験に訴えて神秘説を立つるに至った一派こそドイツ神秘論者である。すなわち従来外部に求め来たりし真理実在を内部に発見せんとする傾向であって、極めて個人主義（Individualism）の問題に接近して来た。朝永氏著『近世における我の自覚史』はこの事実に立脚し、哲学史全体を「自我」の自覚史として観察した好著である（Windelband: History of Philosophy, p. 337 参照）。

中世と近世の過渡期において一方中世の神秘主義の流れに棹さしつつ、しかも他方において自然哲学の研究を重ね、中世哲学の終りにして近世哲学の始祖をなしたのは、かのニコラウス・クザヌス（Nikolaus Cusanus, 1401-1464）である。彼は中世哲学のなせしがごとく、神と世界との対立を認容したけれども、しかも一切は神の中にあり神は一切の中に存すと言いて、神と世界とはその本質上同一なれども存在形式を異にするに過ぎないと主張した。ピュタゴラス、プラトン、新プラトン学派の主張を尊重し数学および自然哲学を重んじ、主知主義、個人主義の立場において発展の思想を持し、思惟の対象を思惟の成果とする概念説を唱えたるがごときは、中世思想に立脚しながら近世思想を宿したものと言わなければならない。

近世哲学

中世の終りに至って哲学的省察が著しく内面的となってきたが、近世の初期もこの傾向を継続してさらにこれを徹底せしめた。現代においてもなおその権威を失わざる批判哲学(Philosophy of Criticism) に至るまでには幾多の貴重なる探究の曲折を経なければならぬ。

宇宙の根本本体たるべきものは果たして如何。従来の哲学において経験論者が個人的経験において現象の背後にその本体たる神を認め、これと容易に交通し得ると信じたる、あるいはあらゆる自然科学的探究より来る真理をもって直ちに宇宙の根本体を認識しうべきかのごとく思考したるごとき、本来宇宙の窮極実在あるいは神は、自然科学の基礎において立つ形而上学の分野において決定せらるべきであろうか、はたまた純正なる哲学的認識を待たなければならないであろうか。これらの主要なる問題こそ近世哲学が遭遇しかつその解決を試みたる大いなる根本問題と言わなければならない。以下これらの問題を中心として述べて行こう。

吾人は先ず近世哲学を分類すれば

一　文芸復興期の哲学 (Philosophy of Renaissance)

イ　人文主義時代 (Humanistic Period)

ロ　自然科学時代（Natural Science Period）
二　啓蒙期の哲学（Philosophy of the Enlightenment）
三　批判期の哲学（Philosophy of Criticism）

とするのはヴィンデルバント（Windelband）のそれであるが、ウェーバー（Weber）の哲学史はさらに簡単である。すなわち近世哲学を二分して

一　前期　独立形而上学時代（ブルーノーよりロックを経てカントに至る）
二　後期　批判哲学時代（ロックよりカントを経て現代に至る）

等である。

文芸復興期の哲学を過渡期時代の哲学ともいうのであるが、スコラ哲学は、ヴィンデルバントがその近世哲学史の初頭に言い現わしたように、「内部より瓦解」したものである。スコラ哲学転覆後、新哲学勃興の機運は十五世紀にその初光を認めたけれど、漸次その光度を鮮明にし来たって、十七世紀におよび全く積極的に成就せられた。過渡期時代とは十五、十六の約二百年間を指すものにして十七世紀に至り全く新境地の開拓となった。

中世哲学の根本思想は、神の国を地上に実現しこれによって絶対的に個人を支配せんとしたもので、スコラ哲学の衰頽と共に教権は全然その力を失い、個人の自由を尊重し、個人万能主義、すなわち「人文主義」（Humanism）の時代となった。教権より独立してなんらか新しきものを求めんとする精神は当時の学界に溢れ出でた。この精神は、中世において忘却せられし古代文芸を復興せんとする方向をとった。すべて新しき境地を造り出さんとする傾向において自然哲学が興り、一方においては宗教改革の運動となった。すなわち文芸復興《ルネサンス》（Renaissance）宗教改

革（Reformation）の時代である。

文芸復興の中心はイタリアにしてまずギリシア、ローマの学をその原形において復興した。当時、学者はラテン語を用いたがいまだ古代ローマ人の著書を読む者はなかった。十四世紀の初めにダンテ（Dante）、ペトラルカ（Petrarca）、ボッカッチョ（Boccaccio）等が出て古代ギリシアおよびローマの文学を慕い、これを広く紹介せしことによって文学の方面に復興が行なわれた。これとともに復興して来たものは古代のギリシア哲学すなわちアリストテレス（Aristoteles）以後の哲学であってストア派の代表者ユストゥス・リプシウス（Justus Lipsius）、エピクロス派の代表者ガッサンディー（Gassendi）等が有名である。かかる中にあってスコラ哲学から独立してアリストテレスの哲学を究めんとする学者も起こって来たが霊魂不滅論に関して二派を生じた。その一はアラビアの注釈者アヴェロエス（Averroës）の解釈によって能動的理性と人類精神とを同一視し人類精神は不滅なりと主張するもの、アキルリニ（Achillini）、ニフォー（Nifo）はこれらの代表者である。第二はギリシアの註釈者アレクサンドロス（Alexandros）に従って有機体を離れては霊魂は存在せずとするもの、ポンポナッツィ（Pomponazzi）はその代表者である。

中世思想の特色は出世間的、超自然的にして秩序を重んじ服従を尊ぶが、これに比してギリシア主義は世間的活動的にして美を愛し自由を尊び、個人の天稟《てんぴん》（生まれつきの才能。天性。）を尊重して、これを発揮するところにある。文芸復興は単に古典の復興ではなくして実にギリシア主義の復興である。現世を重んじ彼岸を軽んじ自然そのものに向かって深き興味を注ぐもの、これ実にこの時代の思潮であった。この思潮は汎神論的の世界観となって現われて来た。アリストテレスの哲学と相並んで復興してきたのはプラトンの哲学である。新プラトン派の哲学を基礎として発達してきたのはプレトーン（Plethon）、ベッサリオン（Bessarion）、フィチーノ（Ficino）等である。フィチーノはキリスト教の教義と新プラトンの学説を調和せんとしたが、やがて神学的精神と流出説とを結合するものであるが、この見地から救済は単に教会のみでなく神より流出せる世界の到るところに適用せられなければならない。ゆえにかつては教会以外に脱し去らんとした自然においても神の正しき認識の道が発見せられ神と結合することができた。あらゆる自然の根底に神性の秘密があってこれを開いて神を認識せんと企てるもの、これを神智学（Theosophy）と称す。これはプラトン哲学の変形であってピコ（Pico）はその代表者である。神智学は新プラトン学派の哲学から自然哲学に移って行く第一歩と見ることができよう。

　自然が神性を有するものとすれば自然は神的の力を有するものとすることは明らかであって、果たして然りとすれば人は何故にこの力を得ることができないであろうか。人が神力を得、よくこれを用うれば人は実に秘術者（Magics）である。神智学から一転して秘術となった思想をも生じた。アグリッパ（Agrippa）は秘術の可能を主張した有名な学者であるが、秘術は人間万能の人文主義の傾向を最も明らかに示すものである。この思想を実際的実験的方面に用い霊薬の発明など種々なる経験的端緒を開くに至った。パラケルスス（Paracelsus）等はそれである。新プラトン学派の説は神智学となり転じて汎神論的の自然哲学を生ずるに至った。イタリアの自然哲学はそれである。彼らに従えば、自然は自然のために存す、従ってそれ自身目的を有し、それ自身の法則を有す、自然は自然によりて説明せられなければならない。ゆえに神と自然とを対立せしめ神学の根拠より自然を説明し、または自然律を論ずるものは断じて不可であると主張し、神は内在的の原理にして超越的の原理にあらず、換言すれば神は事物の自然的秩序である。万一自然律が神から来るとすればそれは超越神から来たらずして内在の原理たる神より来るべきはずであると説く。のちのスピノザ（Spinoza）の汎神説「神すなわち自然」の前提とも見ることができる。イタリアの自然哲学者の主なる人びとはカルダーノ（Cardano, 1501-1576）、テレジオ（Telesio, 1508-1588）、パトリッツィ（Patrizzi, 1529-1597）、ブルーノ（G. Bruno, 1548-1600）、カンパネルラ（Campanella, 1568-1639）等である。この中とくに注意すべきはブルーノである。彼はこの学派の代表者にして「神すなわち自然」においてはスピノザの先駆者であるとともに、単子説においてはライプニッツ（Leibniz, 1646-1716）の思想の源泉をなしている。カンパネラは事物の認識は内界および外界の経験から来ると説いてベーコン（Bacon, 1561-1626）、デカルト（Descartes, 1596-1650）の先駆をなした。

宗教改革の運動について述べれば、自然哲学は上述の経験を辿って教会より独立したが、宗教を教会より独立せしめんとする気運もまた、ドイツ神秘派の中に漸次に高潮してきた。宗教改革は、すなわちこの機運の結んだ結実である。ここでいう教会とはローマ旧教を指すものである。これに反対する信徒らは反抗者（Protestant）と呼ばるるに至った。彼らの「救い」は教会の空しき儀式、あるいは制度より来るものではない、内心の信仰より来るあらゆる伝統形式の威力より解き放たれたる「良心の自由」の要求であった。実に宗教改革の根本精神はすべての行き掛りを排して全く自由独立の位置において個性が神を直視すべきを主張するものである。この思想においてルター（Luther, 1483-1546）、ツヴィングリ（Zwingli, 1484-1531）、カルヴァン（Calvin, 1509-1564）等の思想は同一である。しかしアウグスティヌスの決定論および聖餐式の説について各自意識を異にした。ルターの意見に賛成してその事業を助けた人びとの中の有力者はメランヒトン（Melanchton, 1497-1560）である。アリストテレスの説を容れて、新教のスコラ哲学を創立せんとして宗教改革の動機たる宗教心と文芸復興時代の自由の精神とを結合し或る程度までは新教と旧教とをも調和せんと試みた。彼によって新教のスコラ哲学は成立したのである。しかしその内容の複雑が、後に因をなしてルター教そのものさえ破綻せらるるに至った。新教に反対して旧教を守らんとする団体も起こった。イグナティウス・デ・ロヨラ（Ignatius de Loyola, 1491-1556）の団体はジェズイット派（Compagnie de Jésus）である。また教会の中に新教精神とジェズイット派の誤謬を矯正せんと試みたのはヤンセン（Jansen, 1585-1638）によって創始せられたヤンセン派（Jansenism）である。

神智学、秘術を唱うるもの等の主張するような自然界の根底に探り入ることによって神を認識し得べしとすれば、吾人の内界、すなわち人性の隠密をあばきて神を知り得べきは論を待たない。ここにおいてイタリアの自然哲学者が神智学、秘術より出発して汎神論的に自然を説明しつつありし間に、他の一派の学者は神を吾人の内に求め吾人の欲望を除き去って外界の執着を離れ、内に向かって黙想することによって、人性を明らかにし、人性を明らかにすることによって神を発見し得べしと主張した。この一派をドイツ神秘派と称する。その主なるものは、ヴァイゲル（Weigel, 1533-1588）、シュヴェンクフェルト（Schwenckfeld, 1489-1561）、フランク（Franck, 1500-1545）、ヤコブ・ベーメ（Jakob Böhme, 1575-1624）である。

秘術も神秘説も事物の根底をあばくことによって神を認識せんとする点においては、神智学的であるが、前者は途を自然界にとり、後者はこれを人性にとる相違があるのみである。神秘説は、神を内に求めるがゆえに、外より来る伝説、書物等の知識はすべて排斥した。ヴァイゲルはスコラ哲学に激烈なる反対をした人で他の三人は新教のスコラ哲学に反対して宗教改革の最初の精神を全うせんとした人びとである。

国家学の発展

ドイツの宗教改革、イタリアの自然哲学と同一の精神を国家学の方面に及ぼし、教権より独立した国家学を立てたのはマキヤヴェリ（Machiavelli, 1469-1527）、ボダン（Bodin, 1530-1596）、ジェンティーリ（Gentili, 1552-1608）等である。

フランス懐疑派（Scepticism）。スコラ哲学は名目論を生み、名目論中に懐疑的要素を含んだ。文芸復興はまずギリシア文化を復興し、のちギリシア哲学を復興し、以後あらゆる学説が群がり起こって、一体系の下に組織する等のことはほとんど望むべからざるようになった。そしてついに懐疑説を生むようになった。懐疑説は個人万能主義と合して「人は万物の尺度なり」という古語に落つるのである。ブルーノと同時代のヴァニーニ（Vanini, 1585-1619）はこの説である。モンテーニュ（Montaigne, 1533-1592）は、この時代の説に統一なく普遍的認識は得がたしとして懐疑論を唱えたが、この懐疑論は、あらゆる認識を否定し去ることによって一時的安定を得ようとする終局の懐疑論にあらずして、自然の存在を確信し認識を得ざれば止み難い進取的の懐疑論である。ベーコン、デカルトのごときは彼の影響の下にあると言わなければならない。シャロン（Charron, 1511-1603）、サンチェス（Sanchez, 1552-1632）等はその実践的方面に向かった人である。

独立形而上学時代

過渡期の哲学は、その最後に懐疑論を生んだ。近世哲学の偉大なるものは、この「懐疑」を出発点として、その研究の歩を進めて行った。しかもギリシア時代、あるいは中世時代のそれとは異なって、懐疑をもってその終局とするものではない。より確実なる真理に到達せんための積極的懐疑である。知識を求めて止む時なく研究心をさらに根底あるものとなさんがために過ぎない。従来の宗教、未知の事柄に向かっては深き疑いを抱きながらも、しかも認識そのものの可能なることは、初めより確信して疑わず、より完全なる方法、より新たなる手段によって、確実なる認識に至らんと欲するのである。その認識の可能を仮定して疑わざる点よりすれば、むしろ一種の独断論（Dogmatism）である。カント以前の近世哲学において吾人のまず遭遇するものは、この独断論である。

経験論と純理論

認識は可能である、しかして真理は唯一なり、従って認識の起源もまた唯一ならざるべからざるに、人には感性（Sensibility）と理性（Reason）とがあって、両者は互いに対立する。或る学者は、認識に必要なる要素として、必ずその一方に立脚する。前者は経験を重んじ、後者は思弁を重んずる。一を経験論（Empiricism）と言い、他を純理論（Rationalism）とよぶ。前者は中世哲学の名目論の変形にして、後者は実念論の変形である。一は英国に起こりてフランスに入り、他はフランスより起こってついにドイツに入った。前者の創始者はベーコン（Bacon)、ホッブズ

(Hobbes, 1588-1679)、ロック (Locke, 1632-1704)、バークリ (Berkeley, 1685-1753)、ヒューム (Hume, 1711-1776) と英仏の啓蒙時代の哲学である。後者の創立者はデカルト (Descartes) にして、スピノザ (Spinoza)、ライプニッツ (Leibniz)、ヴォルフ (Wolff, 1679-1754) その他啓蒙時代のドイツ哲学者である。両派の関係はこのように二大潮流をなすにもかかわらず、相互に深き関係を有し、ホッブズとロックはデカルトの影響を受け、スピノザはホッブズの、ライプニッツはロックの影響を受けた。バークリとライプニッツとは正反対の立場なるにもかかわらず同じく唯心論 (Spiritualism) に到達し、形体の世界は、真の存在にあらず、存在するものはただ表象の世界のみであると主張したごときはそれである。

経験派 (Empiricism)

ベーコンは古き従来の学問を打破して、これを革新し、自然律を発見することによって自然を支配することを企て、有名な『新機関』(Novum Organum) においてその発見術を説いた。アリストテレスの『オルガノン』の論理に反対して全く新たな立場より、帰納法 (Induction) を立てた。帰納法というのは、個々の経験から出発して漸次に各経験の間に存する普遍的な法則を発見せんとするのである。ミル (Mill) やヒューエル (Whewell) 等はこれをさらに発展せしめた。そしてベーコン (Bacon) は宗教の教権から独立した新たなる学問を創始しようと試みたのに対して、ホッブズは国家と道徳とを宗教の教権から独立せしめようとした。『リヴァイアサン』(Leviathan) はこれらに関する著述である。彼は自然の機械的説明をなして、唯物論の立場において、存在はすべて物体である、すべての出来事は運動である、この運動は機械的に必然的に生ずるがゆえに機械論が成り立つと主張した。物体は二種あって、一は自然、二は人造物である。人造物の最上なるものは国家である。そして人は国家と自然物の間にあって、国家組織の要素である、というのである。人体の内部の運動は精神作用であるが、あらゆる認識は彼には一種の感覚論に過ぎぬ。あらゆる活動は快不快の感から起こる。自然においては人は快楽を求めて苦痛を避けんとするもので利己的な動物である。この利己的なものが集合すれば当然相敵視する。かくて幸福と平安は失わるるゆえに互いに相約して国家が初めて組織せられる。法律はこの約束を有効ならしめるために置かれ、君主を絶対として仰ぎてこれを統一する。国家なくしては個人に善も悪もない。国家と法律が存して初めて人には善があり悪がある、また道徳も国家がこれを命じ臣民はこれに従うの義務がある、と言うのである。

ジョン・ロックは認識論を深めてその起源および限界を決定しようと試みた。有名な『人間悟性論』(An Essay Concerning Human Understanding) という著書を公にした。彼は、ホッブズと等しく認識は感覚から来るもので、感覚のないところには観念もなく、認識もない、精神は白紙(tabula rasa) のごとくで、純理論者の本有観念 (Innate Ideas) のごときものはない。経験が来て初めてこの白紙に文字を書く、経験を経て初めて観念が存し得るのである。彼は経験が吾人に与うる事物の性質を分かって第一性質 (Primary Qualities) と第二性質 (Secondary Qualities) との二つとした。また、経験の直接に与うる事物の性質は単純観念 (Simple Ideas) と呼び、これを結合せしめて複雑観念 (Complex Ideas) が生ずる。これを三種に分かって、状態 (Modes) の観念、実体(Substances) の観念、関係 (Relations) の観念とする。状態の観念はそれ自身は存していない、実体をまって初めて存する。そして或る性質または状態が常に結合している。この結合の原因をこれら状態の下に在る実体と見る。この実体はただその性質、状態のみ知ることができるけれども、実体そのものはついに不可知的である。状態の観念および関係の観念は単純観念を材として精神がこれを結合せしめたか、または精神が自由に製作したものであるが、その中で距離・形状・容量など空間に関する観念、継続その他時間に関する観念、力・運動の観念のごときは状態の観念であって、因果・同一・差別の観念また道徳上の観念は関係の観念である。ロックは観念起源の問題よりさらに進んで観念の認識価値すなわち妥当性を論じた。

認識には三つの段階がある。二つの観念の合不合が明瞭なる時は㈠直観的認識（Intuitive Knowledge）と言い、第三の観念の媒介によって二つの観念の合不合を間接に認識する場合を㈡論証的認識（Demonstrative Knowledge）と呼び、経験によって外界に事物を認識するのを、㈢感覚認識（Sensitive Knowledge）と言う。自己認識のごときは㈠であって、最も正確である。神の存在の認識、数学および倫理上の認識のごときは㈡に属する。その正確の度は㈠に準じ、外界の認識は単に蓋然的である。

観念の起源に関する彼の主張は感覚論であるが、妥当性を論じ認識の可能を主張する点は純理論的である。彼はゆえに純理論的色彩を有する感覚論者である。その学説の重心はむしろ純理論に存するように見える。

ニュートン（Newton）はロックより十年の後に生まれた。彼はベーコンの帰納法を捨て、純理論の数学的演繹《えんえき》をもって分析・総合の両者を用いて自然法則の探究をなした。事物の中に生命の原理が存すると言ったアリストテレス以来仮定されてきた物質の性質的区別を排斥した。すなわち従来は、経験が偶然的にもたらしたところから、単に論理的推論によって自然に最も一般的な原則を導いて行こうと試みつつあった。しかるに、ニュートンの新しい自然科学は、折々の経験にあらずして系統的な観察を試み、またしばしば実験を試み、三段論法の一般論の代りに数学的論証を用いた。新しい自然科学の研究法は、実験的研究の帰納的要素と、数学的観察の経験的要素との二者が結合されて成立した。この事業が十分に完成されたのがガリレイ(Galilei)やニュートンにおいてであった。

あらゆる事物は部分の集合体であって、現象は運動に過ぎないと言い、自然の機械的説明を完成し、宇宙の全体を同一法則をもって説明せんとの目的を達し得た。彼は一方にかくのごとく機械論を主張したけれども、宇宙そのものは造物主がこれを造ったと言って機械論と目的論とを調和し、宇宙を支配する機械的法則の原因を神であると言った。後に神の存在の自然神学的論証となるのである。その結果は理神論に大いなる力を添うるに至った。

理神論(Deism)(後章に少し丁寧に述べよう)

宗教の教権に反対して知を重んじて行ったのは、この時代の哲学一般の精神であるが、ことに啓蒙時代(あるいは開明期)の理神論者であるロックもまたその一人であった。

信仰と迷信とを区別するのに知に合し得るか否かによって定め、歴史的宗教のうち、知に相容れないものは迷信であると主張した。原始キリスト教は真の宗教すなわち自然宗教であったが、教会がこれを汚した、そして歴史的宗教とはなった、これを元の自然宗教の姿に回復せねばならないという説である。これらの系統にある幾多の学者がある。

バークリはロックの中心問題である認識論においてその後をうけ、(一)吾人の認識は観念以上に出ることはできないこと、㈡真理は観念とその対象である事物との関係ではなくて観念と観念との合不合に存することを確かめ、これより出発して結論を導いたのである。ロックは認識の範囲を観念に限定せしにもかかわらず、観念以外の認識を説いたのは矛盾である。観念こそ吾人に初めて認識せらるべきである。精神とその観念とのみが実在する。実体はただ精神のみである。そして観念は吾人の任意に製作したり、また遮断し得るものではない。ゆえに精神以外にその原因が存するであろう。これぞすなわち神である。想像は吾人の所造であるが知覚は神から来る。神によって与えらるる観念の全体を自然と言い、その間に存する秩序を自然律と言う。ゆえに自然は神によって造られ、また神の中にありとする。これらのバークリの立脚地を窺うことのできる著書は『人知原理論』(A Treatise concerning the Principles of Human Knowledge)である。

ヒュームはバークリの批判的態度をさらに追求して進んだ。バークリが経験の立場からなした批判は外界実体の概念に限られていて、内界の精神の実体には及ばなかった。因果の概念も認識論から価値を究むることなく単純にその確実性を定めて、これを直ちに観念と神々の関係に応用した。しかしヒュームは因果の概念を批判した。『人間悟性研究』(An Enquiry concerning Human Understanding)はその労作である。吾人の認識の対象は観念相互の関係と事実とである。数学の対象は観念相互の関係であって事実でないゆえに思惟作用によって先天的に発見することができる。

事実に関する認識は、感覚から来るがその根拠は因果の法則である。そして因果とは、総合判断であって分析判断ではない。しかして経験から来るべきである。しかも経験は果たして因果の概念を与うるであろうか、そうではない。原因は結果を含んではいない、結果もまた原因を包含しない。ゆえにかつて経験せしことなき事実に向かっては、その原因およびその結果の何であるかは知るよしもない。

しかし両事実の連続関係が繰り返して存在する場合、これを知覚する時、その事実が将来にも然るべきを予想して、これに因果の名称を与え得るに至るのである。ゆえに因果は習慣の結果と言わなければならない。ただ主観的の信念であるにとどまる。

両事実の間に、必然的の関係が存すると思惟するのは迷いである。因果の関係は単に蓋然的であって、これを根拠とする事実の認識もまた蓋然的認識に過ぎない。しかし吾人の実際の問題には少しも触れるところがない。彼が因果を蓋然の関係に置くのは必ずしも自然の斉一《せいいつ》を拒まんとするものではなく、ただ絶対的真理にあらざることを指示せんためであった。彼は懐疑論者と称せられているけれども、真の懐疑論者と言うことはできない。数学を先天的に確実であるとするのは純理論であって、事実の認識を拒むものではない。ただ蓋然にとどまるのみである。彼はかかる立場から論じて当然理神論を破るの端緒を開いた。

このように進めて来た彼の探究の態度が、やがてカントの有名なる批判哲学の端緒を開くに至ったことは人のよく知るところであるが、次にこの時代における純理派について少しく述べて置こう。

純理派（Rationalism）

純理派においてはデカルトもまた懐疑的な態度をもって哲学の探究を始めた。彼は、真理の標準は明晰でそして判明でなければならないが、経験の与うるところは明晰でなく、また判明なるものがない。吾人は一切を疑うて経験のために蠱惑《こわく》［たぶらかすこと。］せられないようにしなくてはならぬ、と主張した。しかし彼はこの疑い中に疑うことのできない或るものをついに発見した。すなわち「我が疑う」という事実である。「我」は何故に疑うか、思惟しつつあるゆえである。我は思惟している、我は存在しなければならない（Cogito ergo sum）。我がすでに存在しているとなれば、次に起こって来る第二の疑問は、我は唯一の存在であるか、またはこれ以外にも物が存するや否や、である。彼はこの問題を決せんとして観念を吟味した。そしてその結果神の観念を得た。「我」の存在とひとしく明瞭なものの一つは因果の原理である。果があれば必ず因がなければならない。我に存する神の観念の因はなんであろうか。神の観念は我以下のものや、または「我」から由来するものであってはならない。そは果は因よりは大なることができないからである。ゆえに彼はこの観念を神に帰し、「我」以外に神の実在する証拠とした。神は円満完全なるもの、誠実なるものである。ゆえに世界は虚妄ではない、吾人の有する世界の認識は確実でなければならない。世界もまた厳然として存在する。しかし世界に関する吾人の認識は必ずしも正確ではない。真妄の別があり得るのは事実である。

　彼はこの誤謬の原因は人間の意志に存すると見た。認識の誤謬は意志妄用の結果で罪悪である、ゆえに吾人はまた意志の力によってこれを正しくしなければならないと主張した。

　デカルトは「我」「神」および「外物」の三つを実体と呼んだ。実体とは他の助けを要せずしてそれ自身に存在するところのものである。しかして神のみ真の意義において実体であるが、他の一切は神に造られたる相対的の実態であるとする。彼はこの相対的実体に精神と物体との二種が存すると言い、精神の属性は思惟（意識）、物体の属性は延長であるとした。物体の本質は延長であって、自然界の変化はその結合と分離、すなわち運動の結果である。物体と精神とは相独立するもので、物体の運動は精神よりは来たらずして神より来る。自然はただ機械論的に説明し得べきのみである。人間の肉体も自然界の一部分に属するゆえに当然機械的に説明すべきものである。しかし精神は肉体に宿っている。その理由はいかがであろうか、これらの問題に対して彼の明瞭なる説明を聴くことができない。

彼の哲学は強い自己意識の上に立って、意識の内容を形成する本有観念を吟味し、これによりて我と神と一切万有との存在を証明したもので、ロックはこの説に反対して本有観念の存在を否定し、バークリは、この思想を終局にまで至らしめて唯心論を立て、カントも同じ道を辿って、現象論（Phenomenalism）すなわち批判的観念論（Critical Idealism）に到達した。近世の観念論の要素は彼の哲学中に存するということができる。さらに幾多の近世哲学の果実となるべき萌芽をその哲学中に含んでいた。彼の哲学は多くの要素を具有したことによって、幾多の矛盾を包含した。以後の純理派の人びとがこの矛盾に着眼してこれを訂正し、あるいは完成せんとして、多くの哲学体系を生ぜしめた。デカルトの学説の弱点は大体次の点である。

㈠　人性における身心の二元論
㈡　世界における物心の二元論
㈢　神と世界との二元論
㈣　精神と思惟との同一視

等であった。㈠の弱点を救わんとしてゲーリンクス（Geulincx）、㈠㈡に関してはマールブランシュ（Malebranche）、㈠㈡㈢はスピノザ、すべての点を救わんと出立したのが、ライプニッツである。

デカルトの二元説を説明してその原因は神にありとなし、身心両者の相働くは真の原因ではなくして単に「遇因」に過ぎないと言うはゲーリンクスの「偶因論」（Occasionalism）である。ゲーリンクスの神秘説から出発した学者の中にパスカル（B. Pascal）やベール（P. Bayle）等がある。

物心の二者が全然相反するものなれば、精神は物体をいかにして認識すべきかその理を解することがはなはだ困難である。すなわち物体の観念はいかにして思惟中に入り来るであろうか。マールブランシュはその問に対して、「あらゆる観念は神の内にあり、吾人は神においてあらゆる物体の観念を見、神を通じてすべてのことを認識する。神を認識するは、やがてあらゆる一切を認識することである」と言う。遇因論《ぐういんろん》的汎神論《はんしんろん》（Occasionalistic Pantheism）または万有在神論（Panentheism）である。

しかし彼らはデカルトの純理論的態度と異なった一つの神秘主義に過ぎなかったが、合理的に物心相関の理を説明し、神という物体以上精神以上の一実体を認め、精神と物体とはこの実体の属性に過ぎない、実体はすなわち神である、その神はすなわち自然である、神を外にして、自然なく世界なく、世界を外にしては神もなしと唱えたのはスピノザで、かかる立場は言うまでもなく汎神論（Pantheism）である。彼は二元論における実体と実体との対立であった、精神と物体とを、唯一実体の二属性とし、もって一元論を得た。彼の『幾何学の順序に従って証明したる倫理学《エチカ》』（Ethica, ordine geometrico demonstrata）は幾何学の順序に従って書かれたもので、自明の原理から出発して演繹《えんえき》的に真理を発見せんとするデカルトの数学的方法を襲うたものである。この書において神とその属性、認識および情緒の性質と、意志自由の問題等を論じた。普通言う倫理学ではない。しかるになぜこの名称をもって呼びなしたかと言うと、人間の究極の目的は、神を認識して情緒から解脱せんとするにある。哲学は人心のこの倫理的宗教的要求を充たすものであると信じたゆえである。神以外にはなんらの実体もない。有限な事物はただ状態(modi)に過ぎない。一切はそれ自身なんらの意味をも有してはいない。神の一時的形式としてのみ初めて意味を生ずる。神の属性の両種類と相対するものは状態の両種類である。精神状態は他の精神状態によって決定せられ、物体状態はまた他の物体状態によって決定せられる。因果はかく二条の鎖のごとく相別れて相互に関与するところがないが、ともに同一実体の状態であるからその根本においては相連なっている。ゆえに両者は必然的に平行しているとする。スピノザの実体は一切を併呑してその独立を奪ったゆえに、認識の主観であるべき意識的精神の独立もまた拒まれた。彼は意識的精神の独立を拒みつつも純理論を立てようと欲する、これは明らかに矛盾であろう。この矛盾を解いて、これを完成するためにはその実体の概念を改造して、認識の主観である個人の独立を主張しなければならない。この問題に向かって貢献したライプニッツの学説を述べよう。(そしてこの稿においても依然、彼から受ける暗示のいかに大いなるかを附記して置く。)

ライプニッツ(Leibniz)

彼は、認識の主観である個人の独立を主張して「単子論」(Monadology)を立てた。スピノザの「抽象的一元論」(Abstract Monism) に対して「具体的一元論」(Concrete Monism) を主張した。

彼に従えば、実体は力である。みずから活動する精神的の個体である。それは物質ではなく、延長もない。単純にして分かたるべきものではない。これを彼は単子 (Monad) と呼んだ。その数は無限であるが、その本質においては一つである。異なるのはただ、その活動である表現の程度のみである。表現 (表象と同意義) に明不明があって、程度の差はこれを指すのである。宇宙は表象の程度を異にする「単子」の段階であって、単子表象の内容は宇宙である。彼は単子を全宇宙を映写する活ける鏡に比した。すなわちそれは小宇宙 (Microcosmos) である。「単子」の表象が不明なものは、いかなる時も意識を有さない。これを「裸単子」と言って、その表象を「微小表象」と名づける。

意識を有するのを「霊魂」、自己意識を有するのを「精神」と呼んだ。これらの高等な単子といえどもその表象中に微小表象を混有している。これが「単子」を制約する、「単子」をして有限ならしめ、「単子」相互を分離せしむる個別の原理である。

彼はかくのごとく心の無意識的要素に注意して純理論者の本有観念に基礎を与え、本有観念を否定するロックに反対した。カント、シェリング (Schelling)、フィヒテ (Fichte)、ショペンハウアー (Schopenhauer)、ハルトマン (Hartmann) 等はこの意識説に負うところがある。

予定調和説 (L'harmonie préétablie or Pre-established Harmony)

ライプニツの「単子」は互いに相独立して、それには窓がないから絶対に孤立して外界とは全く交通無関係にみずからそれ自身発展するのである。かく主張して来ると、自己以外のものはいかにして知ることができ、交渉することが可能となるのであろうか。これは不可能となるはずである。しかるに彼は懐疑論者ではなかった。彼はいかにしてこの難問題を解決したか。それは「予定調和説」である。彼はここに「神」を認めた。そしてその「神」は我の内部における現象を一々外界のモナドに対応するようにあらかじめ作られてあったゆえに、自己と外界とはよく調和すると言うのである。しかもモナドの本質は同一であるから幾多独立した雑多なるモナドにもおのずから調和統一が存する。その原因を「神」に帰した。この調和は神があらかじめ単子に附与した性質の結果であると言う、一種の「予定調和説」である。

彼の神は、超越的であって一度モナドを造って後にはこれに干渉することがないから、スピノザの内在の神とは非常に異なっている。ライプニッツは有神的の多元論（Theistic Pluralism）と呼び得るであろう。

彼はなお理性をもってこの自然宗教は論証せらるると主張している。一切は「単子」の集合であるから、吾人の精神のごとくに思惟（Cognition）があって延長（Extention）はないはずである。しかるにそれが物体と見らるる理由は何故であろうか。吾人の表象は極めて不完全であるから思惟を思惟としてありのままに認識することができない、延長として表象するによるのである。それ自身精神的であっても吾人には物体として表わされる、思惟と延長とは共に同一単子の属性であって、思惟は本体で延長は現象であるという説である。物体と精神と対立するのは現象界の方で本体界にあっては皆すべてが精神である、とする説である。

ライプニッツは、要するに余の見るところでは、それが学問に基礎を置く宗教哲学に対する深いまた避けることのできない根本的な問題を想わせ暗示しているようである。

㈠　Nouveaux Essais sur l'Entendement humain
㈡　Théodicée
㈢　Monadologie

等主なる著作である。これらを親切に平明に紹介したものに次のごときがある。

Langley: New Essays concerning Human Understanding.
R. Latta: Leibniz, The Monadology and other Philosophical Writings.
Montgomery: Leibniz, Discourse on Metaphysics; Correspondence
　with Arnauld, and Monadology.
B. Russell: A Critical Exposition of the Philosophy of Leibniz.
Melz: Leibniz.
J. Dewey: Leibniz.
Duncan: Philosophical Works of Leibniz.

ライプニッが理性教（Vernunft-religion）を唱えたのは人の知るところであるが、ライマールス（Reimarus）はライプニッ哲学の組織者ヴォルフの学説に基づいて、無神論を斥けたが、神の啓示にも反対した。そして聖書に対しても批判を加えた。これが聖書の高等批評（Higher Criticism）の端緒とはなった。

理性万能の世界はこの時代の特徴であった。彼らは等しく歴史を軽視したが、その中にあってひとり歴史を重んじ、理性教を奉じつつも発展的に神学を説いたのはレッシング（Lessing）である。彼は理性教を宗教の出発点とせずして、その極致とした。しかしてここに注意を要するのはヒューム、レッシングおよびカントの三名が啓蒙時代の理神論や理性教の顛《てん》覆の途を開いたことである。かくて宗教上の神の認識はさらに哲学上困難な問題となるのである。

信仰の哲学（Glaubensphilosophie）

スコラ哲学の全盛期においては、宗教はなんらの批評をも受けることなく、その立脚地を自己（宗教）みずからの上に置いた。しかしてかえって哲学に基礎を与えていた。しかるに近世の初頭に当たって、人は個人的理性に呼び醒まされた。否、いつかは覚むべきものが当然に立ち至ったのであると言った方がさらに当たっているかも知れぬ。宗教はもはや独存ではなかった。理性の冷やかな批判に会ってその生命の大半は失われた観がある。しかしなおこの時代においても理性の根底には常に神が存した。それはよし真正に宗教と呼び得ないものであったにせよ、人はみずからの理性を通して神を見ていた。しかるにそれすら困難となる傾向を示し始めた。この偏理的傾向に反対して立ったのがフランス啓蒙時代においてはルソー（Rousseau）および彼のように、「知」よりは、むしろ「信仰」を重んじてその後の思潮に対抗したのが、「信仰哲学」の名称のあるハーマン（Hamann, 1730-1788）、ヘルダー（Herder, 1744-1803）、ヤコービ（Jacobi, 1743-1819）等の一派である。彼らは信仰に基づいて根本真理を立てようとした。彼らの代表者とも言うべきヤコービは、カントの純粋理性批判の学説に対してなかば承認の態度をもって、自己の哲学を立てた。まずカントの悟性論に同意した。すなわち悟性は単に形式的の官能に過ぎないから、ただ与えられた材料に関係するばかりで、どこよりか思考の材料を得なければその官能を営むことができない。さらに超感覚的の実在に関しては保証を与うることはできないというカントの説に同意したが、思考材料の本源と見るべき「物自体」(Ding an sich)の実在を保証することができない。また理性観念〔カントのいわゆる「イデー」、すなわち、理性が終局の満足を得るために構想する絶対的存在。〕、すなわち意志の自由、神の存在、霊魂の不滅等を単に「要求せらるる仮定」(Postulate)にとどめる説に不同意を表した。物自体の仮定がなければ吾人はカント哲学に入ることができないが、この仮定を有する以上はカントにとどまることもできないと言うのである。

フィヒテはカントの純粋理性批判の立場を根拠として唯心論を立てたから、全然外界の存在を否定して、存在を全く自我すなわち内界のみに見たのはカント哲学の不良な結果である。

可感的の外界や超感覚的の実在を確認する者は「信仰」(Faith)である。感官と理性とは共に信仰の二つの器官であるゆえに信仰は真正の認識の源泉である。前者は自然実在を領会〔了解〕し後者は超自然の実在を領会すると主張する。しかして悟性は与えられたる直覚を分析結合することができるのみであるとする説である。

さらにさかのぼって、啓蒙期の偏理主義に反対したルソーは、究理の論理を排斥して感情の論理を主張し、感情的自然神論(Sentimental Deism)を立てた。神の存在の論理的の証明は、単に唯物的無神論を破り得るのみで、存在の証明の終極および積極的の根拠は感情の内的証拠である。宗教のあらゆる最後の判断を与うるものは感情である。感情の内的証拠によれば、自己の存在すること、その自己を触発する外界の存在すること、自己の思想や動作が全く受動的でなくして自由を有すること、霊魂は物質にあらざること、現世における善悪の終局は見ることができないゆえに霊魂が肉体と共に滅亡すると思われ得ないこと、等は吾人が直接に感得するところである。これらの論拠はことごとく「内的証拠」の説から導こうとした。

さらに注目に値する学説は、カントが道徳的信仰に基づいて、意志の自由、神の存在、霊魂不滅等を立てたが、これらに基礎づけられて宗教観を立てようとした者がはなはだ多い。現時ドイツにおけるリッチュル（Ritschl）派の神学は、新カント派（Neo-Kantian）の立脚地より出発して信仰を基礎としたものである。英のハミルトン（Hamilton）、マンセル（Mansel）、ロマーニズ（Romanes）、仏のルヌヴィエ（Renouvier）、米のジェームズ（James）等は、皆その哲学の根底に宗教を置くもので信仰の哲学と称することができる。近世の初頭から唯理主義と逆行しあるいは離合しながら、吾人の哲学的要求に出没しつつ連綿として現代にまで及んでいる。しかして今日、ますますこれらの勢力は盛んである。経験主義（Empiricism）、実用主義（Pragmatism）等と結びついて宗教的真理は吾人の間近に信奉せられている。デューイ（Dewey）のごときは『哲学の改造』（The Reconstruction of Philosophy）を叫びつつある程の形勢を示している。かくして宗教はたやすく哲学的に認識せられたように見える。

余は経験が宗教の生命であること、およびそれが一つの立派な根拠を哲学上に有していることをも十分に承認する。しかし余は想う、経験のみが宗教に確実なる根拠を与えるものではあるまい、「実証主義」（Positivism）が結局は宗教否認に終わりはしないかを恐れる。むしろ私たちはこの主張をもって、宗教に反対する現実主義の哲学的表白とも見なすべきであろう（波多野氏『宗教哲学の本質及其根本問題』10頁）と波多野氏が言っているのは、真に鋭き観察と言わなければならない。要するに今日哲学に基礎を要求する宗教は、単純な経験主義を離れて、むしろ純理主義に求められなければなるまい。しかしてそれが構成主義的認識論の立場をとることである。模写主義の認識論者の言う真理とは、単に思想と実在との一致ということで、また物を「知る」と言うのも、事物を心にうつして見るということであるが、真に知るというのは「構成」することで、構成するというのは、何らかの原理に基づいて組織せられた真理を指すのである。いずこにかその真理の理想を認めてこれに従うことである。宗教的真理は当然価値問題に触れた理想主義の態度をとるに至って真に認識論上に確実な地歩を占めるのではなかろうか。

ともかく、宗教を一つの学として見て行く以上は、一、宗教が哲学を組織したり（神学）二、哲学が宗教を説明したり（中世の哲学）することは許されない。真理性を批判しそこに必然的に宗教を学問として認識しなければならないのである。ゆえに真に宗教に必要な学問として、まずカントによって創始せられた批判主義の哲学が要求せられるのである。

単に宗教的感情の要求から言うならば、それは侘《わび》しく冷やかな途であるには相違ないが避け得ない、避けてはならない真理への唯一の途であると思う。

批判哲学（Philosophy of Criticism）

宗教が批判哲学において、いかに認識せられ、しかしていかなる位置に置かれるであろうか、それは重大にして、かつ最も興味深き問題である。

さて、吾人はこれらの根本問題に入る前にまず批判哲学の立場を知らねばならない。一言にして言えば、批判哲学は学問を対象とする学問である。吾人の知識を吟味する学問であるから知識学（Epistemology）とも呼びならわされている。従って真の哲学はただこの批判主義の哲学（Critical Philosophy）であるとも言い得よう。

自然科学者は従来自己の科学的認識の確実性を固く信じて、かつて一度でも疑ったことはなかった。しかし科学の基礎の上に立つ形而上学（Metaphysics）のあらゆる労作、ことにその立場から「自然」は全然客観的実在であって、その本体論から宇宙の唯一絶対の原因として神を証明して来た。カントもまた彼の批判哲学の以前においては他の形而上学者と等しく自然科学（Natural Sciences）によって幾多の論文を発表した。その中有名な「天体の一般自然史および理論」（Allgemeine Naturgeschichte und Theorie des Himmels, 1755）や「神の存在の論証に対する唯一の可能なる証明根拠」（Der einzig mögliche Beweisgrund zu einer Demonstration des Daseins Gottes, 1763）等はそれである。しかしヒュームによって指摘せられた最も重大なる問題、すなわち従来一人としてその確実性を疑う者もなかった自然科学の立脚点を危うくした学問の根本問題に触れて、彼（カント）は全く新たなる学問の方向をとるに至った。すなわち「批判哲学」の創始とはなった。彼はその著『哲学序説《プロレゴメナ》』（Prolegomena）の序文に「余は明らかに告白する――デーヴィド・ヒュームの警告は、数年前初めて余を独断の微睡から覚醒し、思弁哲学の範囲において余の攷究《こうきゅう》に全然別途の方向を与えたところのものである」と明言した。別途の方向とは何を指すものであるか、（別途とは真理の批判主義の立場にして構成主義なり。）彼はさらに「もとより余は到底ヒュームの結論に服従することはできなかった。彼の結論は、全体を考えて初めて説明できる問題を、全体から考えないで唯その一部分だけ考えたために、全くそのために生じたものである。もしわれわれが完成してはいないけれども、十分根拠あるところの、他人の遺した思想から出発する場合には思索の続行によって、この光明の最初の閃光を与えてくれた俊敏《しゅんびん》な人自身なし得たよりも、さらに大いなる成果を収むることを期待し得るであろう。このゆえに余はまずヒュームの下した非難が一般に考えられ得べきかを攷究した。しかして因果関係の概念は決して悟性が先天的に物の結合を考える場合に生ずる唯一の概念ではなくかえって形而上学は全然かかる概念のところから成立していることを直ちに発見したのである。余はそういう概念の数を確定しようと試みた。そしてそのことが思い通りに、すなわち一つの原理から、成し遂げられたゆえ、余は進んでこの概念の演繹に取りかかった。今や余は、これらの概念がヒュームの憂えたごとく経験から導かるるものではなく、純粋悟性に淵源するということを確かめ得たのである」（カント『哲学序説』15頁、桑木、天野両氏訳）という有名な、コペルニクス的回転説である。

これが哲学界の大革命を促した「先験的演繹論」（transzendentale Deduktion）である。彼はこれをコペルニクス（Copernicus）が、従来の天動説を打破して天に在ると思われた運動はかえって地球に在ることを発見したのに比して、自然界に存する必然の法則は客観に存するのではなくして主観（自我）の与えたものである。主観（自我）こそかえって自然の立法者である、従ってその範囲において自然は「自我」の所産である、と断じた。であるから彼は『哲学序説』の序文に「余の意図は、形而上学の攷究を価値あることと思うすべての人に、彼らの仕事をしばらく差し控え、従来なされたすべてのことをなされぬものと見做し、そして何よりもまず第一に『全体、形而上学というようなものが可能であろうか』という問題を提出することが、不可避的に必要なことを確信せしめようとするにある」（同書和訳、4頁）と言っている。次に彼の哲学説を大体述べることにする。

純粋理性批判（Kritik der reinen Vernunft）

カント（Kant）の哲学は認識の可否の問題を基点とする。すなわち従来の哲学がすべて独断的に認識の可能を許して少しもみずから疑うところがなかったが、彼は認識が果たして可能なりや否やを吟味した。もし可能であるとすれば、いかなる条件いかなる原理のもとに可能であるかを見ようとした。一言にして言えば、彼は認識に先立つ認識の原理を究めようとして出発した。この立場を批判哲学と名づける。

先験哲学

ここに、経験の条件および認識の原理と呼ぶものはついに純粋理性（純論理上）の原理であるゆえに、純粋理性批判（Kritik der reinen Vernunft, 1781）と言った。またその立場から見て先験哲学（transzendentale Philosophie）とも称した。経験に先立って経験から独立する原理、すなわち認識の先天的（経験を持たずして在る必然的）要素の学問という意である。

批判哲学の判断に、綜合判断（synthetisches Urteil）と分析判断（analytisches Urteil）の二途がある。判断の賓《ひん》概念〔述語になるもの。〕が主概念の内に包含せられている概念である場合には、これを分析判断と呼ぶのである。たとえば物体は延長を有すると言うように、判断によって単に既知を説明するに過ぎないから、知識の範囲を拡充するに足らない。綜合判断と称するのは、賓概念が主概念の内に包含せられない判断である。知識の拡充に欠くことのできないものであるから、彼はこれを拡充判断（Erweiterungsurteil）と言い、この拡充判断という名称に対して、分析判断を説明判断（Erläuterungsurteil）と言った。分析判断は経験を待たずして自明なもの、これまさに先天的（a priori）であるが、綜合判断は後天的（a posteriori）であるから、経験を待って初めて真妄《しんもう》を別つことができるようになる。先天的なるものは必然的普遍的であるが後天的のものは偶然的特殊的である。

本来学的認識は吾人の知識を拡充することのできるもの、すなわち綜合的であるとともにまた、必然的普遍的でなければならない。換言すれば先天的綜合判断でなければならない。この先天的綜合判断（Synthetisches Urteil a priori）は果たして可能であろうか。これが真に批判哲学の根本問題である。

彼は三つの批判、すなわち『純粋理性批判』（Kritik der reinen Vernunft, 1781）、『実践理性批判』（Kritik der praktischen Vernunft, 1788）、『判断力批判』（Kritik der Urteilskraft, 1790）の三書において理論、実践、および美学、世界の目的論（Telelogie）等に関してそれぞれ先に言った問題を研究した。

彼はまず数学的認識が綜合判断であることに気付いた。そして数学的認識は直観（Anschauung）であるから、この事実から、直観の範囲において先天的綜合判断の可能なことが確定した。カントはさらに進んでいかにしてその可能であるかをただし、直観形式（Formen der Anschauung）、すなわち時間（Zeit）と空間（Raum）の先天的なのを見た。数学はこの先天的形式に基づく認識であるから、先天的綜合判断である。悟性（Verstand）の範囲においては如何と言うに、ここにも直観形式に対応すべき先天的形式を発見することはできまいか。もしこの形式が発見せられたなら自然科学においても、あらゆる経験的綜合判断の基礎であるべき先天的綜合判断を発見することができるであろう。この形式を彼は、「範疇」（Kategorien）と呼ぶ。判断の構成に必要な結合的の概念である。彼はこれを形式論理学の教うる判断の形式に求めて、四組十二個の範疇を得た。この十二の中にありて関係の組に属する因果の範疇は重要なものであるが、初めヒュームに刺激せられたことによってついに範疇の体系を組織するようになった。

この範疇は経験の条件で、これによってのみ経験が成立するゆえに、経験の範疇においては、それが客観的な妥当性を有することを論じたのが「先験的分析論」(transzendental Analytik) の「範疇の演繹」(Deduktion der reinen Verstandesbegriffe) の説である。

認識の対象はこれまでは、一般に主観の状態に頓着なく主観以外に独立自存している事物の本体 (Noumenon) すなわち自己から見れば「外物」であると思惟せられてきたのであるが、今この説の主張に従えば、認識の対象はいわゆる外物 (Ding an sich) ではなくして、やはり主観の活動すなわち範疇の作用によって初めて成立する現象 (Erscheinung oder Phänomenon) であると断ずるのである。

経験界、いわゆる世界は物自体ではなくて現象である、主観の作るところであると言うのである。換言すれば自然科学の世界は純我の綜合作用によって成り立つので純我こそ自然の立法者である。人間は自然界の一部ではなく、かえって自然界が理性によってつくり出さるるのである。つまり彼の学説には主観(自我)を離れた純粋な客観は絶対に許さるべきでないと見るのである。

さてこの範疇がいかにして直観の供給する材料たる認識の内容と相結ぶか、さらに言い換えれば、認識の形式と内容と結合して、経験を作る方法如何を論ずるのが分析論の図式論 (Schematismus des reinen Verstandes) である。

かくて自然科学の範疇においても範疇である先天的悟性形式を発見し得たゆえに、これに基づく先天的綜合判断の学、あたかも直観における数学に対応する学がある理《ことわり》である。これを論ずるものもまた分析論の「純粋悟性の根本原理」(Grundsätze des reinen Verstandes) である。

批判の公表より五年の後、『自然科学の形而上学的原理』(Metaphysische Anfangsgründe der Naturwissenschaften, 1786) が公にされたが、この問題が詳論せられている。

吾人は単に経験的な認識をもって満足するものではない。さらに超経験的の原理、すなわち経験以上の原理を求め、これによって経験を統一しようとする。霊魂 (Seele)、宇宙 (Kosmos)、神 (Gott) のごときはそれである。カントはこれらの概念を理念 (Idee) と呼んだ。プラトン (Platon) のイデアから連想した名称である。先験的弁証論 (transzendentale Dialektik) は超経験の認識、すなわち理念認識の可能性を論ずる目的を有するのである。

弁証論は三つに別たれた。すなわち、

一　「純粋理性の誤謬《ごびゅう》推理」(die Paralogismen der reinen Vernunft)
二　「純粋理性の二律背反」(die Antinomie der reinen Vernunft)
三　「純粋理性の理想」(das Ideal der reinen Vernunft) である。

純粋理性の誤謬推理では、霊魂の認識についてヴォルフ等の形而上学者が霊魂の実体性不滅性を認める説は、この一つであると言った。二の純粋理性の二律背反においては宇宙、すなわち外的現象の全体という概念を許せば、その結果は二律背反に陥ると言って四対の矛盾判断を挙げた。

(一)　世界に初めあり、世界は空間において限定せられる。
(二)　世界は単純な部分の集合である。
(三)　因果の外に自由因がある。
(四)　絶対的に必然なもの、すなわち神がある。

二律背反に関する彼の論議は明確でない。彼はこれによって、認識論上の主知説から実践哲学上の主意説に向かって方向転換を行なわんとする傾向を示している。純理的の精神と宗教的信仰との両者に共に満足を与えようとしたその心の反映とも見ゆる。二律背反の最後の二矛盾は吾人を神学の方向に導く。彼は「純粋理性の理想」において神の存在に関する在来の論証を批判した。在来の論証とは、

㈠　存在論的論証（der ontologische Beweis）
㈡　宇宙論的論証（der kismologische Beweis）
㈢　自然神学的論証（der physico-theologische Beweis）

である。㈠は、神の概念の存在から神の存在を導くもの、㈡宇宙論的論証とは、世界存在の事実より神の存在を導くもの、㈢は、世界の存在および世界における目的の存在の事実から神の存在を導くものである。彼はこの三者のいずれをも拒斥した。純粋理性の誤謬推理は合理的心理学（rationale Psychologie）、純粋理性の二律背反は合理的宇宙論（rationale Kosmologie）、純粋理性の理想は合理的神学（rationale Theologie）の批判である。

先験的分析論と先験的弁証論とを併せて、先験的論理学（transzendentale Logik）と言う。悟性、すなわち感性の供給した材料を結合して判断を作る作用と、理性すなわち判断を綜合して観念を作る推論の作用を論ずるのである。

悟性は経験に向かい、理性は超経験的の存在に向かう。先験的感性論（transzendentale Ästhetik）と先験的論理学とを併せて先験的原理論（transzendentale Elementarlehre）と言い、感性・悟性・理性の三能力を包含する理性の要素を論じた。この原理論と対立するのは先験的方法論

（transzendentale Methodenlehre）であって理性運用の方法を論ずる。

カントは感性および悟性の形式が先天的であることを論じ、この形式に基づく認識の外には真の認識は許されないことを主張する点から、彼は純理論者（Rationalist）である。しかし彼の従来の純理論と異なる点は、実在論（Realism）である。さらに彼は認識の対象をどこまでも主観の創造する世界に限定している。ゆえに彼は唯象論者（Phenomenalist）である。

彼の哲学は観念論的純理論である。弁証論は、実在論的純理論の不可能を説くというのが正当な見解であろう。

実践理性批判（Kritik der praktischen Vernunft）

カントの道徳哲学は『実践理性批判』において公にせられた。この『実践理性批判』と『純粋理性批判』との関係は、同一の「理性」が思惟の方面に働けば「純粋理性」となり、実践の方面に働けば「実践理性」となる。

純粋理性批判は消極的で、超経験存在の合理的認識を拒んだが、認識の対象である現象（Erscheinung）は被象（Erscheinende）［見られるもの。］の存在を予想している。現象世界の底には物自体（Ding an sich）の世界が存している。この物自体は純粋理性には不可知的であるが、実践理性に対しては疑うことのできない実在である。人は単に感覚的の動物ではない、実に道徳的の動物である。道徳的の動物のためには真に実在する道徳的の世界がなければならない。彼はこれを可想界（intelligible Welt）［知性のみでとらえられうる世界。］と称した。ここに自由、不滅、また神がある。

実践理性批判のカントの結論は、純粋理性においては不可能として破壊したこれらのものを道徳の公準（Postulaten）［認めざるをえない根本命題。］として再建した。

彼が純粋理性においてこれを拒斥したのは、純粋理性と実践理性との範囲を明らかにして「知識」と「信仰」との別を判然と分かつことによって、道徳と宗教とに確実な立脚地を与えようとしたのであろう。

カントがいかにして、神、自由および不滅の三者を肯定し得たであろうか。彼はまず責任の感覚をもって意志の自由の認識的根拠として、これから自由の公準を導き、我は自由である、我は道徳的の主体である、我においてわが行為の制約者がある、すなわちこの自由なる我を物自体としての我、可想的性格（intelligibler Charakter）と言い、これに対して、必然の法則によって支配せらるる現象我を経験的性格（empirischer Charakter）と名づけた。

彼のさし示す道徳は自律（Autonomie）であって決して他律（Heteronomie）ではない。可想的性格は、我におけるわが行為の制約者である。可想的性格の経験的性格に下す命令を、道徳律と呼びなす。その道徳律は我に対しては絶対的、断言的（kategorisch）の命令であって、相対的、もしくは仮言的（hypothetisch）の命令ではない。これを定言命法（kategorischer Imperativ）と言う。定言命法である以上は、必然的普遍的でなければならない。普遍的に何人にも妥当であるためには、ただ「我」が主観の格率（Maxime）であるだけでは不十分である。同時に客観的の妥当性を有するはずである。普遍的に何人にでも妥当であるように行動せよ、と。この形式に従って生活するためには、己れの欲するところをもって他人にも施さなければならない。己れの達すべきところは他人をも達せしめなければならない。自己の人格を尊重する通り、他人の人格に対しても同様でなければならない。カントが「人格は目的である」と言い、これを手段に供することを許さないと主張するのは、道徳律に服従せよという要求、これを義務（Pflicht）と言う。かくて定言命法の公準として、可想的性格における意志の自由は確かめられた理《ことわり》である。霊魂の不滅や神の存在等は如何。次に述べて行こう。

霊魂不滅

禍福善悪は必ずしも真ではない。悪人が栄え、善人が不幸で一生を終わる実例は甚だ多い。このようなことは吾人の固有している正義の念と相容《い》れないけれど、しかも現世においては、善と福との結合は困難である。

なぜであろうか、それは、徳は超経験的で、福は全然経験的であるゆえである。もし両全すなわち善者必ず福を有すということがあり得るならば、それはただ一つの場合が存する。感覚と分離した死後の生活においてである。霊魂不滅は福徳一致のための公準である。

神の存在（および神学）

福と徳とはいかにして一致し、また不一致となるであろうか。誰がこれを決定するのであろうか。すなわち全能者なる神である。かくて神の存在は第三の公準である。

神は道徳公準としてのみ論証せらるるであろうゆえに、もし神学が可能であるならば、ひとり道徳的神学（Moraltheologie）でなければならない。道徳から出立して、必然的に到達する宗教を、理性宗教（Vernunftreligion）と呼ぶ。

歴史的宗教の内容についてその真偽を決定すべき唯一の標準は道徳であって、これに反するものは妄《もう》、合するものは真である。この点では彼はなお啓蒙時代の理性教あるいは理神論者と等しい主張を持っている。『単なる理性の限界内における宗教』(Religion innerhalb der Grenzen der blossen Vernunft, 1793) はキリスト教の道徳的価値を論じたものである。

判断力批判 (Kritik der Urteilskraft)

純粋理性批判および実践理性批判の帰結は、要するに、現象を認識し、また自然に法則を与うるは悟性で、現象以上、経験以上に吾人を導き、吾人をして物自体および可想界を想わしめるものは実践理性すなわち意志である、ということであろう。

カントは実践理性を純粋理性の上位に置いている。彼はこれを「実践理性の優位」(Primat der praktischen Vernunft) もしくは「意志の優位」(Primat der Wille) と名づけている。この意味から彼は純正な純理論者ではない。彼の純理主義はすくなくとも『純粋理性批判』の「認識論」を限りとしていて、その全体の傾向としては主意説 (Voluntarism) を示している。両者はこの説によって統一せられた観があるが、「現象」と「物自体」、「経験界」と「可想界」、「必然」と「自由」とは依然として調和を得ずに残されている。彼はこれらの問題を『判断力批判』において解決しようと試みた。判断力批判とは目的論的 (teleologisch) に事物を判断する美的判断力である。カントは彼以前の哲学者が形而上学的に唯一の絶対者を仮定し、これによって両者を合一しようとした、その合一を彼は自然の内に求めた。自然美、芸術美および有機体にこれを発見した。

自然美と芸術美、形式と精神、必然と自由、は美の認識において合一し調和する。この芸術の製作を全うする能力を天才（Genie）とする。天才は実に自然のごとく動作する精神であるから芸術においてまた天才において、自由と必然とが一致する。また有機体においても自由と必然、目的論と機械論が合一すべきを予想した。吾人の理性は、自然を分析的に機械的に見て理解しようとするけれども、有機体に至っては、機械的解釈は困難となる。ここにおいて、目的論の概念を導いて全体を目的と見、部分を手段と見て目的論的に説明しようとするのである。

要するに批判哲学の根本問題は、吾人の知性すなわち意識を追求しつつその条件・要素を鮮明にし、さらにこれらのもろもろの条件や要素を統一する最根本の原理を発見し、この最根本の原理によって意識を統一して一元的に説明しようとするのであるが、ヤコービ等がカントの物自体が唯一なるべきか、あるいは雑多であるか判然するところがないのを指摘したように、カントの「物自体」が唯一であるか否か、これ実に将来の哲学上の最も重要な問題、その学的探究の一の対象でなければならない。

しかしカントの後に彼を継承して立ったカント学派の人々は多く、現象以外に物自体を認めようとはしないで、むしろこの説に反対し、これを否定して、一切を精神とその統一に求めようとした。この根本原理を「絶対」（Das Absolute）と称した。絶対とは、あらゆる反対矛盾を超越して存すべき最根本の原理を指すのである。

カントの批判哲学の中に包まれた、統一せられない雑多、反対は主として、

㈠　純粋理性における、悟性と感性の対立。
㈡　理性における、実践理性と純粋理性の対立。

㈢　自由と因果、可想界と経験界、目的論と機械論の対立。

等であるが、カントの「統覚の説」「実践理性優位説」および『判断力批判』の「美と有機体の説」等はこの問題に対する解決の試みではあるが、仮定にとどまりて、統一の原理はいまだ知る由もない。吾人の将来における真理探究の最も根本的な問題として残っている。要するにカントの哲学史上における位置は、彼以前の哲学のもろもろの主張は彼において統一せられ、彼以後の種々なる学問の主張もまた今日といえどもなお結局はカントより全然脱出することはできない。しかし今述べたように、将来の哲学の出発点は明らかにカントによって指摘せられている。余は「宗教が学問の上からいかに承認せられ得べきであろうか」という余の問題を押し進めて行こう。そして、吾人は次章において哲学が宗教（神）に関していかなる推移の傾向を示し、かついかなる意味において、いかなる問題を提出するであろうかを見よう。

第二章　近世哲学の傾向

近世哲学の傾向を一言にして尽せば、それはもとより余の現在の立場からではあるが、宗教すなわち「実在」（超越的なる神）に対する学問の不信任であると言ってもあえて不当ではないであろう。これを要するに宗教（教理）の奴隷とせられていたあらゆる当時の学問（自我）が、朝永氏の趣味深くも講述せられたように、長い迷信と妄従の夢から醒めて自覚し、しかしてどこまでも自覚を徹底せしむることによって、真に「理性」をして自由に真理の世界を開拓せしめんとする要求を示したものである。そこには少しも宗教が予想せられてはいない。理性の赴くがままに赴かしめようとするに過ぎない。

吾人は自我（理性）を主張すれば、ついに宗教（超越的の神）を断念せざるを得ないであろうか。今、歴史的に今日の哲学に至るこれに関与せるもろもろの問題を顧みつつ結論に達したいと思う。

中世哲学の宗教

中世の哲学は前にも述べた通り、全く「既定宗教」の「奴婢《ぬひ》」に過ぎなかった。「宗教」の中においてのみ個人、自然すなわち科学、たとえば物理学、地理学、天文学、心理学等、哲学および国家社会に至るまでことごとく存在することを許された。すなわちこの時代にあっては、宗教は真に絶対そのものであった。

文芸復興、宗教改革および立憲政治の運動

文芸復興、宗教改革および立憲政治の運動はまず「自我」を宗教（教権）から解放した。そして少なくとも我が我たるの自覚を意識し得るようにした。真にこの時代を指して「人間と世界との発見」の時代だと称したのは当然である。しかして人は「宗教」から全く絶縁し得たのであろうか。いな、かかる文化の大革命の中にあって、宗教が唯一つ「自我」の中になお権威を保有し得たのは吾人の「理性」においてであった。同時に自我が理性においてのみ宗教にその自由性を限定せられた。しかしこの自我の理性的主張は自覚の上に行なわれた。ゆえに（よしその自覚が厳密な意味からは独断的のものであったにせよ）これによって人が宗教に支配せらるるよりも、かえって人が理性によって宗教の真理なるや否やを吟味し、批判してその真偽を決定することによって宗教を支配するようになった。ゆえに権威の中心はすでに宗教を去って吾人のうちに移動したと言うことができよう。かくて吾人は教権の圧迫から救い出されはしたけれど、理性はそれみずから専制の君主となって吾人の或る一面を圧迫し始めた。或る一面とは言うまでもなく、この偏理主義理性万能に対する自己の感情または熱情である。この立場をとって痛烈なる反抗を主知主義に試みたのはかのルソー（Rousseau）その他の一派である。

自然科学の諸発展、科学万能の時代

自然科学の諸発展、科学万能の時代は主知主義が当然もたらした結果である。近世初頭において、自然科学は従来の神学的超自然の力を借りることなく自然界に対して、それみずからの機械的説明に十分なる成功を遂げた。従来、「星の霊」によって動かさるると思惟せられてきた天体は、全く物理的法則によって動くということが証明されたり、霊魂の問題にまでも自然科学の機械観が行なわれて行った。ゆえに第十七、十八世紀の哲学も大いにその影響を受けて機械論的傾向を示すに至った。十八世紀における仏国の哲学は唯物的機械論が盛んに行なわれた。この時代には機械的自然の外には人間さえ立つことを許されなかった。

この間にあって、宗教はわずかに理性の独断によって理神論を維持していた「知」の働きによって来た。この自然の機械的説明の外に、「情」と「意」とが存すべきであることを主張したのは前にも述べたルソーである。この見解を発展せしめ、しかして学問の上に根拠あるものとするためには、自然科学的認識の批判によらなければならなかった。その結果はヒューム(Hume)に至って、自然科学そのものの可能性をさえ疑われるようになってきた。

あらゆる科学、哲学、道徳および宗教はことごとく懐疑の雲に包まれんとした。

しかも従来は、伝承や教権によってあらゆる思想の根底において統一が行なわれていたが、今や知的の極端に自由な批評に会して、思想は各自に独立し、その連絡を失い、道徳や宗教は全く破産の状態を示した。

その昔、ギリシア哲学において「人間は万物の尺度なり」と言いて極端なる個人主義を唱え、一切を虚無と見たソフィスト(Sophist)一派の主張に対して、多数個我間に共通せる一つの普遍的真理の存すべきを教えて学問を正しき道に救い出したソクラテス(Socrates)のそれと同一の甚だ酷似した立場においてカントは当時の思想界を混沌の中から救い出した。

カントにおける宗教

カントにおける宗教を考察して見よう。彼は本来その学的立脚点を純理主義に置くものではあるが、精細に彼を観察するものはだれも、彼全体の傾向がむしろ主意主義に存し、ルソーの感化を受けて、当時の主知主義の結実である自然科学の機械論的説明の中に、人間および道徳・宗教までが屈服せしめられたのに反抗して、人間と道徳および宗教を自然から回復しようと努力したものと見ることができよう。しかしてついに自我を自然の立法者支配者となすことに成功した。しからばその結果はまず自我を自然から回復することによって宗教をも回復したであろうか、と問うならば、然りとは言い得ないであろう。なるほど一見すると、彼は『純粋理性批判』においては可想界、すなわち外界および形而上学上の神の存在の予想はしたけれども、実際においてはこれを否定したが、『実践理性批判』においてはまさにその目的を達したと言う人があるかも知れない。カント自身もまた知識の限界を決定することによって、道徳と宗教とに確実なる基礎を与え得ると思惟したかも知れない。しかして彼以後の人びとがここから出発して宗教に哲学的基礎を与え得ると信じて、彼らの学問を樹立した者が実際多いのではあるが、しかし厳正な学問の立場からは不成功に終わったと見るのが正当ではなかろうか。要するに彼の事業は、西田氏が指摘せられたように、「認識」の問題にとどまって、いまだ「実在」の問題には少しも触れなかったと言わなければならない。カントにおいては神は一つの仮定にとどまる。ましして、主観（我）を離れた超越的な純客観の世界における神は断念するより外はなかったのである。

カントは「自我」(Ego)の中に「自然」と「宗教(神)」とを建設したとも言い得よう。少なくとも従来学問上から許されていたただ一つの宗教の立脚地であった主観(自我)から全く離れた客観的な実在(神)、すなわち自然科学の独断から主張した形而上学上の「宗教」(神)さえ、もはや知識の世界から葬り去られなければならなかった。しいて宗教の存在を許すとすれば、主観の範囲において主張し認められなければならないのである。であるから彼はついに不可知論(Agnosticism)を唱えるようになった。

しかし実在(神)あるいは物自体は、西田氏が「カントは物自体は永久にわからぬというが、分からぬというのは既にどこかにおいてわかっているのである。絶対にわからぬものならばわからぬということもわからぬはずであると思う」(西田氏『現代における理想主義の哲学』36頁)と言われたが、その通りであると思う。このどこかにおいてわかっているもの(実在)を学問的に認識しようとするのが、カントから出発した者の当然到達しなければならない重大な問題である。実在(神)認識の試みには大体二途あると思う。

一　実在(神)を主観(自我)より離れた外界に認めるもの。

二　実在(神)を主観(自我)の内部に認めるもの、すなわち「実在」(神)を自我の本質と見るもの、であるが、さらに現代理想主義の価値の認識論上から、実在以前に意味の世界を認めて、実在に導く認識論の一途があると思う。これらの問題については次章に述べることとするが、要するにカント以後の人びとは前にも述べて置いた通り、純客観的実在と見る「物自体」に対する認識を発展せしめようとはしないで、別途すなわち今掲げた第二の、自我「内部」に求める方向をとった。

ロマンティック期の宗教

形而上学上の神、すなわち主観から独立した純客観的な実在の探究を断念した哲学は、自我の内部に神を発見した。カントの超個人我を極端まで理想化したもの、すなわち超個人我の絶対化である。ゆえにこの期の哲学はことごとく理想主義の下に立っている。

余はこの「自我」のまったき自律（Autonomie）の主張に関連せしめてライプニッ（Leibniz）あるいはロッツェ（Lotze）の主張したような意味での、純粋なる個性（Individualität）の自律の一途があることを予想するゆえに、結局は唯物論的傾向に赴かざるを得なかったこのロマンティック期の哲学をも興味深く眺める。しからざれば歴史が物語っているように、この期の超個人我の絶対化、すなわち神化（Apotheosis）を唱えても、宗教はついに哲学上からは唯物論に急転直下の運命をとるものとなるのである。このむしろ空想的な宗教を生ぜしめ、また幻滅せしめたロマンティック哲学の代表的学説について少しく述べて置こう。

ロマンティック哲学の代表者は言うまでもなく、フィヒテ（Fichte, 1762-1814）、シェリング（Schelling, 1775-1854）およびヘーゲル（Hegel, 1770-1831）である。

彼らの学説を見ると、まずカント（Kant）の「物自体」の存在を全然否定し去ったことである。朝永氏が述べられた通り、カントの『物自体」に関していかなる発展の道が存するかと言うに、三つの途がある。すなわち、㈠　懐疑的、㈡　さらに他の方法によっての肯定、および㈢　否定、であるが、第一はカントみずからもこれに属し、シュルツェ（Schulze）、マイモン（Maimon）

等、㈡はヤコービ（Jacobi）等の信仰の哲学、㈢はフィヒテ等である。

フィヒテはカントと見解を同じうして、認識の対象は与えらるるものではなくて、我がこれを与うるものであると言い、カントの超越的唯心論を完成せんとした。フィヒテの哲学の中心点は、「自我」を中心として、自我から一切を演繹する点にある。カントは「自我」に「理論我」と「実践我」とがあって、「理論我」は外界から支配せらるる受動的な我であるが、「実践我」は外界を支配する能動的の我である。ゆえに「存在するは我のみ」（Alles was ist, ist Ich）である。もし純理論から来る物自体から認識を導くときは、自我の独立性を破壊し、自我が事物に依存するものとなる。認識も道徳も自由も全く無意義になるゆえに、自由を愛し道徳を尚《とうと》ぶ者はかかる見解にとどまることはできない。自我によって一切を説明し、直観も思惟も、理性も意志も等しく自我の作用に帰するのがフィヒテの哲学の本旨である。これらに関する代表的著書は『全知識学の基礎』（Grundlage der gesamten Wissenschaftslehre, 1794）である。彼の立脚地は道徳を中心とする唯心論である。しかし彼は、一切を我の中に存する区別に過ぎないと言う。「自我」が一切なりという主張こそ、先にも余の指摘したごとく最も興味深く思わるる点である。「人格」の自律性と価値の問題との交渉（近藤氏訳、『知識学序説および基礎』7頁「現代哲学との関係」参照）ではあるが、一方から見ると自我の中にのみいかにして真の道徳が存し得べきであろうか。この意味において主観主義が大いなる問題となるであろう。

知識学の教うるところによると、我には三つの根本活動がある。我の定置、非我の定置、および我と非我との制約である。知識学にはゆえに三つの根本原理がある。

㈠　我はそれ自身を定置す。（Das Ich setzt schlechthin sich selbst.）

㈡　我はそれ自身を非我に対して定置す。（Das Ich setzt sich entgegen ein Nichtich.）
㈢　我はそれ自身を非我と相制約するものとして定置する、と言うのである。

第三の原理によれば、我は非我に制約せられ（理論我）、また非我を制約する（実践我）、ゆえに知識学は二途にわかれる。㈠は我が無意識的に作った非我を認識して行くことで、そこに感覚・直観・心像・悟性・判断力・理性などの認識の階段を生ずる過程を論じ、㈡他は感覚的衝動から意志が発展して行く過程を論ずるものである。この第一の根本原理の「我」は第二の個人的我と異なった超越的な「純我」である。これを「絶対我」（Das absolute Ich）と称する。我も非我も共にこの「絶対我」の所産で、相互に制約するところのものである。純我の活動がなければ、理論我も実践我も存し得ない。彼はこの絶対我の活動によって生ずる理論我と実践我とを何がゆえに分けて存立せしめたかというと、彼の絶対我は、道徳的の絶対活動を主張するものであるから、意識を有する個人我となり、非我によってその活動を実現せしむるためである。彼は一種の活動主義（Activism）の倫理説を主張した。この絶対我、すなわち道徳的秩序と神とを同一と見た。しかし後には超越的な静止的な神を認め、これに帰趨《きすう》することが人生の目的であるとする、超越的汎神論を唱えるに至った。

シェリング（Schelling）はフィヒテの知識学から出発したが、フィヒテとは異なって詩的性格を有していたから、直観説に傾いて、美わしい自然を、死物とは思考し得ずして、自然に生命を認め、自然の存在に我が必要なるごとくに、我の存在にも自然が必要である、自然を単に精神発展の手段と見ることはできないという能産的自然（die schaffende Natur）を絶対と見た。ゆえに彼はフィヒテのごとくに精神によって絶対を見ず、自然によりて絶対を見る点が異なっている。フィヒテは「絶対」を精神的道徳的の活動とし、シェリングは自然的物理的の活動を「絶対」と見た。彼の哲学は一種の自然哲学である。能産的自然、すなわち主観としての自然は、活動であるから能産的自然の努力によって生ずる所産の自然、すなわち客観としての自然もまた活動の階段である。漸次に意識に向かって近づく、未発展的な準備的な無意識的な精神である。フィヒテは「我」から「自然」を演繹したが、彼もまたこれに従って能産的自然、すなわち世界精神から、一切の生成して行く過程を論じたものである。シェリング（Schelling）がその先験哲学（Transzendentale Philosophie）において、芸術を論じて、美は主観と客観、必然と自由、意識と無意識とを総合すると称するのは、カントの天才論をさらに深めたものである。これらの一致の根底であるべき「絶対」は自然と精神、主観と客観を同一としてこれに「全一」（All-eine）の名を与え、無差別（Indifferenz）または同一の同一（Indentität der Identität）と呼んだ。彼の神は汎神論と超越神論との調和を見出さんとして発展的の神を説いた。

シェリングの立脚地よりいでし学者の中にシュライエルマッヘル（Schleiermacher, 1768-1834）があるが、彼は『宗教講演』（Reden über die Religion, 1799）、『道徳学批判原論』（Grundlinien einer Kritik der bisherigen Sittenlehre, 1803）および『弁証論』（Dialektik）等の書を著わして認識を論じ、絶対は知的には認識が不可能であると言って、宗教への一途を開こうとした。しかして彼の立脚地は主観説にあったゆえに、自我以外に神が存在することを否定したロマンティック期の学者に属する。余は彼が知的探究の哲学的努力を断念したゆえに、これまで読者も気付かれているる通り、純正な哲学の（少なくともこの著における宗教の学的省察の）体系以外に落つるものとして、あえて踏み越えて行こう。

ヘーゲル（Hegel）は他のロマンティック期の学者が主として主意説や主情説に傾いていたのに対して主知説を採用した。主著は、『精神現象学』（Phänomenologie des Geistes, 1807）『論理学』（Wissenschaft der Logik, 1812-1816）および『エンチクロペディー』（Enzyklopädie der philosophischen Wissenschaften im Grundrisse, 1817）等である。

彼の哲学は、理性すなわち絶対である。ゆえに理性は論理的過程を生ずる能力ではなく論理的過程それみずからである。世界は実現せられた理性である。一切は思想の現象、あらゆる出来事は観念（Idee）の運動、観念の自己発展である、ゆえに彼は汎理性論者である。一切はやがて絶対の顕現であるから実在と理性とは同一である。ゆえに世に絶対的の悪もなく絶対的の不善も存し得ない。彼もまた汎神論者である。彼の理想主義の哲学において、かの超個人我より現実への「演繹」は人事自然一切の事象、すなわち宗教・哲学・芸術・道徳・法律等に至るまで絶対我の弁証法的な自己発展を必然的形式として極端にまで徹底され、肯定されて現わさるるに至った。ここに理想主義の真の意義である価値が普遍化せられることによって、実はもはや価値でなくなり、カントやフィヒテにおいては思想の中心点となっていた人格の自律と、理想的価値の意義とは全く否定さるるに至った。かくてロマンティック期の哲学もその理想的生命を失うて、自然必然すなわち自然科学への道を急ぐのであった。

ロマンティック期の理想主義哲学がいかなる理由の下にいかにして没落したのであろうか、ことに「宗教」の問題を連想しつつ考えて見よう。それはおそらく異常なる学的興味と刺激とを吾人に与えるであろう。

カントによって予想せられた「物自体」、少なくとも主観から全く離れたなんらかの外界、あるいは「神」を無視して、ひたすら自我に立て籠って、自我の中で自然を支配し、「神」をさえ外界から自我の内部に移転せしめて己れの意によって他を働かしめ、すべてを自我の内に取り入れて自我を徹底せしめようと努力し、またその目的に成功したことによってかえって自我の自殺とはなったのではあるまいか。果たせるかな、極端にまで自我を赴かしめたロマンティック期の哲学は、それがよって立つべき根本条件たる自我の自律性を失うに至ったからである。

カントの「物自体」の説は解決せられたようでいまだ決して真の解決を見ることはできていない。余はかねて念《おも》う、哲学的に要求せらるる「一」は自然科学的普遍必然の「一」の意味でなければならないのであろうか？　余は必ずしもそうとは考えていぬ。強いて言えばライプニッツにもロッツェ（Lotze）にも余の言う意味の「一」はあると思うている。ヘーゲル等のことを思うと殊にそうである。

さらにこれらの理想主義の運動が、それが本来の傾向ではあるが、あまりに主意主義や感情主義に深入りして純正な理性の鋭い反省を怠ったことに遠因が存するのではなかろうか。確かにロマンティック期の或る者はこの無反省な、自覚から遠い空想的態度のあったことを見るのである。

学問の歴史的考察において、心づくことは、真理を追求して宗教に赴かんとする者が、純真なる理性の深刻な省察の侘《わび》しさに堪えかねてしばしば主意主義や無反省な感情主義に入って直ちに客観的実在（神）に結びつこうとする傾向を示していることである。多くの宗教哲学者と称する人々の中にはかかる便利な近道から真理（神）に到達しようと試み、実際到達したと思っていてもそれはついに最も悲しむべき結果が待っているのではなかろうかと思う。ゆえに余は、学問、それの歩み得る唯一な真理への本道を進んでゆきたくおもう。

実証主義（Positivism）の宗教

ロマンティシズムの思想が、その極点に達した時は第十九世紀の初頭までを限りとした。その後半にはすでに反動的な思想が勃興し、非常の勢力をもって英仏独その他極めて広範に渡って全世界を風靡するに至った。実証主義（Positivism）の名をもって呼ばるるその思想である。宗教がこの思想に会していかに困難な立場に陥ったであろうか。ロマンティシズム哲学において、宗教の名はほとんど中世のそれのごとく高く揚げられたが、かれの没落と共にこれもまた極端なる悲運に遭遇した。宗教がこの悲境にあっていかに扱われ、いかにしてこの殺到し来たった根底の深い、むしろ唯物的思想の圧迫から脱し得て、その自由なる本来の姿を回復し得たかを見よう。

実証主義の哲学がロマンティック哲学の反動として起こった以上は、あらゆる空想に近い思弁や、理想的世界を無視して、ひたすら現実性に執着し、唯物論にその根拠を見出したのも当然であろう。

ヘーゲルの死（1831）後その学派は二分して、左右および中央の三党派を作った。しかして宗教に対する態度、見解は相互に全然正反対の傾向を示した。余はその左派（die Linke）を取ろう。すなわちヘーゲルの純理的立場を忠実に奉じて、ついに実証主義に赴き、その最後は宗教否定の結論に達した流派である。言うまでもなく、ヘーゲルの哲学においては、精神と自然とが同一であるから、今述べたような唯物論的な傾向も十分生じ得る理由がある。左派はこの自然の方面に赴いたフォイエルバッハ（Feuerbach, 1804-1872）、問題となりし『イエス伝』を著わしヘーゲル学派分裂の端緒を開いたシュトラウス（Strauss, 1808-1874）が頭目で、フォイエルバッハの「自然論」から出発し、その流派の影響の下に社会問題において唯物的見解を示したのは、有名なカール・マルクス（Karl Marx, 1818-1883）およびエンゲルス（Engels, 1820-1895）等である。その他哲学史の方面においてはシュヴェーグラー（Schwegler, 1819-1857）、ツェラー（Zeller, 1814-1908）、クーノー・フィッシャー（Kuno Fischer, 1824-1907）等がある。その他三派を合すれば非常なる数と方面とを展開せしめるであろう。左派が実証主義に赴いた外、さらに有力な基礎を実証主義に与えたものは、第十九世紀に至って異常な発達を遂げた自然科学である。物理学上にロバート・マイヤー（Robert Mayer, 1814-1878）がエネルギー不滅を唱え、ビュッヒナー（Büchner, 1824-1899）、モレスコット（Moleschott, 1822-1893）等の唯物論者を出した。ここではまた「自然」があらゆる事物の中心となった科学万能の世界である。しいて哲学と称し得るものをこの時代に求めるならば、ただ「哲学史家」たとえばエルトマン（Erdmann, 1805-1892）、クーノー・フィッシャー等である。しからざればこの思想を代表する仏のコント（Comte, 1798-1857）英のミル（Mill, 1773-1836）およびスペンサー（Spencer, 1820-1903）の特殊科学の総合をもって哲学と呼ぶよりほかに真に純粋なる哲学は見出すことができない。

コントの主張するところは、吾人の認識は現象と現象との間の因果関係に止まって、現象以外また事実以外の本質や目的ということは吾人の認識を超越するものである。要するに学問は観察と実験とによって現象界の事実を精確に知り、これを比較しあるいは統一してそこに存すべき自然律を認識するにある、と。かくて実証主義は成り立ったのである。

この実証論的認識は最高の認識であって、これに至る知識の発展がなければならない。それは二個の段階を有する。すなわち最初のものは神学、つぎに形而上学である。神学的真理認識は、人知の最も原始的な状態にあるもののすべてを宗教の超自然的解釈にゆだねてしまう。つぎに形而上学的認識は、一切を自然力によって説明する半人格的仮定であるが、ついにこれをも擲って、一切を法則的認識に持ち来たす実証的認識となる、と言うのである。

このように科学万能の哲学説を立てた彼もなお「人道教」(religion de l'humanité) とも名づくべき一種独特の人間崇拝の極に到達した実証的宗教を主張するようになったのは人のよく知るところである。

かくてコントの影響を受けた英国のJ・S・ミルやスペンサーもまた同一哲学によった。スペンサーがダーウィンの進化説に深く動かされていることは言うまでもないが、唯物的進化説すなわちダーウィニズム (Darwinism) の強い感化が、この時代の一大勢力であったことは否定すべからざる事実であるのみならず、新しい精神的進化説の行なわれて来た今日もなお全くダーウィニズムから脱し得ないような状態を示している。実証主義哲学と自然科学の感化が当然、文芸の上に現われた。自然主義の文芸は実にその結実である。

第十九世後半は、かくして自然主義、実証主義万能の時代で、人生は自然の外には何ものも存しない。従って理想の産物である宗教および道徳は当然存在する権利を失う理由である。結局価値の世界は在ってはならないことになる。存するものはただ自然科学が承認する現実の自然そのもののみである。「在る」(Sein) ことの外に、決して「在り得べき」または「在らねばならない」(Sollen) の世界を認めないのである。このような結論に達して学問はついに理想の世界、価値の世界である道徳および宗教を見棄てなければならないのであろうか。これ実に現代の哲学が解決せんと試みた、また試みつつある諸問題中の、最も重要なる哲学の根本問題である。吾人は次章において、それがいかに解決せられ、また発展せらるべきであるかを見よう。

第三章　現代哲学の諸問題（実在および価値の問題）

現代哲学の二流派

第十九世紀末に至って、「自然科学」（Naturwissenschaft）万能の盛りはすでに過ぎたのを想わせる事実が、自然科学自身の中に認められて来た。それは自然科学的認識が果たして人生全般の真理を認識し得るものであろうか、という自然科学的認識の基礎と限界とに関する疑問であった。

不可能認識の事物について言うと、物質とは何ぞ、運動の起源、あるいは言語の起源および自由意志の問題など種々あるが、これらの自然科学上の解き難い疑問を自然科学みずから指摘してその限界を明らかにした時、哲学上からも自然科学を批評して、自然科学の方法は「精神科学」（Geisteswissenschaft）に応用することはできない、自然科学の見解は実在全般に渡ることができないことを指摘したのがディルタイ（Dilthey, 1833-1911）であった。彼は神学、哲学、歴史学等を専攻した。シュライエルマッヘルの深い研究があるが、これらの中『精神科学序説』（Einleitung in die Geisteswissenschaften, 1833）中に前に述べた問題が論じてある。しかして漸次にこれらの新傾向が発展して、「カントに還れ」（Zurück zu Kant）という叫びを聞くに至った。そしてついに、現代における最も首肯すべき学説たる新カント派（Neukantianer）、すなわち通例マールブルク派（Marburger Schule）の祖と称せらるるコーエン（Cohen, 1842-1918）および西南学派（Die Süd-west- deutsche Schule）のヴィンデルバント（Windelband, 1848-1915）等によって創始せられたる新たなる理想主義の哲学の現出とはなった。しかも他方において自然科学を追求発展せしめて、その経験を徹底して行くことを努力した一派がある。アヴェナリウス（Avenarius, 1856-1923）およびマッハ（Mach, 1833-1919）のごとき、純粋経験から出発して自然科学の知識は絶対の真理でなくて、一つの手段であると見たものである。しかして実在の問題においては、実用主義（Pragmatism）になるのであろう。今これらの学問の二つの流れについて語るべきであるが、ただカントによって創始せられた、真理に対する批判主義の立場を維持し、さらにこれを発展せしめた、現代哲学の最大な主潮である、新カント派の思想に準拠して進んで行こう。

新カント派の立脚点を、簡単に述べるならば、近世の自然科学万能のむしろ唯物的な極めて現実的な風潮に対して全く正反対な純粋な理想主義をもって現われた。そして彼らはすべて、深く価値の問題に着眼した。

カントと新カント派との関係においてその根本の相違点を示すならば、彼らはカントの批判主義に立脚して、しかもカントの原因としての物自体の思想を全然拒斥して、時間空間の直観形式より、さらに純粋なる思惟の綜合がより根本的である、と考える点に存する。

そして当然、彼らは価値の問題を徹底せしめて行った。これらの特徴はマールブルク派であるコーエン、ナトルプ（Natorp, 1854-1924）等も、西南学派と呼ばれているヴィンデルバントおよびリッケルト（Rickert, 1863-1936）等も、ひとしく一致している。ただマールブルク派は動的で、西南学派は静的である相違を示すのみで、その根本の立脚点は同一である。彼らが飽くまで論理的で批判主義であることは、純然たるカント派である。

かくのごとく新たに興ったドイツの新理想主義の哲学は要するに、さしも盛んであった自然科学の世界（必然）を、カントが啓蒙期の自然科学に対して行なったよりもはるかに根本的な意味で再度、その一切を理想的自我の内に取り入れたものと見なければならない。そして自然科学に対しては厳正な限界を加え「自然・必然」に対して「偶然」を高調した。

自然科学（Naturwissenschaft）に文化科学（Kulturwissenschaft）を対立せしめるのは、自然科学万能の唯物主義を助長しあるいは産出した原因となったヘーゲル等の価値の一般化・普汎化せられたる価値が、ついに真の価値にとどまり得ないがために、価値をして純粋ならしめるためには当然その個別性が要求せらるべきであるとして、その普汎性に対して、現実在の特殊価値、すなわちその個別性（Individualität）を極力主張するのであろう。リッケルトに従えば、およそ、世界には二つの存在形式がある。一つは自然科学の世界、すなわち普遍必然の世界で、いつの時代でもいかなる場合でもつねに「繰り返すもの」であるが、今一つ他に、一回のみで決して「繰り返さないもの」が存する。それは歴史である。このただ一回のみにとどまるものを対象とする学問は、文化科学と名づけられている（Rickert: Kulturwissenschaft und Naturwissenschaft、近藤氏訳あり）。その独自の個別的な意義と世界と価値を有していて決して一般化することの許されないものであるからである。リッケルトは独創的な超越的「意味」（Bedeutung）の思想を樹立した。価値の絶対的世界を見ているのである。この「意味」の世界とは真理（Logos）の世界であって、吾人の認識の対象は「実在」ではなくして、この真理すなわち「意味」である。この「意味」の世界は吾人の主観を離れて、それ独自に存する真理を指して言うのである。吾人の根本認識の対象は実在ではなくして、この「意味」である。認識の最も根本的な客観的対象は、実在ではなく、全くこの「意味」の世界に存すべきである。今日新理想主義の哲学者はことどとく、この真理はどこまでも純客観的であることを主張している。さてこのような「意味」(Logos) の世界へはいかにして、吾人の認識が及ぶのであろうか。吾人は現今の哲学の主要問題から出発して漸次にこの問題に近づいて行こう。

哲学の主要問題

ひるがえって想う、試みに現代哲学の主要なる問題は、何であるかと問うたなら、それはだれも㈠実在の問題と㈡価値の問題とであると答えるのをはばかる人はないであろう。しからば実在論とは何であるかと言うと、だれもよく知っているように、吾人の経験する万有の背後に一つの本体を予想してしかしてその何たるかを論ずる学問である。

しかして実在論においては、吾人の思考がよる「質」と「量」との観念によって種々なる宇宙実在が考えられる。まず「質」について言えば、実在するものは皆物質であると考えれば唯物論 (Materialism) となり、精神であるとすれば唯心論 (Spiritualism) となる、と言うごとくに種々ある。また「量」の方面から言えば、宇宙の本体をただ「一」と考えるか、または多数と考えるかによって、単元説 (Singularism) や多元説 (Pluralism) 等となる。しかしてその実在は学問の上からいかにして真の実在を認識し得るであろうか、ということになってくると、それは現代の批判主義の哲学からその真偽の判断をする認識論上の問題となる以上は、実在の問題はまた同時に価値［真・善・美］の問題となってくると言えよう。

さて、価値とは全体何を意味するであろうか。前にも述べたように、近世の哲学的探究の根本問題は、それが著しく自然科学的必然の世界を見るようになっていたのに対して、「当為」の世界すなわち理想の世界、価値の世界を見ようとするのであるが、それは「在ること」（Sein）の外に、「在り得ること」、さらに明確に言えば「在らねばならないこと」（Sollen）がある。その「あらねばならないこと」とは、「真」には「偽」、「善」には「悪」、「美」には「醜」が事実上あり得るのであるが、たとえば人は理想から言えば、正義で「あらねばならない」が、しかし人は必ずしも義人ばかりではない、偽り者・不義な人ともなり得るのであるが、しかし「あらねばならない」ということ、すなわち理想に従うことが「価値」という意味である。「価値の世界」とはゆえに「当為」あるいは「あらねばならない世界」を指すことである。しからばそのような価値の「理想」とは何であろうか、その「理想」とは、だれが何時いかに考えても真理であり、善であり美であるとしなければならないこと、すなわち「思惟の妥当」（Gelten）でつまり Denken Sollen を指して言うのである。

さてこのような規範的意識がいかにして認識論から導かれたであろうか、ということを見よう。そして言うまでもないことであるが、今日のこの立場の認識論は最初から「実在」を少しも予想してはいないのである。「在」るということよりもさらに根本的な問題である。なぜ実在があらねばならないかという問題に触れてきている。平たく言えば吾人には神が在っても無くってもそんなことは問題とはならないのである。また決して問題としてはならないのであるが、吾人はなぜ神を信仰しなければならないかということだけが根本的な問題となるからである。そしてそれが当然「実在」の問題をその中に含むようになるからである。今日吾人はどうあっても、学問上から神を仮定してかかることはできないのであるが、いかに考えても神が在ると思わざるを得ないようになって来る。このようにして認識するのが真の学問上の真理認識である。しからば吾人はいかにして真理を認識し得るかという問題について語らなければならない。

真理認識への二途

認識論は今まで述べて来たように、各自その立場において種々な意義を有しているが、大体二つに分けて考えることができよう。すなわち

一　模写主義の認識論
二　構成主義の認識論

の二つとなる。まず模写主義の認識論上の真理とは、吾人が心の中に考えたことと外界の実在とが一致した場合に成立するものであると考えられるのである。この場合には、外界の物と心との関係を、像が鏡面に映じて現われるように、物は心に映じ、その映じた物の影は物そのものと一致すると思考されている。リッケルトはこれを評して言う、「素朴なる人にはこの場合なんらの問題となるものもない。彼にとっては認識の対象とはすなわち『外界』の事物である。それでは事物の認識がいかにして成立するかと問わば、彼はおそらくこう答えるであろう。これらの事物には、それぞれ表象［心に描くイメージ。］というものがある。そして、事物に一致した、または事物を模写した表象をもっている人は、すなわち事物を認識した人である、と……。とかく人びとは認識の対象とは実在的または現存的事物であると考え、認識者がものを知るにはその表層

を拉《らっ》して、これに従わねばならないという考えに固執したがる。

認識論に関して、最後の偉大なる革命をもたらした思想家の学説をも人は次のように説明し得ると信じている。すなわちカントによれば認識する主観、すなわち『意識』は、自存的事物の世界に対立し、この世界を認識するには、その『現象』を意識の中に取り入れねばならないと。かくて認識の素朴的見解の根底に横たわる対立、すなわち自存的実在と、表象の助けを待ってこの実在を把握する意識との対立は、いまだカントによっても解決せられず、従って何人によっても取り扱われていないわけになる。実在と意識とのこの対立の上に築かれたる認識論を、さらにおし通して行くべきであろうか。それとも伝来の認識概念を根本的に更革せねばならないのであろうか。ここに認識論の根本問題が潜んでいる」（リッケルト『認識の対象』山内氏訳、3頁）。

しかしてリッケルト（Rickert）は『文化科学と自然科学』にプラトンの実在認識を評して、「しかしこの大胆極まる仮定がよしんば正当であるにしても、われわれは少なくとも与えられた現実在の背後にある世界についてはごうも直接に知るところはないのである。さればこの世界と表象もしくは概念との一致、すなわち模像と原像との類似は直接に証明され得ない」と言っている。しかもこの両者の必ずしも一致し得ないことは容易に発見せられる（西田氏『現代理想主義の哲学』6頁参照）。以上吾人は模写主義の認識論が真に学問から不備であることを知り得たがゆえに、さらに真理の批判に対して他の方面に赴かねばならない。

構成主義の認識論

他の方面とは、この場合構成主義を指して言うのであるが、真理とは単に思想と実在とが一致したり、「知る」ということは写して見ることであったりはしない。

知ることは、構成することである。なんらかの原理によって組み立てられることが構成するということであって、どこかに真理の理想を認めてこれに従うことである。真理とは思想と実在との一致ということではなくして、そう考えなければならないもの、必ずその通り考えざるを得なくなるもの、他には考え方が無くなる、どうあっても必ずそう考えねばならなくなるもの（Denken Sollen Gelten）である。これは言うまでもなく、純粋自我、先験的自我の思惟が必然的にそのように考えねばならなくせられたものが真理であって、模写説とは全く異なった、真理の価値判断である。「AはBなり」と言うのは普通の判断であるが、「AはBで果たしてあるや否や」を知ろうとするのが価値判断となるのである。であるから真理の批判的考察（Critical Concept of Truth）である。哲学的反省を欠く科学者もまた模写説となりやすい。外界の存在は実在であって、吾人はこれを知り得るものであると信じて極《き》め込んでいるからである。しかしそれでは真理の真の認識とはなり得ないのであるから、どうしても今日真理の認識は価値判断である「批判的観念論」（Critical Idealism）による外はないのであろう。そして吾人はついに「真理それ自体」が何であるか、またいかにしてわれらの認識の対象となるであろうかを知るために、たとえ徹底したそれの理論について語ることが許されなくとも、少なくともその正当な方向を示したと思う。

真理認識における主観と客観

吾人はまず主観主義から始めるならば、常識から、すなわち自然界を客観と見る個人主観からは、自己以外のものは、カントやフィヒテの思想からは、実は認識はできないはずであるから、この常識的見方は顧みる必要もないと思う。それは明らかに個人主観からは客観ではあるが、なお超個人的な純粋自我の主観として残されている。そして「自我」から全く離れた、物自体は依然として知ることができない。カントはここに「知識の限界」を定めてこれ以上は一歩たりとも踏み出すことはできない、と断言したのであるが。

カントが物自体は絶対にわからないものとしたのは（西田氏『現代理想主義の哲学』26頁）、「既にどこかでわかっているのである、絶対にわからぬものならば、わからないということもわからぬはずであると思う」と西田氏は述べている。認識論から一歩でも出れば実在の問題となるのであるが、吾人はこの超越的な客観的な実在に対して三つの見地を有している。

㈠「知識上の客観説」。あたかもフィヒテのそれのごとく、個人的主観からは超越しているが、なお実在（神）を自我の内部に認めるもの。（汎神論）

㈡　主観から全く離れた超越的、形而上学的実在説。すなわち客観の実在ではなくして客観的実在説。カントにおける物自体の世界の実在である。（一種の理神論的）

㈢　構成主義の認識論が到達する「意味」の世界。すなわち主観から離れて独立して客観的に存立し得る「真理それ自体」（Wahrheit an sich）すなわち「ロゴス」（Logos）の世界である。前に述べた、どうしてもそう考えなければならないもの、「当為」（Sollen）で、価値の理想の世界である。（有神論的）

これら三つの客観説が示す真理の宗教的意義について考えて見ると、

㈠は個人主観から離れた一種の知識上の客観には相違ないが、しかし全く主観を脱し去ることはできない。すべてが主観から脱し得ないならば、神もまた自我の一部分、あるいは純粋自我「大我」と見なければならない以上、神を世界の本質と見るのであるが、そこには「理想」を見ることは不可能となってすべてが必然となるのであるから、神と世界（人）との関係は当然非倫理的非人格的関係となる。すべてのものは神の顕現である、個人も神の一部分であると見る汎神論である。このようにして、宇宙の実在を「精神」と見れば唯心論となり、「物質」と見れば唯物論となる。あたかもヘーゲルの思想を発展せしめて唯物論者を生ぜしめたのは当然の結果であるのと同一である。吾人はその唯心論的思想を代表する仏教の根本思想を見ると、そこには「人格的」(Persönlich) 要求（ウルカルト著『汎神論と人生の価値』Urquhart: pantheism and the Value of Life. 参照）は存しても、人格性 (Persönlichkeit) を認め得ないゆえに仏教には真の倫理は存在し得ない。本来倫理は価値の産物、理想 (Sollen) の世界の実在であるから普遍必然の世界には存し得ない。人格神であるキリスト教における「罪悪」(Guilty) のごとき観念はいずこにも発見されないのである。従ってそれは一つの思想であっても価値を想う見地からは真の宗教とはいい得ないのであろう。

(二)の思想について考うると、もちろんそれはカントの偉業である。「先験的演繹」(transzendentale Deduktion) の説が啓蒙期の理神論を破って以来全く学問的価値を失うているのであるが、カントは道徳的要求から、一度『純粋理性批判』で否定し去った超越的な純粋に客観的な神を道徳の世界（『実践理性批判』）において再建した。再建したというよりむしろ最初から道徳と宗教とに確実なる基礎を与えんために知識の限界を定めたと見てもあえて不当ではないであろう。余は想う、カントは何故フィヒテのごとき立場に至らなかったのであろうか、それは彼が啓蒙思想を全く脱し得なかった必然の結果であると人々は言うかも知れないが、また実にその通りであろうが、余はこの辺の消息について無限の興味を感じつつある。あえてカントの心事を想像することが許されるであろうならば、カントはフィヒテのごとき立場を予想することができなかったのではなくして、フィヒテの立場まで思想を発展せしむることがかえって道徳および宗教に救うべからざる致命傷を与えることになると予想したためであったのではなかろうか。カントにとっては汎神論は明白に否定せらるべきである。彼は宇宙の究極を道徳的実在と見た。彼が「実践理性の優位説」を樹立したのもそれがためであった。彼において神は道徳的な至高善、人格的な実在である。彼の有名なる「定言命法」(kategorischer Imperativ) の説がすなわちそれである。彼はまた人生の「根本悪」(Radikalböse) 説を唱えたが、それは自由の世界、価値の世界において当然到達すべき重要なる問題の一たるを失わぬ。ライプニツ、ロッツェ等「神の人格性」(Persönlichkeit des Gottes) を主張する者が等しく「悪」とその「救済」との問題に接触して来るのは、当然であると言わなければならない。論旨が著しく宗教哲学の根本問題に接近してきたが今はこれを避けなければならない。要するに、宗教的見地からは超越的な人格神論が要求せられなければならないと思う。しかし啓蒙期の理神論がそれでないのは言うまでもないことである。第一その独断を学問がいかにして許し得るであろう。

されどもカントが、自身その根底より破壊した超越的な外界の実在を、さらにまた何故に「仮定」としてまでもなお、これを要求したかということについて考えざるを得ない。

宗教的真理の追求よりすれば、主観を離れたる客観的、理想的要素をその対象に要求するに至るのである。近世の唯物的自然科学に立脚した実証哲学が、必然の世界から覚醒して、理想の世界、自由の世界を要望するに至った。

「カントに還れ」とは「理想に還れ」「価値に還れ」「人格に還れ」ということである。それは明らかに、直接には実在問題を離れた真理の批判、価値判断の問題に移るのであるが、結局は実在の問題にも及ぶようになる、否、及ばずには過ぎ得ないのである。超越的にして、しかも自我の規範であるがゆえに内部に深き交渉を有するもの、これを人格神論（Theism）の基礎付けと見ることもできよう。ここに、現代の理想主義の哲学、すなわち新カント派の立場があると思う。

このように、構成主義の認識論から真理の全き姿を「意味」の世界、「ロゴス」の世界に眺め得るであろうならば、吾人は「意味」の世界、「ロゴス」の世界の消息について前にも述べて置いたように語らねばならない。

第四章　ロゴス説（宗教の学的基礎）

構成主義の認識論が到達する「意味」すなわち「ロゴス」（Logos）について語らなければならない。

もしそれの興味深い歴史がギリシア哲学、中世哲学等を一貫してその思想がいかに流れたるか、しかして全く新しき意味において現代の哲学にまで至ったであろうか、その変遷について語るならばそれみずから意義あることともなるであろうが、今はその最近なるもの、すなわち現代の構成主義の認識論において論議せらるる範囲に限定しなければならない。

吾人はこの思想の最初の源泉である半カント派とも目すべきボルツァーノ（Bolzano, 1781-1848）に赴かねばならない。彼はその時代の学問にあってその学問の価値を認識せられなかったが、現代に至って初めてその深淵な思想が理解せられてきた。リンゼイ（J. Lindsay）は近著『有神的観念論の哲学体系』（A Philosophical System of Theistic idealism）に“a great but little known Bolzano, whose work on this subject, though he died in 1848, has never before been brought under the notice of English readers.”（p. 509）と言っている通りである。

ボルツァーノの言うところの「真理自体」（Wahrheit an sich）あるいは「表象自体」（Vorstellung an sich）とは、「意味の世界」を指しているのであるが、真理自体は考えられた真理ではなくして、主観に関係なく、それみずから客観的に存立する真理を言うのである。「赤き花には赤いという表象自体がある……赤き花という実在には赤一般という表象自体が客観として存立する。表象自体は事物の意味であって実在とは異なり、不変のものである。赤き花は萎れても赤一般は依然として存立する。表象自体はいかなる人がいかなる時に考えても常に同一なるものである。意味としての客観は、これを考える人の意識を離れてそれみずからに恒存する。すなわち一種の客観である。われわれが実在を知るのはなんらかの意味によって考えるのである。意味は実在に比して更に根本的のものであると言わなければならぬ。赤き花を赤いと見るのは赤という意味によって理解するのである。従って構成主義の認識論からはどうしても意味の世界が客観とならなければならぬ」（西田氏『現代理想主義の哲学』41頁）とあるように、まず意味が存立する。しかして実在が導き出されるのである。その「意味」とは「価値」である。リッケルトの主張するごとく真理は倫理的要求から成立する。真理は「当為」（Sollen）によって成立するゆえに実在の以前に価値があらねばならないのである。この「意味」とはもちろん形而上学から言う「実在」すなわちカントの「物自体」のような全然外界の実在ではないゆえに、模写主義が主張するように「真理」とは外界の実在を原像と見て知識が有する模像と一致し、原像を模写するところに成立するのではなくして、どこまでも論理的に、「どうしても何時いかなる場合においてもそう考えねばならぬもの、外にはいかにしても考えようのないもの」が「意味の世界」「価値の世界」である。それは言うまでもなく吾人が思惟するとせざるとにかかわらず恒久不変に独立自存するもの、すなわち真善美の絶対的価値である理想の世界である。これを「ロゴス」という。新理想主義の哲学はかくこの世界の存立を承認するものであるが、これを静的と見る西南学派に対してマールブルク派のコーエンの動的主張がある。今その両者の主張の詳細な説明はできないが、彼らの等しく一致して主張する点は、ロゴスの世界はあくまで主観を離れて客観的にそれみずから存立するものであるとすることである。ゆえに西田氏はボルツァーノの立場をカントと比較して「一見すればボルツァーノのやったことはカントのいわゆるコペルニクス的偉業を、もとに引きもどしたような観がある。カントは知識の客観性を主観の統一作用に求めた人であるとするならば、ボルツァーノはこれを純粋なる客観的真理の中に求めた人と言うことができよう」（『現代理想主義の哲学』295頁）と評している。

かくのごとく理性の極致は「ロゴス」である。現代哲学の唯一にして最大なる発見もまたこの「ロゴスの世界」の発見である。ロイス（J. Royce）はその著『近世哲学の精神』（The Spirit of Modern Philosophy）においてその題目が示す問題について論じ来たってその結論に達して言った。吾人は疑惑の世界においてただ一つの保証（Assurance）を見出した、真にただ一つではあるが、しかしそれはいかに豊富（Yet how rich!）であろう。すべてはよし仮定であろうとも、「ロゴス」のみは確実である。それは哲学の抽象的信条とも見なされよう。“This World is the World of the Logos”（p. 471）と結んでいる。

「ロゴス」の世界は「真理自体」の世界である。「真理自体」は「経験」せられた真理ではない。主観を超越した純粋なる客観である。宗教から言うならばロゴスは「キリスト」すなわち神である（ギリシア語新約聖書ヨハネ伝第一章参照）。「キリスト」は世界が産みしものではなく却って「キリスト」が世界を創造したのである。宗教はまさしく主観の産物ではない。吾人の経験するキリストは「キリスト自体」ではない。それは経験せられたキリストに過ぎない。主観に限定せられた「キリスト」を見るのである。「キリスト」はつねにそれみずから存在するものである。そこに最も確実なる客観性を保有している。客観は主観に依存するのでなく主観が客観に依存するのである。汎神論を代表する仏教は主観に終始するものであると言えよう、しからずしてこれを全き客観と見れば直ちに唯物論となるに過ぎない。内在の神をのみ認めるならば、吾人は自己の真の姿を神と見なければならない。しかして吾人は神が分化して顕われたもの、すなわち小さき不完全なる神（多神教）となるか、しからざれば神の一部分とならなければならない。そして吾人の罪悪は神の罪悪となり、吾人の善行は神の善行となるがゆえに個人の価値と意義とが見失われることとなる。かかる世界には真の意味の宗教も道徳も存し得ないのであろう。しかして善悪真偽の判断認識は一にこの自己を超越した純粋な客観的な神の理想に照らして初めて決定し得るようになるのである。これ実に宗教の真理であってまた現代の理想主義の哲学の価値批判である。神は吾人の善悪真偽の批判者である。これらは皆神を超越的と見ることによってのみ初めて成立し得ることがらであるのは明白である。ゆえに真理の客観性が立証せらるることは、真の宗教に対する学問の唯一なる基礎付けと言わなければならない。

しかも神の客観性が主張さるることによって、ここに真偽善悪が判明せらるるのみでなく、更に罪悪の救済問題に大いなる光明を与うるものであると言わなければならない。まず自己が自己みずからのみでは標準なくしていかにして自己の罪悪を認識し得ようか。それは全く不可能なことであらねばならない。意識せられない罪悪をいかにして処分することができようか。もしそれができたと仮定しても自己はいかにして自己自身を罪悪から救い得ようぞ。「人の水に溺れんとするや草をも摑む」との言葉があるように、救済の真理は他力のうちに存する。ここにも神の客観性が重要な根本問題として要求せられている。

吾人の神は吾人の生活（価値）の規範でなければならぬと同時に、また救済者でなければならない。この点から、神を吾人の原因とのみ見る全然超越性のみで内部に少しも交渉を有し得ない理神論が、斥けらるるのである。超越であると同時にまたある意味の内在である有神論（Theism）が要求せられるのであるが、現代の構成主義の認識論が到達した「意味の世界」すなわち「キリスト」はこの要求を全くそのまま充たすものであると言えよう。コーエンは「キリストは人類の本質の統一とその完全性の理想とを指示する一つの理念であるという古代、中世および近世を通じてさまざまの言い表わしで常に繰り返し繰り返し出現したところのかの意見もまた、この真正の救世主の意義に相応する。いわゆる経験のいかなるものの前にも逡巡せざる底の認識の中に、一体となれる人類の平和に対する信頼の中において、救世主教のこの歴史的意味と価値とがいかに分明に根底的にかつ恐るるところなく正直に人間の道徳的意識を捕え、これを満たすであろうか。神の信仰の将来はこれに依存する」（『新理想主義哲学序論』188頁、児玉氏訳）と述べている。しかして彼はまた、「神の理念の価値は、プラトンがかの善の理念について言ったごとくに、『存在の彼方』にある。カントの実践理性の優位という言い表わしはほぼ同一のことを言っている。神の理念の理想主義は神の理念を争わないで、多少唯物論的必然性を持ったこの争いから理念を救い出して、その理念的価値論理学的概念の体系中におけるその特殊のはたらきを規定する」（同上184頁）と言っている。

かくて「キリスト」（意味の世界）が主観から離れて純客観的にそれみずから存立すること、正確に言えば存立せねばならないことを学問が立証する。吾人はかかる世界の存立を予想もしなければ模写するものとも思わない。それは予想したりまたは模写したりすることの不条理であるのみならず、全く思惟の赴く方向を異にすべきものであることを知ったからである。理性は永い間、真の客観的実在の認識において行き悩んでいた。それが価値の問題を対象として思惟の方向が転回せられるに及んで理性は全く新たな、光輝ある領域に進入することを得た。「キリスト」は思惟の妥当（Gelten）、すなわちいかにしてもそう考え認めなければならない、他に考えようのないもの（Denken Sollen）として存立している。それは最初から実在を少しも予想してかからない全く度外に置いてかかっているだけそれだけ実在は確実である。「真理自体」の世界、「表象自体」の世界、「真と善と美」との理想の世界、すなわち「キリスト」（Logos）の世界においては、「哲学」という幼名が生長して「宗教」という名に改められなければならないように見える。それは理想は実現せられなければならないからである。「意味」を静的と見ないで動的と見たるためである。コーエンは思惟を生産的と考え、意味の世界を動的と考うる、……コーエンにあっては知識の内容は思惟によって生産せらるるものである。思惟はみずから発展して内容を創造する。内容は外から与えられたるものにあらずして内から発展したるものである。

「純粋思惟は生産自身が所産であると言うように、それ自身によって内容を作り、それ自身によって発展するという意味において動的なのである。右のごとくその根本において動的なる意識は単なる思惟ではなくして意志であり感情である……」（西田氏『現代理想主義の哲学』152頁）。

かくて創造的活動が意識の全体としての真相を語るものであれば、宗教はついに意識の最高の名とせられなければならない。しかして意識が自覚の域において人格は成立する。さて吾人は今まで「ロゴス」について述べて来た。しかして次には「意味」すなわち「ロゴス」はいかにして実在となるであろうかについて知らねばならない。

「ロゴス」の世界は理想の世界である。ゆえに当然実現されなければならない。実現されるとはどういう意味でいかにしてそうされるのであろうか。「ロゴス」は実在の本質ではなくして内容すなわち意味である。たとえば、「単なる言葉の場合としての文章は必ずしも真たるを得ない。言葉と共に、言う人の意味し、聞く人の理解する『意味』(Bedeutung) がなければならない」と言うごときであるが、すなわちこの意味が実現されるためには材料を要する、すなわち今言ったリッケルトの例証を用いると、あたかも言わんとする内容の意味は言葉、または文章という材料を与えらるることによって実現して実在となることができるのである。

カントにおいては「材料」は外界から与えられたものであったが、コーエンに至っては客観的知識の根底にある。思惟はみずから創造的で思惟の内容も外界から与えられたものではなく、思惟みずからその内容を産出するものであると共に、さらに進んで具体的な思惟に及ぶ。すなわち経験的知識の基礎である数学的思惟が、「単位」、無限小の「一」(Einheit) を生じ、「一」は「多」(Mehrheit) を生じ、「一」と「多」と相結んで、「総体」(Allheit) を生ずる。「一」は数の、「多」は時間の、「総体」は空間の、各範疇である。この場合は思惟が実在を予想するのではなく実在は思惟によってみずから成立するのである (Cohen: Logik der reinen Erkenntnis)。かくして真善美の価値の絶対的理想は、それが真に真理であり善であり美であるためには、実現せられなければならない。価値の理想は価値の規範であって価値ではない。価値はその材料すなわち「人格」(Person) において初めて実現せられる。ここに生命の世界がある。しからば何がゆえにそれが「人格」であるか、しかして人格とはいかなる意義を有するかと問わなければならない。

「人格」とは何を意味しているか、その意義如何と問うなれば、まず「人格」は知・情・意の各意識が自覚と自由とによって統一せらるるところに成立すると言えよう。しからば「自覚」とは何であるか、それらの部分的意識が全体として統一せられたるその中心において、それ自身を反省することによって起こる「自己意識」(Self-consciousness)を言うのである。自己の反省とは意識の中心を求めつつついに「我は我なり」(I am I: "Ich bin Ich")の自覚に達する、これを人格とよぶ。デカルトが鋭くも指摘したように、あらゆるものは疑わしいがついに疑い得ざるものがここに一つある、すなわち「我」(Ego)の実在である。あらゆるものはこれによって成立する。宇宙的意識の統一とその自覚こそ宇宙的「人格」である。従ってそれは実在しなければならない。

「ロゴス」は実に宇宙的人格において実在に入った。至高なる真・善・美は人格の材料によって実現せらるるに至るのである。しかして「ロゴス」の人格化こそ「キリスト」である。この宇宙的人格の自意識によって時間および空間は産出せらるる。すなわち全宇宙は「人格」の所産である。ゆえに絶対的にして他に依存するところのない、それみずからに中心を有する自律的(Autonom)な独立自存である。しかしすでに独立と称し自存と言う以上は、しからざるものを予想しているではないかとの非難を受けるかも知れぬが、独立と言い自存すると称する意味は、必ずしも自己以外のものに対応すべき意味ではなくして、実にかえって自己はみずから自己の内容を産出し創造すること、およびそれが絶対的であるところに存するのである。ここに人格（実在）の独立性と絶対性の一致が認められなければならない。従ってそこには真の意味において自由が許容されなければならない。

かくて吾人は甚だしくフィヒテに近づいたかのごとく見ゆるが決してそうではない。フィヒテが全く主観に立脚したのに対して、吾人は明瞭に客観に立脚しているがためである。フィヒテは実在（神）を世界の本質と見たが、現代の理想主義の哲学の精神に同意を表する吾人は実在（キリスト）を世界の意味、すなわち内容と見ている。前者における神と世界との関係は言うまでもなく必然的で普遍的、従って没価値的非人格的であるが、吾人は必ずしもしからずして、すべてを「価値」（Sollen）の関係にまで持ち来たすことによって、それは明らかに人格関係となる。世界を「必然」と見ずしてどこまでも「当為」すなわち理想の所産と見るのである。

ここに附言して置きたいのは、何故に余は宇宙実在を「神」とよばずしてあえて「キリスト」と言うたかということであるが、それは「神」と言う方が適当であり、また真に余も神であると念《おも》うものであるが、ただ形而上学上の全然超越的な、およびその正反対なる意義を有する汎神論的な、両者いずれの「神」とも同一視せらるるのを甚だしく恐れたがためである。必ずしもキリスト教のそのキリストを強いて擬するものではない。ただその本来の名の意味が余の言い現わさんと欲したものをよく顕わし得るように思惟せられたがためである。人があって、もしそれはキリスト教のキリストと同一なりと断定するものがあったら余はあえてこれに向かって抗弁を試みようとするものではない。少なくとも現在の余にとっては、カントと等しく純客観的な形而上学上の神の実在を知り得ないから、またかかる神の存すると否とは問題とはならない、ただ「キリスト」こそ唯一なる信仰の対象であるから。

吾人はさらに進んで「実在」と「現象」、「キリスト」と「世界」との関係に入ろう。

第五章　実在と現象（キリストと世界）

価値の世界

吾人はロッツェの言うように、「価値の世界」（die Welt der Werte）において絶対的価値そのものが絶対的実在であると見るのである。かくて形体の世界（die Welt der Formen）は価値（真、善、美）実現の道場すなわち手段となるのである。価値は形体なくして価値たるを得ず、形体は価値なくしては存在の意味を有し得ない。このように考うるのが理想主義哲学の立場である。

まず現実在と価値について考うると、いわゆる金百円はもしそれがポケットに実際在る場合は価値に関係があるのであるが、単にその百円を空に考えているだけでは、そこにはなんらの価値も存し得ない。つまり、そこに現に存在する百円が価値に関係を有しているのである。ゆえに何よりも実在が必要なのである。「完全なる道徳は価値あるもの、無上に価値あるものである。しかしこれが実際的実現もしくはこれに近きもの［で］あらざる時は価値なきものとなる。」"Moral perfection is of value, of supreme value; but the mere concept of moral perfection, apart from any actual realization of it or approximation to it, is not of value." (Sorley: Moral Values and the Idea of God, p. 108)。このように価値は実現すべき材料なくしてはついに価値たることができないゆえに価値が価値たるためにはつねに実在が伴わなければならない。

しかし実在と言っても物ではない、「人格」である。さらに適切に言えば「個性」（Individual）

である。吾人はそれが個性との関係においてのみ「価値」を得る。……吾人は善は善なりとは言い得ない。それは単に空しき重複語に過ぎないのである。しかして単なる「善」の観念はそれ自身善ではない。それは価値をもたない（Sorley: Moral Values and the Idea of God, p. 110）。

価値の発見は反省とそれみずからの思索から来る。しかしてそれはただ経験の覚醒において追従せられる。価値が単に思考せられている限り、または単なる思想である限り存在ではない。それは経験において実現せらるることを要求せられている（同書116頁）。

価値の実現は価値の所産である。価値が実現せらるるところに初めて生命の世界がある。ゆえにソーリの言うように、宇宙過程は真に「目的論的」にのみ解せられなければならない。しかしてあらゆる実在は価値がその美果を産む材料として存しているように見える。これらの見解からは世界はただ「人格とその真の価値」のために存在している（同書167頁）と見なければならない。

人格の世界

ここに宇宙は人格（Personality）とその価値の発展の世界であると見る以上、吾人は人格主義（Personalism）を承認しなければならない。人格の世界こそ「当為」（Sollen）の世界である。それは絶対的に自由で理性がそれみずからを創造しなければならないがゆえに、すべてが価値となり得るのである。しかしすべてが価値であるにしてもヘーゲルのような汎価値主義を是認しようというのではない。世界はどこまでも人格的な取扱いからそこには個別性（Individualität）あるいは特殊性（Besonderheit）を主張さるべきではないであろうか。汎神論的宇宙解釈には「人格」および真の「価値」は存在し得ないはずである。従って、現実性（現象界）を単に「実在」（Noumenon）に対して「現象」（Phänomenon）と呼んでも、なんらの深い意義は許さるべきではないが、ここに人生すなわち現象界を一つの実在と見て、その特殊性および個別性が許されるであろうならば、人生は真に意義あり価値ある世界とならねばならないであろう。ロイス(Royce)はその名著『世界と個性』(The World and the Individual, p. 240）において「人間自我」(Human Self)が一つの精神的独立であることを述べて、「自我」は道徳的世界において彼みずからを中心とする根本的な光栄ある「自我」で、真にすべての価値の決定者である、と言うている。かくて人生は特殊の意義をもって眺められなければならない。現実在を離れて抽象的な世界にはなんらの真理も、真の意義もないとする実用主義（Pragmatism）の主張にもまた一面の真理を認め得るようにも思われる。

歴史の世界

人格的価値の世界は歴史の世界である。ドイツ西南学派のヴィンデルバントやリッケルトなどはこの辺の真理を明確にした。すなわち、自然科学的解釈のみによって現実在の個別性を注意しないならば、自然科学と現実在との間隙を見のがすでもあろうが、一度自然科学的概念を個別そのものに適用しようとすれば忽ちその限界に逢着《ほうちゃく》して、一つの越えがたい難関に出会するであろう。リッケルトは、「医者は勿論自然科学的知識を用いて診断を行ない、それによってその場合に応じて各各患者を取り扱って行くのである。一つ一つの場合を一般的の病気の概念の下に下属させてそれによって一般にとるべき手当を知っていてこれを行なうのである。医者はそれゆえに必然的に一般化（Generalization）を行なうのである。しかし腕のある医者は他方において実際に『病気』があるのを知るのではなく、全く『病める個人』のあることだけを知っている。それでかかる活動においては自然科学的の書籍に記載されていることと一致することばかりをするのではない。彼は個別化ということを心得ていねばならないのであるが、自然科学は少しも彼にこれを教えはしないのである」（Kulturwissenschaft und Naturwissenschaft, 近藤氏訳、62頁）と言っているように、またカントが既に早く指摘しているように、普遍必然の外に一般化となり得ない特殊性または個別性が存していることを承認しなければならない。ヴィンデルバントは『歴史と自然科学』（Geschichte und Naturwissenschaft）において自然科学の一般的、普遍的な従って幾回でも同一である「法則的」取扱い（das nomothetische Verfahren）以外に、一回的特殊的のものを叙述する「事象的」取扱い（das idiographische Verfahren）を対立せしめた。しかしこれは必ずしも二元的と見る必要はないのである。リッケルトはこの点を論理的に考察して「われわれが現実在を普遍に関係せしめて見れば現実在は自然となり、これを特殊的のものおよび個別的のものに関係せしめて考察すれば歴史となるのである」（リッケルト『文化科学と自然科学』近藤氏訳、78頁）。このように両者が根本において相結び相同じうするものであることを忘れてはならないが、しかし、真理認識の出発点が歴史に立脚した文化科学によって始められなければならない。吾人は今日これらの問題に関してリッケルトに負うところがはなはだ多い。この場合彼の「歴史的文化科学」の主張を知ることが最も重要なことであろう。

「われわれは今ここで取り扱っている問題を歴史的概念構成の問題と名づけよう。その理由はこの概念の通常使用されている意義を拡張して、現実在の科学的本質的要素間の関係と解するからである。概念する（begreifen）と一般化する（generalisieren）とが一致しないことを認めるならば、この拡充は直ちに正当なものとなるのである。されば概念――その内容は特殊的個別的である――の指導原理を見出すことができる。歴史科学の形式的特性ばかりでなく結局自然科学と文化科学との質料的分類の正否もにかかってこの問題に対する解答如何によるのである。もし余が信じているごとく、われわれがもろもろの科学の客観を二群に分かつ時に藉《か》り来たったところの文化の概念が同時にまた歴史的すなわち個別化的概念構成の原理を限定するものであるということが明らかになるならば、かかる質料的分類は正当である。さればわれわれは今や最後に形式的分類の原理と質料的分類の原理との関係を述べて、これによって歴史的文化科学の本質を理解しようとするのである。

この関係はその根底においては頗《すこぶ》る単純である。もしわれわれが自然科学的に概念しようとするばかりでなく、歴史的に個別化的に知ろうとし、かつ理解しようとしているところのものがそもそもいかなる客観であるかをわれわれが問題とするならば、この関係は直ちに明らかになるに違いない。すなわちわれわれが現実在――それは価値が結びついていず、従ってわれわれはこれを上に述べたごとき意味で自然と名づける――にあっては多くの場合に論理的意味での自然科学的興味を有することを知り、またこれらの現実在にあっては、個々の形像（Gestaltung）がその個別性においてではなく、多少普遍的概念の類例としてのみわれわれに問題となることを見出すであろう。これに反して文化過程またはわれわれがその前段階もしくはその類似のものとして、この過程に関係せしめるものなどにあっては全く関係を異にしている。すなわちわれわれの興味はここでは特殊的のものや個別的のもの並びにその一回的経過に向かっているので、この過程を歴史的個別的に知ろうと欲するのである。

これによって質料的の分類原理と形式的の分類原理との間の最も普遍的な関係がわれわれに与えられるのである。われわれはまた容易にこの関係の基礎を把握することができる。すなわち或る客観の文化意義は、客観が全体として観察される限り、他の現実在と共通に有しているところのものに基づくものではなくて、それが他者から区別されるものに基づくのである。それでわれわれが文化価値との関係を顧慮して考察するところの現実在は、同時に常に個別的特殊的のものを指示せねばなるまい。ある過程の文化意義は、その個別的形像がその関係せる文化価値と密接な関係を有するほどますます高まってくるのである。文化価値に対する文化過程の意義が問題とされるに至るやいなや直ちに、個別化的歴史的取扱法のみが文化過程に正しいものとなるのである。この文化過程は、自然と見られ普遍的概念または法則の下に持ち来たされるならば、特色のない類概念中の類例と見られ、したがって同一類概念中のものに置きかえられるのである。われわれはかかる自然科学的一般化的取扱法で満足することはできない。すべての現実在は一般化的に理解されるのであるから、かかる取扱いも可能ではあるが、この場合その結果は、再びゲーテの言葉を藉りるならば、『ただ孤立して生命を有するものを一の死せる普遍性と化せしむる』ことになるであろう」（近藤氏訳『文化科学と自然科学』113頁）。と述べているように、ここに繰り返すものすなわち自然科学的真理は何時いかなる場合にも常に同一で必然的で幾度でも繰り返すものであるが、他方にただ価値の世界であるただ一回的のみのもの、すなわち歴史を取り扱う文化科学的真理がある。ただ個別的に「孤立して生命を有するもの」すなわち「文化人格」（Kulturpersönlichkeiten）は甲の人格価値をそのままで乙の人格価値として見出すことは絶対に望み得ない。人はその面影の異なるごとく、それみずから独特の個性を有していずれの誰とも共通となり得ない個別性（Individualität）を有している。ゲーテやナポレオンの心的生活を説明しようとするならば、その場合にはほとんどたしかに一般化的心理学の概念をもって始めることはできない。われわれはここでは実に「心理学的」に説明され得ないところの生活統一（Lebenseinheit）をもっている。リッケルトは「この個別的統一を、もし普遍的な心理学的概念の下に持ち来たらすならば直ちに消え去るものである」（Kultur-wissenschaft und Naturwissenschaft）と言っているごとくに、どこまでもその個別性が維持されなければならない。ここに個性が偉大で精神的に独立自存であること、従って人はみずから小宇宙（Micro-cosmos）であることを正当としなければならない。ゆえに真の意味において「人」は「ただ孤立して生命を有するもの」である。ここに真正な価値の世界があると言わなければならない。しかも人がその個別的な自我の自覚によってそれみずからを創造し発展せしめるところに価値が実現さるるのであるゆえに、人格とその自律性（Autonomy）が十分に承認されなければならない。そしてかくのごとき個別的世界は歴史の世界である。ここに真の文明の開化、文化価値の世界がある。このようにして人格の尊厳とその独立性が承認せらるることによっておのずから精神的な意味において一種の人格的多元説（Personal Pluralism）が要求せらるるであろう。しかしてあらゆる関係は人格的関係であって決して必然的すなわち宿命的ではない。従来形而上学から実在（神）と現象（世界）とを分けて、現象（世界）を実在（神）の部分的顕現と見る汎神論を主張するか、現象を実在、すなわち原像（神）の模像と見るか、いずれにしても非人格的没価値的である以上、原因結果の外に両者の関係を知ることはできないが、価値の世界においてはすべてが当為の関係である。ここに人格はそれみずから独立性を維持しつつ、さらに個別的に当為の関係において他のものを見ることができる。ここに至って、現象は従来のように実在（神）の影にあらずして、根底ある新たなる意味と価値とを有する現実在（人格）と呼ばれなければならない。そしてそれはそれみずから他に置きかえることのできない意義と価値とを有する自律的実在であるが、しかしそれは疑いもなく、個別性を主張さるる以上その全体性がそこに予想されなければならない。すなわち個別的全体（Individuelles Ganz）である。しかして、現実在の個別的人格価値がその関係的価値（Relative Value）にとどまるのに対してこれらに妥当する唯一なる絶対的価値（Absolute Value）すなわち絶対的人格が要求せられなければならない。しかしてこの個別的自我である吾人は、その絶対的な宇宙人格（キリスト）によって制約せられていると見るゆえにキリストは吾人の真理認識の規範であり標準である、吾人の理想的人格である。しかもそれは、因果関係を全く離れて、吾人の自覚によって起こる「当為」（Sollen）「ねばならぬ」（ought）の関係においてのみ存することを忘れてはならない。ゆえにロイス（Royce）は「神において汝は汝の個性（individuality）を有す、汝の真の（神への）依存は汝の自由の条件である」（The World and the Individual, Vol. II, p. 417）と言うている。かくのごとく真にこのような価値の世界においてのみ道徳と宗教はそれみずから光輝を放つに至るのである。

現代における人格的多元論（Personal Pluralism）

かくのごとく今日学問はその理性の展開において全く新たな意味で人格神論的実在を認めざるを得ざるに至ると共に、その世界観においても等しく人格的多元説（Personal Pluralism）が主張されなければならない。カントによって初めて唱えられ、近世哲学の精神の全体を支配した主観主義を脱して、ここに全く新たな純客観主義が確実に承認せらるるに至った。吾人はボルツァーノがフィヒテやヘーゲルを厭うて、むしろライプニッツに赴いたように、今日、構成主義の認識論の立場からは、近世の自然科学的実証主義に反対して、理想主義を主張してまずカントに還り、さらにまたライプニッツに還らねばならない。もちろんそこには、学問上の重大な問題が未解決のままに残されてはいるが、少なくとも吾人はなんらの意味からも全然主観主義にとどまることは不可能であるから、今日ライプニッツが新たな価値と意義とをもって眺められてくるのである。さらに近世の自然科学の影響を受けて自然主義（Naturalism）の盛んに流行した中にあって、ひとり正しくカントの精神を維持し理想主義の立場において一種独特の人格的多元主義を説いたロッツェを無視することはできない、もちろん彼のそれはライプニッツのそれとは異なって、個人を真の独立存在（ライプニッツのモナドに比して）とは見ないで相依と見た、すなわち宇宙を一つの有機体（Organism）と見た点が違うが、その宗教的意義はほとんど同じ真理主張を示していると思われる。今日余の知れる範囲では人格主義による多元説の立場をとっている人びとは、純論理派と目すべき学者の中代表的なものは米国カリフォルニア大学のハウイソン（Howison, 1834-1916）であろう。さらに、スエーデンのブーストレム（Boström, 1797-1866）がライプニッツの単子説に近い立場において絶対もしくは有は、全体として有機的ではあるが互いに対立して存在し、自己意識的でそれには各種の独立的存在があって、その全体的統一を神と見、人間の人格的生活はそれみずから自発的に超感覚的本性を自覚しそこに達すべき材料で、世界をその舞台と見た。

近くはオイケンも神の絶対的人格性を認むるのみならず各個人の人格の独立とその永遠性をも認めている。さらにギブソン（Boyce Gibson）もその著『倫理学の哲学的序説』（A Philosophical Introduction to Ethics）に同様の見解を述べている。彼らは厳正な論理派の中に入れることはできないであろうかと思われるが、ともかく彼らもまた人格的多元論者と見ることができるのである。

人格的多元説の二学派

今日吾人は英米に起こっている二つの学派を有している。一九〇〇年に米国のハウイソンによって提唱せられた純論理主義と、それより二年後、英国のオックスフォード大学の八教授によって発表せられた、むしろ経験主義の傾向を示す一派とである。彼らは共に「人格的唯心論」（Personal Idealism）の名をもってその学問の立場を示したのではあるが、両者の立脚地は前にも言ったように全く異なっていてかつ相互に交渉がない。

ハウイソン教授の主著とも言うべきは有名な『進化の限界』（The Limits of Evolution and other Essays, 1900）及び他の人びととの共著である『神の概念』（The Conception of God）などで、オックスフォード大学の教授等の代表的著書はその共著に成れる『人格的唯心論』（Personal Idealism, 1802）でスタウト（Stout）、シラー（Schiller）、ギブソン（Gibson）、アンダーヒル（Underhill）、マレット（Marett）、スタート（Sturt）、ブッセル（Bussell）、ラシドール（Rashdall）の八名である。その他さらについでだから記して置くが、ジェームズ・ウォード（J. Ward）の『究極の王国』“The Realm of Ends”ウェッブ（Webb）の『神と人格』“God and Personality,”“Divine Personality and Human

Life" 等がある。彼らは等しく「絶対主義」(Absolutism) および「自然主義」(Naturalism) に反対して人格的原理をもって学問の基礎とした。しかし、全然前に言った両者と無関係であり得ないのは明白なことである。彼らは経験主義に立脚するがゆえに、余は先に当然述べなければならないグリーン (Green) の倫理学 (Prolegomena to Ethics) の説をさえ省いたごとく、ここにもこのオックスフォードの人格的唯心論者の学説について述べることを差し控えよう。しかしハウイソンもオックスフォードの人びともその共通点を指摘すれば、ただ実在の世界において根本的多元説を主張することである。

吾人は次にハウイソンの主張について少しく述べよう。彼に従えば、あらゆる存在は精神的存在であって時間および空間は精神の根本的な相関および共存によって存している。しかしこれらの共存は決して時空的存在にあらずして自己を規定する各自の意識における相互の論理的内容として認めなければならない。しかしてすべて同じく自己を規定するものとして、相互の承認はその共存することによってそこに一種の道徳秩序を生ぜしめる。これらの多数の精神は道徳的真実在のこのような、相互の承認によって一切の事実およびあらゆる単独の事物の決定基礎であるから恒久的な、すなわち無条件的に真実な世界をなし、それらは等しく合理的に理想を実現する目的を有している。その実現は神の支配に属する。しかしそれは権能によってでなく、理性によって、各精神の超個人的理想たることによって支配する。その関係はゆえに必然にあらずして常に当為である。この恒久的な共和国の人びとは時間的の起源を有してはいない。彼らはただ存して共に恒久的秩序を構成する。しかしてこれは相互に思考せられた相関によってのみ存在し、これらを離れてはなんらの存在を有し得ない。しかし相互の思想関係（神をも含む）によりて、一切の時空的存在の基礎をなす。彼らは自然に対しては自由であって、自然界とその法則によっては決して束縛せられないで、かえって一切の法則の本源である。彼らは自己自身によって相互と神に対する行動を決定するという絶対的自我の独立説である、ここに彼の多元説は立脚している。

オックスフォードの人びとが主意説に傾き経験論的であるのに対してハウイソンはこれに反対してあくまでも純正哲学の立場を護り合理主義を主張した。

実在と現象、それは適切な言葉ではない。神と吾人とはかくて、その人格的自律のうちに相《あい》関与《かんよ》して価値の世界をなしている。しかして吾人はさらに、吾人の個別的価値を基礎づける現代の表現派（Expressionism）芸術の主張を見よう。それは主として仏国の後期印象派（Postimpressionism）の人びとなどによって示され、フィードラ（Fiedler）やクローチェ（Croce）によって一つの学問的基礎を得ているのであるが、彼らに従えば、画家はその対象を単に模写するものではない、彼らの絵筆によってカンバスに表現せらるるものは決して印象の再現ではない。各画家の人格、個性によって全く新たなる価値と意義とをもって顕わるる創造となるのである。ゆえに表現派の芸術的活動の世界は価値の創造の世界である。たとえば秋更けて、天地静寂なる朝、万象に置く白露の、その宿りたる草木それみずからの性質に従って、よくこれを千々に染むるのにも等しい。すなわち甲は真に甲においてのみ価値あるもの、これを乙に置きかえることの絶対に不可能なること、もし強いて置きかえるならばたちまちその価値を消滅せしむる普遍となり得ない世界こそ文化人格の世界である。このようにして吾人の人格は各自に深い意義と価値とを有している限り、その理想はそれみずから実現せられなければならない。吾人の完全性の理想が高く「キリスト」において望まるる以上、現実在の世界、すなわち有限的世界においてはついに実現せらるべき機会を有し得ないであろう。ジェームズ・セス（James Seth）はその著『倫理の原理』（Ethical Principles）において「無限なる道徳的理想は有限なる時間において実現することはできぬ、人をしてかかる理想を抱かしむる以上、その実現の舞台［たる人］をして「無限」を所有せしめられなければならない。人はその理想の事業をなし遂ぐるまで不死でなければならない。しかして道徳的存在者（A Moral Being）としての人間にとってはその事業はついになし遂げられぬはずはない」（ibid., p. 456）と言っている。なぜなれば理想はその本性上無限であるがゆえに、人は当然その人格不滅を承認しなければならない。ボルツァーノ（Bolzano）も人間の霊魂は「時間に起源を有せずして永遠に有す」となしている。彼もまた霊魂不滅の承認者である。人格的多元説を主張する人びとは等しくその永遠における存在を承認すべきである。かくて「キリスト」を理想とする吾人の人格は永遠の相において常に価値の実現に赴くのである。しかして吾人はさらに重大な問題、すなわち、いかにして、また、いかなる意味において「キリスト」の生命が吾人の生命と交渉し得るであろうかという哲学のいまだ解決することのできない神秘主義や人格的価値の世界を承認する者が等しくその意識の根底における回転の要求があることを承認しなければならない。ゆえに古来幾多の人々によって種々に論議せられつつある「罪悪とその救済」の問題にも触れなければならないのである。またそれが宗教哲学の根本問題ではありながら今はこれらをさえ断念しなければならない。

最後に余は今一度コーエンの言葉を借りることによってこの論を結ぼう。「キリストは人類の本質の統一とその完全性の理想とを指示する一の理念であるという、古代、中世および近世を通じてさまざまの言い表わしで常に繰り返し繰り返し出現したところのかの意見もまたこの真正の救世主の意義に相応する。いわゆる経験のいかなるものの前にも逡巡せざる底の認識の中に、一体となれる人類の平和に対する信頼の中において、救世主教のこの歴史的意義と価値がいかに分明に、根底的にかつ恐るるところなく正直に人の道徳的意識を捕え、これを満たすであろうか。神の信仰の将来はこれに依存する。……理想と現実との間に何らの罅隙《かげき》、何らの衝突を承認しないところの真正の理想主義の試金石として通用する。しかして理念の妥当価値がこの実現力を保持している。何となればこの世界の信心者の場合に主要な勢力となっている神の宗教上の表象は理念のこの意識とは天地霄壌《しょうじょう》の隔たりがあるからである。この世界の信心者は道徳的理性の要求を圧迫して、これを諦めんがために神に呼びかける。また彼らの貪婪《どんらん》な現実主義の利害と短見とに役立ちうるところのものを神の秩序と名づける。この神は倫理学の神ではない。何となればたとえかような神が個人に対して何ごとをなし得るとしても、それさえ個人の水準を人間団体の一個人の水準まで高め得ないからである。そして個人の調和的文化力を高め、これによってまた道徳的世界の全価値を高めるところの個人の促進のみがひとり道徳促進として認識せらるべきである。道徳的世界の全体に向かって進むこの方向をとって、神の理念の力が動く。神国は道徳的存在者の国である。しかして道徳的存在者の国は天使の天国ではなくして人類の文化世界である」（コーエン著『新理想主義哲学序論』児玉氏訳、188頁）と言えるように、宗教は今は単に空しい思索ではあり得ない。人生は吾人各自が「キリスト」においてその人格的生命を触発せられ、これを練磨し、しかしてそれがついに永遠の曙を望んで遥かに飛翔する足場となるであろう。

創作篇

雨

居室《いま》の机に寄って、窓から外の雨を籠《こ》めた自然の姿を眺めていると、何もかもないような長閑《のどか》な心になっていった。

ただシトシトと降っている雨が、南から吹きつけて来る生温《なま》かい風のために、時々行を乱しては、また元のようになる。ふと私は、少年のころ箱根で、こうした場合に、こんな心でかの底倉から木賀に通う橋上に佇《たたず》んで、思うさま峰々に青く煙っている細雨を眺めつくした時のことを思わせられた。遥かの足下《あしもと》から、早川の渓流が岩を噛みながらザアザアと流れて下る音が幽《かす》かに湧いて来る。そのうちすぐ傍《かたわら》の灌木の蔭から鶯《うぐいす》の低く瓏《ろう》と澄んだ声が起こった。それに谺《こだま》するように、彼処《あちら》の谷間からも細く高い調子が夢のように応じた。あたりは森《しん》々と静まりかえって、南に開けた山々の狭間《はざま》からは、いつか青味がかった月が現われていた。私は、青く煙った空気の中で黒ずんでいく、夕暮に押し黙って自分に迫って来るような前面《まえ》の山岳《やま》を意識し出した。段々動いて近くなってくるようであった。するといつか私も、そちらに引き寄せられて宙に浮き上がったような心持になっていった。このモーメントである。かねて身体の弱い病気勝ちな私は、いつでも人に依頼していないでは恐ろしく淋しくなって仕方がないのであったが、一緒にこの山へ来ている母やその他の人びとのことも全く念頭から消えて、なんとも言えない世界へはいりこんだように思われた。それ以来私は、今まで満足していた家の中が、何となく物足りないような気がすることが時々起こるようになった。私は常に貧しい心を抱いて、時折は雨の降る午後なぞ、灰色の空を幾度も仰いだりしたことを記憶している。

十六歳のころ神を知った時も、探《たず》ね会ったように思われて、疑いも惑いもなく、深い歓喜にみたされた。それでも常に私の罪が私を暗く悲しく神から遠ざけて、依りどころがないまでに淋しく月日を送らした。今から考えて見ても、それが私の罪の仕業《しわざ》か、または神がそうした態度で私に示された道、自分でもその道に進み入るべきであると承知して、かつそうならなければ本分にもそむき、真の平和も満足も来ないとは十分知りながら、いかにもして踏み止まろう止まろうとするために、わざと私を神が突き放し給うたためであるか、いまだに解りかねているけれど、とにかく苦しい淋しい経験の連続がかなり永くあった。

それは、薄暮蒼然として灰色に暗く細雨につつまれた空と海洋《みず》のはてしもない支那海を、小さな筑後丸がひたすら航行している夕べであった。僅かに望み見た五島列島もいつしか夕やみに吸われて、天地は沛然《はいぜん》［雨が盛んに降るさま。］と降り下る雨のみである。私は右舷の甲板の日覆の下に藤椅子を持って来て腰を下ろして、じっと何も見えない雨の海洋を見入っていると、「君はよっぽど海が好きだね」と同行者の一人から突然耳元で言われたので、私はびっくりして、何か破裂でもしたのかと思われたほど不意であった。ある有名な人が海を眺めて「おお霊魂よ！」と言ったそうだが、私はいつか無言の会話をはじめていたので、話の腰を折られて我に返った。上海に上陸してからも幾度も雨が降った。僅かの隔たりではあるが、宿の庭に来ている名も知らない支那の小鳥の雨に美しくぬれた羽色を物珍しく眺めながら、私は未知の世界へ導かれるのをよく感じ得た。雨はやんで晴れたが、私は晴れやらぬ悶《もだ》えを心に抱いて内地へ帰って来た。その結果がかなり自分にとっては大きな決意となって現われた。

しとしとと降るこの雨の微かな音から、さらに新たな何物をか私は聴こうとしている。

自然の姿

この両三日は空がめっきり澄んで、白い雲が静かに幾つも半ば眠っているように浮かんでいるのを、書斎の窓から私はじっと眺めていますと、それでもいつか思い思いに姿を変えて眼界から去るのもあれば、団《あつま》ったのが散兵線を敷くように広がって棚引《たなび》いたりしています。私のように郊外に住んでいると、いろいろに移って行く自然の姿をしみじみ眺めたり味わったりするのが、何より楽しみです。先日もすぐ裏の水道の堤を夕方独りで、いろいろなことを考えながら散歩しました。

ゆるやかに軽い波紋を見せては流れている澄んだ冷たい水面には、白雲が影をさえ落して、岸の小草の中からは可憐な野菊が在りのままな優しい姿を水鏡《うつ》していますです。

西の空を紅に燃やしている夕日が、小暗くなったこのあたりを、今一時明かるくしているのです。微風が渡ると、砂に画いた絵を掻《か》き消すように、小波しては何も見えなくなります。

私は心も身も余すところなくまかせたような気分で、道に心持よい草を踏んで立っていました。フトK先生[柏井 園《えん》 1870-1920]からのことを想い出して急いで書斎に帰って来たのです。そしてこの通り書いております。先々月号にも申し訳のできない失礼をしてしまいましたから。

私はこのごろ「自然」ということで一杯なのです。先日も福音新報へちょっと他人が見たらまことに下らない自分の感想を書きましたが、幼少の時から自分にとっては精神上に深い関係を有しているのです。

　私の十七、八歳の頃でした。東京神学社というのが、そのころ市ケ谷の薬王寺前町にある教会の中でその講義を始めたのです。U先生〔植村正久 1858-1925〕が校長で、K先生はたしか教頭と言うのでした。そして私はこの御両人から若い心にむしろ恐ろしいほどの感化を受けたことは今もなお承認しなければなりません。こんなことを思うたびに私はいつどうして、この重い貴い師の恩に報いられるようになれるだろうかと、それのみは常に私の心に絶えない感銘の重荷です。この時分、私はU校長の慈悲で講義の傍聴を許して頂いて、毎日どんなにか心嬉しく登校したことでしょう。その時K先生は英文学を教えていられました。ちょうどワーズワースの詩の講解でした。そして詩人と先生のあの素朴な人格を通してどれほど私を自然に親しませたでしょう。「自然に帰れ！」とは、その時分も今も強い響《ひびき》を心に与えます。私たちは一切の虚偽を去って自然に帰らねばなりません。しかし私たちのような人生観（すなわち罪悪を認むる）を有する者は、ホイットマンや彼のような人たちの気分で自然と親しむことができましょうか？　何しろ「自然人」たらんと企つるのは、少なくとも日本今日の一文芸思潮でありましょう。これは最も喜ぶべき現象と存じます。たとえ恐るべき危険がその中に潜在しようとも。

　バートランド・ラッセルのような人が歓迎せられる今日です。自由と開放と、あり得るだけ自然たらんと欲する今日、私はキリスト教的自然観を、ことに人間生活の自然観を高調し徹底せしめたいと思っています。もっとこの問題について長く書いて見たいのですけれども今は力が及びません。どうかK先生のような方から改めて御高教を得たいと希《ねご》うて止みません。窓外は風の声です。サラサラと耳に伝わって来るのは、もう樹木の葉裏がこわばって来たのでしょう。薄ら寒い日の来るのも遠くはないでしょう。

霊魂の曲（戯曲）

（この一曲をニューマン［John Henry Newman, 1801-1890］の「ゲロンチウスの夢」［The Dream of Gerontius, 1865］を余に紹介せられたる樋田豊治氏に捧ぐ）

第一幕

人物　霊魂（死の床の病人）　五十歳
妻　四十三歳
弟　三十五歳
親族　数名、医者

日本座敷。床の間に、置時計その他ととのい、新刊書籍、聖書、讃美歌、取りまぜ乱雑に重ねあり。座敷の中央に、病人横臥し、枕元に薬数種置きあり、皆、その周囲を囲みいる。

霊魂　ああ不安でしようがない。もっと側《そば》へ寄って手をしっかり握っていてくれ。（妻、病人に近づき手を取りながら、そっと脈に触れてみて、不安らしく顔を曇らせる。そして病人に何か言おうとして、仰向きになった、極度の衰弱に精神の困憊《こんぱい》に陥っている夫の顔を眺めて、ハラハラと落涙する。）

私はかぎりなく心細いのだ。こうしていてもらうと、幾分か心がおちつくようだが、でもお前たちの心尽しも心配も、何だが遠い所で眺めているようで、その力はもう私には達しないような気がする。それだから、私は堪え切れなく不安で心細いのだ。私はもはや、いままでお前たちと生きて来た世界とは違った所に来ているようだ。（皆、沈黙して俯《うつ》むく。妻はじっと眼を閉じて黙祷する。）いったい、ここはどこだ。（病人はパッチリ両眼を開いて周囲を見まわす。）

妻　あなたのお家のお居間じゃありませんか。

霊魂　波の音が聞こえるようだ。

弟　兄さん、何を言っていらっしゃるのです。ここは東京のお家ですよ。（片手を畳に突いて、及び腰になって病人の顔を見つめながら言う。）

霊魂　（しばらく静かに眼を閉じて、すぐまた不安らしく）だが私は大地のどこにも、身体が付いていないような心持がする。

妻　しっかりして下さい。神様が守っていて下さるのですから。（自分で自分の不安を叱るように言う。）

霊魂　何？　神様？　偽善者だな。お前はどうして、そのように平気で聖《きよ》い聖名《みな》が呼べるのだ。

妻　私は恐ろしいのだ。ああ、私は真暗《まっくら》だ！
　あなた、神様の全能のお力に縋《すが》るのが一番です。気を確かにして、お心で祈って下さい。きっとお心が平和になりますから。

霊魂　私も今までそういう経験もたびたびしたことがあった。しかし今はもう駄目だ。私には平和は全くないのだ。私は自己催眠や、「己れの腹を神とする」ことなどはとても考えるのも恐ろしいのだ。

妻　でもお祈りは決して自己催眠ではありませんよ。

霊魂　お前は常識がないな。この重病の私に議論したり、説教したりしようとするのか？　あ、あ、おれの心はどうしたらよいのだ。（堪え難い苦痛の色を浮かべる。）

妻　ご免下さい。私が悪うございました。

（一座、言いようのない重い気分に閉ざされる。沈黙が続く。）

霊魂　私の今までの信仰は、全く夢を見ていたのだ。しかも都合のよい夢ばかりを。そして夢のようにその時限りで軽薄に忘れてしまっていた。幾度と数えつくされない過去の罪悪が、今はどうすることもできない事実となって、私を強迫しているのだ。恐ろしいものだ。どんな古い罪でも消えてはいなかったのだ……このように鮮明に顕われて来るのだもの……なぜ私の良心は、罪を犯すたびに、もっと鋭敏に私を責めなかったのだろう。こんなおそろしい結果が来るのに……おお、責めたのだ。私はその声を強いて聞くまいとして、苦しみぬいたではないか。そして良心の強い叫びを強いて打ち消すたびに、良心の眼にはっきりと、聖《きよ》く懐かしく輝かしく微笑しながら、いつも私を励まし慰め、精神的に生き生きとさせていて下さったキリストの聖顔《み》が、だんだんぼんやり掻き消すようになっていったのだ。最初私は驚いて慄《ふる》え上がって、罪を悔いて祈った。そして心に平安を取りかえした。まもなく、私が再度同じ罪を繰り返して犯した時、私は祈る道を失ってしまった。しかし私は祈らずには、とても淋しくて不安でいられなかった。祈った。鉄面皮《てつめんぴ》をみずから恥じながら、そして半ば神の御《み》力と愛を疑いながら。その祈りはキリストには達せずに、空しくはね返って来たような気がした。祈っても平和が得られない。私はみずからの犯した罪について考えてみた。そして罪悪との戦いの苦しさや、人間の弱さについて。また私ばかりが罪を犯すのではないと思った。それから私は罪の責任は白分ばかりにはないのだとも考えた。罪にも義理ができて、自分だけ恐ろしくなってきたからといって、なかなかその罪と関係を絶つことはできない、相手が承知しないものだということを、つくづく知った。イブに関係していたアダムが、その親しみを断つことができずに共に罪を犯したように、罪は一種の運命だ、不可抗力だと思った。そして自分を憫《あわ》れんだ。それだから弱い人間のために、救いの道が開かれたのだ。このようにして、私はいつの間にか「自分の腹を神」としてしまった。キリストは罪人の友であるから、組しやすいお方としてしまった。そして私は愚かにも、良心の鋭い働きを鈍らすために、聖書を自分に都合よく解釈することに苦心して、罪と良心とを妥協せしめたのだ。

（妻は後を振り返って皆と顔合わせ、病人が余りに長く話し続けるのを気遣う。）

妻　あなた、お疲れになると身体に悪うございますから、少し静かにお眠《よ》って下さい。

霊魂　（妻の言葉、耳に入らぬように）私は常々、肉が罪を犯させるのだ、この肉の力が衰えたら、その時こそ、わが本心が希《ねご》うている霊に自由な光り輝く勝利が来るのだと思って、いつも二つのものに考えていたが、愚かなことであった。肉の思いを仮りそめのことと許したのが、一生の不覚であった。考えて見れば、肉そのものは善でも悪でもないのだ。罪が肉を介して霊魂に食い入るのだ。そして身動きもならない罪の奴隷としてしまう。ついには、罪の奴隷であるという恥も苦痛も、神の怒りに対する恐れの感覚さえも失わせてしまう。恐ろしいことには、一種の平和に似た心地を味わうようになる……苦しい、水を飲ましてくれ。（妻の手でガラスの吸口からごくりと飲んで忙しく息づきながら）その平和は真の平和ではないのだ。他人の前で笑って話している時でも、事業が都合よく運んでいく時も、またお前たちが私を信じて愛してくれればくれるほど、私の心は言いようのない孤独な味気ない淋しさ、暗さに閉ざされてしまうのだ。そしてかつては恐ろしいと思っていた死を、心から想うようになるのだ。死にたい。ああ、私は、生に対し愛に対して何という済まないことを希《ねが》うのだろうとは知っていながら、すべてが行き詰まって死を望むのだ。死の針は罪なりというのは真にその通りである。ああ苦しい……。

妻　どこがお苦しいのですか。少しお体を擦《さす》りましょう？

霊魂　そうではない。どうすることもできない苦しさだ。ああ……（病人、悶える。妻、太息《といき》をつく。）悪魔はほんとに恐ろしい巧妙な知恵を持っている。そして、ほんとに実在しているものだ。私は今それが、はっきりわかる。悪魔は私を思う壺へ引き込んでおいて、自分の身を退《ひ》いて、そして私を神の恐ろしい怒りの前に、何のかくれ場もないようにして突き出してしまったのだ。そして私のかたわらへ立って、冷笑して見ているのだ……。

死！　その死が、この行き所のないすべての苦悶を解決してくれるのだ。無感覚になって、意識を失うことがただ一つの切なる望みであった。しかし何という不思議、何という愚かしい望みであったろう。すべては相違していた。私は死の近づいた今、健康《じょうぶ》でいた時には感じなかった厳粛さと罪の恐怖が、ますます鮮かになってきたのを感じる。死は決して私の望みを叶《かな》えてはくれないのだ。だから私は更に深い恐怖のうちに悶《もだ》え苦しむようになってきたのだ。死によって、良心の感覚を失うことは許されない。かえって肉の力に覆われ、閉じ籠められていたものが取り除かれて、赤裸々に露出されてしまうのだ。肉の圧迫から解き放たれた良心が、自由な感覚を回復しようと働き出すと、取り返しのつかない犯した罪の苦しみは、ちょうど鋭敏な感覚の皮膚へ焼け火箸《ひばし》をじっと差し付けるように、堪え難く迫って来る……私はその取り返しのつかない、そして心にまだ解決していない過去の罪の数々を思い出すと、死よりも苦しい。誰の前にもただ詫《わ》び入って、その赦《ゆる》しを乞いたいのだ……。

（病人の呼吸だんだん迫り、夕暗《やみ》が少しずつ忍びやかに病室に這い込んで来る。西の円窓の障子に薄れた夕陽が外の竹藪《たけやぶ》の影を写して、ゆらゆらそれが動くたびに、群雀《むらすずめ》の声がしばらくする。）

妻　（病人の気を引きたてるように、はっきりした声で）でも貴方はいつも熱心に、教会のためにも、また他人《ひと》様のためにもお尽力《つくし》なさって、多くの善いことをなさっていますもの。それは人間ですもの、一度や二度弱いために罪を犯すことは誰でもあることです。それに、貴方は常に善良《よ》い志で働いて、多くの人びとを信仰に導いたり救ったり、どれほど、善いことの方が多いか知れやしませんよ。他人《ひと》様は、皆貴方を心から尊敬して愛して下さっていますよ。

霊魂　（キッとなって妻の瞳を見入るようにして）お前は？

妻　何を仰しゃるのです。無論じゃありませんか。

霊魂　それだから私は、限りなく淋しく恐ろしいのだ。お前は自分の心の偽りない感覚をごまかしてはいけない。私はもう死ぬのだ。お前の真実な言葉を聞かしてくれ。

妻　でも私は、心からあなたを敬愛しておりますのに。（残念そうにハンカチーフを袖から出して眼を拭う。）

霊魂　お前にも、そうしか思えないのなら、死ぬ時は私と同じように、恐ろしい、良心を偽った苦悶に出会わなければならないのだ。そしてお前は、私の生涯が歩いて来た善悪の行為を比べて、私を慰めようとするが、人間は行為ばかりでは救われるものではないではないか。私は、人間は皆弱いのだと許して、軽薄に過ごしてきた罪に、悶えているばかりではない。私がいても立ってもいられなく苦しめられているものは、信頼と愛を裏切った罪の恐ろしさだ。それと今一つは、他人の無責任に、たとえその人のためにという真実な心を含んでいるにはせよ、私は自分の感情を十分に交《まじ》えて怒ったり裁いたりした結果、直接間接に、他人を躓《つまず》かせ、一端《いったん》の怒りから恐ろしい事件が持ち上がった時、私は蒼《あお》くなって途方にくれた。その後、私が自分の罪に苦しむたびに、今は生死不明なその人のことを思い出す。そしてその苦しみはさらに深くなる。その人は寄るべ少ない不幸な人で、私を信頼していたようであったから、どんな心持で私の怒りに燃えた言葉を聞いたであろう。彼には、おそらく心にまで徹した死の宣告であったに相違ない。私自身も、その時悪魔に背負投げを食らわされたような気がした。自分の浅薄を悔いた。そして彼から一言《ひとこと》、罪の赦しの言葉がこの耳に聴きたかった。そのままに別れてしまったのがいかにも済まなく苦しい。そして過去は、人間に動かすことはできないのに、過去の罪は、現在にも将来にまでも私を言いようのない苦悶の裡《うち》に閉じ籠めてしまう。私はこんな経験を繰り返すたびに、自分の品性の内に潜《ひそ》む恐ろしい底の知れない罪の深淵が、私の真の運命を握っているようで、堪え難く不安でならない……あぁ……。（病人は起き上がろうとして身悶えする。呼吸が切迫してきて、堪え難い苦痛を示し始めた。妻がガラスの吸呑から水を一口飲ませると、弟は枕元に寄り添うて病人の手を取って脈を検《み》る。姉に向かって）

弟　微弱で打ち方が少し……。

（妻、皆まで言わさずに眼で押える。）

霊魂　砂山の裏の松林の中に……波が立っている……ここはどこだ？

（皆、顔を見合わす。中には笑いを禁じ得ない者もある。）

親族の一人　また海岸のことを言っている。ぜんたい、どこのことだろうね。

弟　脳症を起こしたのじゃないかしら。脈も昨日より非常に悪くなったようだし……。

（医者登場。種々手当を加え、注意を与える。やがて送って出た妻に別れ際《ぎわ》に小声で今夜が危険であると宣告して退場。妻、座に戻って皆と耳打ちする。薄暗き室内に電燈つく。）

霊魂　（呼吸も幾らかゆるやかになり、意識も鮮明になって）私は随分悪いのだね。皆、私のために気の毒だ。大丈夫癒《なお》るよ。まだ仕事もこれからだし……それから東（友人）にこの間電車の切符を借りたから、忘れないでさっそく返してくれ……。

妻　そんなこと、心配なさらなくとも、後でお返ししておきますから……。

霊魂　私は気懸《きがか》りでならないから、今日すぐ届けてくれ。

妻　（微笑しながら病人に対する気休めのように口だけで）ええ、すぐに致しておきますから……。（少し考えて）あの貴方の名儀の株券ね、参万円の。（ちらと弟の方を見て何か言おうとする言葉を引き返してしまった。弟は言いようのない不快な表情をして、ちらりと姉の方を見返す。皆、緊張する。）

霊魂　（妻に）お前は何を言っているのだ。あれはあのままでよい……そんなこと、どうでもよいではないか。（間）きっと忘れないでね。……ああ忘れたい、何もかも。（突然声を張り上げて）助けてくれ……。（皆キッとなる。妻は病人の手をしっかりと取る。）

妻　どうなさったのですか。

霊魂　（身悶えして）もうすぐ追いついてくる。大きな恐ろしい、おお……鮫《さめ》が……苦しい苦しい……。

（病人の非常に悶え苦しんで起き上がろうとするのを、妻と弟とが側から押えている中、突然ガクリと成ったかと思うと、そのまま呼吸が止まってしまう。皆、立ち騒ぐ。「医者を早く早く」と連呼するうちに……）

（幕）

第二幕

人物　霊魂

キリスト

時および所　死後

舞台暗黒。観客席、緑色電燈を用う。オーケストラの「死の行進曲」を奏し始むるや静かに幕開く。舞台は極めて暗く背景の星影明滅し、雲いろいろの姿して動き行く。緑色の光線に包まれ、現世とは幽明相隔ちたる心地す。奏楽クラリネット、単音メロディーをもって静かに止む。

霊魂　（頭上から一様の白衣を着たるもの登場）おお、私はどこへ隠れ場もないのだ。肉体の裡《うち》に宿っていた時、すべてはこんなに露骨《あらわ》ではなかったのだ。そして私は肉体にいた頃、あまり心配すると気でも狂いはしないかと気遣ったが、いまは狂気になれるのならなって、この恐ろしい感覚から救われたい、死にたい。そして何もかもわからなくなってしまいたいが……何という厳粛な気分のする所だろう！

（舞台、やや明るくなる。）

霊　魂　（急に顔を蔽うようにして）おお、あまりに聖《きよ》い所だ。私は恐ろしくて……。

キリスト　（声のみ）お前は怖《お》じ惑うている。苦しいか？

霊　魂　いいえ、恐ろしいのです。

キリスト　何を恐れているのだ？

霊　魂　わかりません。

キリスト　お前の良心はあまりに堕落しているのだ。

（弱音器を掛けたヴァイオリンの「スーブニール」、ほのかに聞こえ来る。）

霊　魂　裏切った罪……真実な信と愛とを……。

キリスト　誰に対して感じるのだ？

霊　魂　……ただ自分は恐ろしいのです……おお、私が最初に罪を犯したのは、十六歳の春、海岸に近い松林の中でした……私はそれ以来、波の音が恐ろしいのです。そして罪の深味へだんだん引き込まれて行くばかりで、浮かび出ることができなくなってしまったのです。

キリスト　お前は自分の罪のために、亡びるのが恐ろしいのではあるまい。

霊　魂　いまは亡びることの許されない恐ろしい経験にです……私は大きい権能《ちから》に押えられています。そしてどこへ逃れようもない。私はただ自分の恐ろしい罪ばかり凝視していなければならないのです……それは悔いても取り返しのつかない過去の罪です……しかしその罪は、肉体の死をもう越してしまった私をなおいよいよ苦しめるのです。私は、自分の心から決して消えない者から、ただ一つ、「赦す」という意志が私の方に向くことを知りたいのです。罪からは赦されるほかに逃れる道は全くないことが、あまりに明瞭になってしまったのです。それで、なおさら私が何とも言うことのできない恐れを感じているのは、悔いることさえできなくなっていることに気づいたからです。意識を失うことも許されず、また悔い改めて罪の赦しを乞うことのほかに、生きる途の無いことが明白になっているのに、罪を悔いることができなくなってしまっているのです…。

キリスト　お前はそのようになった原因に気づいているであろう。

霊　魂　はい、私は十字架の恩恵《めぐみ》に対して、浅ましい考え方をしていましたからです。

キリスト　どう考えていた。

霊　魂　人間は自分の努力で義たることはできない、信仰によって義とせられる、救いは、他《た》力《りき》によって全うせられるのだということを知り得ました時、私は行き悩んでいた生活に、どれほど光明と歓喜とを味わいましたでしょう。それ以来、人間は弱いのだ、神様は慈悲をもって救って下さる、行ないによるのではない、「大胆に罪を犯せ、しかしてさらに大胆に十字架を信ぜよ」と高名な人が言ったのを、真理だと思ってしまって、私の生活は楽になりましたが厳粛さを欠いてきました。

キリスト　実際の経験はどうであったか。

霊　魂　私は第一に危ない時の神頼みという利己の信仰しか持たなくなった上に、神を与《くみ》しやすい自分のようなものと定《き》めてしまうようになったのです。そして次には、いつでも縋《すが》りさえすれば救って下さる、神は人をその罪の分量《かさ》によって裁き給わないと、しいて気休めに自分で定《き》めていたのですが……その結果は正しい信仰の友からも、また神からも離れた孤独の淋しさ、不安さを、心にだんだん強く感ずるようになりました。そして心配が来た時、良心が目覚めて罪悪に苦しむ時、もう幼児のような単純な心で、安心して縋ることのできなくなっている自分を発見したのです。そしてキリストと自分との間には隔たりができているという恐ろしい不安を経験させられました。

キリスト　お前はそうなったもっと深い理由《わけ》に、もう気づいたはずだが。

霊　魂　私は古い罪の根が、十字架で処分されるばかりでなく、生まれながらの己れを、十字架に懸けなくてはならなかったのでした。そして日々己れに死んで潔《きよ》められなければ、救いが全うせられなかったのでした。私は霊魂の純化を祈る努力も行ないもなく、心も行ないも生まれながらのままで、十字架の功徳《くどく》だけが自分を救ってくれるように思っていましたのが根本の誤りでした。

キリスト　お前は今恐ろしいと言ったね。
霊　魂　はい。
キリスト　どういう意味で？
霊　魂　意識を失うことさえ許されない苦悶からです。
キリスト　お前は苦悶さえなくなればよいのか？
霊　魂　いいえ、ただ赦されたいのです。赦されれば苦痛は依然としてあっても、真の苦痛ではないのですから。
キリスト　誰に赦されたいのだ？
霊　魂　主キリストから。
キリスト　お前は私をやはり愛しているね……なぜ顔を上げないのだ。なぜ下ばかり見て、私の声を聞き分けられないのだ？
霊　魂　仰ぎ見ることは恐ろしいのです。私から聖顔《みかお》を反向《そむけ》ていらっしゃる主を眼《ま》の当たり仰ぎ見ることは……何よりも恐ろしいのです……私はそれが死よりも亡びよりも堪え難いのです。
キリスト　お前を私は憐れみ、愛《いつく》しむ。お前はもう仰ぎ見るがよい。
（霊魂、頭をもたげ、急に両手を差し上げながらひざまずいて）
霊　魂　おお、いまのお声は主でいらせられましたか？
（舞台の電燈に淡紅色の光を加え、全体明るくなる。はるかの天空に白雲のごとく輝けるキリストの姿現われ、霊魂、これに向かって合掌する。）

キリスト　お前の罪のために、お前よりも深く私は苦しみ傷つけられている……お前を愛するから……。

霊　魂　おお、主よ！　もったいのうございます。私は主に対して罪に罪を重ねました。今はお赦しを乞う資格さえも失ってしまったことを、何よりも申し訳なく存じます。

キリスト　私は今、お前を赦す！

霊　魂　おお……ありがとうございます……。

（ひれ伏して感激する。音楽起こる。）

キリスト　私に近づいておいで。

（霊魂、近づかんとして眼くらみてよろめく。）

霊　魂　聖《きよ》く輝く聖顔《みかお》の光のために、非常な苦しみを覚えます。それは堪え難くて逃れ出たいほどでございます。しかしこのような苦しみにもまさって、主の聖愛《みいつくしみ》の、尊く強い能力《ちから》が私をなおも引き付け給うのを覚えます……しかし私は現在、主からははるかに遠く隔たっているることを感じます……天国には苦痛や涙や、また隔たりや時間はないと聞いておりましたのに。

キリスト　天国にも苦痛も涙もある。しかしそれはつねに光明と感謝が伴わぬことはない。

霊　魂　天国は時の限りや、場所の隔たりのない絶対の国であると存じておりましたのに、私は他の考えなどからも隔てられております。そしていつになったら、主のみもと近く在ることを許されるようになりましょう？

キリスト　現《うつ》し世の時間は、お前たちひとりひとりの品性に関係なく刻むが、天国の時間は、ひとりひとりの霊魂の聖化の程度で速度が別々に進む。お前は隔たりがあって淋しく悲しんでいるが、それは所の隔たりではない。心の隔たり、聖《きよ》さの隔たりである。

(オーケストラ、静かに起こる。淡紅色の雲光、曙の光のごとく舞台を照らす。白雲のごとく眺められたキリストの御姿《みすがた》、漸次鮮明に顕われ光輝を放つ。霊魂、ひざまずきて拝す。)

霊　魂　(仰ぎ見て)おお、主よ！　永遠の滅亡より永遠の救いの生命に、ただ御赦《みゆる》しを心に授けられたこの喜悦《よろこび》、私を赦して、私の罪をすべて負い給いますか。救い主、罪によって死にたる者の中より最初に復活《よみがえ》り給いし主よ！　今こそ私にも与え給うこの同じ歓喜。主よ、あまりにもったいなく、あまりに聖く貴い経験でございます。

(霊魂、キリストを求めつつ立ち上がる。キリスト、さらに近づき給う。星影美わしく輝き、微風の渡るごとく音楽奏し行く。)

霊　魂　おお、主よ。(ひざまずきて)今こそ怖《おそ》れなく御赦《みゆる》しを感謝して……。

(キリスト、静かに歩み寄り、その頭に手を置き給う。)

キリスト　おお、お前の聖化して行く愛を私は嬉しく受ける……そして私の生命をお前に許す……。

(霊魂感激して涙にくれる。オーケストラ伴奏、キリストに対する讃美合唱起こる。)

(幕)

附　資料

資料　一

一九一八年キリスト降誕節礼拝決議宣言書

わが中渋谷日本キリスト教会員各自は、この千古未曽有の機会に謹んで主キリストの降誕節を迎えたるを祝謝す。われらに絶大なる栄光と、深長なる聖旨を啓示して、各自の奮起を期待し給うことを意識す。けだし、近時は従来にかつて類例を見ざりし伝道の機運熟しつつあるを認むるがゆえに、ここに聖旨を奉体して将来の長計を樹立し、時勢の進運に乗じて各自の責任を負い、さらに団結を固うして、もって将来憂慮すべきわが国の個人・家庭・社会・国家および国際の諸問題に対し、われらの使命のために努力し、神の国をあまねく東洋に建設せむことを期す。こいねがわくは主イエス・キリスト、われらを憐れみ用い給わらんことを。

資料　二

研　究　局

研究局は中渋谷日本キリスト教会小会の諮問機関にして、教会が常に時代の現象を察知し、これに対する方針を建て、よくこれを指導し得んために設く。

委員長と委員とを置き、委員長は小会議長（なるべくは牧師）これに当たり、委員は委員長の意見に基づきて、その進退を定む。特別の場合のほかは謝金を供せず。

研究の内容は、委員長の許諾なくしては、発表せざるものとす。当分左の研究部門を置く。

一　牧会および教育部。
二　人事部。
三　教勢調査部。
四　衛生部。
五　思想、政治および社会問題部。
六　学芸部。
七　計画部（主として伝道その他）。

大正十年八月　　中渋谷日本キリスト教会研究局

資料　三

帝国大学高等学校学生基督教共助会主旨・規約

主　旨

本会は基督のために、基督の恩寵に浴したる者が、基督の精神を奉じ、基督をわれら帝国大学・高等学校の諸友に紹介せんとする目的をもって組織せられたる基督者の団体である。基督の教訓と人格とに対して質実なる態度をもって接近せられんとせらるる友の助力者ともなり、かつわれらの日常寂寞たる精神生活を相互に慰め、清き友情を結び、共に助け進まんこともまた、本会の目的とするところである。

会はいずれの教派にも属せず、「基督」のほか全く自由独立の団体である。

(規約)

一　本会は帝国大学、高等学校学生基督教共助会と称す。

二　本会の総務部を東京に置く。

三　会員は帝大および高等学校に学籍を有するもの、もしくは卒業者にして、基督の名においてバプテスマを受け、いずれかの教会に属する者より成る。しからざる者を準会員とす。

四　独立のため、会員は各自より応分の会費を随時支出す。

五　入会および退会は、幹事へ通じ、然る後決定す。

六　本会の事務を進行せしむるため、会員互選にて幹事若干名を置く。任期は一カ年とす。幹事は、書記・会計、会員の出入、講師その他に関する事務を執行す。

七　相談会。会員は毎年九月および一月の二回、会の総ての事業につき、相談会を開く。その他必要と認めたる時も同じ。

八　必要と認めたる時は、会の顧問を置くことを得。ただしなるべく会員の中よりこれを依頼すべし。

幹事　　　　　　　　　　　　　　　　　法　今泉源吉
同　市外大久保百人町三〇一　　　　　　法　金谷重義
同　　　　　　　　　　　　　　　　　　理　上遠　章
同　　　　　　　　　　　　　　　　　　農　和田　保
同　市外青山南町七ノ二、青雲館方　　　法　山本茂男
顧問　本郷駒込神明町三二七、電小石川二〇四八　（会員）吉野作造
同　市外淀橋角筈一四五、電四谷二八九　（会員）森　　明

○本会に対する総ての問合せは、幹事金谷氏、山本氏、あるいは森氏へ。

〈参考〉基督教共助会規約（現行）

基督教共助会　規約（改定共助会規約）

第1条　本会は、基督教共助会と称する。

第2条　本会は、キリストのためにこの時代と世界とに対してキリストを紹介し、キリストにおける交わりの成立を希求し、キリストにあって共同の戦いにはげむことをもって目的とする。

第3条　本会は、キリストのほかまったく自由独立な団体である。
第4条　本会は、キリストの教会に属し本会の趣旨に同意する兄弟姉妹を以って会員とする。
第5条　会員の入会及び退会は委員会の決定による。
第6条　本会に役員として委員長1名、及び委員若干名を置く。又、必要に応じて副委員長をおくことができる。役員は、会員の中から総会において、これを選任する。
第7条　委員長は本会を代表し会務を総理する。委員は委員長を補佐し会務を分掌する。委員長に事故のある時、又は委員長が欠けたときはその予め指名する委員が委員長の職務を行う。
第8条　委員の任期は2年とする。ただし再任を妨げない。
第9条　委員長は少なくとも毎年1回通常総会を開かねばならない。委員長は、必要ありと認めるときは何時でも臨時総会を招集することができる。
第10条　本会の事業の一つとして月刊誌『共助』を発行する。会員は毎年会費を納める。会費の額及びその支払い方法は総会においてこれを定める。会費は月刊誌『共助』誌代を含む。
第11条　本会の経費は会費及び献金を以ってこれを支弁する。経費の収支予算は毎年総会においてこれを定める。
第12条　本会の事業年度は毎年4月1日に始まり翌年3月31日に終わる。
第13条　規約の変更は総会の議決によらなければならない。
（1957年6月16日の総会において改正、1986年5月3日の総会において修正）

資料　四

宗教文芸同好会主旨

私たちの心に深い感銘を刻む近代文芸の代表的作品をキリスト教的意識に照応せしめて、これをアップリシェートしていくことは、かなり貴重な人生に対する意義を持つこととなると信ずるところから、私たちは真剣に努力していきたいと思います。時と所とを定めずに、折々便宜によって実現せしめていくつもりでいます。

そして会費の全部は、キリスト教伝道事業のために寄附したいと存じます。

市外淀橋角筈新町一四五　森方　宗教文芸同好会

追白　本会第一回講演会を、左記のごとく開催致しますから、何卒御来聴下さい。

時　大正十二年九月二十九日（土）午後七時

所　本郷区追分町五三　帝大キリスト教青年会館（電車一高前、または追分）

題　夏目漱石氏作『心』について　講師　森　明氏

資料　五

近世における社会思想の変遷とキリスト教の交渉　森　明

附　資料

序　言
講演の目的および範囲

第　一　講
近世における社会思想の淵源としての哲学思想
一　唯物史観
二　新理想主義的真理認識
三　人格主義の確立

第　二　講
歴史哲学
一　社会進化の基本的観念
二　経済問題における社会史的考察
三　進化論上の変遷
四　歴史の人格主義的考察
五　パウロの歴史哲学
六　歴史の任務
七　社会と個人

第三講　社会思想史

一　「社会およびその分類」
二　古代より
三　近世思想

現代における社会の諸思想

一　唯物的運動
二　精神的運動
三　重要なる諸問題
四　理想的社会（新しき村の思想）

第四講　キリスト教社会思想史

一　キリスト教社会学派
二　旧約時代
三　新約時代
四　結　論
五　理想的社会としての教会

補　講　聖書の社科学的研究法およびその参考書目

資料　六

時局に関する吾人の見解および態度の表明決議

近時国家の内外に容易ならざる事情存在するがために、深憂を抱きつつも一般にその対策進退に迷いつつあるの機に際し、われらは主の名において表明したる一九一八年の宣言の精神を実現せしむるの必要に促され、時局に関しわれらの関与すべき範囲においては大体左のごとき見解を抱きおること、および主張を有しつつあることを声明し、かつその実現に、総員相努力せんことを期す。

一　宗教的立脚点。イエス・キリストにおける進歩的正統主義の信仰および生活を確立すること。

二　吾人の事業。吾人はいかなる時代、いかなる事情のもとに在る場合といえども、キリストの精神にのっとり、主イエス・キリストとその十字架を信ぜしめ、彼における贖罪的自由人を永遠の世界に輩出せしむることをもって第一目的とす。

三　社会的理想。吾人は「共自存」の精神と生活とを、いずこにも実現せしむることを期す。

四　直接運動と吾人。吾人は思想的責任を負うのほか、教会の名においては直接的運動を起こし、あるいは他の運動に参加するの意志を有せず。ただし、自己防衛の必要生じたる場合はこの限りにあらず。

五　現代人の傾向と吾人。

イ　人類全体という平等の要求より来たりつつある東洋意識の勃興に対し、キリスト教的精神にそむかざる限りにおいて、その十分なる達成を期す。

ロ　吾人は、危機にある祖国に対し重大なる精神的責任を自覚し、かつ民族固有の本質を発揚せしめて、世界に貢献せんことを期す。

ハ　吾人は、事情によりては必ずしも非戦論を維持せず。

ニ　米国が一九二四年七月一日より実施せる移民法およびその拠って来たりたる近時の国家的行動は、キリストの十字架の精神と全く相反するがゆえに、吾人は極力これに反対し、この全人類の禍根除却のためには努力せんことを期す。

ホ　日本におけるキリスト教界の現状は、もはや外国宣教師滞留の必要を認めず。

ヘ　現代わが国社会問題のうち、最も重大と認むる恋愛至上の人生観に対しては、吾人は先ず各自の人格救済を前提とし、かつ現在の社会制度を無視するにあらずしてかえってこれを肯定しつつ、内部生命によりて改善せしめ、その本有する真理性をキリストにおいて完成せんことを期す。

ト　吾人はこの際特に、清廉清潔にして愛を旨とし思慮深く剛健質実なる生活をなさんことを期す。

チ　吾人は、使徒行伝第四章中に記されたる使徒の生活に注意し、適当なる順序を経て、さらに進歩したる意味において、これを実現せしむるために努力せんことを期す。

リ　他の宗教に対しては、良き特色を尊重しこれをキリスト教化することを努め、拠りてさらにキリスト教思想内容を東洋意識によりて充実せんことを期す。されどいわゆる三教・会同的な種類の運動に対しては、その要求を感ぜざるにはあらざれども、これを回避せざるをえずと信ず。

六　吾人の態度。キリストにおいて人生の永遠を展望し、起伏興亡の曲折にとらわれず、よくその真面目を全うせんことを期す。

一九二四年九月二十一日　　中渋谷日本キリスト教会

資料　七

東京市内外学生大連合礼拝主旨

集会の目的

祖国が重大なる危機にあるに際し、やがて国家を担うべきわれら青年学生は、この際、神の前に先ず質実優秀なる学生たらんことを期するの極めて大切なことを痛感し、この目的をもって東京市内外の学生大連合礼拝を挙行し、もって国家将来の精神的文化の長計を樹立する一助となさんことを期す。この純粋に宗教的なる集会に、ふるって参加尽力せられんことを希望する。

資料　八
この日この機《とき》、祖国とその使命を思う

大正十四年二月八日の紀元節礼拝のため山本茂男氏に口授されし感想文

昨冬以来お目にかかる機会も与えられず病床に過しておりますが、常に上よりの恵みはもちろん、諸兄姉によりて与えられつつある同情を深く感謝している次第であります。教会の維持・正しき進歩のために、小生の分をも分かち担い給う諸君の十字架を思うています。

時あたかも紀元節に会し、この国の歴史を顧みてその民族の消長する所を学びますならば、真にこの日この時一人にても多くキリスト者たらざるべからずと希う心をもって満たされます。富士山はその登り行くや、少しも山全体の崇美その遥に雄大なる姿を展望すること不可能なれども、距離を隔て時を移してこれを適当の場所にその光線を利用しつつ相望まんか、その秀峯の美、得も言われず、とうてい登山者が額に汗する時においては期待すべからざるものあるがごとく、人生（歴史）における歴史の意義が神・人に取りてこの際特に重要なる意義を有することを忘却してはならぬと思われます。一例を引けば、米国における民主思想・露国におけるボルシェヴィズムは決してわが国のものとはなりうべからざる事情を知るものであります。その民族性・あるいは地理・その歴史を無視して単に科学的真理をもってのみ律せんとするならば、これ実に恐るべき結果を招来するに至ることを覚悟すべきでありましょう。われらの宗教もまた実に同一なる真理の中にわれらのキリスト教として着実なる進歩を遂げねばならぬと思います。四囲の事情実に寒心すべき時代にあり、われらは神を信じ急がず怠らずキリストにおける戦陣を張り主の旗影に従いてその命《めい》を重んじ粉骨砕身己れを忘れその生命を賭して進撃するの必要あることを確信します。かくのごとき者にこそ、小さき群よ恐るるなかれ我は喜びて国を汝らに与うべしと、イエスが言明せられたるを思い起こして進みたく思います。諸兄姉においても自己を忘れて互いに東洋に生くるキリスト者の一人として、先ず自己に忠実なる信仰を励み相携えてその使命に赴かれんことを、この機会において切望して止まない次第であります。

二月七日　　　　　　　　　　　　　森　明

資料　九

『森　明選集』序

私たちはこの選集を前にして先生葬送の日を髣髴《ほうふつ》する。「キリストの愛が森君に迫っていた」、と言う告別の辞が再び耳に響いて来る。あの時私たちは泣いた、みんな泣いた。それは別離の涙でなく、罪赦されて新しく生きる感謝の涙であった。

今や肉において先生を見ることを得ない。しかしここに遺された言葉がある。死の床に在ってさえ、伝道のために顫《ふる》える手もて書き続けられた魂の記録がある。先生の生命はこれら言葉にまで縮められている。よしそれは先生の短命な生涯そのものに似て短く未完成であるとしても、キリストの愛はその中に迫っているのを見る。それに触るる魂を「彼」にまで連れ行かざれば止みがたい聖い友情の力と熱とが秘められている。

先生は主の選び給える特別の器であった。その視野は広くその洞察は深かった。永遠の高所より人生を見、歴史を見ることができた。先生は夙《つと》に日本の今日あり、世界の今日あるを知っておられた。ソドム、ゴモラがいかにして亡びたかを想うて、永い病床の夜は寝覚め勝ちであった。そして十字架の福音こそ世を救う神の力たることを確信して病床から起たれた。

先生は「ロシアの政情を対岸の火災視してはいられない、いつの間にか火の手が縁の下に回って来る」と言われた。しかしさらに怖るべきは、廃頽的な享楽気分と淫蕩堕落の生活である。しかもこれに対する正しい社会的批判のないことが国家の深憂であると考えられた。将来の国家を担うべき青年に真の生活態度を教え、人生の意義の何たるかを知らしむるために、先生は帝大共助会、早大信友会、女子協愛会の同志と共に東京市内外学生連合礼拝を企てられた。運動半ばにして病は篤かったが、病床から主催者総会へ左の書簡を送った。

「皆様御多忙中主のため御尽力下さいますことを深く感謝しております。この仕事は前々申し上げますとおり日本において最初の試みでありますから、小さいながら重大な使命を有しておると確信いたします。特に申し上げたいのは、皆十字架を負うて戦にのぞむごとき意気を必要とすると思います。内部の気勢が祈りと友情とに燃えることが成功の秘訣と確信いたします。私は何も御用をすることができませんのを申し訳なく病床において考え祈って、キリストのなぐさめと力とが諸兄姉の上に加えられんことを希望しております」。

先生はその結果を見ずして逝った。それは大正十四年の春いまだ浅い頃であった。しかし真剣な宗教運動の火の手は燃え上がって、先生の弔い合戦にと内村、高倉両先生を初め三千の学生は青山会館に馳せあつまり、心を一つにして主を拝し祖国を想う美しい光景を見た。「改造途上のキリスト」の一篇は、この運動の精神を語るものであろう。

先生は祖国を熱愛せられた。それは誤れる自国の優越感からではなく、世界に負う民族固有の使命のためであった。先生は「日本民族の忠義の精神は、西洋文化の中に見出し得ない崇高な賜物である、もしこれがキリスト教の真理に触発せらるるならば、驚くべき光輝を放ち、いまだ知られなかったキリスト教の半面を闡明《せんめい》するに役立つであろう」と確信しておられた。今や時局は刻々急にして、世界意識と国家意識との対立を思わしめられるこの時、「民族の使命について」「世界主義および国家主義に対するキリスト教」「宗教生活の充実」等の諸論文は看過し得ない重要な示唆に富むものと言える。

先生はまた文化意識とキリスト教意識との関係を重要視せられた。キリスト者は元より恩寵に浴して生きるものであるが、単にこの客観的真理の宣言のみでなく、いかにしてそれが真理となるであろうかという方法論的立証も、ゆるがせにしてはならぬと痛感しておられた。信仰の独創性に甘んじその基礎づけを怠るため、思想するものを啓導し得ないばかりか、みずからも全的生命活動となり得ない教界の現状を顧みると先生の達見に服せざるを得ない。「文化の常識より見たるキリスト教の真理性」「宗教に関する科学および哲学」等はこの意味の労作である。「自分は捨石に過ぎない。よい建築は他人がする」と先生は常に言われた。集中未完のものが多いが、そこに後に来るものを待つ深い摂理があると思われる。しかし最も心惜しまれるのは、先生の心血をこめた贖罪論が世にいでなかったことである。先生の一切の思想はただこの中心点に繋がっていた。最後の病床で「文化の常識より見たるキリスト教の真理性」の稿を続けながら、「もう直きに贖罪論にはいる。これからいよいよ骨が折れるが早く書きおえたいと祈っている」など語られたのは死の迫った頃であった。胸裂くばかりの心臓の苦痛を忍びつつ、「伝道のためにも少しでも御役に立たば」とペンを運んだ先生の心には、十字架の愛のみが迫っていたのである。この労苦はその最後を早めて贖罪の真理性なる項目は白紙のままに残された。先生はついに贖罪論を書き得なかった。しかし先生の伝道の生涯こそ生ける贖罪論であった。私たちは罪深く贖罪の真理をわきまえ得ない鈍い魂であったが、先生の主に在る聖い友情によって、「神、人の罪のために死する恩寵」に浴することを得た。思うてここに至れば感謝の涙なきを得ない。この書を前にして罪を悔い、先生にならって十字架の道を選び取らねばならぬ。

生くるにも死ぬにも主の聖名の崇めらるることこそ先生の願いであった。この編纂の小さな業が、聖旨に適い世に知られない一つの魂をもキリストに導くよすがともならば、天に在す先生の心からなる喜びであると信ずる。

なお読者は本書中の「涛声に和して」を最初に読まるるならば、編者のこの心足らぬ序言を先生みずから補正せられるであろう。

出版を許して下さった先生の御遺族、転載をさせて頂いた方々、早大慶大共助会および女子協愛会その他このために祈って下さった諸兄姉に心から感謝を捧げる。

一九三二年のクリスマスに臨み　　　　編輯委員

附言　森先生の遺稿としては本集に収載せるものの他に、翻訳、初期の創作、書版等があり講演の筆記されしものも数篇を算するが、これらはなお整理を要するので、時機を見て続篇として刊行したいと願っている。

資料　十

『森 明選集』解説及び編集後記

本書は目次の示すごとく、森 明先生の遺稿中、論文、説教、感想、戯曲と著書『宗教に関する科学および哲学』とを収めたものである。そのほとんど全部は諸種の雑誌に公にせられたものであって、「祈祷」と「世界主義および国家主義に対するキリスト教の観念」が未発表のものであるにすぎない。最初は遺稿の全部をまとめ全集として刊行する計画であったが、種々なる考慮から今回は選集として先生自身筆をとりて書き下されし文章のみを収録し、講演、説教の筆記、あるいはその筋書及び翻訳、書簡のたぐいはこれを省くこととした。

配列の順序は年代順によらず、先生の信仰及び思想の発表の形式に従い、論文、説教及び感想と著作の三部に別ったのであるが、論文等はさらにその内容に基づき宗教及び文化に別けた。

「文化の常識より見たるキリスト教の真理性」は先生の絶筆となったもので、未完のまま『共助』第三号（昭和三年十月）に載せられた。先生の宗教思想を最もよく伝えるものであるが、中途にして先生斃《たお》れ、この篇の完結を見なかったことは甚《はなは》だ遺憾である。執筆の動機事情等については『共助』同号山本茂男の付記に詳しいから参照せられたい。

「比較宗教学におけるキリスト教の位置および特性」（『雲の柱』所載年月不明）と「キリスト教の独創性」（『共助』第二号昭和二年十月）とは「文化の常識より見たるキリスト教の真理性」の序論とも見るべきものであって、両者を照合して読まるるならば先生の所論が一層明瞭となるであろう。

「聖書研究の方法論的序言」は『聖書之研鑽』（大正十三年十月）に載せられたる論文であるらしい。この篇のみ文語体で書かれており全体の調和を乱すきらいがあるが、原形を重んずる意味においてそのまま載せることにした。

「キリストの人格および位置」は『福音新報』（大正八年）に数回にわたりて執筆せられし論文であって、「文化の常識より見たるキリスト教の真理性」の前身とも見ることを得るものであろう。

「宗教生活の充実」は大正十三年九月の『文化生活』に載せられし論文、北米合衆国の日本移民禁止法案に刺激せられて書かれしもの、先生の切々たる憂国の熱情をうかがうことが出来る。

「宗教意識に基づける生活革新」は同じく『文化生活』（大正十二年十月）に掲載せられしもの

である。

「世界主義および国家主義に対するキリスト教の観念」は先生の国家論とも見るを得べきものであって、年月不明であるがおそらく晩年の執筆にかかり、『改造』のごとき大衆的雑誌に掲げんとせられしものであるらしい。文章の完結を得ていないのは甚だ残念である。

「改造途上のキリスト」は『文化生活』（大正十一年十二月）に、「真理を生かす力」は『聖書之研鑽』（同十二年二月）に、「十字架を負う人」は『福音新報』（同十二年一月）に、掲載せられしものである。「生命の道」は関東大震災の直後先生が牧会せられし中渋谷日本基督教会が伝道用に印刷せしリーフレットである。

「民族の使命について」は『聖書之研鑽』（大正十一年三月）のために書かれたものであるが、キリスト教の立場より日本の民族的使命を力説せられし点において、先生の面目を躍如たらしめるものがある。

「クリスマスと永遠」は『聖書之研鑽』大正十二年十二月号の巻頭言であるが、編者において便宜上表題を付したのである。「クリスマスの所感」「理想としてのクリスマス」はともに『福音新報』（大正七年および同八年十二月）に掲げられ、「無題録」は『文明評論』（大正八年十二月）に載せられた。

「涛声に和して」は『福音新報』（大正十三年七月―八月）に掲載せられし所感であって、当時先生は大患の予後を養うべく湘南大磯の客舎にあられた。晩年における先生の胸底を往来せし信仰思想に触るるためには本書中随一の文章であろう。

「雨」は『福音新報』（大正八年九月）に、「自然の姿」は『文明評論』（同年十月）に掲げられたものであり、自然に対する先生の鋭き感受性と温かき同情を偲ばしめる。

「霊魂の曲」は『雲の柱』（大正十一年四月）所載の唯一の戯曲であって、病中における先生の深刻な宗教経験を暗示するものではあるまいか。

最後に「宗教に関する科学および哲学」は、序文にも記されてあるごとく、先生が青年のころより多年研究の題目たりしものを多忙なる伝道の余暇をもって刻苦して書き上げ出版せられしものである。

本書の編集委員として今泉源吉、山本茂男、本間誠、清水二郎、浅野順一（順序不同）の五人が選ばれ、原文の校訂は浅野主としてこれにあたり、校正は清水、浅野が担当した。ただし著書の部分は、本間の校訂によるところが大である。委員外に加藤七郎、千矢不二雄、斎藤成一諸兄の助力を受けしこと少なからず、なかんずく、編集の結構、校訂、印刷、出版の手続き等につき長崎書店主よりの協力を得た。校訂は出来うるだけ厳正を期したつもりであるが、遺漏なきを保し得ない。大方の叱正を待つ次第である。

巻頭の写真ダイスのキリストの画像は、共助会の前身ともいうべき京都帝大学生の営みし「糺《ただす》会」に先生が贈られしものである。筆跡は「世界主義および国家主義に対するキリスト教の観念」の原稿第一頁である。

『福音新報』『文明評論』『雲の柱』『文化生活』『聖書之研鑽』の雑誌社が先生の文章の転載を快諾せられしことにつきては厚く謝意を述べたい。特に『福音新報』主筆佐波亘氏が先生の古き文章、たとえば「理想としてのクリスマス」「クリスマスの所感」「無題録」「雨」等の発見に助力せられしことにつきては感謝の外はない。『宗教に関する科学および哲学』の出版元たる警醒社も、先生の著作を本書に収録する許諾を与えられしことにつきて深謝する次第である。

昭和七年　キリスト降誕節

編　集　委　員

森明年譜

年	森明	関連事項
一八四七（弘化4）	七・一三　森有礼、鹿児島城下次下村城ケ谷に生まる。家系は清和源氏に出で代々島津氏に仕う	
一八五七（安政4）		一二・一　植村正久生まる
一八六一（文久1）		三・二六　内村鑑三生まる（―一九三〇・三・二八）
一八七二（明治5）	二・三　有礼、米国駐在弁務使として米国の有識者に対し、日本の教育について意見を求める 一一・二五　有礼『日本における宗教の自由』（英文）をワシントンで発表	三・一〇　小川義綏・仁村守三・押川方義ら一一人、日本人最初のプロテスタント教会『日本基督公会』（無教派）を横浜居留地に設立（仮教師、バラ）
一八七三（明治6）	八・―　有礼、学術の研究、談合のため学社を結成することを西村茂樹にはかる（明六社の起源）	五・四　植村、バラより受洗

一八七七（明治10）		一二・一一　内村、クラークの書きのこした「イエスを信ずる者の契約」に署名
一八八五（明治18）	一二・二二　有礼、初代文部大臣となる（—一八八九・二・一一）	四・二三　高倉徳太郎生まる（—一九三四・四・三）
一八八七（明治20）	六・—　森有礼、岩倉寛子結婚	三・六　植村、一番町教会（のちの富士見町教会）設立
一八八八（明治21）森明 満〇歳	五・一二　森明、有礼の第三子として大臣官邸に生まる。母寛子（一八六四・三・一五～一九四三・一一・二）は岩倉具視の五女。異母兄に清・英の二氏あり。生来病弱で幼年より喘息に悩まされ、以後持病となった	三・一〇　植村、米英を視察（—翌年一・二〇） 六・一七　島崎藤村受洗
一八八九（明治22）満一歳	二・一一　父有礼、官邸玄関にて西野文太郎に刺され逝去（四二歳）	二・一一　大日本帝国憲法発布
一八九六（明治29）八歳	四・—　学習院初等科二年に入学せしも間もなく退学し、以後ほとんど独学	
一九〇一（明治34）一三歳		九・—　自由神学をとる海老名弾正（『新人』）と正統主義にたつ植村（『福音新報』）との間でキリスト論論争行なわれる（—翌年七月） 一一・二〇　波多野精一『西洋哲学史要』

一九〇四（明治37）一六歳	一〇・二三　母とともに市ヶ谷教会にて受洗（植村正久牧師による）	二・一〇　日露戦争始まる 一一・三　東京神学社創立、校長・植村正久、教頭・柏井園
一九〇七（明治40）一九歳	東京神学社に聴講（一九一六年頃まで断続）	自然主義論盛ん
一九一一（明治44）二三歳	徳川保子（一八八八・六―一九五九・六）と結婚、有正（一九一一・一一・三〇生）、綾子（一九一五・九・二生）二子あり	一・三〇　西田幾多郎『善の研究』
一九一四（大正3）二六歳	六・―　植村正久の上海伝道に同行、伝道献身の志を固む 秋　上田操・長崎太郎を京都に訪問（紀会の発端） 一二・二四　中渋谷日本基督教会講話所開設	四・―　阿部次郎『三太郎の日記』 四・二〇　漱石『こころ』（『朝日』―八・一一） 六・二八　サラエボ事件 七・二八　第一次世界大戦始まる
一九一五（大正4）二七歳	三・―　訳書『苦痛の秘義』出版 五・―　講話所拡張移転 八・一七　夏期講話会開催（―八・二一） 一〇・二五　紀会発足（於・京都相模屋）（―一〇・二八）	この年株価暴騰、好況 一・五　朝永三十郎『近世に於ける我の自覚史』 三・一〇　西田幾多郎『思索と体験』 一〇・三　岩波『哲学叢書』（一二冊、―

	一一・二四　日本基督伝道教会設立	一九一七・八・二二)
一九一六 (大正5) 二八歳	八・九　夏期講話会(―八・一二) 九・二九　教友会発足(伝道講習会の前身) 九・―　山本茂男、東大入学、森先生を訪問 一〇・一〇　大阪に櫛田孝《よし》を訪問、糺会訪問	一・―　吉野作造、『憲政の本義を説いて其有終の美を済すの途を論ず』(『中央公論』)等で、民本主義を展開 五・一六　漱石『明暗』(『朝日』彼の死(一二・九、五〇歳)により中絶) 九・一一　河上肇『貧乏物語』(『大阪朝日』、―一二・二六)
一九一七 (大正6) 二九歳	三・―　東京帝大病院に入院 三・二五　中渋谷日本基督教会建設決議 四・―　鎌倉に転地 八・―　教師試験合格(論文はおそらく「祈祷」) 九・二九　中渋谷日本基督教会設立、按手礼を受く 一二・―　病気	二・一　ドイツ無制限潜水艦戦宣言 四・六　アメリカ、ドイツに宣戦 四・―　西田幾多郎『現代に於ける理想主義の哲学』 一〇・五　新約聖書改訳完成 一一・七　ロシア一〇月革命、共産政権成立 一二・一五　ドイツ・ロシア休戦条約
一九一八 (大正7) 三〇歳	一・―　危篤 四・―　回復再起 一二・―　「クリスマスの所感」(『福音新報』) 一二・二二　一九一八年キリスト降誕節礼拝	一・六　内村鑑三、中田重治、木村清松の再臨運動 一・八　ウィルソン、一四ヶ条の平和綱領発表

	決議宣言書決議（案文一二・一五）	四・一六　田川大吉郎「方法を知らぬ民」（『文明評論』第四巻第一号、一九一七・一）のため起訴、入獄 九・二〇　田辺元『科学概論』 一一・一一　世界大戦終結 一一・一四　武者小路実篤ら「新しき村」を宮崎県児湯郡木城村に建設 一一・二三　吉野作造、デモクラシー思想をめぐって〈浪人会〉と立会演説会を行なう。学生ら吉野を応援
一九一九（大正8）三一歳	一・―　病気 二・―　腰越（七里ケ浜近在）転地（―三月） 七・一〇　伝道講習会発会式 九・七　第一回伝道講習会（以後一九二二年まで続く） 九・―　「雨」（『福音新報』） 一〇・―　「自然の姿」（『文明評論』） 一二・―　「理想としてのクリスマスを迎えて」（『福音新報』） 同月、「無題録」（『文明評論』）	一・一八　パリ講和会議（―六・二八）、ヴェルサイユ条約調印 三・一　朝鮮の万歳事件 三・二　コミンテルン結成 四・二五　吉野作造『普通選挙論』 五・―　中国の排日運動強まる

一九一九（大正8）三一歳	同月、帝大基督教共助会発会 この年、一高・お茶の水女子高等師範学校にも伝道。また「キリストの人格および位置」を『福音新報』に数回にわたり発表	この年、カール・バルト『ロマ書』
一九二〇（大正9）三二歳	三・―　転地療養 三・二八　特別伝道説教会 四・一九　「キリスト教の朋友道」（伝道講習会講演） 五・二八　特別伝道説教会（―五・三〇） 六・中旬　台湾伝道 九・二三　特別伝道説教会（―九・二五） 一二・三　特別伝道説教会（―一二・五）	一・一〇　国際連盟成立 一・一四　森戸辰男「クロポトキンの社会思想の研究」（『経済学研究』）のため、発行人大内兵衛とともに起訴 一・―　賀川豊彦『死戦を越えて』（―五月） 五・二　第一回メーデー 六・五　有島武郎『惜しみなく愛は奪う』 一一・二五　波多野精一『宗教哲学の本質及其根本問題』
一九二一（大正10）三三歳	四・一六　新会堂献堂式 七・―　日本基督教会信徒修養会に出席（軽井沢） 八・―　研究局構想 八・二五　特別講演会（―八・二七） 九・―　秋期特別伝道 秋　京大および八高訪問	一・―　内村鑑三、大手町において『ロマ書』の講演をはじめる（―一九二二・一〇） 二・四　憲政会、普選法審議をめぐり田川大吉郎を除名、尾崎行雄に離党勧告 三・二三　倉田百三『愛と認識の出発』 七・一　中国共産党成立 七・五　西田天香『懺悔の生活』

	一二・一二　神戸新川に賀川豊彦訪問 一二・—　『宗教に関する科学および哲学』（警醒社）	七・一一　バートランド・ラッセル、改造社の招きで来日（—八月初） 一一・一二　ワシントン会議 この年、賀川豊彦、神戸川崎造船所争議を指導して投獄さる
一九二二（大正11）三四歳	三・—　「民族の使命について」（『聖書之研鑽』） 四・—　「霊魂の曲」（『雲の柱』） 春　東大共助会再出発、主旨・規約決定 同　吉野作造と会談 同　東大共助会例会講演「新約聖書におけるイエスとその弟子」（掲載『信州教報・基督者』四三号・同年八月） 七・一八　夏期修養会（—七・二二）講演「聖書研究の方法論的序言」（のちに『聖書之研鑽』大正13一〇に発表） 七・二八　第一回共助会夏期特別集会（御殿場）（—七・二九） 一〇・一七　賀川豊彦を招いて伝道講演会（—一〇・一九）東大学内講演会	二・六　ワシントン軍縮条約 三・一〇　ガンジー投獄さる 四・九　日本農民組合創立 四・一六　植村正久、日本基督教会五十周年特別使節として欧米訪問 六・一五　阿部次郎『人格主義』 六・—　山東問題解決、シベリア撤兵 一〇・三〇　イタリア、ファシスト政権成立

一九二二（大正11）	一二・— 「改造途上のキリスト」（『文化生活』）	
一九二三（大正12） 三五歳	一・— 「十字架を負う人」（『福音新報』） 二・— 「真理を生かす力」（『聖書之研鑽』） 五・上旬 東大学内公開講演（「キリスト教の真理性」） 五・中旬 水戸高校訪問伝道（「学問と宗教」講演） 七・— ロマ書講義（日本基督教会五十周年信徒修養会） 七・— 共助会夏期特別集会（東山荘） 八・— 伝道説教会 八・— 宗教文芸同好会準備 九・— 「生命の道」（中渋谷教会リーフレット） 一〇・— 「宗教意識に基づける生活革新」（『文化生活』） 一一・四 病中の京大伝道（—一一・五）講演第一夜「基督伝研究における人生改造の問題と彼自身」第二夜「基督の自意識について」	四・— 奥田成孝、京大入学 六・九 有島武郎心中自殺（一八一八生、四五歳） 九・一 関東大震災 一一・初旬 日本基督教会大会（於・浜寺） 一一・八 ミュンヘン暴動・ヒトラー台頭 この年、中国の日貨排斥激化

	一二・— 病床にて牧会活動 一二・— 早大信友会発会 一二・— 「クリスマスと永遠」（仮題、『聖書之研鑽』巻頭言）	同 賀川豊彦、神戸から東京に転居
一九二四（大正13） 三六歳	年初 重態 六・一四 京大共助会発会 六・— 大磯へ転地（—九・初） 七・— 「涛声に和して」（『福音新報』）（—八・—） 七・二八 病床で五時間半にわたる「十字架のキリスト（贖罪論）」講演 東京市内外学生大連合礼拝を提案 八・— 「宗教生活の充実」（『文化生活』九月号） 八・— 「世界主義および国家主義に対するキリスト教の観念」（未定稿） 九・— 再起 九・二〇 女子協愛会発会 九・二一 「時局に関する吾人の見解および態度の表明」決議	一・二二 英国労働党内閣成立 二・七 吉野作造、東大を辞して朝日新聞社に入社 四・— 高倉徳太郎、英国から帰朝、東京神学社教授 五・一五 米議会、排日条項を含む新移民法可決。五・二六 大統領裁可、七・一 施行 五・二九 吉野作造、「枢府と内閣」（四・六『朝日』）で国権主義に抗して筆禍、退社） 六・— 植村正久、内村鑑三、尾崎弘道ら日本のキリスト教徒結束して米国の新移民法に抗議 九・一〇 内村鑑三『ロマ書の研究』

一九二四（大正13）三六歳	九・二七　東大学内講演会（「神の認識について」） 九・三〇　早大信友会学内講演会（「人格主義を論じて、そのキリスト教的意義に及ぶ」） 一〇・上旬　キリスト教大講演会 一〇・二五　女子協愛会伝道講演会（「聖なる生命への飛躍」） 一一・三　決死の京都伝道を期すも果たさず 一一・—　「文化の常識より見たるキリスト教の真理性」執筆（—一二） （未完のまま昭和三年一〇月『共助』に発表） 東京市内外学生大連合礼拝準備	
一九二五（大正14）	一・七　植村正久中渋谷教会祈祷会を援助 二・六、七　特別伝道 二・八　「この日この機、祖国とその使命を思う」（メッセージ） 三・六　逝去（午前七時四五分）享年三六歳 三・九　中渋谷日本基督教会堂において教会葬（司式高倉徳太郎）遺骸は一旦青山墓地に	一・八　植村正久逝去 一・二一　日ソ国交回復 三・一　東京放送局開設 三・—　高倉徳太郎、東京神学社校長となる 四・二一　治安維持法公布 五・五　普選法公布

	葬り、後あらためて多磨墓地に移す （一九二六・二・二七） 六・六　東京市内外学生大連合礼拝第一回 （説教、内村鑑三「日本国とキリスト教」、高 倉徳太郎「基督教と文明の精神」）

解説および編集後記（一九七〇年版）

一

森明先生の著作選集は、これまでに左の通り三回出版されたが、現在はどれも入手困難になっている。

『森明選集』（四六判522頁）
昭和七年十二月三十一日、長崎書店、出版責任者山本委員長、編集代表者浅野順一

『森明小選集』（共助叢書Ⅰ）
昭和十四年五月三十日、弘文堂、出版責任者本間委員長、編集代表者松村克己

『改造途上のキリスト』（温故小文選）
昭和二十九年十二月十日、新教出版社、出版責任者山本委員長、編集代表者清水二郎

今回は、右の三書に収録されたすべての文章をあわせて一本とし、読む人の便宜のために現代国語・現代かなづかいによる改訂と校訂を行ない、新分類による編集を試みて、『森明著作集』として上梓することになった。願わくは、聖書に親しみ主イエス・キリストに直接することを求める友により、また啓示の真理と人間の知的努力との関係や、聖書の歴史観と日本の歴

史との交渉などについて、問題を意識される友によって、その心の友、また道の光として見出されんことを祈る。

著作者森 明先生の人と、先生が創設した「キリスト教共助会」とについては、本書巻頭の「森 明先生小伝」と巻末の『森 明選集』序［資料九］によって見て頂きたい。いずれも最初の『森 明選集』出版に際し、編集委員を代表して委員長山本茂男氏が執筆されたものである。森明先生とキリスト教共助会の宣教活動については、月刊誌『共助』（戦前タブロイド版、戦後雑誌型）に資料としての多くの記事があり、また左の三書（いずれもタイプ印刷）、ことにそれぞれの初部に、貴重な資料や細部記事が載せられている。

『北白川教会三十年史』 一九六五（昭和四十）年
『中渋谷教会五十年史』 一九六七（昭和四十二）年
『目白町教会四十年史』 一九六九（昭和四十四）年

また、先生の信仰思想を研究した著作として
『森 明と日本の神学』（共助叢書Ⅱ）
昭和十五年九月二十五日、弘文堂、松村克己著

がある。松村氏自身の歴史神学・組織神学の研学の実績を携えて、森先生の偶言の「共助会も神学を持たねばならぬ」との学問的志向に、森 明選集を通して出合い、日本の課題としての「伝道の神学」（同書35頁）を見出した力作である。

二

森明先生の信仰思想の大様について、及ばずながら概説することを責任と感じ、ここに一つの試みを述べる。本書を読まれるすべての友が、各自、自分の理性と良心の経験と思索をもって真新しく試みられるべきもので、筆者も謙虚に筆者なりの所与の力をあげて森明の文章と出合い、深く心を動かされ、思いを触発されるところを、能う限り客観的に記したい。森先生の言い方をもってすれば、筆者もこの歴史的世界の一員として森明と取り組み、ともに歴史的世界の向かう真理の方向を求め、そこに進行しつつある「改造途上の」真理の構成に参与することになるのである。その意味で、前出の松村氏の著述も、共助会の精神にふさわしい誠実な努力であり、最近に雑誌『共助』（一九七〇年四月号から）に発表されようとしている田中敦氏の論文「森明の著作に学んで」も、同じ性質の努力の成果であろう。ことに田中氏の論文は、森明先生の文章を、全体に、明細に、客観的に読みこなす努力に集中している点で優れており、その完結の上でも、すべての本書の読者の共感をよぶものとなるであろう。

森先生の畢生《ひっせい》の課題は、「文化意識の拠る真理の客観性とキリスト教の客観性の信仰との交渉」（本書20頁）という問題であった。イエス・キリストを信ずる信仰は主観的な思いこみの信仰ではなく、世の初めから存在し歴史を通して実現しつつある真理に拠るものであり、人間が文化科学の努力を通して探求しつつある客観的な真理とつながっていることがほの見えている。「文化対キリスト教」の問題は、背反する対立関係でなく、相照らし、互いに触発されつつ、亡びの現状から革新と完成へ向かう共助関係にあるのではなかろうかというのが、森先生の直観であった。しかし世上一般には、森先生を「あの哲学的なむずかしいことを言う人」と評した向きもあり、イエス・キリストを信ずるのあまり種々の学理学説をこれにひきつけて利用解釈する一知半解の論者と誤解する傾向もあった。ことに先生の唯一の著書『宗教に関する科学および哲学』は、この意味で軽く評価されて来たように思われる。また絶筆となった未完の論文「文化の常識より見たるキリスト教の真理性」についても、単性生殖の引用（150頁以下）のごとき、先生の生命の科学に対する深い関心を理解しないで扱えば、上記の一知半解の学説利用の例証にとどまり、全文の意図と意義を失わせることになるであろう。

森明先生は、病弱孤独の在るにかいなき陰の存在から急変して、歓喜と機知にあふれ、善き師良き友を心から感謝し、「知ると知らざる」おびただしい友の心に深く触れ、新生命感と目的意識に満ちみちた友情と協力の人生に立ち、人生における「人格的生命の練磨」を足場として「永遠の曙を望んで遥かに飛翔」（432頁）する存在へと一変した。この変革の思想的根拠は何であろうか。それは、先生の個の意識と、時間・空間に渡る歴史的世界と、広大無辺な宇宙実在とを貫く真理の同一性が、ひとたびまことの父を知った先生に明確に示され、その父に依って生きる生き方を会得し得たことである。真理が恵みとして恩寵として胸奥に成立したのは、イエス・キリストの人格の感化と、キリストに見出される深大な贖罪の真理性とによった。先生がしばしば用いている〈「キリスト」〉、〈そのキリスト（a Christ に対しての the Christ）〉（35頁、148頁、150頁、183頁、411頁以下）は、主イエスが語られた「ホ・クリストス」（マタイ二三・一〇）であり、ヨハネ福音書一章初部の「ロゴス」（409頁以下、第四章ロゴス説）であり、近代では「人類の本質の統一とその完全性の理想とを指示する一つの理念」（コーエンから引用。413頁、431頁）と表現されたものである。それは天地創造の原理であり、「それ自身存在するもの」(110頁)であるとともに、依りて在るものにイエスを通して贖罪の秘義を実現し、頽廃に向かいつつある生命の世界を更新させ(148—149頁)、亡びに向かいつつある人格的生命に贖罪と自由を得させ(197—198頁)、神の同労者として「真理秩序の構成」(429頁)に与らせる。

生来病苦に悩んだ先生は、病床を教場とし、独学と個人教授で知識を得た。青年期の生きる悩みに打ち勝つため病床でひたすら勉学し、字引を何度ひきこわしたことかと語られたこともある。母堂のはからいで、岩元禎氏に哲学を学び、同氏の勧めで幸田延子女史にヴァイオリンを学んだのも病床においてであった。岩元氏がケーベル門下であったことも、先生に益したこと多大であったと察せられる。植村先生の博学明察は、森先生が強く心ひかれたところであり、東京神学社での聴講(438頁)は意義深いものがあった。それらの学業は、信仰の目覚めとともに、先生の責任感の強い個性を通して、誠実な、全存在をかけた世界観として成長した。先生の哲学は、新カント派の理想主義につづく、人格主義の考え方を基調とするけれども、いやしくも借りものやてらいの哲学論をなさず、古今の哲理探求の業績を、己が人格(416頁)をかけて受けとめ、各自の個別性をもつ多元的人格の相依(426頁)により、当為(405頁)としての価値の世界(401頁)を求め出し、また構成していこうとするものであった。神のもとにおける各人格の独立意識の民主主義的な協力による目的論(Teleology)の世界観である。自然科学の機械論や因果律を離れ、人格的自覚によって起こる当為「そうあらねばならない」の関係において相互相依と共助の真理認識を成り立たせていこうとする。そこに人格的多元論(426頁以下)があり、文化人格(424頁)、文化人格の世界(429頁、430頁)の問題が語られる。そして、絶対的な宇宙人格としてのキリストが、真理認識の規範、また標準として理解される（426頁）。また一回的な特殊的個別的の事象を取り扱う「歴史的文化科学」の主張（421頁、422頁）を強く肯定し、歴史主義的な世界解釈を支持し、晩年には歴史哲学への関心を深めていた。その方向は、「キリストはついに歴史の目標である」（183頁）ことの立証と、現時点におけるこの目標への個人と「個別的全体」（426頁）との在り方の追求にあった。

『宗教に関する科学および哲学』の内容は、生命の科学と哲学的世界観とを自由に率直に学び、物質と心および霊、経験と認識、実在論と目的論、自然科学的機械主義や唯物論的必然と当為の求めからする人格主義の価値の世界などを互いに照応させつつ、その中から宗教的要求なくしては意味を成しえない真相を、将来の問題として指摘している。この述作の最初の原稿は、一九一六（大正五）年秋、仲渋谷教会の教友会（毎水曜・金曜夜）で、病苦と戦いつつ連続講演された「宗教哲学」である。失意病臥の垂死の青年馬場久四郎氏を中心に病中の石田・久松両氏と坂庭少年、時に片岡老人を交えた全くこの世的にはえない小グループのため刻苦勉励した生命論・哲学思想史の創見〔今までにない新しい見解〕であった。馬場氏たちの刻明な集会日誌には、先生の生死を賭けた友情に感泣したこと、むずかしい哲理の講義にもかかわらず、生ける主イエスを毎回まざまざと経験して感動したことが記しつけられている。思うに森先生の真理追求は、歴史的世界においても、当代の現実社会においても、個別性と特殊性を与えられている独立の自己人格を、神をも含む多元的な他己人格と共助の関係に出合わせ、自他ともに互いに啓発され触発されつつ、個的全体としての真理構成に向かう改造・進化の道を歩もうとするものであった。教友会は特殊事情の友に捧げられたが、教会全体がまた同じ研究前進の交わりへ押し進められており、そこに教友会が自然に拡大充実して伝道講習会（大正八年）となった。この会にも同じ論述が続けられ、また時には「伝道の精神及び方法の研究」という意味深い特別講義が行なわれたこともあるが、元来は、伝道方法の講習会ではなかった。発会に当たって明言されたことは、ひとたび洗礼をうけたあと無目的のためスランプに落ち入りやすい信徒に、イエスも歩み給いし不断の改造途上の人生を開拓させ、人格の錬磨を通して、永遠への、また聖き生命への進化をともどもに形成させようとするものであった。また、大正八年に発会し同十年に規約を定めて実際活動にはいったキリスト教学生共助会も、主旨は同一の精神によるもので、教会の真の成立を阻害していた欧米移入の差別的な宗派を越え、キリストの恵みによる人格の交わりのため、また贖罪的自由による真理秩序建設の協力のため、まことの教会活動としてのコイノーニヤをこの国に開発しようとするものであった。初期の大学・旧制高校の伝道講演にも、同じ勉学研究の結果が語られ、「学問と宗教」「神の認識」「神の本質」などの形をとった。このようにして先生は、みずから刻苦精励してかち得たものを、若い友との語りあいと応答によって彫琢《ちょうたく》〔みがく。〕し、ついに一九二一（大正十）年、著書『宗教に関する科学および哲学』として出版されたのである。そしてこの本が、古今のもろもろの哲学者の開発した真理の諸断片を同情深く理解しつつ、その向かうところを察知してそのまことの意味を求めようとした努力は、ここに集録された他のすべての文章のキー・ノートをなし、それらの中に豊かなヴァリエーションをかなでていると言えよう。

　先生は無冠の学徒として哲学的思考に優れた力を発揮したが、それとともに聖書のイエスに対し歴史家の芸術的能力をもって接触し、その真相を再現して見せた。それとともに岩倉家・

森家の伝統によるところであろうか、時局に対して常に明敏な意識をもち、かつ時局批判につき慎重と勇気を兼ねた責任的態度を示した。ここで特に、先生の政治意識と世界観との関係につき一言しておきたい。先生は他民族同化政策に反対し（47頁）、ウィルソンの民族自決を中心とする終戦方策に共鳴し、米国の排日移民法を怒り（21頁、269頁）、賀川豊彦氏の社会運動を率先して支持し、神戸におもむいて同氏の東京進出を促し、吉野作造氏の民本主義に共感を送った（23頁）。また使徒行伝の精神的共産生活に深く感じ、歴史的準備過程を経ての高度再現を希望した。しかし先生は、この世の政治に政治家として立ち向かうことを自分の任務とはせず（または神に許されず）、かつ伝道者の任務の光栄を強くうけとっていた。それは病弱のためではなく、「贖罪」の驚くべき深大な真理に明確に心を動かされ、「そのキリスト」が「宇宙的人格」（416頁）として生命にもすべての実在にも「人格的価値」（420頁）を成就させつつあるという歴史世界的事実を見ていたからである。先生の大事業は、すべての人の意識を、文化意識も宗教意識も含めて、「贖罪」の真理の曙に向けさせることであった。先生の見つめる「そのキリスト」は、文化人格世界を「贖罪的自由人」の神と同労の努力を通して構成していく人格的な創造の理念である。超越的な絶対神を想定し、その神学の名において人間の自己主張を固定化することも、また、汎神論的な自然律に責任を転嫁して自己保存を固執することも、ともに先生のとらざるところであった。人間にとり、「キリストにおける『自覚』こそ真に必須なる条件」（43頁）であり、この自覚にめざめた責任的人格として神の歴史世界の構成員であることこそ、先生の第一の事業であり光栄であった。この地上での政治に関与する先生は、「わたしたちは憤然として起つもの」（26頁）との勇気をもちながら、それは自己主張や古い自己の固執と全く異なり、「わたしたちの神かけて祈りかつ命をかけてなし遂げようとする理想の実現が、いつかは行なわれ得るということ」（26頁）を胸にうけている贖罪的自由の社会人であった。本書の附録の資料篇に載せられている「研究局」の構想も、「キリスト教学生共助会」の原規約も、「時局に関する吾人の見解および態度の表明決議文」も、「東京市内外学生大連合礼拝」の趣意書も、みな永遠の観点からの現実社会への介入のあり方を示し、「キリストのために」の謙抑《けんよく》［へりくだって控えめにすること］と勇気の祈りに満ちている。

三

このたび、キリスト教共助会創立五十周年大会（一九六九年九月十五、十六日）にあたり、記念として本書の刊行が計画され、清水二郎・川田殖・岡野昌雄の三名が編集出版委員に任ぜられた。その編集の方針としては、「涛声に和して」に始まり、「霊魂の曲」に終わる方式をとることに意見の一致を見た。

前項に述べた麗しい信仰と刻苦の勉学とによる森 明先生の世界観は、先生の人柄にしみつき芳り出でて、敏感な良心・病苦を越える明るいユーモア・弟子の胆を寒からしめる深刻な罪感・厳格な主なる神に対する節操・小さき者を求めてやまない友情・そして何にも増して心から頼れる頼もしさとして溢れた。先生の苦渋と明快とあやなす長い説教と、「主にある友情」への回帰線をとりながら遠く果てしない未完の哲理に踏み出していく前出の著述の内実とは、晩年（とは言っても、三十六、七歳）の先生の人と文に、透きとおるような静かな清いかがやきとなって照りはえた。ことに「涛声に和して」は、すでにこの世のものでなく、しかもこの世のために在った森先生の人格を、今も読む人の胸に通わせてやまない。この文章は、この著作集の著者の直接の紹介状であり、著作集の実質の解説書でもある。

森先生が晩年において、特に文字にまとめようとして、重病の病床に幾たびか筆をとろうとしながら果たせなかったのは、「贖罪論」であった。一九二四（大正十三）年七月、大病の小康を許された大磯の静養地に、東から西から共助会の若き友をよびよせて夏期特別集会（東山荘にて）の一部として、病床に端坐して五時間余に渡って行なわれた講演「十字架のキリスト（贖罪論）」は、共助会員の胸を強くゆさぶり、同時に発表された「東京市内外学生大連合礼拝」の運動の原動力ともなったものであった。その時先生は、「これは十六歳受洗以来二十年間をかけて学び得たもので、借り物や受け売りでなく、真実な魂の求めに対して示されたものである」という意味の前置きをされ、病余の身をむちうって午前十時から午後三時半頃まで、汗をしたたらし、顔面蒼白になりつつ、心を尽して講述されたのである。「涛声に和して」を、福音新報に連載中であった。その九月、病床を離れて帰京とともに、時局の中なる伝道に捲土重来の活動をされ、新しく成立を見た女子協愛会を援け、大連合礼拝のため、東大・早大の共助会・信友会を励まし、約を重んじて京都共助会の訪問伝道の実行のため祈りに祈られた。その間に病床で執筆された伝道論文が、「文化の常識より見たるキリスト教の真理性」である。先の著書『宗教に関する科学および哲学』が、科学の生命論と哲学の世界観の将来への課題を整理して、学問の側から贖罪の真理への要求と動向を探り求めたのに対し、これは一般人の文化意識の根拠をなす真理性の立場から、宗教の名において主張される神とキリストとその贖罪の真理性との是認の道を示そうとした力作で、前著書と違って誰にもわかる日用語と日用論理で、「そうあらねばならない」当為の理想を解説し、立証しようとしたものである。先生の熱心と祈願にかかわらず、病勢は悪化してさしもの筆力をはばんだ。二十年、心に準備された贖罪論を、直接論文に書き表わそうとして果たせなかった。大磯講演は青年の心に贖罪の真理性の印刻を押したが、それを言葉として再現することはいまだにむずかしく、ただ師森 明の死（一九二五年三月六日）に至るまでの生涯が言葉以上に雄弁に物語るイエス・キリストの贖いの力を、信ずることが第一にできたのである。森先生は死の床にあって、口授により執筆により、胸に満ちていた恩寵の解説を文字にしていったが、いよいよ「贖罪論」にかかるところで、病勢はこの仕事を中断させ、そして先生の急変の逝去とともにそのままとなった。そのために共助会員は、「文化の常識より見たるキリスト教の真理性」を先生とともに大切にし、最初の著作選集出版以来、この未完の論文を常に巻頭において来た。しかし森先生の精神は決して沈黙せず、すでにこの論文の原型は「キリストの人格及び位置」に見られ、ことに「贖罪」の精神と事実の要点は、戯曲「霊魂の曲」の人格的な状況設定の中の人間の告白として述べられていた。病床に口を閉ざした森先生は、今も「霊魂の曲」を通して、死の床を越えて真理探究の霊魂の言葉を語っているように感ぜられる。

以上の考え方から、読者の方々に森先生の文章を読んで頂くとともに、先生の人格そのものを読んで頂けることを願って、前記の配置をとり入れた。そして「涛声に和して」をはじめとして、「宗教に関する科学および哲学」の根本的な世界観を、折に触れ物に触れてわかり易く解明している説教および感想文の類を第一にまとめて載せた。第二類の講演篇だけは直筆の文章でなく、講演筆記であるが、先生が日常生活で実行し、共助会で鼓吹された「主にある友情」の基本精神が示されているグループである。次に論文篇として、第一部に宗教論を第二部に文化論をまとめた。宗教と文化と、ひとしく神の恵みの基礎の上に立ち、ひとしく人の意識を通して神の真理に向かうものと先生は見通しておられたのであるから、いずれも互いに関連し、截然とは区分し難いものである。ともに文化の常識をもって理解され、文化の常識の中で立証さるべきものと、先生は人格の責任をかけて主張している。その意味で、論文篇は本書の中心に位するものであり、未完の「文化の常識より見たるキリスト教の真理性」は、やはり、森先生の代表作であるはずであったとうなずかれる。次に、以上の各文章の背後にあって根本的な指針たる著書、『宗教に関する科学および哲学』を置いた。諸篇を読み進んで、この論述に至り、その学問と信仰を結ぶ真理観照の公正な精神を、すべて探求途上にある科学・哲学・歴史哲学の真剣な研学成果を理解深くうけとめて、その向かうべき永遠の相を人格的な理性の肯定する当為の問題として堅持しようとする研究者の態度を、あやまちなく汲みとり理解したいと願う次第である。ことにかつて一九三三（昭和八）年の旧刊『共助』の初号に、石原謙先生が言われたように、この本の各篇が、「いずれもが、単に断片的な思いつきとか随想とか言うべきものでなく、真摯な研究者の態度を示し、しばしば組織的な論述の形態を整えており、若し十分なる健康と長寿とが許されてさらに深く考究することを得たとしたら、キリスト教的ないし宗教哲学的体系を組織し得たかも知れないと思われる。その恵まれたる素質を、われわれはこの書の到るところにおいて見出す」という事実を、ここで深く味わいたいと願う次第である。そして最後に、先生のいわれた「しばしば行きなやむ、はてしもないまた何の趣味も潤いもない理性の荒野」（287頁）を抜け出でて、これを血の通う人格世界として受けとめていた森先生の麗しい人格にもう一度出合うべく、創作篇三篇を配した。ここには、森先生の一面であった文学者の風格に出合うとともに、十六歳の信仰のめざめと、十七・八歳の頃の学問への憬れと、そして二十年後の「聖なる生命への飛躍」(一九二四年十月二十五日、女子協愛会のための、そして先生の最後の、伝道講演の表題)に至るまでの恩寵の経験とに、みぢかにしみじみと出合うと思う。

四

収載の各篇について、以上の概説との重複を避けながら、解説的メモを記したい。

巻頭の写真版 (1) 森 明先生小照《しょうしょう》。その一つは、先生の最も旺んに活動された三十歳代。いまひとつは、二十六歳の先生。一九一四(大正三)年六月二十七日、上海のパブリックガーデンでの記念写真の一部。村田正亮先生所蔵。この時、三井支店長の村田氏の斡旋で植村先生の上海伝道が行なわれたのに随行された。森先生の伝道献身の志が固まった時である。本書収載の「雨」参照。

(2) 荒野の誘惑のイエス。これは森先生が、W. Sanday, The Life of Christ in Recent Research, 1907から切りとり、京都の紀会の友へ送られたもの。写真の下の原書の注は、From The Temptation in the Wilderness, by W. Dyce RA (See Preface) と読まれる。ダイス原画の全体の構図を参考としてそえた。先生筆蹟の原紙は、先生逝去後、京都紀会から、会の記録とともに共助会に贈られたもので、その記録は存するが、写真は戦時の混乱で失われた。

(3) 筆蹟。先生逝去の五カ月前、一九二四(大正十三)年十月十七日、激しい病苦の中で、みずからペンを執って「われ必ず汝に至らん」との願望を刻みつけ、京都共助会の奥田成孝氏に致された手紙。「先日御心をこめた御手紙に接し、折から身体勝れざりし為め、深い感銘を有しながら御返事延引仕り候。御地へは、山本君を以て申し上げ候通りの予定にて、是非参上の決心に之あり候。今や小生も、非常の決心を以て難に当るの啓導を感じ居り候。人を恐れず神を仰ぎ友を信じ、決死の一途を辿り申す可く候。いずれつもる御話しは拝眉の上申し述べ、またうけたまわりたく候。諸友へくれぐれもよろしく。主基督の恩寵、兄等の上に厚からんことを祈り居り候。敬具」と読まれる。その予定とは、十一月三日午前八時四十五分東京発（御母堂同道）ということであった。病勢一層に悪化してついに延期し、延期のままとなったが、その祈りと友情は、京都の友はもとより、共助会全会員の胸に、共助会精神を生かす力となった。

森　明先生小伝　『森　明選集』の巻頭に掲げられたもので、山本茂男氏の筆に成る。

本　文

濤声に和して　『福音新報』（一九二四年七月—八月）に連載。大磯の静養地で執筆。この間に、「世界主義および国家主義に対するキリスト教の観念」も執筆されたらしく、また共助会講演（「十字架のキリスト——贖罪論」）・鎌倉メソジスト教会伝道講演（恐らく、「イエスおよびその当時青年の宗教活動」）を敢行し、共助会と信友会（早大）に「東京市内外学生大連合礼拝」の挙行を提案しまた決定し、女子協愛会の結成を行ない、「時局に関する吾人の見解および態度の表明決議」を執筆して教会建設記念礼拝（九月二十一日）に提示のため中渋谷教会小会に予備的検討を求めた。

改造途上のキリスト　一九二三年十二月、『文化生活』に発表。

真理を生かす力　一九二三年二月、『聖書之研鑽』に発表。

十字架を負う人　一九二三年一月、『福音新報』に掲載。
以上の三篇は、先生の人格的信仰的世界観の三部作とも考えられるもので、「真理が生ける真理であるためには、まずわたしたちの人格が救われ、絶えず神の愛に護られつつ生きなければならないと思う」（40頁）という、個性と宇宙また歴史的世界とを一貫する信仰の哲理を明らかにしている。

民族の使命について　一九二二年三月、『聖書之研鑽』に寄稿。前の三部作の基底にある歴史哲学、ことに「そのキリスト」に触発されるとき世界的意義を発揮する民族の歴史と文化の使命を考察したもの。先生の愛国心はこの真理性の筋を通していた。

新生活とキリスト教　以上の四篇と同じ改造途上の真理意識を、日常生活の現実に結びつけている。先生自身、「繰返し」を強く戒められた。今、資料が欠けていて、執筆の時と事情を明らかにし難いことは残念である。

生命の道　一九二三年九月の大震災に対処した森先生の人格発露と伝道の誠実とは、多くの語り草を残した。この一文は、東京市の焼野ケ原に、「ぢんぢんばしょり」に杖の姿で立ち、罹災者の人々を訪い慰めたとき、一人一人に手渡しした教会への招きのリーフレットである。

宗教意識に基づける生活革新　一九二三年十月、『文化生活』に寄稿。右の「新生活とキリスト教」および「生命への道」の根本の理念を語っている。

クリスマスの所感　一九一八年十二月、『福音新報』に掲載。以下四篇はクリスマスについての随想である。

理想としてのクリスマス　一九一九年十二月、『福音新報』。

無題録　一九一九年十二月、『文明評論』に寄稿。

クリスマスと永遠　一九二三年十二月、『聖書之研鑽』のクリスマス号の巻頭言として書かれ、無題であったが、遺稿整理のとき浅野順一氏が、その内容に相応しい表題を設けた。このとき森先生は、震災後の伝道の大活動から病勢が募り、重篤な病床にあって教会のクリスマス礼拝にも出られなかった。しかし病床にこの一文を草し、この世の欠如状態がかえって永遠の救いの門口となること、聖書が今や一層に意味深く味読されることを語りかけている。

新約聖書におけるイエスとその弟子　本文と次の文とは、講演の筆記である。この講演は、一九二二年の春、三回に渡って東大共助会のためなされた講演で、幸いにその夏に、松本での教会修養会で同じ題の講演が行なわれ、その筆記が『信州教報・基督者』第四十三号（同年八月）に掲載されたものによった。前半は、森先生自身の訂正加筆が存したが、全文を山本茂男氏が慎重に校訂したものである。このキリストの弟子に対する態度に、共助会の「主にある友情」の基礎がある。

キリスト教の朋友道　一九二〇年四月十九日、森先生宅における伝道講習会席上の講話を、本間誠氏が筆記されたものである。これも前篇とともに、先生終生の実践目標であった「主にある友情」の貴重な講義である。

文化の常識より見たるキリスト教の真理性　先生の未完・絶筆の力作である。一九二四年秋から一九二五年初めにかけ、激しい病苦に堪えながら、初部は口授筆記により、後半はしばしば絶息の病床にみずから筆をとって努力に努力された。あるときはかたわらの看護婦に、「これはあなたにもよく分かるように書いたから、ぜひ読んで下さい」と言われたという。解題は別項（キリスト教の独創性）をごらん頂きたい。この「常識」とは、誰にも共通の真理理解の一般性（133頁）を意味するが、その奥底では、人間の同一性において承認さるべき「真理の客観性」を意味し、「主観の格率」（247頁）と対立する。

この平易な論文は、前記の通り「贖罪論」に帰結すべくして、その門口で絶筆となった。幸いに次の論文「キリストの人格および位置」は、この論文の原型をなすものと考えられる。本篇の結尾から、次篇の「キリストの自意識」の項、ことにその第二段落（192頁）へ継続して読み進まれるならば、森先生の構想の大様を察しうるのではないかと思われる。

キリストの人格および位置　一九一九年に、『福音新報』に数回に渡って連載されたもの。

比較宗教学におけるキリスト教の位置および特性　年月不明、『雲の柱』所載といわれる。

キリスト教の独創性　前篇とともに、森先生の遺稿のうちに発見されながら、一つの断片で収載の雑誌名も年月も不明である。その収載雑誌の前の号(八号と記入があった)に初部があったらしく、この文章の末尾も未完となっている。しかし右の一篇とともに、相補って、諸宗教や一般文化の中で理解されるキリスト教の真理性を解明し、いわば「文化の常識より見たるキリスト教の真理性」の序説とも見られるものである。

聖書研究の方法論的序言　一九二四年十月、『聖書之研鑽』に載せられた。この時期は、先生が逝去五カ月前の苦しい病床の時間を、「文化の常識より見たるキリスト教の真理性」のために集中していた時である。この原稿の執筆脱稿は、おそらく二年前の一九二二年頃と思われる。その年七月の中渋谷教会夏期講習会に、この演題で同じ内容の講演が行なわれた。先生は、贖罪観から来る真摯で自由な精神により、科学・哲学・文化・歴史に愛と同感をもって公正に触れていったが、それと同時に聖書についても、「いついかなる場合にいかなる立場の人がこれを眺むるであろうとも、ついに真理は真理として見出され残されねばならないはず」〔222頁〕という公正な態度をとる。また「信仰によって導き出されたる理性が、信仰を知識の上に立証し、その迷蒙を排除し去る」〔226頁〕という深い信頼を示す。真実に贖いの恩寵に感銘して、疑惑をも自由に駆使して研究に向かわせる魂がここに立っている。知識は人を誇らしめ、愛は人の徳を立てるとの事実を見させられる。

祈　祷　森先生は、一九一七（大正六）年九月二十九日、日本基督教会教師に任職された。そのための教師試験に提出された論文が、この一篇であったと推定される。本書の諸篇のうち最初のものといえる。人間の知識や文化を愛し思索した先生のうちに、また「神に行く霊魂の向上」〔229頁〕としての祈祷が、イエス・キリストの感化のもとに、いかに深く豊かに息づいていたかを想見させる。

世界主義および国家主義に対するキリスト教の観念　一九二四年、おそらく夏の頃に、『中央公論』か『改造』に発表すべく執筆し、脱稿寸前に筆をおいて帰京、伝道の多忙のためそのままにしたものと思う。「涛声に和して」の最終章の「自然と文化および宗教」（27頁）を参照されたい。その内容は、次の「宗教生活の充実」と姉妹篇を成している。ともにその年の大問題であった米国の排日移民法に関連しながら、「文化対キリスト教」の問題、民族の歴史的意味について、明快な「愛」への方向をうち出した。ことに本篇では、先生の主張であり、「共助」の精神ともいえる「人格神論的多元説の真理性に立つ『宗教的世界主義』」（250頁）についての訴えが重要事項になっている。

宗教生活の充実　前記の通り、一九二四年、大磯で執筆、『文化生活』九月号に寄稿されたものである（31頁）。以上の二篇は、森先生の文化論を政治論に託して発表した佳篇であるが、その根底をなす学問的の公正な態度は、かねて次の著書によって基礎をおかれていた。

宗教に関する科学および哲学　一九二一（大正十）年十二月、警醒社から出版の著書。先生は常に向上し進化し、人格的責任感から、やむことがなかった。しかも先生のキリスト教的世界観は、神の恵みによる洞察により、驚くほど明確に一つの体系的過程をとり、若い友たちとの共助の中の練磨によって大成していたことを見る。

雨　一九一九年九月、『福音新報』所載。

自然の姿　同年十月、『文明評論』所載。

霊魂の曲　一九二二年四月、『雲の柱』所載。

右の三篇はいずれも、文学的作品として評価されるであろう。その内容については、前項に述べた通りである。二十代初期の先生は、創作によって救いの恩寵を表現しようとした。一九一〇（明治四十三）年には、小説「きみよ」を、森渓水の筆名で、『福音新報』に連載した。同じ頃「萬朶《ばんだ》」という小篇も物されたらしい。「霊魂の曲」に、その才能が結晶したのであろう。この戯曲は、「ニューマンの『ゲロンチウスの夢』を余に紹介せられたる樋田豊治氏に捧ぐ」と献呈の言葉書きがある。樋田先生が若くて、植村先生のもとに富士見町教会の副牧師であった頃、中渋谷教会の伝道を助けたこともあり、しばしば森家を訪ねて夜更けるまで語りあう間柄であった。そういう時にニューマンの話も出たのであろう。後年の樋田先生は、「どうもそんなおぼえはないが」、と小首をかしげておられた。Newman, "The Dream of Gerontius" 全七章は、内容的には全く性質を異にし、ゲロンチウスの死からプルガトリー（煉獄）に至る経過の構想はカトリック的の功徳の効力のら列であり、オラトリオのクライマックスは、死の床での聖礼典や人の祈りと天使の導きによって悪魔にさらわれずに煉獄の湖に導かれ、その水で聖まって復活体にかえらえる時間を待つという漬物のような人格ぬきの抒景である。これに対し「霊魂の曲」は、「霊魂の純化を祈る努力も行ないもなく」「聖さの隔たり」をそのままにして「主を傷つける」ことの罪を深く教える。そこに「主の赦し」の何ものにもまさる真実がある。森先生は、常に祈り、常に主の御前に悔いて、喜悦の人生を生きておられたのである。

五

附録の「資料」［一〜八］は、森 明先生直筆またはそれに類する文書で、先生の信仰思想を知るため必要であり、かつ幸いに原文を発見できたものを能う限り収載した。出版業務進行中に、特別に便宜をはかられた新教出版社秋山社長のご好意を深く感謝する次第である。資料各篇は年代順に配列した。ここにも、解説の摘記を許されたい。

一九一八年キリスト降誕節礼拝決議宣言書　森 明先生は二十六歳のとき、第一次世界大戦の始まった一九一四（大正三）年のクリスマスに「中渋谷日本基督教会講話所」を開設、破竹の勢いで進展、一九一七年九月二十九日に「中渋谷日本基督教会」建設に至った。その翌年一九一八（大正七）年は、年初に先生大患に伏して起死回生の恵みをうけ、十一月に世界大戦終結して戦争終止・世界平和の理想があらわれ、先生の霊眼に、一筋の伝道計画の進展が見通された。中渋谷伝道開始記念日のクリスマスに当たり、十二月十五日礼拝前の朝の長老会で準備し、二十二日のクリスマス礼拝に満場九十八人の決議により、この宣言が行なわれた。当日受洗者七名であった。

研究局　右の宣言書の計画性ある伝道精神は、機知湧くがごとく、日夜進展して先生逝去まで止むことがなかった。そのすべては神の国建設の精密な積み重ねで、いやしくも短絡の火花的情熱ではなかった。この「研究局」は、山本茂男先生の継承努力の中でいつも実現を願われたものであり、森先生においても、引き続く多忙と多病のため発展に至らなかったものである。一九二一（大正十）年七月三日の長老会（小会）に、九月を期してその創立総会を開くために準備と祈りが提案され、八月に先生起案の構想が印刷に附された。「神の国をあまねく東洋に建設」するための質実で遠大な研究分担計画であり、研究内容の発表に慎重なところに、福音に関する使命の特質を見せているように思う。

学生キリスト教共助会主旨・規約　学生キリスト教共助会は一九一九（大正八）年のクリスマスにまず東京帝国大学に起こされ、二十数名が加入の署名を行なったが、その直後森先生も、山本・今泉両学生も病気静養を余儀なくされ、ただちには活動ができなかった。一九二一年から森先生の八高・京大訪問によって活動がはじまり、一九二二（大正十一）年には、今泉源吉先生のあっ旋で森先生と吉野作造博士の交わりが始まり、会の主旨・規約が定まり、七月二十八、九両日の東山荘での第一回「共助会夏期特別集会」（後の信仰修養会）が開催された。その活動が今日にまで続くのである。

この主旨は、ひきつづく京大共助会・早大信友会・女子協愛会・慶大共助会（森先生没後創立）

の設立にあたり、共通に用いられるものとなった。共助会そのものについては、資料［九］に掲げる『森 明選集』序についてご覧頂きたい。

宗教文芸同好会主旨　一九二三（大正十二）年夏の末、山本・本間の両先生は、秋から本郷で開催されるこの集会の準備に働き、九月一日の昼に突如起こった関東大震災の時、ちょうど二人で、この主旨書と「宗教文芸同好会講演聴講券」の発送準備中であった。場所は本間誠先生宅（当時の市外高田町大原一五五八番地）であった。聴講料は、「一人一枚金三十銭」とあった。この会は、震災後の森先生の大活動と病臥と逝去とのため、ついに実行されなかった。

近世における社会思想の変遷とキリスト教の交渉　これは、森 明先生の連続講演の梗概予告表である。右の文芸同好会と同じく同年秋に実行を予定されて、ついに実現を見なかったものと考えられる。この年は、中渋谷教会の「夏期講習会」の日取りがとれず、秋にこれに代わる森先生の連続講演が行なわれる予定であった。大正三年の講話所開設以来の先生独特の企画で各方面の信仰者の専門学者の講義を求め、一般の自由聴講をうけ入れ、時に早朝、出勤前の催しであったりした。最初期は「夏期講話会」とよばれ、比屋根安定先生など著名人の聴講者もあった。

この社会思想史講演プログラムは、森先生の社会科学と歴史哲学の勉学努力を示し、研究局の構想や「時局に関する見解・態度表明書」の精神的背景をうかがわせる。

時局に関する吾人の見解および態度の表明決議　一九二四（大正十三）年の夏、大磯静養地での祈りと省察の所産である。このとき一方には共助会員に「十字架のキリスト――贖罪論」の大講演を行ない、東京市内外学生大連合礼拝の大計画を進発させ、他方にこの表明決議書をもって、中渋谷に一貫して祈り進められていた目標ある伝道計画を明確にし、さらに全国的大伝道へ進出する覚悟を共有しようと願ったのである。「十字架のキリスト」の講義にあたっては、司会者の言葉を訂正して、「これは感想ではない、講演である。感想なら語らない」と言い、「これは借りものでも受け売りでもない。十六歳で入信してから今日まで二十年間、キリストにあって経験し学び得たわたし自身の確信」だと言われた。この表明決議書も、米国排日移民法や宣教師問題などこの年の問題にも触れているが、それとともに伝道十年のキリストにあって一点の中だるみもなく積み重ねられた前進指標の明示であり、主に従って友と共に冒険する次の飛躍、または永遠への飛翔の跳躍板ともいうべき気概に満ちている。

内容の一部について一言したが、なお加えて一、二を摘記したい。五項の（へ）の恋愛至上主義論については特殊事情がある。前年の十二月に、教会員であった波多野秋子が、有島武郎と「情死」を遂げたことは先生の胸奥の深い痛みで、冷たい非難や叱責をおさえ、社会改革や恋愛自由の憧れの中になおキリストによる人格救済と内部生命更新の道あるべきことを堅持している。また同じ項の（チ）の経済生活問題は、三項や五項の（ト）とも関連し、二項の永遠を見通した世界像の中で、社会的関心を具体的に実現しようとする提言である。この年の五、六月の頃（恐らく大磯へ出発の直前かと思う）に、病床来訪の紀会の長崎太郎氏と、初代教会の共産主義再現につき論争的に語りあったことがあり、恐らくそれより前に、山本先生を始め青年たちも森先生から同じ志望について聞いている。

東京市内外学生大連合礼拝主旨　一九二四（大正十三）年年末、森先生は病床にあって山本・本間・小田垣光之輔（連合礼拝委員長）の諸氏とはかって大連合礼拝の準備を進めた。また震災前後から一層親しくなった今泉先生に手紙を送り面会をもとめ、しきりに中渋谷教会への使命感を求め、またその機会に連合礼拝についてはかった。森先生は、熱い祈りと溢れる伝道計画をもって九月始めから帰京し活動をはじめたが、「意外に健康はよろしくなく、困っている」と、今泉氏に書き送った。しかし先生には、神の示し給う伝道の機運が熟していて、しばらくも止まることができなかった。先生は深く祈って、中渋谷教会を今泉先生に、共助会を山本先生に担ってもらい、自分は大連合礼拝をまず東京に挙行するとともに、神ゆるし給わば、大きい全国的大伝道に用いられ進出する召命を感じていたように見える。先に述べた奥田先生への手紙もその一端を示している。それとともに、いつ召されても悔いない御手にゆだね尽した心であり、もしまた健康の様子によっては文書伝道に甘んじようとする用意をも抱いた。

この連合礼拝主旨は、東京市の諸学校に諸教会に街頭に、一枚一枚懇切に配られた何万というチラシや出席予約票に、「集会の目的」として載せられた一文で、病床の先生の執筆による。

この日この機、祖国とその使命を思う　一九二五（大正十四）年二月八日の紀元節礼拝は、前年十二月の長老会に森先生の提議があり、甲府在勤の今泉先生に説教を依頼してあった。しかし期日が近づいてから、急に今泉氏の断りがあったので、病床の森先生はただちに山本先生に説教を頼み、同時に口授して山本先生筆記によりこの一文を草した。清水は山本先生から草稿を授けられ浄書して森先生に見て頂き、山本先生説教の前に代読して教会に発表した。清水の保存した一部は戦災で焼失したが、森先生に差し上げた清書一部が幸いに関屋綾子夫人によって発見されここに掲載することができた。まさに森先生の絶筆に類する最後の文章であり、先生が晩年心がけられた歴史哲学への志向が伺われる。先生の逝去後、丸善書店から先生注文の歴史哲学の外国書籍が数冊到着し、ご遺族や門人を悲しませたことであった。

資料篇につづき、『森 明選集』（最初の著作選集）の「序」［資料九］を収載した。筆者は山本茂男先生であり、共助会が、森先生の著作集を刊行する関係や意味を、最も明確に物語っているのでここに記録させて頂いた。その文中にある通り、先生の「贖罪の真理性」の項はついに白紙のままに残されたが、「先生の伝道の生涯こそ生ける贖罪論」であり、今も共助会員の生涯をもって書き綴られ続けている。

一九七〇（昭和四十五）年六月二日、前共助会委員長・日本基督教団中渋谷教会名誉牧師、山本茂男先生は、七十八歳の忠信の生涯を卒えて、恩師森 明先生を慕いつつ、主のみもとに逝かれた。森先生に出会われてから五十四年、常に共助会と教会の重責を負い通された山本先生に、会員一同、心からの感謝と敬愛を捧げてやまない。

六

本書の作成にあたっては前記（三）三名の編集出版委員のうち清水が全体の統括をなすとともに解説および編集後記を執筆し、川田・岡野の両名は本解説冒頭に記した趣旨にしたがい、本文を校訂し、略年譜を作成した。また若い学徒の小河陽・安積力也・森泉赤美の兄弟姉妹たちが両人を助けて、校訂にも校正にも誠実を尽して下さった。わたしたち一同の感謝と喜びであるばかりでなく、在天の森先生がさぞ喜んで下さることと思う。また松村克己・関屋光彦の両氏からはこの典拠となるべき原選集・原著書の貸与をうけ、関屋綾子夫人から資料の「この日この機、祖国とその使命を思う」を拝借することができた。本書の刊行にはいつもながら新教出版社社長秋山憲兄氏の快い御協力を頂き、会員でもあり社員でもある山谷朗氏にも濃やかな御世話に与った。また校正については同社の西川重則氏の配慮に満ちた協力をいただいた。会員でもある詩人島崎光正氏には創作篇の再校に目を通していただいた。すべて心から御礼申し上げたい。深い感謝をもってみずからの心を働かしてこの本と取り組み、神の御前における民主主義をもって、真理の前進に、現実の政治・社会の中なる「共自存」（時局に関する吾人の見解および態度の表明決議文・第三項）の生活に、すべてを賭けていきたいと願う次第である。

一九七〇年四月

森　明著作集編集委員

跋

川田　殖

今から五十年前に出されたこの「著作集」（初版）には少なからぬ誤植があって、校正に与った一人としての私の心の棘になっていた。このたび共助会百周年を迎え、第二版が出されるに当り、その訂正の機会を与えられたことは大きな喜びである。それには初版以来お助けをいただいた安積力也氏が統括責任を負って下さり、旧友田中邦夫・下村喜八両氏およびヨベルの安田正人氏のご協力をいただいた。感謝この上もない。老骨もいささかこれに参加した。

文中［　］で囲んだのは補訂のつもりであるが、老婆心に過ぎない。何らかの参考になれば幸いである。委細は安積さんの後記に委ねたい。

初めてこの書に出会って五十年、今また再読三読して、ここにこめられている著者の熱誠は、執筆百年を過ぎた今もなお、行間に迸《ほとばし》り、読む者の心に新鮮な感銘と力、新たな思いを与え、新たな発想を促してくれる。「古典」とはこのようなものを言うのであろう。この書が共助会の原典たるにとどまらず、さらに広く心ある人びとの愛読書となり、生きる励ましになってくれることを希わずにはおられない。

あわせて痛感することは初版の解説を担当された清水二郎先生のご愛労である。一字一句にこめられた著者への傾倒と歴史家としての周到な配慮から見て、いまやそれ自身ひとつの歴史的証言であり、その後出版された先生の『森 明』(日本基督教団出版局刊、「人と思想シリーズ」第2期一九七五年)とともに、本書を味読するための必読の文字である。

共助会創立百年、遙《はるか》に顧《かえり》みて在天の著者・先輩師友の志とその生涯を想起し、「キリストのほか自由独立」の精神と「主にある友情」に生かされてきたことを感謝し、瀕《ひん》死の病床で、「人を恐れず、神を仰ぎ、友を信じ、決死の一途を辿り申すべく候」、と記した著者の志に生かされんことを切に祈る。

(二〇一九・五)

第二版後記

安積力也

「第二版」刊行の目的は、初版本の誤りを出来うるかぎり正し、後世の人々に遺すことにある。その努力は、初版出版（一九七〇年七月）直後から初版の編集委員によって鋭意なされており、出版五年後には、二一二箇所に及ぶ正誤表が『共助』誌（一九七五年七月号）に公表されている。

再訂の機会を与えられた今回は、さらに内容の正確を期するために、初版本の誤植の校訂と校正はもとより、必要な場合、本著作集の底本（『森　明選集』一九三二年刊）までさかのぼってチェックし、気づいたところは、底本そのものとも違った加除を行なった。

さらに、原文に忠実でありつつ、若い世代にとっても理解可能な文章となるように、振り仮名、難字や哲学用語などの簡潔な意味説明、人名の生年と没年などの補訂を、適宜ほどこした。さらに、文意を明確にするための句読点の加除を、必要と思われる箇所で行なった。結果として、補訂を含めて総計七〇〇箇所を越える改訂となった。本の基本構成は初版のままであるので、「改訂版」とはせず、「第二版」とした。

「第二版」に新たに記載した資料が四点ある。①写真「森　明先生の葬儀」②写真「連合礼拝」

（青山会館）二葉を、巻頭の写真の末尾に加えた。③現行の「基督教共助会規約」を「資料三」の末尾に加えた。④山本茂男委員長の筆になる「『森明選集』解説及び編集後記」（一九三二年）を、現代仮名使いに改め、振り仮名、句読点の訂正をした上、「資料十」として加えた。なお、初版の「附資料」末尾に添付されている「『森明選集』序」は、「資料九」として「附資料」の中に入れた。

「年譜」の森明の年齢表記は、数え年から満年齢に変えてある。新たに加筆訂正した歴史事項もある。

「著書篇」（『宗教に関する科学および哲学』）については共助会員の田中邦夫氏に、創作篇（特に「霊魂の曲」）については同じく共助会員の下村喜八氏に協力をいただき、校訂と校正両面にわたって誠実を尽くしてくださった。感謝に堪えない。

川田殖先生は、文字通り「命を削って」本書の校訂と校正にあたられた。私は、どこまでも一般読者の目線で理解不能の不明点を探すお役を担ったにすぎない。信仰の師の「心の棘」（跋）の痛みを、いささかでも和らげることができたら本望である。

不信と閉塞の時代をこれから生きねばならない若い世代の中から、一人でもいい、本書を「眼光紙背に徹する思い」で読もうとする者が出ますように。

（二〇一九・一二）

森 明 著 作 集［第二版］

2020 年 2 月 15 日　初版発行

編　者　基督教共助会『森 明著作集』編集委員会
責任者：川田　殖
発行人　基督教共助会
発行所　基督教共助会出版部
代表者：飯島　信
連絡先　〒 201 - 0012 東京都狛江市中和泉 5 - 23 - 18　石川光顕
電話 03（3488）3099
e-mail：ishikawamitsuaki@gmail.com

発売所　株式会社ヨベル
〒 113-0033　東京都文京区本郷 4-1-1
電話 03（3818）4851　info@yobel.co.jp

印刷所　中央精版印刷株式会社

配給元—日本キリスト教書販売株式会社（**日キ販**）
〒 162 - 0814　東京都新宿区新小川町 9-1
振替 00130-3-60976　電話 03-3260-5670

　ISBN978-4-909871-05-3 C0016